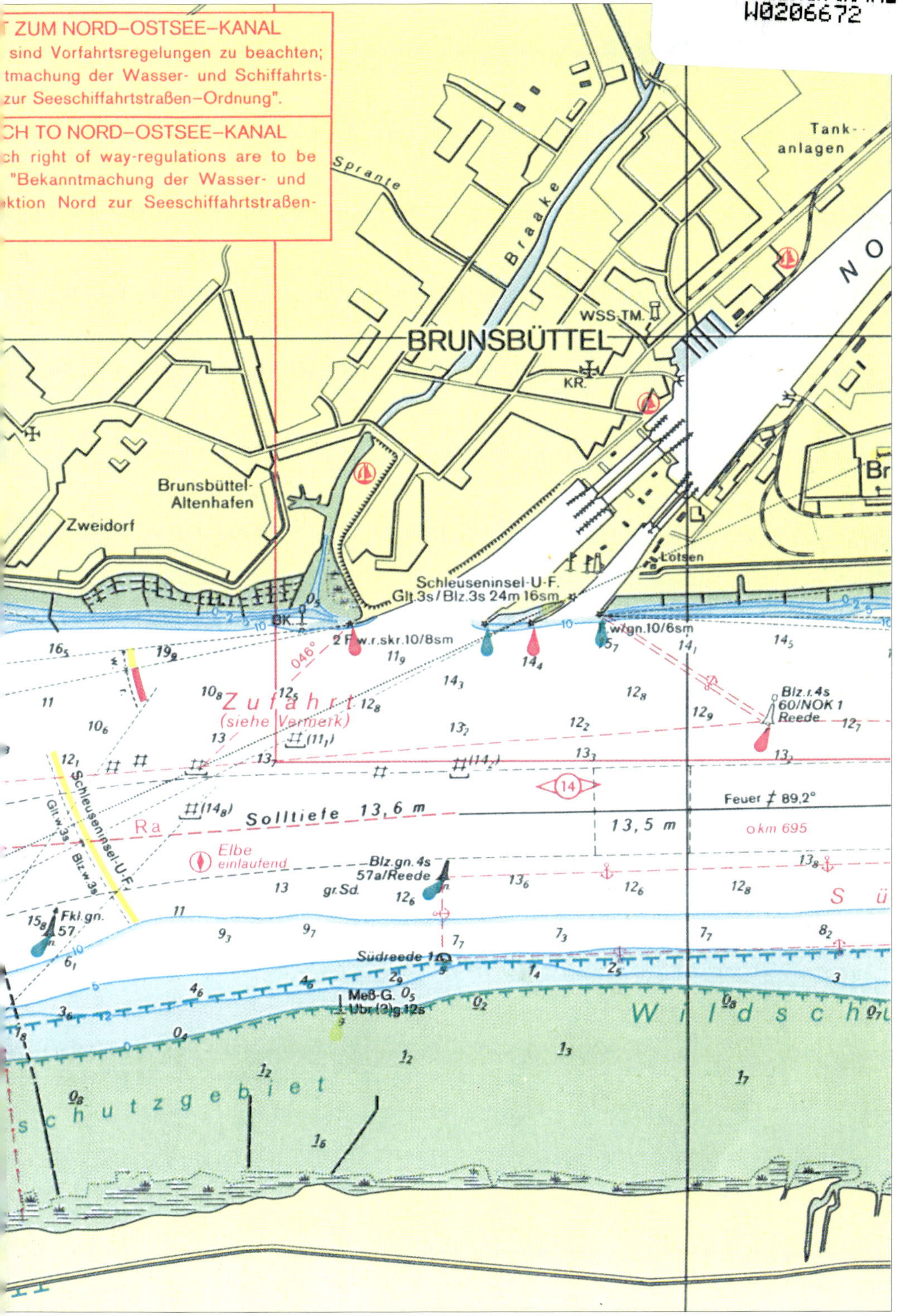
T ZUM NORD–OSTSEE–KANAL
sind Vorfahrtsregelungen zu beachten;
tmachung der Wasser- und Schiffahrts-
zur Seeschiffahrtstraßen–Ordnung".
CH TO NORD–OSTSEE–KANAL
ch right of way-regulations are to be
"Bekanntmachung der Wasser- und
ktion Nord zur Seeschiffahrtstraßen-
Sprante
Braake
Tank-
anlagen
NO
WSS.TM.
BRUNSBÜTTEL
KR.
Br
Brunsbüttel-
Altenhafen
Zweidorf
Lotsen
Schleuseninsel-U-F.
Glt.3s/Blz.3s 24m 16sm
BK.
2 F w.r.skr.10/8sm
w/gn.10/6sm
046°
Zufahrt
(siehe Vermerk)
Blz.r.4s
60/NOK 1
Reede
14
Feuer 89,2°
Solltiefe 13,6 m
13,5 m
okm 695
Ra
Schleuseninsel-U-F.
Glt.w.3s
Blz.w.3s
Elbe
einlaufend
Blz.gn.4s
57a/Reede
gr.Sd.
Fkl.gn.
57
Südreede 1
Meß-G.
Ubr.(3)g.12s
Wildschu
schutzgebiet

Friedrich Elchlepp/Manfred Kretzschmar

Auf Kollisionskurs

Die Verhandlungen der DDR-Seekammer

Friedrich Elchlepp/Manfred Kretzschmar

Auf Kollisionskurs

Die Verhandlungen der DDR-Seekammer

Ingo Koch Verlag

Die Deutsche Bibliothek - CIP-Einheitsaufnahme

Ein Titeldatensatz für diese Publikation ist bei der
Deutschen Bibliothek erhältlich

Ingo Koch Verlag
Warnowufer 30
18057 Rostock
Tel.: 0381/200 91 63
Fax: 0381/200 91 64

Lektorat: Dr. Anke John
Satz/Layout/Umschlaggestaltung: Anne-Kathrin Burr, Rostock

Druck und Verarbeitung: Altstadtdruck Rostock

Rostock 2000

ISBN 3-935319-02-9

Inhaltsverzeichnis

Vorwort

Das Buch »Katastrophen auf See. Die Seeunfälle der zivilen DDR-Schiffahrt« findet nicht nur in den neuen, sondern auch in den alten Bundesländern eine große Resonanz. Natürlich haben wir in diesem Buch nur eine Auswahl der 2.423 Seeunfälle treffen können, die von der Havariekommission/Seekammer der DDR, im Weiteren Seekammer, verhandelt wurden. Immerhin aber kann der Leser der statistischen Auswertung entnehmen, dass für eine große Mehrheit aller Unfallursachen menschliches Verhalten ausschlaggebend war.

Dieses neue Buch nun stellt weitere Seeunfälle vor, die die Seekammer verhandelte und die vor allem auf das Fehlverhalten von Besatzungen zurückzuführen sind und nicht auf das Versagen der Technik. Sie geben konkret die Reaktionen des Kapitäns, des Chiefs, des Wachhabenden Maschinisten, des Funkoffiziers und anderer Besatzungsmitglieder sowie auch der Lotsen im Gefahrenfall wieder. In der Regel behielten die Kapitäne die Führung in der Hand, sie waren bemüht, der ruhende Pol und Vorbild zu sein beim Kampf um den Erhalt des Schiffes. Eine Frage ist, ob das Antihavarietrainig seinen Zweck erfüllte. Es ließen sich Schlussfolgerungen erarbeiten, die in Zukunft derartige Ereignisse verhindern bzw. auf ein Minimum einschränken könnten.

Gleichzeitig aber werfen die Aussagen vor der Seekammer ein Schlaglicht auf die äußeren Umstände, die den Seeunfällen zum Beispiel in den Anfangsjahren der DDR-Schifffahrt zugrunde lagen. So führte ein Betriebsleiter des Saßnitzer-Fischerei-Betriebes im Jahre 1952 aus: „Wenn wir hätten warten wollen, bis wir alle Schiffe mit Patent-Trägern besetzen können, dann müßten wir morgen 70 bis 80 Kutter anbinden und ein halbes Jahr warten, bis die Patent-Träger beschafft werden." Der schnelle Aufbau zuerst der Fischereiflotte, später der Handels- und Technischen Flotte der DDR verlangte unkonventionelles Handeln, ständige Weiterbildung bei fahrendem Schiff und an Land, wobei die Vermeidung von Fehlern aufgrund der personellen und materiellen Bedingungen nicht immer möglich war. In diesem Buch wollen wir die gesellschaftlichen und persönlichen Umstände, die zu den Seeunfällen führten, für kommende Generationen bewahren. Die überaus sorgfältige Untersuchung jedes Seeunfalles lag für Jahrzehnte in den Händen der Vorsitzenden der Seekammer der DDR, den Kapitänen Frithjof Pielenz und Dieter Rapphahn. Ihnen ist es zu verdanken, dass alle Seeunfallakten erhalten blieben und nicht nach Ablauf einer amtlichen Frist vernichtet wurden. Sie vertraten stets den Standpunkt, dass die in der Verhandlung aufgedeckten Fehler die Ausnahme bildeten, die sichere Führung des Schiffes der Normalfall war. In diesem Sinne konnten sich die Fahrensleute der DDR-Seeschifffahrt international mit jedem anderen Seemann messen.

Im Anhang liefern wir eine lückenlose Übersicht über alle 2.423 Seekammerverhandlungen, wobei wir vermerken:

- Schiffsname,
- Ereignis,
- Ereignisort,
- Datum des Ereignisses,
- Ursache,
- Seekammer-Nummer, die zum Auffinden der Verhandlungsakte erforderlich ist.

Damit kann jeder Interessierte feststellen, welche Schiffe in einen Seeunfall verwickelt waren. Für Anregungen und kritische Hinweise sind wir dankbar.

Friedrich Elchlepp, Manfred Kretzschmar

1. Fast ein Viertel aller verhandelten Seeunfälle auf Ansteuerungen und in Häfen

Das Manövrieren in Häfen oder auf deren unmittelbaren Zufahrten stellt schon bei günstigen Wetterverhältnissen hohe Anforderungen an die Schiffsführung. Um ein Vielfaches erhöhen sich diese bei ungünstigen hydrometeorologischen Bedingungen. Obgleich innerhalb dieser Gebiete Lotsenpflicht besteht, entbindet die Anwesenheit des Lotsen an Bord den Kapitän oder Wachoffizier - soweit er Wachleiter ist - nicht von der vollen Verantwortung für die sichere Schiffsführung. Der Lotse soll den Kapitän über die örtlichen Gegebenheiten und der Kapitän den Lotsen über die Eigenarten des Schiffes informieren.

Die wesentlichsten Schiffsmanöver in Häfen und deren unmittelbaren Ansteuerungen sind das Durchlaufen starker Fahrwassereinengungen, Ein- und Auslaufen in/aus Häfen, Drehen auf engstem Raum, An- und Ablegen vom Liegeplatz, Ein- und Auslaufen aus/in Fahrwasser sowie aus/in Schleusen und Hafenbecken bei Schiffsverkehr und querlaufendem Strom und/oder stark einfallenden Seitenwinden. Die Anwendung eigener Manöverhilfen wie Anker, Leinen, Querschubanlagen, Aktivruder sowie die Anforderung fremder Unterstützung, zum Beispiel durch Schlepper, ist rechtzeitig vorzubereiten. Jedes Manöver ist zwischen Kapitän und Lotse abzustimmen. Bei Unklarheiten oder gar Bedenken über die Richtigkeit des Lotsenrates entscheidet letztendlich der Kapitän.

Die Seehandbücher geben für das Ein- und Auslaufen sowie das Manövrieren im jeweiligen Hafen nähere Anweisungen und vermitteln gesammelte Erfahrungen. Die örtlichen Verhältnisse sind an Hand des Hafenplanes, der Seekarte sowie durch Lotsenbefragung festzustellen und die für den Hafen erlassenen Vorschriften und die zeitlichen Umstände wie Wind, Strom und Belegung des Hafens, einschließlich der möglichen Schiffsbewegungen, zu berücksichtigen. Die Manöver sind nach Möglichkeit so anzulegen, dass die gegebenen Wind- und Strömungsverhältnisse den Ablauf nicht gefährden, sondern ihn unterstützen.

Juristisch gesehen sind Fahrwasser von Wasserfahrzeugen benutzte Wasserstraßen, deren Verlauf durch Seezeichen, Uferbauten oder das Ufer selbst kenntlich gemacht sind. Seezeichen sind visuelle, akustische oder funktechnische Einrichtungen zur Sicherung und Erleichterung der Schifffahrt (Internationales Seezeichenwörterbuch der IALA). Sie dienen zur Kennzeichnung der Schifffahrtsstraßen oder zur Warnung vor Untiefen, Schifffahrtshindernissen oder gesperrten Seegebieten. Die Seitenbezeichnung der Fahrwasser geschieht stets von See einlaufend, wobei die Steuerbordseite des Fahrwassers bei den von See einlaufenden Fahrzeugen an Steuerbord (rechts) liegt. Eine international gültige Definition für den Begriff „Fahrwasser" gibt es nicht.

Hindernisse im Osttief-Fahrwasser und im Neuen Strom

Durch Sandanschwemmungen, versunkene Gegenstände oder gesunkene Fahrzeuge entstehen Hindernisse im Fahrwasser, die zu gefährlichen Berührungen zwischen Schiff und Hindernis führen können.

MS ANNAVORE, Stückgutschiff
BJ: 1951
BW: Kristiansands Mek. Verk A/S
Reederei/Eigner zur Unfallzeit: A/S Vore (Gunstein Stray & Sön), Mgrs.;
HHfn: Farsund
Flagge: NOR
BRT 766/NRT 502/tdw 1.994
$L_{üa}$ 57,90 m, $B_{üa}$ 10,30m, Tg (bel.) ? m, v_D ? kn
HM: Ein 2 Takt 8 Zyl. Motor., Leistung: ?
Hersteller: Crossley Bros. Ltd. Manchester
SK-Nr.69/54
(Die mit ? bezeichneten Angaben konnten nicht ermittelt werden)

Am 25. April 1954 hatte das norwegische MS ANNAVORE gegen 14.18 Uhr eine Grundbrührung im Osttief-Fahrwasser. Das Schiff stieß auf der Position 54°12,4´N, 13°51,6´E mit seinem Steuerbordvorschiff gegen einen unter Wasser liegenden Gegenstand. Das Schiff blieb lenz (ohne Wassereinbruch). Die zur Suche nach dem Unterwasserhindernis eingesetzten Taucher konnten den abgebildeten Stockanker bergen.

DS BRIVIBA,
Dampfschiff ex FRITZ SCHOOP
BJ: 1925
BW: Nüscke & Co. AG Stettin (Szczecin)
Reederei/Eigner zur Unfallzeit: Staatsreederei UdSSR;
HHfn: ?
Flagge: USR
BRT 1.865/NRT 939/tdw ?
$L_{üa}$ 57,90 m, $B_{üa}$ 10,30 m, Tg (bel.) ? m, v_D ? kn
HM: Verbunddampfmaschine 4 Zyl.,
Leistung: ?
Hersteller: A. Borsig GmbH Berlin-Tegel
SK-Nr. 01/58

Der sowjetische Dampfer BRIVIBA verließ am 22. November 1957, um 19.30 Uhr den Stadthafen Rostock. Der Bestimmungshafen war Leningrad (St. Petersburg). Das Schiff hatte einen Tiefgang vorn 5,40 m und hinten 5,70 m. Der Wind wehte aus West mit Stärke 4, die Sicht war gut. Der Pegelstand betrug 48 cm unter normal. Die höchstzulässige Tauchtiefe für die Seewasserstraße Rostock war vom

Der Stockanker, mit dem das MS ANNAVORE kollidierte

Seefahrtsamt auf 6,40 m festgelegt. Nach den Baggerarbeiten betrug die Solltiefe des Fahrwassers 7,30 m. Der beratende Lotse durfte darauf vertrauen, dass bei einem Tiefgang des DS BRIVIBA von 5,70 m eine Grundberührung im Fahrwasser ausgeschlossen ist. Nach dem Ablegen und Drehen des Schiffs vor den Silos lief es dann mit „VH" (4 kn) in Richtung Warnemünde. Querab vom Ausrüstungskai der Warnowwerft im »Neuer-Strom-Fahrwasser« (der Seekanal vor Hohe Düne existierte noch nicht) berührte der Schiffsboden den Grund. Die Richtfeuer voraus waren in diesem Augenblick etwas nach Backbord offen. Der Kapitän beabsichtigte, sofort in Warnemünde am Kai festzumachen. Er folgte aber dem Rat des Lotsen und ging auf Reede vor Anker. Dort wurde festgestellt, dass das Schiff mittschiffs Wasser machte. Der Taucher stellte einen 10 cm breiten Scheuerstreifen in der Kimmplatte von Mitte Luke I bis mittschiffs mit einer Deformierung der Aussenhaut und Plattenrissen fest. Das Schiff erhielt eine Notreparatur.

Die Ursache der Grundberührung war ein Granitstein in den Abmessungen 1,70 m x 1,80 m x 1,10 m, der vom Grund aus 1,30 m in das Fahrwasser hineinragte. Die Zentrale Havarie-Kommission (später als Große Seekammer bezeichnet) hob die Verantwortlichkeit des Betriebsleiters des Baggerbetriebes und die des Wasserstraßenamtes für ein gefahrloses Befahren des Fahrwassers hervor.

Der Stein mit dem das DS BRIVIBA kollidierte

Kollision auf der Zufahrt nach Wismar

Selbst in einem gut betonnten, übersichtlichen Fahrwasser kann es bei guter Sicht zu einer folgenschweren Kollision kommen, wenn die Lotsen von im Revier praktizierten Gebräuchen ausgehen, die im konkreten Fall nicht eingehalten werden konnten.

MS ZÜSSOW, Küstenmotorschiff Typ 299
BJ: 1971
BW: VEB Elbewerften Boizenburg/Roßlau, Betriebsteil Boizenburg
ID: DSR 4. Januar 1972
Reederei/Eigner zur Unfallzeit: VEB Deutfracht/Seereederei Rostock;
HHfn Rostock

Flagge: GDR
BRT 299/NRT 142/tdw 718
$L_{üa}$ 57,90 m, $B_{üa}$ 10,30m, Tg (bel.)
3,68 m, v_D 12 kn
HM: Ein 4 Takt 8 Zyl. Motor,
Leistung: 853 kW (1.160 PS)
Hersteller: VEB Schwermaschinenbau
»Karl Liebknecht«, Magdeburg
SK-Nr. 01/84

MS ZÜSSOW befand sich am 30. Oktober 1983 auf der Reise von Sarpsborg/Dänemark nach Wismar. Der Tiefgang betrug vorn 3,40 m und hinten 3,90 m. Nach dem Anbordkommen des Lotsen in Höhe Tonne „12" war die Brücke mit dem Ersten Offizier, dem Lotsen und dem Rudergänger besetzt. Alle setzten stillschweigend voraus, dass das Schiff dem Verlauf des Fahrwassers folgen würde. So querte die ZÜSSOW mit KrKK 290° und die Maschine von „VL" auf „VV" hochfahrend das Fahrwasser, um die rechte Seite zu erreichen. Auslaufend näherte sich dem MS ZÜSSOW das sowjetische MS VYRU.

MS VYRU, Stückgutfrachter
BJ: 1964
BW: VEB Schiffswerft »Neptun« Rostock
Reederei/Eigner zur Unfallzeit: U.S.S.R.-Estonian Shipping Co;
HHfn: Tallinn
Flagge: USR
BRT 3.236/NRT 1.539/tdw 4.483
$L_{üa}$ 105,85 m, $B_{üa}$ 14,64 m, Tg (bel.)
6,77 m, v_D 13,5 kn
HM: Ein 2 Takt 6 Zyl. Motor,
Leistung: 2.391 kW (3.250 PS)
Hersteller: Dieselmotorenwerk Rostock (Lizenz MAN)

Die VYRU hatte einen Tiefgang vorn 2,69 m und hinten 5,26 m. Wachoffizier und Lotse der ZÜSSOW sahen das Fahrzeug im Radar und konnten seit 3.03 Uhr die offenen Topplichter und das grüne Seitenlicht in ca. vier Strich an Backbord visuell erkennen. Der Wind wehte aus Südwest mit Stärke drei. Die Sicht war gut. Strömung war nicht feststellbar. Wäre in dieser Situation nach den für das Fahrwasser geltenden Bestimmungen gefahren worden, hätte es keine Kollision gegeben. Von beiden Schiffen aus war rechtzeitig zu erkennen, dass es innerhalb oder in unmittelbarer Nähe des Kursänderungsbereiches zwischen der Tonne „16" und den Tonnen „14" und „17" zu einer Begegnung kommen würde. Maßnahmen zur Klärung der Begegnung wurden aber von keiner Seite getroffen. Ein Versuch des Lotsen auf MS VYRU, die Passage abzusprechen, schlug fehl, da zwischen beiden Schiffen kein UKW-Kontakt zustande kam.

Das DDR-Motorschiff, das sich während der Lotsenübernahme und danach zunächst südlich außerhalb des Fahrwassers befand, querte, wie bereits erwähnt, das Fahrwasser mit einem Kurs von 290° und „VV" in spitzem Winkel, wobei es etwa um 3.11 Uhr auf die rechte Fahrwasserseite gelangte. Die Schiffsführung des sowjetischen Motorschiffes leitete nach Passieren der Tonne „16" um 3.09 Uhr eine Kursänderung vom rwK 360° auf rwK 85° ein. Der Verlauf dieser Kursänderung führte zu einer bedrohlichen Annäherung an MS ZÜSSOW. Der Kapitän der VYRU hatte aufgrund der

Annahme, MS ZÜSSOW würde, dem üblichen Brauch für kleine Schiffe folgend, die Tonnen „14" und „16" an Steuerbord lassen, das tatsächliche Geschehen missachtet.

Stattdessen ging der Lotse von einer Stb zu Stb-Passage aus. Direkt entgegengesetzt war die Absicht des Lotsen auf der ZÜSSOW. Er beabsichtigte eine Bb zu Bb-Passage mit der VYRU. Um der kursändernden VYRU im Bereich der Tonnen „14" und „17" mehr Raum zu geben, hatte man die Absicht, Tonne „17" mit dem Kurs von 290° an Backbord zu lassen. Von MS VYRU erwartete der Lotse auf MS ZÜSSOW ein fahrwassergerechtes Verhalten und daher eine zügige Kursänderung auf 85°. MS VYRU ging indessen davon aus, dass MS ZÜSSOW noch rechtzeitig nach Backbord abdrehen und die Tonne „14" an Steuerbord lassen werde, so dass es zu einer Stb zu Stb-Passage zwischen beiden Schiffen kommen würde. Diese Annahme des Lotsen der VYRU war unbegründet, da

- ein derartiges Verlassen des Fahrwassers von kleinen Schiffen zwar praktiziert wurde, jedoch gegen die Schifffahrtsregeln verstieß,
- vorher keine Absprache zwischen beiden Lotsen über die Art der Begegnung erfolgte,
- keine Klarheit über das Verhalten der ZÜSSOW und dessen Lage im Fahrwasser bestand.

Im Bestreben, MS ZÜSSOW an Steuerbord zu lassen, schloss MS VYRU die Kursänderung auf 85° nicht zügig und konsequent ab.

Die infolgedessen eintretende Kollisionsgefahr wurde wegen der Dunkelheit, die eine räumliche Orientierung erschwerte und auf Grund der unterschiedlichen Erwartungshaltungen auf beiden Schiffen erst so spät erkannt, dass sie durch die folgenden Rudermanöver nicht mehr abzuwenden war.

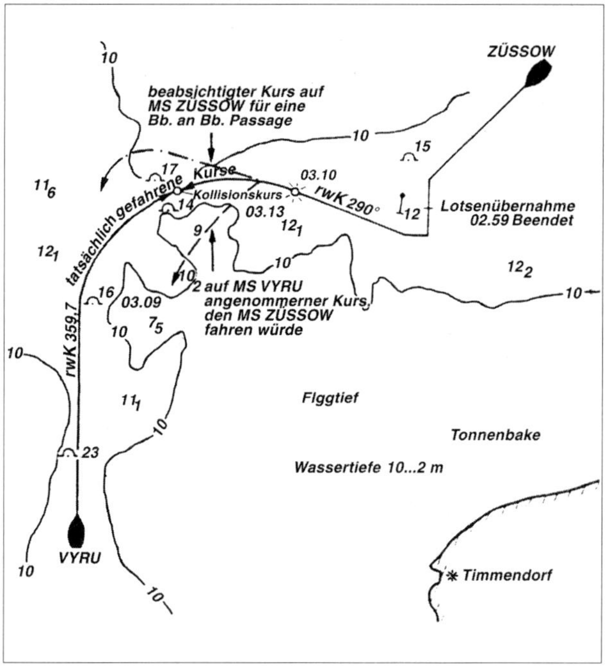

Darstellung der Kollision zwischen MS ZÜSSOW und MS VYRU im Fahrwasser nach Wismar

MS VYRU näherte sich von Süd in der Richtfeuerlinie Hohen Wischendorf dem Tonnenpaar „14/17" in einer Steuerborddrehung von West, um dem Fahrwasserverlauf zu folgen. Um 3.13 Uhr (5.12 Uhr VYRU-Zeit) kollidierten beide Schiffe östlich der Tonnen „17" und „14" im Fahrwasser miteinander. Der Kollisionswinkel betrug nach übereinstimmenden Angaben 90°.
Während MS VYRU keine augenscheinlichen Schäden erlitt, war auf MS ZÜSSOW an Backbordseite im achteren Aufbautenbereich der Vorsteven in Dreiecksform bis zu einer Tiefe von ungefähr vier Metern in das Vorschiff eingedrungen.
Ursächlich für die Kollision waren die Kurse beider Schiffe während der gegenseitigen Annäherung nach der Lotsenübernahme.
MS ZÜSSOW hätte bei Tonne „12" schneller in das Fahrwasser und auf die rechte Seite einlaufen müssen, MS VYRU hätte die Kursänderung auf 85° zügiger durchhalten sollen. Von den Lotsen verlangte die Seekammer eine

Die Backbordseite des MS ZÜSSOW nach Kollision mit MS VYRU

konsequente Einhaltung der Schifffahrtsbestimmungen. Sie entzog beiden Lotsen die Zulassung als Seelotsen für eine begrenzte Zeit.

Grundberührung unmittelbar beim Leuchtturm „N-Fällbådan"

MS STUBNITZ, Küstenmotorschiff Typ 615
BJ: 1966
BW: Bodewes Scheepswerf »Volharding« N.V. Foxhol/NTH
ID: DSR 21. Januar 1966
Reederei/Eigner zur Unfallzeit: VEB Deutfracht/Seereederei Rostock;
HHfn: Rostock
Flagge: GDR
BRT 299/NRT 171/tdw 615
$L_{üa}$ 48,06 m, $B_{üa}$ 9,17, Tg (bel.) 3,38 m, v_D 10 kn
HM: Ein 4 Takt 6 Zyl. Motor,
Leistung: 405 kW (540 bhp)
Hersteller: VEB Schwermaschinenbau »Karl Liebknecht«, Magdeburg
SK-Nr. 01/67

Das MS STUBNITZ befand sich am 16. Oktober 1966 auf einer Reise von Malmö nach Norrköping. In den Morgenstunden kam der Wind aus Ostsüdost mit Stärke 2. Die Sichtver-

MS STUBNITZ

hältnisse waren schlecht, von der Brücke konnte die Wache nur etwa vierhundert Meter weit sehen. Vorsichtshalber ließ der Kapitän das Schiff an der Ostküste der Insel Öland vor Anker gehen, um bessere Sicht abzuwarten. Er musste aber um 22.50 Uhr die Fahrt fortsetzen, da ein Mitglied der Besatzung an einer Blinddarmentzündung erkrankt war.

Die Sichtverhältnisse hatten sich nicht gebessert. Auf der Brücke lösten sich jeweils der Kapitän und der Steuermann im Wachegehen und im Beobachten der Radaranzeige stündlich ab. Navigiert wurde mit Hilfe des Radargerätes „Decca type D 202" und des Decca Navigators „Decca type Mark 12" auf der SHD-Karte Nr. 168 mit einem Maßstab 1:200 000. Die Bestellung der Seekarte Nr. 136 mit einem Maßstab 1:50 000 war noch nicht erfüllt worden.

Der Kapitän wollte den Kranken so schnell es geht fachärztlich behandeln lassen und beorderte daher trotz der widrigen Wetterumstände die Maschine auf „VV". Der Kurs war auf das Feuer „Nordre-Fällbådan" abgesetzt. Um 7.08 Uhr am 17. August 1966 wurde Haradskär im Radar rechtweisend 249° und Sandsänkan rw 347° gepeilt, Kurs 359°. Um 7.49 Uhr wurde dann Sandsänkan an Backbord in 1,6 Seemeilen querab gepeilt und um 8.14 Uhr änderte man den Kurs nach Backbord auf rechtweisend 315°. Der Reflex des Leuchtturmes von „N-Fällbådan" erschien im Radar noch etwas an Steuerbord voraus. In der Nähe des Leuchtturmes sollte der Lotse an Bord kommen. Der Kapitän über-

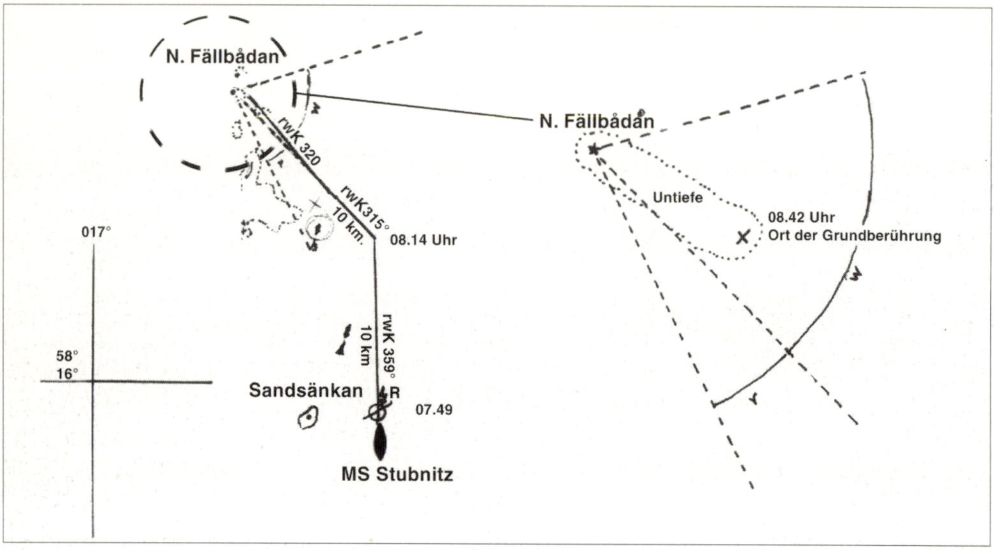

Ansteuerung des Leuchtfeuers „Fällbådan"

nahm die Schiffsführung, wie dies auch korrekt im Schiffstagebuch vermerkt wurde, während der Steuermann das Radar beobachtete und auf der Karte navigierte. Eine nochmalige Kursänderung wurde um 8.20 Uhr vorgenommen. Der Reflex des anzusteuernden Leuchtturmes erschien nunmehr recht voraus auf dem Radarbildschirm. Der neue Kurs betrug etwa 320°. Die jeweiligen Abstände zum Leuchtturm wurden vom Steuermann ermittelt und dem Kapitän sofort zugerufen. Das Schiff fuhr nach wie vor mit „VV". Als sich das Schiff in einem Abstand von einer halben Seemeile zum Leuchtturm befand, ließ der Kapitän den Kurs abermals um fünf Grad nach Steuerbord ändern. Der Leuchtturm war in dem Nebel mit dem bloßen Auge nicht zu erkennen, dennoch behielt der Kapitän die „VV-Fahrt" bei.

Wenig später kam der Leuchtturm „N-Fällbådan" in ca. zwei Kabellängen (364 m) voraus in Sicht. Der Kapitän befahl dem Rudersmann „Steuerbord 20!". Als der Leuchtturm etwa zwei Strich an Backbord war, wurde das Schiff durch eine Grundberührung erschüttert und die Maschine gestoppt. Es war 8.42 Uhr. Der Lotse kam um 8.50 Uhr an Bord. Die Reise nach Norrköping wurde fortgesetzt.

Nach einer gründlichen Untersuchung stellte die Seekammer fest, dass der Kapitän „die ihm obliegenden Pflichten verletzte und gegen die einfachsten Prinzipien der nautischen Vorsicht verstieß. Die benutzte Seekarte zur Navigation (SHD Nr. 168) reichte aus, um N-Fällbådan sicher anzusteuern, vom vorgelagerten Grund den notwendigen Abstand zu halten und den Lotsen zu übernehmen". Der Schiffsführer durfte für zwei Jahre keine höhere Funktion als die des Steuermanns ausüben.

Zusammenstoß mit Leuchtturm „Omböjningen"

MS RALSWIEK

MS RALSWIEK, Küstenmotorschiff Typ 615
BJ: 1966
BW: N.V. Scheepswerf »Hoogezand« J. Bodewes, Bergum/NTH
ID: DSR 5. März 1966
Reederei/Eigner zur Unfallzeit: VEB Deutfracht/Seereederei Rostock;
HHfn: Rostock
Flagge: GDR
BRT 298/NRT 171/tdw 615
$L_{üa}$ 47,99 m, $B_{üa}$ 9,18, Tg (bel.) 3,38 m, v_D 10 kn
HM: Ein 4 Takt 6 Zyl. Motor,
Leistung: 403 kW (540 bhp)
Hersteller: VEB Schwermaschinenbau »Karl Liebknecht«, Magdeburg
SK-Nr. 43/78

Das MS RALSWIEK lag am 26. September 1978 in Oskarshamn/Schweden. Hier wurde bis zum nächsten Tag 593,8 m^3 paketiertes Schnittholz, davon 70,8 m^3 als Decksladung, für Shoreham/Großbritannien geladen. Das Ladeende war für 15.30 Uhr und das Laschende der Decksladung gegen 17.30 Uhr vorgesehen. Die nautische Ausrüstung des Schiffes bestand aus einer Kreiselkompass- und Selbststeueranlage, einem Decca-Navigator-Empfänger, einem Funkpeiler, einem Echografen und einer Radaranlage. Zur Besatzung gehörten acht Personen. Der Kapitän und der Steuermann (EO) waren die einzigen Inhaber eines Befähigungszeugnisses zum Füh-

ren eines Schiffes in einem begrenzten Fahrtbereich.
Der Kapitän bereitete sich nur ungenügend auf die bevorstehende Reise vor. Die Kurse zum und im Kalmarsund waren von ihm weder in die Seekarten eingetragen worden, noch hatte er eine Vorkopplung vorgenommen. Seinem Steuermann teilte er nur mit, dass die Reise durch den Nord-Ostsee-Kanal nach Großbritannien gehen sollte. Die Festlegungen im Wachorderbuch waren mehr als dürftig. Die Seekammer hat sie später als mangelhaft bezeichnet.
Gegen 18.19 Uhr, am 27. September verließ die RALSWIEK unter Lotsenberatung den Hafen Oskarshamn. Der Lotse ging um 18.50 Uhr von Bord, die Seereise begann. Die Maschine wurde auf „VV" beordert und der Kapitän übernahm die erste Wache. Ein Vollmatrose ging im Inneren der Brücke Ausguck.
Es begann bald dunkel zu werden. Das Radargerät war in Betrieb und auf relativ-vorausorientiert geschaltet. Der Decca-Navigator-Empfänger zeigte störungsfrei an. Die Feuer und Lichter waren gut und klar zu erkennen. Eine schwache Brise wehte aus West. Der Kapitän beobachtete einen geringfügigen südlichen Strom, dessen Stärke aber nicht bestimmt wurde. Er führte das Schiff ausschließlich nach den sichtbaren Leuchtfeuern und Tonnen, mit deren Hilfe er die Kurse festlegte. Die Seekarte nutzte er nur in der Nähe von Silläsen.
Erst eine Stunde nach Lotsenabgabe wurde bei Dämman der Schiffsort bestimmt und nur im Brückenbuch vermerkt. Es war die erste Schiffsortbestimmung und es sollte auch die einzige bleiben. Eintragungen in die Seekarte über Uhrzeiten, zu denen Feuer oder andere Seezeichen passiert oder Kursänderungen vorgenommen wurden, fehlten ganz. Seine Versäumnisse versuchte der Kapitän später damit zu entschuldigen, dass er sich bei über hundert vorangegangenen Kalmarsund-Passagen ausreichende Kenntnisse und Erfahrungen über dieses Seegebiet angeeignet habe. Hätte er wirklich dieses Seegebiet so genau gekannt, dann wäre ihm bewusst gewesen, dass jede Fahrt im Kalmarsund besondere Aufmerksamkeit bei der Durchführung der Navigation verlangt. Hierauf verweist auf Seite 70 das vom SHD herausgegebene Seehandbuch Ostsee, II. Teil, 1978 Nr. 8105: „Die Durchsteuerung (des Kalmarsund) erfordert jedoch wegen der vielen Untiefen eine sorgfältige Navigation. Grundberührungen kommen im Kalmarsund ziemlich häufig vor. Dabei werden in den meisten Fällen die Schiffe schwer beschädigt ... Durch den engsten Teil des Sunds bei Kalmar führt von Skansgrund bis zum Krongrund die etwa 3 sm lange Kalmarsund-Rinne, eine Baggerrinne mit mindestens 80 m Sohlenbreite und 8 m Wassertiefe."
Im Bereich der Öland-Hochbrücke gab MS RALSWIEK einem kleinen entgegenkommenden Fahrzeug Raum. In diesem Zusammenhang nahm auf Weisung des Kapitäns der Wachmatrose an der Selbststeueranlage eine Kurskorrektur von ein bis zwei Grad nach Steuerbord vor. Sie wurde

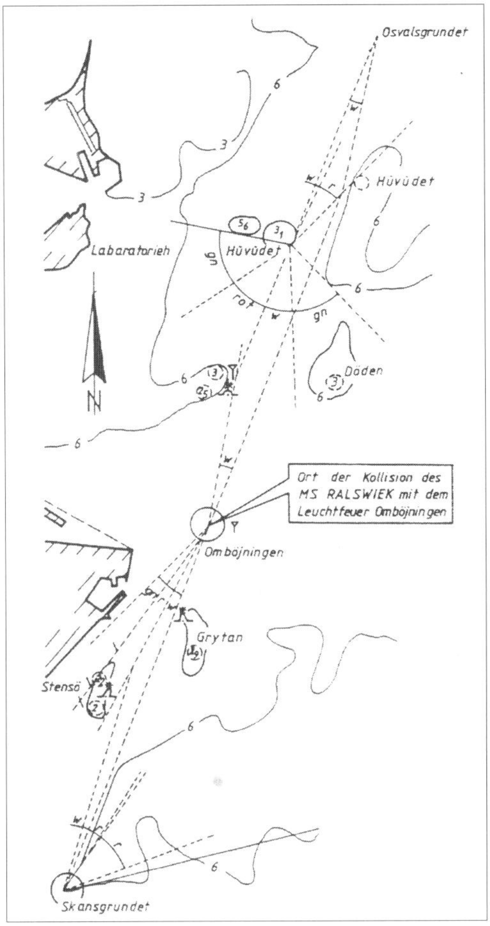

Darstellung des Seegebietes, in welchem MS RALSWIEK mit dem Leuchtfeuer „Omböjningen" kollidierte

vom Wachmatrosen selbst wieder berichtigt. Der Kapitän kontrollierte diese Kursänderung nicht. Radargerät und Decca-Navigator-Empfänger waren zwar in Betrieb, wurden aber vom Kapitän weder zur Schiffsführung noch zur Navigation oder auch nur zur Orientierung genutzt. Als das Schiff das Leuchtfeuer „Huvudet" passierte, wies der Kapitän den Wachmatrosen an, mit dem Kursdreieck den Kurs vom Leuchtfeuer „Skansgrundet" in südlicher Richtung aus der Seekarte zu nehmen. An die Existenz des Leuchtfeuers „Omböjningen" hatte er jedoch nicht gedacht.

Um 22.53 Uhr kollidierte das MS RALSWIEK stevenrecht mit dem neun Meter über die Wasseroberfläche ragenden Leuchtfeuer „Omböjningen". Dieses Leuchtfeuer besteht aus einem Betonturm mit aufgesetztem Stahlträger für das Feuer. Die Kollision erfolgte hauptsächlich zwischen dem Unterwasserschiff und dem unterhalb der Wasseroberfläche befindlichen Betonsockel des Turms. Der Aufprall war so stark, dass die Vorausfahrt des Schiffes nahezu aufgehoben und einige Besatzungsmitglieder in Fahrtrichtung des Schiffes geschleudert wurden. Während der Kollision krängte das Schiff nach Backbord über, richtete sich wieder auf und passierte das Feuer nahebei mit Steuerbordseite. Erst jetzt schaltete der Kapitän das Ruder auf Handruder um. Die Kollision mit dem Leuchtfeuer trug er nicht in das Schiffstagebuch ein. Die Fahrtstufe „VV" behielt er bei.

Das Schiff nahm wieder Fahrt auf. An Bord wurde kein Alarm ausgelöst. Die Besatzung erfuhr nichts über den Grund der starken Kollision mit einem Hindernis im Wasser. Der Kapitän ließ noch nicht einmal den Zustand des Vorschiffes auf Leckage oder Wassereinbruch untersuchen. Die Reederei bzw. die schwedischen Behörden erhielten keine Nachricht. Allein der Wachmatrose, der das Handruder bediente, erhielt vom Kapitän die Order, in den weißen Sektor des Leuchtfeuers „Skansgrundet" einzusteuern und das Feuer selbst mit Backbordseite zu passieren. Eine Kursangabe nach Grad erhielt er nicht.

So lief das Schiff in Richtung der Untiefen von Stensö. Eine drohende Grundberührung konnte durch den Steuermann (der unmittelbar nach der Kollision auf der Brücke erschien und Minuten später vom Kapitän die Schiffsführung übertragen bekam) gerade noch verhindert werden. Die vom Steuermann durchgeführten Schiffsortbestimmungen und Kursberichtigungen führten das Schiff aus der Gefahrenzone. Erst jetzt wurde die Fahrt des Schiffes reduziert und vom Kapitän eine oberflächliche Kontrolle des Vorschiffes durchgeführt.

Am 28. September, gegen 8 Uhr wurde während einer nochmals durchgeführten Schiffskontrolle ein Leck im Unterwasserschiff, im Bereich der Vorpiek, festgestellt. Dennoch wurde die Fahrt auf „VV" erhöht. Gegen 10.40 Uhr teilte der Kapitän der Reederei über Rügen Radio mit, dass das Schiff um 10.12 Uhr auf der Position 55°25,8´N, 14°45´E eine Berührung mit einem unbekannten Unterwasserhindernis gehabt habe, versicherte aber zugleich: „Steigende Tendenz beim Peilen der Steuerbordbilgen. Eine Gefahr für das Schiff besteht nicht." Außerdem fragte er an, wo die Taucheruntersuchung stattfinden solle. Mit diesen Worten versuchte der Kapitän, die Reederei zu täuschen und den wahren Sachverhalt zu verschleiern. Ebenso war er bemüht, die Besatzung zu falschen Aussagen zu bewegen.

Das MS RALSWIEK erhielt die Weisung, Rostock als Nothafen anzulaufen.

Nachzutragen wäre, dass der Kapitän bei der Voruntersuchung zugab, die Eintragungen im Schiffstagebuch für seine Wache erst am 28. September 1978, nach Erreichen des Nothafens Rostock, vorgenommen zu haben.

Die Handlungen des Kapitäns, so die Seekammer, stellten „eine Verletzung der Grundprinzipien nautischer Umsicht und Vorsicht gemäß Regel 2 Buchst. a der KVR/72 in Verbindung mit § 8 Abs. 1 Buchst. c der Seemannsordnung vom 2.07.1969 dar".

Die Seekammer befand den Kapitän für schuldig und stellte fest, dass „ihm die Voraussetzungen fehlen, ein Schiff zu führen. Die an einen Kapitän zu stellenden Anforderungen hat er nicht nur in seemännischer, sondern auch in moralischer Hinsicht vermissen lassen".

Wieder Kollision auf der Elbe vor Brunsbüttel

Im Schiffstagebuch Nr. 53 des MS SONNEBERG ist am 11. April 1985 (23 Uhr) der Vermerk eingetragen: „Ende der Seereise". Die SONNEBERG stand zu dieser Zeit heimkehrend kurz vor dem Feuerschiff ELBE 1, das es 15 Minuten später in einem Abstand von sechs Kabellängen passierte.

MS SONNEBERG

MS SONNEBERG, Stückgutfrachter Typ Afrika:
BJ: 1969
BW: VEB Mathias-Thesen-Werft, Wismar,
ID: DSR 30. Mai 1969
Reederei/Eigner zur Unfallzeit: VEB Deutfracht/Seereederei Rostock;
HHfn: Rostock
Flagge: GDR
BRT 5.715/NRT 3.242/tdw 6.950 (als Volldecker)
$L_{üa}$ 129,42 m, $B_{üa}$ 17,35 m, Tg (bel.) 7,60 m, v_D 16 kn
HM: Ein 2 Takt 7 Zyl. Motor,
Leistung: 5.149 kW (7.000 PS)
Hersteller: VEB Maschinenbau Halberstadt (MAN-Lizenz).
SK-Nr. 12/85

Das MS SONNEBERG kam aus dem an der Ems gelegenen niederländischen Hafen Delfzijl. Dort hatte es seine Ladung, die aus 4.662 t Logs (laut Rotermund/Koch englische Bezeichnung für schwere Holzstücke, die sowohl rund als auch behauen oder besägt sein können) und Schnittholz bestand, gelöscht. Um 23.32 Uhr meldete die Back: „Beide Anker klar zum Fallen." Der Elblotse kam 23.40 Uhr an Bord. Zum Wachwechsel um 24 Uhr passierte das Schiff die Tonne „5" mit Steuerbordseite bei einem Querabstand von sechs Kabellängen (1.100 m). Die 0 bis 4 Uhr Wache übernahm der Kapitän als Wachleiter selbst. Zu seiner Unterstützung befanden sich der Elblotse und außerdem der II. Nautische Offizier auf der Brücke, der als Wach- und Navigationsoffizier fungierte. Der Kapitän hatte mit Erreichen der Elbmündung Doppelwache angeordnet. Der Rudergänger, der das Handruder bediente und ein Ausguck in der Backbord-Brückennock vervollständigten die Brückenwache. Der Wind wehte aus südlicher Richtung mit Stärke vier bis drei, mit leicht abnehmender Tendenz. In der noch leicht bewegten See lag die SONNEBERG ruhig. Die Sichtweite betrug in der dunklen Nacht mehr als sechs Seemeilen. Die Positionslampen brannten hell und klar. Die SONNEBERG steuerte im Elbe-Fahrwasser elbaufwärts Richtung Brunsbüttel mit Lotsenrat auf Anweisung des Kapitäns. Das Radargerät in der Darstellungsart nordstabilisiert geschaltet und auf dem 3-sm-Bereich beobachtet, lieferte eine gute Anzeige. Wegen der guten Sicht ergab sich keine unbedingte Notwendigkeit, das Radargerät ständig besetzt zu halten. Es diente während der Revierfahrt nur zur zusätzlichen Informationsgewinnung. Der II. Nautische Offizier realisierte die Navigation nach optischer Sicht anhand der den Fahrwasserverlauf bezeichnenden Seezeichen. Die zu steuernden Kurse nannte der Lotse, die der II. Nautische Offizier – wie auch das Passieren der Tonnen – in der Seekarte mitverfolgte. Bei auslaufendem Gezeitenstrom lag die Geschwindigkeit der SONNEBERG zwischen elfeinhalb und vierzehn Knoten bei 145 U/min (Manöverfahrt „VV"). Bei besetztem Maschinenkontrollraum wurde die Hauptmaschine über Automatik von der Brücke aus gefahren.

Gegen 2.15 Uhr, am 12. April 1985 führte der Lotse ein UKW-Gespräch mit dem Kanallotsen in Brunsbüttel, in dem er um die Genehmigung zum Anlaufen der Lotsenversetzposition und das Einlaufen in die Schleuse Brunsbüttel für das MS SONNEBERG nachsuchte. Daraufhin erhielt die SONNEBERG die Nachricht, dass die Lotsenposition (Nordwest (NW)-Zufahrt) für Brunsbüttel angelaufen werden kann, wenn dies die Verkehrslage gestattet. Nach Übernahme des Kanallotsen könne man danach in die Neue Südschleuse einlaufen. Dort solle das Schiff mit Backbordseite festmachen. Die Nachricht des Brunsbütteler Lotsen enthielt auch die Information, dass einige Schiffe die Schleuse seewärts verlassen würden.

Kapitän und Lotse waren sich einig, nach dem Passieren der Tonne „55 a" das Fahrwasser in nördlicher Richtung zu queren, um den Kanallotsen auf der Lotsenposition vor Brunsbüttel zu übernehmen. Zwischen 2.26 Uhr und 2.34 Uhr reduzierte der Kapitän die Geschwindigkeit von „VV" langsam auf „VGL". Der Lotse informierte das in einem größeren Abstand achteraus mitlaufende MS HUMBOLDT EXPRESS über das Queren des Fahrwassers. Nach optischer Beobachtung und Auswertung des UKW-Verkehrs ergab sich im Bereich der Zufahrt zu den Schleusen in Brunsbüttel folgende Lage: Auf der Zufahrt zur Schleuse, etwa südsüdöstlich von Zweidorf, ankerte ein indisches Fahrzeug. Es hatte Schwierigkeiten beim Anker hieven. Aus Richtung Hamburg kam, zwar noch in einiger Entfernung, ein Fahrzeug entgegen. Die Schleuse Brunsbüttel verließen zwei seewärts gehende Schiffe.

Einen genaueren Überblick über die Schiffsbewegungen auf der Zufahrt mittels Radar verschaffte sich der Kapitän nicht! Das erste der zwei aus der Schleuse auslaufenden Schiffe befand sich, nach optischer Schätzung, im Bereich der Schleusenzufahrt südöstlich von Zweidorf. Das rote (Backbord) Seitenlicht und die geöffneten Topplaternen konnten gut ausgemacht werden. Das zweite Schiff folgte dem ersten aus der Schleuse mit nahezu gleicher Kursrichtung und in einem kleinen Abstand. Es zeigte ebenfalls das rote Seitenlicht. Auf dem UKW-Kanal 9 erreichte zu dieser Zeit den Elblotsen eine Information, nach der ein Kollege als Lotse auf einem Schiff seewärts fuhr. Mit diesem Kollegen sprach der Elblotse auf der SONNEBERG über UKW eine Stb zu Stb-Passage der von ihnen gelotsten Schiffe ab.

Der Kapitän, der II. Nautische Offizier, der inzwischen auf die Brücke gekommene Erste Offizier und der Rudergänger hörten das Gespräch ihres Lotsen mit. Sie gaben später in ihren Berichten und bei ihren Vernehmungen übereinstimmend an, dass der Lotse über UKW mit einem Lotsenkollegen auf einem aus der Schleuse auslaufenden Schiff eine Absprache über eine Stb zu Stb-Passage geführt hatte. Bei dieser Absprache seien weder Schiffsnamen, die Positionen der Schiffe, auf denen sie sich befanden, noch deren Kurse genannt oder ausgetauscht worden.

Gegen 2.32 Uhr beorderte der Kapitän auf Anraten des Lotsen der SONNEBERG das Ruder nach Backbord zur Kursänderung von bisher KrKK 80° auf KrKK 45° in der Absicht, nun das Fahrwasser zu queren und den zwischen den Lotsen abgesprochenen Passiervorgang Stb zu Stb einzuleiten. Die Abgabe des Kursänderungssignales mit dem Typhon unterließ der Kapitän.
Bis zur Kursänderung befanden sich die beiden aus der Schleuse entgegenkommenden Schiffe eben Backbord voraus. Beide zeigten klar ihr rotes Seitenlicht. Während der Kursänderung auf KrKK 45° wanderte das erste der beiden Schiffe über voraus bis etwa 3 Strich (ca. 30° bis 35°) an Steuerbord voraus aus. Es näherte sich weiter mit gleicher Kursrichtung, das rote Seitenlicht zeigend. Das folgende zweite Schiff änderte den Kurs nach Backbord und zeigte klar das grüne (Steuerbord) Seitenlicht.
Zur schnelleren Querung des Fahrwassers wies der Kapitän eine Fahrterhöhung auf „VH" an. Ungeduldig warteten der Kapitän und der Lotse auf die Backbordkursänderung des ersten auf die SONNEBERG zukommenden Schiffes. Immer noch nahmen beide an, dass der Elblotse mit dem Lotsen dieses Schiffes die Absprache geführt hatte. Näher und näher kam das Schiff, unverändert mit gleichbleibendem Kurs und nahezu stehender Peilung. Langsam kamen dem Kapitän der SONNEBERG Bedenken. Er fragte sich, war es wirklich das Schiff, mit dem sein Lotse die Absprache der Stb zu Stb-Passage führte? Nach einigem Zögern äußerte er seine Bedenken. Jetzt kamen auch bei dem Lotsen

Zweifel auf und er nahm nochmals UKW-Verbindung mit seinem Kollegen auf. Überrascht stellte er fest, dass sich der angesprochene Kollege auf dem zweiten Schiff befand und dieses entsprechend der getroffenen Vereinbarung die Backbord-Kursänderung zu einer Stb zu Stb-Passage bereits durchführte. Es zeigte schon klar das grüne Seitenlicht. Schnell versuchte der Elblotse mit dem Lotsen auf dem ersten, auf die SONNEBERG zukommenden Schiff über UKW Verbindung aufzunehmen. Das misslang. Mehrere Gespräche überlagerten sich auf diesem Kanal zu einem Wirrwarr gesprochener Worte. Schließlich gab der Lotse seine Bemühungen auf. Auf der SONNEBERG erfolgte noch immer keine energische Reaktion seitens des Kapitäns und des Lotsens. Auch die auf der Brücke weilenden Schiffsoffiziere blieben untätig. Alle hofften noch auf das Abdrehen des anlaufenden Schiffes nach Backbord. Beide Schiffe näherten sich indessen unentwegt weiter an. Endlich, beim Abstand der Schiffe von eineinhalb bis zwei Kabellängen handelten der Kapitän und auch der Lotse. Beide beorderten fast zur gleichen Zeit das Ruder auf „Hart Backbord" und die Hauptmaschine von „VH" auf „VV". Aber auch diese Kursänderung ließ der Kapitän nicht mit dem Typhon anzeigen. Das MS SONNEBERG drehte zügig nach Backbord an und lief vor den Bug des Gegenkommers. Der Kapitän dieses Schiffes, es handelte sich um das jugoslawische MS GROBNIK, leitete umgehend ein „Hart Steuerbordmanöver" als „Notmanöver" bei gleichzeitiger Abgabe von drei kurzen Tönen mit dem Typhon ein. Um 2.38 Uhr kollidierte während des Drehens beider Schiffe das Vorschiff des MS GROBNIK in einem Winkel von ca. 90° bis 100° mit der Steuerbordseite des MS SONNEBERG in Höhe der Luke II. Der Kapitän der SONNEBERG beorderte die Maschine auf „Stopp". Kurz danach wieder auf „Voraus". Durch die Manöver beider Schiffe klappte die GROBNIK mit dem Backbordachterschiff gegen die Steuerbord-Bordwand der SONNEBERG in Höhe Luke IV. Anschließend kamen beide Schiffe voneinander frei. Nach Aussagen des Rudergängers lag auf MS SONNEBERG zum Zeitpunkt der Kollision ein KrKK von 330° und 300° an. Nach Schätzung der Schiffsführung fand die Kollision im nördlichen Teil des Fahrwassers der Unterelbe auf der Position 53°52,7'N, 9°05,6'E statt. Eine genaue Bestimmung des Kollisionsortes mittels Radar oder terrestrischer Navigation erfolgte nicht! Nach den Feststellungen der Revierzentrale Brunsbüttel (Telex der RVZ Brunsbüttel vom 14. April 1985) fand die Kollision zwischen dem MS SONNEBERG und MS GROBNIK in einer Radarpeilung von 255° und einem Radarabstand von 4.080 m (2,2 sm) vom Radarturm Brunsbüttel statt. Das entspricht der angenäherten Position 53°52'52''N, 9°05'06''E.

Nach der Kollision behielt die SONNEBERG ihren Backborddreh bei und kam so vom Kollisionsgegner frei. Im Ergebnis einer vom Kapitän sofort veranlassten Kontrolle des Schiffes konnten folgende Schäden festgestellt werden: An der Steuerbordaußenhaut

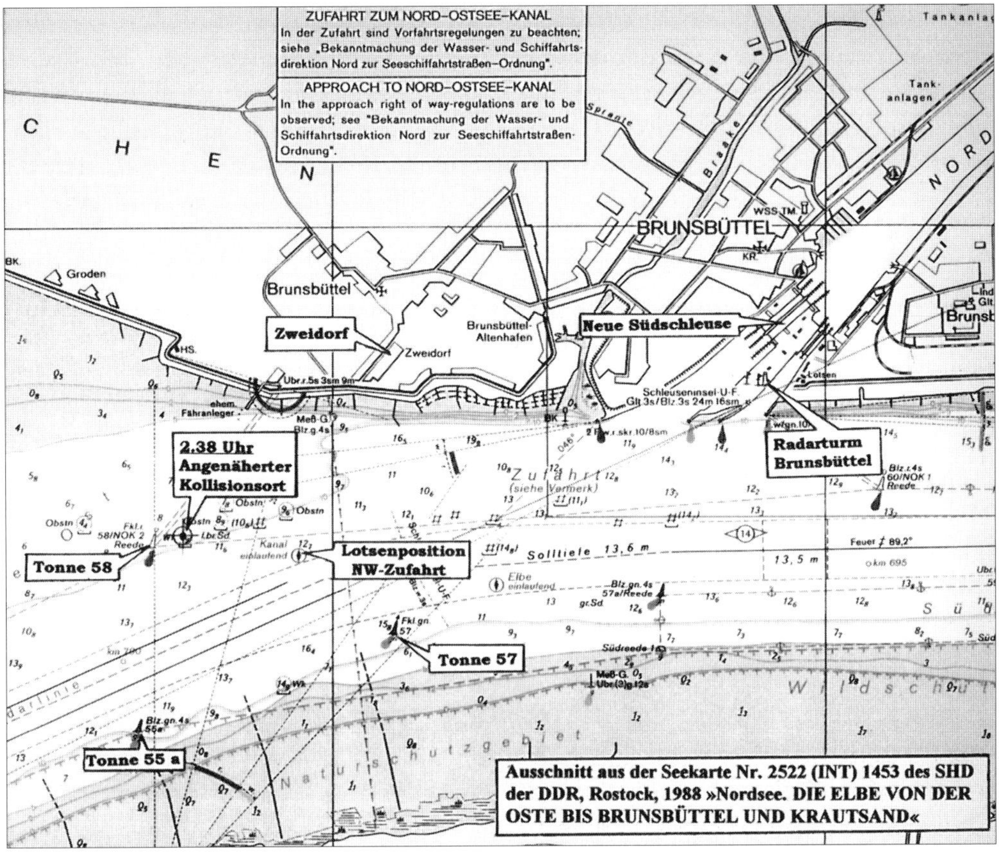

Das Elbe-Fahrwasser zwischen zwischen Tonne 55 a und der Zufahrt zum Nord-Ostsee-Kanal

befanden sich im gesamten Bereich der Luke II starke Deformierungen und Beschädigungen mit Rissbildungen von der Schanzkleidhöhe bis etwa zwei Meter oberhalb der Wasserlinie, am Steuerbordachterschiff ebenfalls Beschädigungen und Deformierungen von Relingeisen und Schanzkleidstützen. Die Kontrollen der Bilgen und Tanks ergaben keinen Wassereinbruch. Um 3.13 Uhr kam der Kanallotse an Bord und die SONNEBERG konnte nach erteilter Genehmigung durch die Behörden in die Neue Schleuse einlaufen. Nach der Schleusung musste die SONNEBERG nochmals im Binnenhafen Brunsbüttel festmachen. Hier fanden die ersten Befragungen durch die Wasserschutzpolizei zum Kollisionshergang statt. Nach Erledigung der Formalitäten erhielt das Schiff die Erlaubnis, seine Fahrt durch den Nord-Ostsee-Kanal fortzusetzen. Am 12. April 1985 erreichte das MS SONNEBERG den Kieler Nordhafen. In Kiel-Holtenau fand eine amtliche Schadensbesichtigung statt. In deren Ergebnis bekam das Schiff die Bestätigung der Klasse und des Fahrterlaubnisscheines für die Weiterfahrt nach Rostock.

Das MS GROBNIK lief auf Neufeld Reede, ging bei Tonne „56" vor Anker und erwartete dort einen Vertreter vom Bureau Veritas, der französischen Klassifikationsgesellschaft. Durch die Kollision hatte die GROBNIK starke Beschädigungen am Bug erlitten, der drei bis vier Meter eingedrückt worden war. Mit diesem Schaden wollte der Kapitän nicht über See gehen. Das Schiff befand sich voll abgeladen auf der Reise von Gdansk (Danzig)/Polen nach einem jugoslawischen Hafen und lief nach Verlassen des Nord-Ostsee-Kanals seewärts gehend in das Elbe-Fahrwasser ein. BRD-Behörden stellten nach der Kollision eine Überladung der GROBNIK mit 332,5 t und die Überschreitung des maximalen Tiefganges mit 17,5 cm fest.

MS GROBNIK, Stückgutfrachtschiff
BJ: 1963
BW: Brodgradiliste i Tvornica Dizel Motora »Split«, Split/YUG
Reederei/Eigner zur Unfallzeit: Jugolinija (Osnona Organizacija Udruzenog Rada-Zapad);
HHfn: Rijeka
Flagge: YUG
BRT 4.514/NRT 2.511/tdw 6.573 (als Schutzdecker)
$L_{üa}$ 135,87 m, $B_{üa}$ 18,65 m, Tg (bel.) 6,98 m, v_D 15,5 kn
HM: Ein 2 Takt 7 Zyl. Motor,
Leistung: 6.179 kW (8.400 PS)
Hersteller: S.A. Fiat S.G.M., Turin/ITL

Zu den Unfallursachen stellte die Seekammer in der Verhandlung dieses Seeunfalles am 2. August 1985 fest: „Ursächlich für die Kollision war, daß MS 'Sonneberg' das Fahrwasser querte, um die Lotsenversetzposition auf der NW-Zufahrt zum Nord-Ostsee-Kanal anzusteuern, und die Vorfahrt des jugoslawischen MS 'Grobnik' nicht gewährte. Veranlassung für das Queren des Fahrwassers vor den auslaufenden Schiffen war die Annahme des BRD-Lotsen ... mit MS 'Grobnik' über UKW eine Stb.-/Stb.-Passage im Fahrwasser vereinbart zu haben. Wie sich später herausstellte, war die Absprache mit einem dem MS 'Grobnik' folgenden Schiff erfolgt."

Das Queren des Fahrwassers vor Brunsbüttel konnte nur unter Beachtung des § 25 Abs. 1 der SeeSchStrO der BRD erfolgen. Demzufolge musste das MS SONNEBERG gemäß § 22 Abs. 1 o.g. Ordnung die Vorfahrt der im Fahrwasser verkehrenden Fahrzeuge gewähren und war somit diesen ausweichpflichtig. Zum Queren von Fahrwassern hatte sich die Seekammer bereits bei der Verhandlung des Seeunfalles MS ZÜSSOW, Kollision mit MS VYRU im Wismar-Fahrwasser östlich Tonnen-Paar „17/14" am 30. Oktober 1983 (SK-Nr. 01/84) grundsätzlich geäußert.

Folgenschwere Unzulänglichkeiten enthielt die UKW-Absprache des Elblotsen auf der SONNEBERG mit einem seiner Kollegen auf einem anderen Schiff:

- Beide Lotsen verständigten sich nur mit Namen bzw. Vornamen,
- es fand kein Austausch der genauen Position beider Schiffe zum jeweiligen Zeitpunkt statt,
- beide Lotsen nannten nicht die Namen ihrer Schiffe, die sich Stb zu Stb passieren sollten,
- der Lotse der SONNEBERG fragte seinen Kollegen nicht, ob er sich auf

dem ersten oder zweiten, aus der Schleuse auslaufenden Schiff befindet,
- beide Lotsen vereinbarten kein Erkennungssignal, um ein mögliches Verwechseln der Schiffe auszuschließen.

Auch zu den UKW-Absprachen hatte die Seekammer in ihren Sprüchen zu den Seeunfällen MS BARTH, Kollision mit MS SIBELIUS im Nord-Ostsee-Kanal am 14.Dezember 1978 (SK-Nr. 09/79) und MS BLANKENBURG, Kollision mit MS KANGOUROU auf dem Schelde-Fahrwasser am 2. April 1983 (SK-Nr. 07/84) schon grundlegende Ausführungen gemacht. Die Seekammer betonte nun nochmals, dass „über UKW abgesprochene Manöver erst dann eingeleitet werden (dürfen), wenn
- sie den Schiffahrtsvorschriften entsprechen,
- eindeutige Klarheit darüber besteht, welche Fahrzeuge das Manöver miteinander abgesprochen haben,
- die Manöver beider Fahrzeuge zweifelsfrei bekannt sind,
- die gemäß den Schiffahrtsvorschriften vorgeschriebenen Schall-/Lichtsignale abgegeben werden,
- die Positionen der an der Absprache beteiligten Fahrzeuge gegenseitig ausgemacht wurden und bekannt sind,
- sie die übrige Schiffahrt nicht gefährden und
- sie den Schiffsführern beider Fahrzeuge bekannt sind."

Der Lotse der SONNEBERG beriet den Kapitän, das Fahrwasser vor der seewärts laufenden GROBNIK zu queren. Diese Beratung widersprach eindeutig den Forderungen des Rechtsfahrgebotes des § 22 Abs. 1 SeeSchStrO. Auf der Elbe bei Brunsbüttel bestand danach nur für nach See bestimmte Wegerechtschiffe eine Ausnahme, vom Rechtsfahrgebot abzuweichen. Zu dieser Kategorie gehörte keines der Entgegenkommer der SONNEBERG. Die Praktiken der Lotsen stuften schon vor diesem Seeunfall die Seeämter und das Bundesoberseeamt der BRD als unzulässig, gefährlich und vorschriftswidrig ein.
Zu diesem Problem führte 1966 das Bundesoberseeamt in der Fachzeitschrift »Hansa« aus: „Der Seelotse hat sich zu seiner Entschuldigung darauf bezogen, dass es vor Brunsbüttel auf einem seewärts fahrenden Schiff ein durchaus übliches Manöver sei, dann Bb.-Raum zu geben, wenn ein Gegenkommer aufdrehe, um auf der Nordost-Reede zu ankern. Man passiere dann Stb. zu Stb. Dieses Verfahren werde unter den Seelotsen bezeichnet: 'dem Schiff Bucht geben'. Demgegenüber stellt das Bundesoberseeamt fest, daß dieses beabsichtigte und durchgeführte Ausweichmanöver grundsätzlich zu beanstanden ist. Die Fahrweise, bei welcher 'dem Schiff die Bucht gegeben wird' setzt bei den örtlichen Verhältnissen vor Brunsbüttel unter Gegenkommern voraus, daß gesetzliche Bestimmungen verletzt werden müssen, deren Einhaltung im Interesse der Sicherheit dringend geboten ist.
Wird einem von See kommenden Fahrzeug mit Maschinenantrieb 'die Bucht gegeben' so verstoßen beide Schiffs-

führungen gegen Fahrregeln der SeeSchStrO ... Selbst wenn die an solcher Fahrweise beteiligten Schiffe einander vorher verständigen, bleibt das Verfahren des 'Buchtgebens' (d.h. Bb.-Raum zu geben, um Stb. zu Stb. zu passieren) gefährlich und vorschriftswidrig."
Zur Abgabe von Kursänderungssignalen hatte sich die Seekammer bereits in verschiedenen Sprüchen geäußert, so zuletzt in dem Spruch zum bereits genannten Seeunfall MS BLANKENBURG/MS KANGOUROU.
„Die Abgabe von vorgeschriebenen Signalen ist keine Ermessensfrage, der man folgen kann oder nicht, sondern sie müssen gegeben werden", stellte die Seekammer auch diesmal zu den nicht gegebenen Kursänderungssignalen der SONNEBERG fest.
Im Spruch der Seekammer heißt es schließlich: „Ursächlich für die Kollision war, daß MS 'Sonneberg' nach Passieren der Tonne 55 A das Fahrwasser querte, um die Lotsenversetzposition auf der NW-Zufahrt zum Nord-Ostsee-Kanal anzusteuern. Dabei lief MS 'Sonneberg' dem jug. Schiff vor den Bug ... Verantwortlich für die Schiffsführung auf MS 'Sonneberg' ist Kapitän ... Die Beratung des BRD-Lotsen ... entsprach nicht den Forderungen des § 4 Abs. 2 SeeSchStrO, so daß ein Mitverschulden des Lotsen vorliegt."

Die Tragödie auf dem Rio de la Plata

„La tragedia en el rio", so lautete die Schlagzeile einer argentinischen Zeitung, die über die Kollision eines DDR-Schiffes mit einem liberianischen Dampfschiff auf dem Rio de la Plata im September 1969 berichtete. Was war geschehen?
Im Rahmen des 1958 eröffneten Liniendienstes „DDR-Südamerika", ein Gemeinschaftsliniendienst der DSR mit der polnischen Reederei »Polski Line Oceaniczne« und der sowjetischen Reederei »Baltijskoe Morskoje Parachadstvo« unter der Bezeichnung BALTAMERICA, steuerte das MS SCHWARZBURG Ende September 1969, vom brasilianischen Hafen Santos kommend den argentinischen Hafen Buenos Aires an.
Der Kapitän und die nautischen Offiziere hatten sich in Santos gut auf das Fahrtregime auf dem Rio de la Plata vorbereitet. Am 25. September 1969 um 17 Uhr Bordzeit war Ende der Seereise und um 18.30 Uhr wurde der Maschinenbetrieb auf Dieselkraftstoff umgestellt. In Höhe des Feuerschiffes RECALADA kam um 19.52 Uhr der argentinische Lotse an Bord. Diesen wies der Kapitän in die Manövriereigenschaften und den Automatisierungsgrad des Schiffes ein. Die Navigations- und Kommandoanlagen sowie die Sicherheitseinrichtungen an Bord gehörten zur damaligen Zeit zu den modernsten ihrer Art.

MS SCHWARZBURG

MS SCHWARZBURG, Stückgutfrachter Typ XD
BJ: 1967
BW: VEB Warnowwerft Warnemünde
ID: DSR 31. Januar 1968
Reederei/Eigner zur Unfallzeit: VEB Deutsche Seereederei Rostock;
HHfn: Rostock
Flagge: GDR
BRT 5.364/NRT 2.962/tdw 8.210 (als Schutzdecker)
$L_{üa}$ 150,35 m, $B_{üa}$ 20,25 m, Tg (bel.) 7,24 m, v_D 17 kn
HM: Ein 2 Takt 8 Zyl. Motor,
Leistung: 8.238 kW (11.200 PS)
Hersteller: VEB Dieselmotorenwerk Rostock (Lizenz MAN)
SK-Nr. 06/71

Kapitän und Lotse vereinbarten für die Fahrt auf dem Rio de la Plata eine Geschwindigkeit von 15 Knoten. Um 20 Uhr erfolgte auf der Brücke und im Maschinenraum der planmäßige Wachwechsel. Von dieser Zeit an übernahm der Kapitän persönlich die Schiffsführung. Als Wachoffizier fungierte der III. Nautische Offizier. Ruder und Ausguck waren von je einem Matrosen besetzt. Die 20 bis 24 Uhr Wache im Maschinenraum leitete der III. Technische Offizier auf Station.
Die Maschinenanlage befand sich in einem einwandfreien und einsatzklaren Zustand, so dass es bei der Wachübernahme keine Unregelmäßigkeiten gab. Der Einsatz der Hauptmaschine erfolgte über die Brückenfernsteuerung.

Für die Navigation auf dem Rio de la Plata standen an Bord zur Verfügung:
- die britische Admiralitätskarte Nr. 1749 (1966), die Karte war auf den neuesten Stand berichtigt;
- das Seehandbuch des DHI Hamburg Nr. 2052, einschließlich der neuesten Nachträge, und – die Gezeitentafeln des DHI Hamburg Bd. II (1969).

Nach Vorausberechnungen auf der Grundlage der Gezeitentafeln, dem Seehandbuch und der Seekarte betrug der Wasserstand für die Zeit der Passage des Canal Punta Indio im Abschnitt El Codillo etwa 0,70 m über normal. Vom Lotsen erhielt der Kapitän keine Informationen über den zu erwartenden Wasserstand. Aus den auf der Seekarte eingedruckten Strompfeilen konnte entnommen werden, dass der Strom zunächst in nordwestlicher Richtung mit 1,25 kn (etwa 2,3 km/h) und später in nordwestlicher Richtung mit 1,75 kn (etwa 3,25 km/h) setzte. Die SCHWARZBURG befuhr den Canal Punta Indio bei auffrischenden Südwinden, die anfangs mit Stärke zwei, später mit Stärke vier wehten. Der Seegang nahm langsam von ruhiger auf leicht bewegte See zu. Der Himmel war bedeckt, die Sicht sehr gut. Bei Sonnenuntergang fand eine Kontrolle der vorgeschriebenen Lichter statt. Sie brannten hell und klar. Der Rudergänger hielt das Schiff mit dem Handruder auf den ihm angewiesenen Kreiselkompasskurs. Zur Gewährleistung der Sicherheit befanden sich beide Rudermaschinen parallel geschaltet in Betrieb. Die Schiffsführung orientierte sich nach den ausgelegten Leuchttonnen. In unregelmäßigen Abständen erfolgten die Standortbestimmungen mittels Radar. Die Passierzeiten der Tonnen, die Radarorte, die Kursänderungen und alle anderen Ereignisse vermerkte der Wachoffizier teils in der Seekarte, teils im Brückenbuch nach den von der Brückenuhr angezeigten Zeiten. Ein Manöverdrucker druckte automatisch die einzelnen Maschinenmanöver mit Zeitangaben aus.

Im Canal Punta Indio verschlechterten sich die Steuereigenschaften des Schiffes. Um es auf Kurs zu halten, musste der Rudergänger größere Ruderlagen legen. Er meldete dies dem Kapitän. Dieser führte den Umstand auf das Flachwasser zurück und ließ die Umdrehungen der Schraube von 115 U/min auf 95 U/min reduzieren. Da diese Maßnahme nicht den gewünschten Erfolg zeigte, wies er an, die Ballasttanks 1, 2 und 3 zu lenzen, was zu einem zunehmenden achterlichen Trimm des Schiffes führte. Im gleichen Maße verbesserte sich auch die Steuerfähigkeit der SCHWARZBURG, die um 21.40 Uhr wieder den Normalzustand erreichte. Nach einer auf der Brücke durchgeführten Berechnung betrug der achtere Tiefgang nunmehr 22 Fuß (6,71 m). Das veranlasste den Kapitän, die Umdrehungen der Schraube wieder auf 115 U/min zu beordern, was der Fahrtstufe „VH" entsprach. Das Schiff reagierte wieder gut auf alle Ruderlagen. Um 21.45 Uhr stand die SCHWARZBURG zwischen dem Tonnenpaar „Nr. 15". Nachdem dieses passiert war, sichtete der Kapitän zwei weiße Topplichter und ein rotes (Backbord) Seitenlicht eines entgegenkommenden Schiffes. Der

Abstand betrug etwa zwölf Seemeilen (22 km). Entsprechend dem Kanalverlauf und dem von Backbord einkommenden Wind und Strom ließ der Kapitän Kreiselkompasskurse zwischen 267° und 272° steuern. Etwa eine Seemeile vor dem Tonnenpaar „Nr. 20" reduzierte er wiederum die Schraubenumdrehungen auf 95 U/min.
Dem Schiffstagebuch der SAGITTARIUS zufolge musterten am 23. September 1969 der 1. Offizier, ein Ingenieur und ein Matrose wegen Dienstuntauglichkeit ab. Vor dem Auslaufen des Schiffes kam nur für den Matrosen Ersatz, während der 2. Nautische Offizier vom Kapitän zum 1. Nautischen Offizier umgemustert wurde. Die Funktion des Ingenieurs blieb unbesetzt.

DS SAGITTARIUS, Frachtschiff Typ Liberty ex NORTHPORT - 1966 ex MARIEL - 1957 ex MARIA LOS - 1955 ex SOUNION - 1949 ex E.A. PREDEN - 1947
BJ: 1943
BW: Houston S.B. Corp., Houston, Texas/USA
Reederei/Eigner zur Unfallzeit: Sagittarius Shipping Corp./SWZ; HHfn: Monrovia
Flagge: LIB
BRT 7.254/NRT 4.453/tdw 10.461
$L_{üa}$ 134,56 m, $B_{üa}$ 17,37 m, Tg (bel.) 8,56 m, v_D 10,5 kn
HM: Eine 3fach Expansionsmaschine 3 Zyl.,
Leistung: 1.839 kW
(2.500 PS);
Hersteller: Willamette Irn & Stl Corp., Portland, Oregon/USA

Am 25. September 1969, gegen 0.30 Uhr verließ das DS SAGITTARIUS, abgeladen mit 9.920 t Mais, die für Genua/Italien bestimmt waren, den argentinischen Hafen Buenos Aires. Nach Aussage des Kapitäns betrug beim Auslaufen aus Buenos Aires der Tiefgang achtern 29 Fuß 2 Zoll (8,89 m). An Bord befand sich die britische Admiralitätskarte 1749.
Neben dem Kapitän befanden sich noch der vormals 2. Offizier, der im Schiffstagebuch mit Auslaufen aus Buenos Aires als 1. Offizier geführt wird (die einzigen zwei Nautiker), und 21 Besatzungsmitglieder sowie der Hafenlotse und der Lotse für den Rio de la Plata an Bord. Um 3.35 Uhr ging man wegen Nebels in der Nähe der Hafeneinfahrt vor Anker.
Bei Sichtbesserung ließ der Kapitän den Anker hieven und setzte um 4.35 Uhr die Reise fort. Der Hafenlotse verließ das Schiff um 7.25 Uhr beim Feuerschiff INTERSECCION. Hier übernahm der Lotse für den Rio de la Plata die weitere Beratung der Schiffsführung. Bei Tonne „99" (km 99) wurde nochmals geankert, um einen günstigen Wasserstand für die Fahrt im Canal Punta Indio abzuwarten. Der Wachwechsel auf der SAGITTARIUS fand ebenfalls um 16 Uhr statt und der 1. Offizier übernahm als Wachleiter die Schiffsführung. Zwei Wachmatrosen befanden sich im Bereich der Brücke und lösten sich gegenseitig in bestimmten Zeitabständen als Rudergänger und Ausguck ab. Aufgrund einer um 18.45 Uhr durchgeführten Lotung ging man Anker auf und setzte die Fahrt mit „VV" in Richtung Feuerschiff RECALADA fort. Der Rudergänger steuerte nach dem Kreiselkompass.

Zum Sonnenuntergang führte das Schiff die Lichter eines in Fahrt befindlichen Maschinenfahrzeuges seiner Größe nach den KVR/60. Die an Bord festgestellten Wetter- und Seegangsverhältnisse stimmten mit denen auf der SCHWARZBURG prinzipiell überein. Laut Schiffstagebuch der SAGITTARIUS passierte das Schiff das Tonnenpaar „Nr. 24" um 21.55 Uhr. Auf der Höhe des Tonnenpaares „Nr. 23" kamen um 22.05 Uhr die Lichter – ein grünes (Steuerbord) Seitenlicht und zwei weiße Topplichter nahezu in Linie – eines entgegenkommenden Fahrzeuges in Sicht. Zur Lichterführung informierte der Lotse den 1. Offizier: „Das entgegenkommende Schiff fährt in Ballast und muß den Kanal vor dem Passieren beider Schiffe verlassen haben." Zu diesem Zeitpunkt standen beide Fahrzeuge etwa fünf Seemeilen (neun Kilometer) voneinander ab. Gegen 22 Uhr entließ der 1. Offizier den Ausguck zu einer Rauchpause unter Deck.

Das Digesto Maritimo y Fluvial (DMyF) enthält klare Regeln für das Befahren des Rio de la Plata. In den Artikeln 1495 und 1496 werden die „privilegierten Zonen" und die Begrenzung des Canal Punto Indio näher beschrieben. Nach Artikel 1947 DMyF war das MS SCHWARZBURG berechtigt, ausschließlich den Canal Punto Indio zu benutzen, da Schiffe mit 21 Fuß (6,40 m) und mehr Tiefgang, wie es in dem Artikel heißt „pflichtgemäß den Verlauf des Hauptkanals des 'Rio de la Plata' und entsprechenden privilegierten Zonen" zu folgen hätten. Auf der SAGITTARIUS dagegen waren die Bestimmungen des Artikels 1498 DMyF einzuhalten, wonach „zwischen den Tonnenpaaren Nr. 19 und Nr. 23 das auslaufende Fahrzeug seine Fahrt rechtzeitig reduzieren muß, damit das einlaufende Fahrzeug allein das Gebiet zwischen den Tonnenpaaren Nr. 19 und Nr. 23 befahren kann."

Um 22.10 Uhr strahlte der Sender „L.S.O.4." die Wasserstandsmeldung mit 1,34 m über Kartennull aus. Sie konnte weder auf der SCHWARZBURG noch auf der SAGITTARIUS Berücksichtigung finden, da der Abschnitt El Coldillo des Canal Punta Indio wenige Minuten später von ihnen befahren wurde. Der Tiefgang beider Schiffe betrug mehr als 21 Fuß (6,40 m). Sie waren deshalb verpflichtet innerhalb der Tonnenpaare zu steuern. Diese Verpflichtung unterstrich die Warnung Nr. 3, aufgedruckt auf der britischen Admiralitätskarte Nr. 1749, die besagt, dass die Tiefen des Rio de la Plata durch Wind und Seegang beträchtlich beeinflusst werden.

Das MS SCHWARZBURG passierte um 22.12 Uhr mit ca. zwölf Knoten das Tonnenpaar „Nr. 20". Von hier aus ließ der Kapitän Kursänderungen von zwei zu zwei Grad nach Steuerbord ausführen, bis der KrKK 290° erreicht war. Das Schiff folgte in dieser Phase willig den Ruderlagen.

Gegen 22.16 Uhr passierte die SCHWARZBURG das Tonnenpaar „Nr. 21", wobei es etwas südlich der Fahrwassermitte stand. Aus diesem Grund wies der Kapitän erneut eine Steuerbord-Kursänderung auf den KrKK von 293° an, um die rote Tonne des Tonnenpaares „Nr. 22" nahebei an Steu-

erbord passieren zu können. Da das Schiff nicht sofort auf die Ruderlage „Steuerbord 10°" reagierte, beorderte er nunmehr das Ruder auf „Hart Steuerbord", was der Rudergänger auch sofort ausführte. Dieses „Hart-Steuerbord-Rudermanöver" brachte auch nicht den gewünschten Erfolg. Daraufhin befahl der Kapitän um 22.18 Uhr „Maschine Stopp" und um 22.19 Uhr „ZV".
Drei mit einem Lichtsignal gekoppelte Töne mit dem Typhon zeigten das von der Brücke über das Notmanöverprogramm gefahrene Rückwärtsmanöver an. Entsprechend diesem Programm fand die Umsteuerung der Hauptmaschine bereits bei 30 U/min „Voraus" auf „Zurück" statt. Es folgte das erneute Anlassen der Maschine und ein beschleunigtes Hochfahren derselben durch die Automatik. Das „ZV-Manöver" konnte somit erst nach etwa 60 bis 80 Sekunden wirksam werden.
Während des Maschinenmanövers beorderte der Kapitän gleichzeitig den Ausguck gehenden Matrosen von der Brücke auf die Back zum Anker werfen. Der Lotse gab mit der Aldislampe (Handmorselampe nach dem Hersteller A. Aldis benannt) Gefahrensignale zum Gegenkommer, der sich von der SCHWARZBURG aus gesehen an Steuerbord voraus befand und seine Backbordseite zeigte. Beide Schiffe hatten sich bedrohlich genähert. Eine Kollision stand unmittelbar bevor. Der Matrose hatte inzwischen die Back erreicht. Um ihn vor der sich anbahnenden Gefahr zu schützen, erhielt er vom Kapitän die Weisung, sofort die Back zu räumen und auf die Brücke zurückzukommen. Die Maschine lief bereits auf „Zurück", das „ZV-Manöver" kam aber nicht mehr zum Tragen.

Um 22.21 Uhr bohrte sich zwischen dem Tonnenpaar „Nr. 22" das Vorschiff des MS SCHWARZBURG mittschiffs, Höhe Aufbauten und Maschinenraum in die Backbordseite des DS SAGITTARIUS. Der Kollisionsort lag nördlich der Fahrwassermitte. Der Kollisionswinkel betrug etwa 70°. Am Kreiselkompass der SCHWARZBURG lagen 294° an.
Während der Kollision lief die Maschine „ZV". Aufgrund dessen löste sich die SCHWARZBURG relativ schnell vom Kollisionsgegner und kam frei. Um 22.22 Uhr beorderte der Kapitän die Maschine auf „Stopp". Bootsalarm wurde ausgelöst und beide Boote klar zum Aussetzen gemacht. Eine Kontrolle des Schiffes ergab keinen Wassereinbruch. Um gegebenenfalls dem Kollisionsgegner Hilfe zu leisten, manövrierte der Kapitän die SCHWARZBURG aus dem Fahrwasser und ging mit dem Schiff um 22.40 Uhr südlich der weißen Tonne des Tonnenpaares „Nr. 22" vor Anker. Gleichzeitig erfolgte das Aussetzen des Steuerbord-Rettungsbootes, welches unter Führung des Ersten Offiziers zum Kollisionsgegner laufen sollte. Vor dem Ablaufen des Bootes las der Erste Offizier noch den Tiefgang des MS SCHWARZBURG vorn mit 17 Fuß 6 Zoll (5,33 m) und achtern mit 22 Fuß 6 Zoll (6,86 m) ab. Um 22.45 Uhr erreichte das Boot die durch die Kollision schwer beschädigte

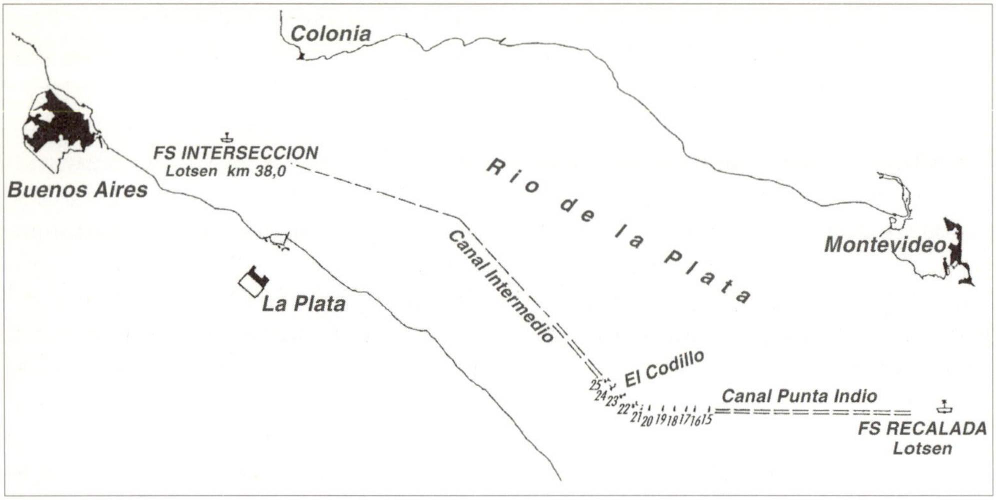

Übersichtsskizze zur Kollision des MS SCHWARZBURG mit dem DS SAGITTARIUS auf dem Rio de la Plata

SAGITTARIUS. Eine Evakuierung der Besatzung erachtete der Kapitän der SAGITTARIUS für nicht erforderlich.
Er ließ aber wissen, dass vier Besatzungsmitglieder vermisst seien. Das zur SCHWARZBURG zurückkehrende Rettungsboot nahm schließlich den gänzlich ölverschmierten und unter einem schweren Schock stehenden 3. Maschinisten der SAGITTARIUS mit. Ihm wurde auf der SCHWARZBURG erste Hilfe zuteil. Der Kapitän ließ die SAGITTARIUS von einem zusätzlichen, speziell eingewiesenen Ausguck beobachten und eine Meldung zur Warnung der Schiffahrt auf dem Rio de la Plata absetzen.

Aus der Perspektive des Unfallgegners trug sich folgendes zu:
Nachdem das DS SAGITTARIUS das Tonnenpaar „Nr. 23" passiert hatte, sichtete die Brückenwache kurz danach die Lichter des ihr entgegenkom-

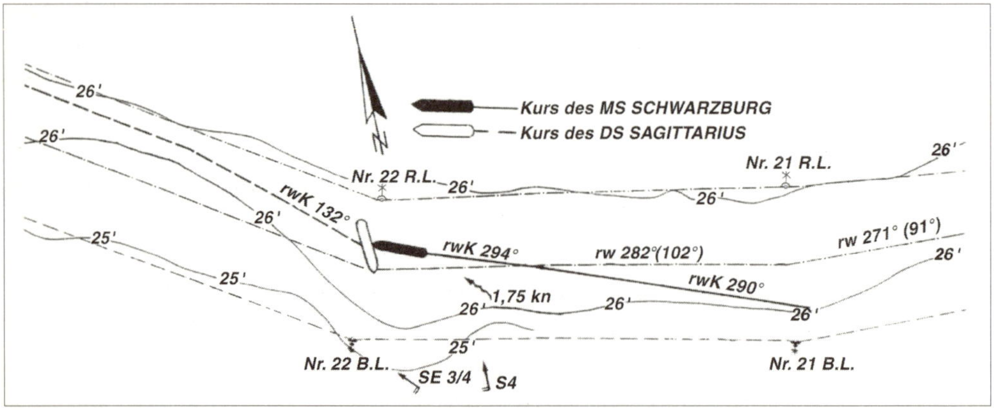

Angenäherte Lage der Schiffe zum Zeitpunkt der Kollision

menden MS SCHWARZBURG. In einem Abstand von etwa 0,75 sm (1,4 km) hörte man einen kurzen Ton. Diesen ließ der 1. Offizier bei gleichzeitiger Einleitung einer Steuerbord-Kursänderung um 2° auf den KrKK von 132° beantworten. Bei zunehmender Annäherung beider Schiffe vernahm man auf der Brücke vom Entgegenkommer nochmals einen kurzen Ton, dem weitere drei kurze Töne unmittelbar darauf folgten. Zu diesem Zeitpunkt hatten sich beide Schiffe so weit angenähert, dass die Gefahr einer Kollision unmittelbar bevorstand. Etwa zu dieser Zeit erschien der Kapitän der SAGITTARIUS auf der Brücke. Um einer Kollision aus dem Wege zu gehen, ließ er die Maschine stoppen und das Ruder auf „Hart Steuerbord" legen. Trotz dieses Manövers kam es um 22.21 Uhr beim Tonnenpaar „Nr. 22" zur Kollision zwischen beiden Schiffen. Der Bug des MS SCHWARZBURG traf die Backbordseite mittschiffs, Höhe Decksaufbauten und Maschinenraum des DS SAGITTARIUS. Der Kollisionsstoß war derart groß, dass der Steven der SCHWARZBURG in die SAGITTARIUS bis zu einem Viertel ihrer Breite eindrang und schwere Schäden verursachte. Die Außenhaut wurde über eine vertikale Länge von etwa 7,50 Meter keilförmig eingedrückt und von den Decksaufbauten bis hinunter zu den Flurplatten des Maschinenraumes aufgerissen, dabei auch einige Wohnkammern total zerstört. Durch das entstandene große Leck sowie weitere vertikale Risse in der Außenhaut, die durch Verformungen entstanden und bis unterhalb der Wasserlinie reichten, drang Seewasser in den Maschinenraum ein. In kurzer Zeit stand dieser unter Wasser.

Das Feuer unter dem Schiffsdampfkessel konnte noch vor der Kollision vom Kesselpersonal gelöscht werden. Der im Maschinenraum diensttuende 3. Maschinist hörte einen dumpfen Knall. Er sah wie die Backbord-Bordwand Höhe Mittelspant auseinander platzte und der Steven eines Schiffes unter gewaltigem Krachen in den Maschinenraum eindrang. Heizöl- und Wasserleitungen brachen, Kabelbahnen wurden zerstört. Auf dem eindringenden Seewasser breitete sich sogleich eine immer dicker werdende Heizölschicht aus. Ölverschmiert und durchnässt verließ der 3. Maschinist fluchtartig den Maschinenraum. Unter Schock stehend kam er später mit dem zur SCHWARZBURG zurückkehrenden Rettungsboot auf das DDR-Schiff, wo er seine Eindrücke von der Kollision zu schildern versuchte.

Durch die Gewalt des Aufpralles krängte die SAGITTARIUS stark nach Steuerbord über. Die Besatzungsmitglieder vermochten sich kaum zu halten. Einige stürzten zu Boden, andere wurden mit erheblicher Wucht gegen Schiffs- und Kammerwände sowie Schiffsausrüstungen und -inventar geworfen. Nach den ersten Schrecksekunden ließ der Kapitän der SAGITTARIUS den Backbordanker werfen und drei Schäkel Kette stecken. Einige Zeit später stellte er jedoch fest, dass der Anker nicht trägt und mit dem Flutstrom über den Grund schliert.

Das Schiff vertrieb bis in die Nähe der roten Tonne des Tonnenpaares „Nr. 24".

Das DS SAGITTARIUS kam nahe der roten Tonne des Tonnenpaares „Nr. 24" mit dem Vorschiff am Grund fest. Mittschiffs ist der Kollisionsbereich sichtbar. Am Achterschiff längsseits der Schlepper KAPITAN REY

Hier ließ er weitere drei Schäkel Kette stecken. Gleichzeitig kam die SAGITTARIUS mit dem Vorschiff auf dem Fahrwasserrand am Grund fest und blieb liegen. Ein Teil des Achterschiffes ragte in das Fahrwasser hinein. Bei einer inzwischen durchgeführten Vollzähligkeitskontrolle fehlten der 1. Maschinist, der Funker, ein Heizer und ein Maschinen-Assistent. Die Männer galten zunächst als vermisst. Später stellte sich heraus, dass sie im völlig zerstörten Kollisionsbereich des Schiffes den Tod gefunden hatten.

Um 23.55 Uhr informierte der Operativstab der Nationalen Marinepräfektur in Buenos Aires, der die Gesamtaufsicht über die La Plata Region ausübt, die Seepräfektur von La Plata über den schweren Seeunfall im Canal Punta Indio. Unverzüglich wies der Präfekt den Einsatz des Schleppers CAPITAN REY an. Dieser lief noch in der gleichen Nacht um 1.30 Uhr mit einer Expertengruppe der Präfektur, zwei Ärzten, einer Krankenschwester, einem Fotografen, einem Daktyloskopen sowie sechs Angehörigen des Rettungsdienstes aus La Plata zum Unfallort aus. Die Nationale Marinepräfektur verfügte zunächst die Schließung des Canal Punta Indio für die Schifffahrt. Später gab sie die Durchfahrt für Schiffe, die weniger als 25 Fuß (7,62 m) Tiefgang, andere Quellen sprechen von 20 Fuß (6,10 m) Tiefgang maßen, wieder frei. Die Bergung der Toten konnte vom Bordpersonal der SAGITTARIUS nicht vorgenommen werden. Erst mit dem Eintreffen des Schleppers CAPITAN REY konnten die Rettungskräfte die in den zerfetzten und verbogenen Metalltrümmern eingeschlossenen Verunglückten mit Hilfe von Schneidbrennern bergen.

Das MS SCHWARZBURG ging mit Erlaubnis der argentinischen Behörden am 26. September 1969 Anker auf. Es durfte aber nicht den Zielhafen Buenos

Aires anlaufen, sondern musste zum Zwecke weiterer Untersuchungen zum Unfallhergang den Hafen La Plata ansteuern.
Zusammenfassend stellte die Seekammer in ihren Entscheidungsgründen fest, dass die entscheidenden Voraussetzungen für das Eintreten der Kollision in der offenkundigen Verletzung der Verkehrsvorschriften „Digesto Maritimo y Fluvial", besonders Artikel 1498, durch das DS SAGITTARIUS zu suchen waren. Das DS SAGITTARIUS lief in den Kanalabschnitt zwischen den Tonnenpaaren „Nr. 19" und „Nr. 23" ein, obwohl das MS SCHWARZBURG sich bereits in diesem Abschnitt befand. Das DS SAGITTARIUS war verpflichtet, seine Fahrt rechtzeitig zu reduzieren, so dass das MS SCHWARZBURG diese Strecke allein befahren konnte. Die Tiefenverhältnisse zwischen den Tonnenpaaren „Nr. 23" und „Nr. 22" erlaubten der SAGITTARIUS nicht, die in Fahrtrichtung rechte Seite des Fahrwassers zu halten.
Das DS SAGITTARIUS befuhr die in Fahrtrichtung linke Seite des Fahrwassers und verstieß damit gegen Artikel 1498, Satz 1 der DMyF. Die 26 Fuß Tiefenlinie zwang das DS SAGITTARIUS, sich auf der in Fahrtrichtung linken Seite des Fahrwassers aufzuhalten und erst kurz vor dem Tonnenpaar „Nr. 22" die in Fahrtrichtung rechte Seite des Fahrwassers aufzusuchen. Dieses Manöver war nur mit einer durchgreifenden Kursänderung nach Steuerbord und durch Queren des Fahrwassers möglich. Damit verstieß das DS SAGITTARIUS gegen Artikel 25 KVR/60 und schuf die unmittelbaren Ursachen für die wenig später eintretende Kollision. Möglicherweise wäre bei Anwesenheit des Kapitäns auf der Brücke das Einlaufen in den für die SAGITTARIUS gesperrten Fahrwasserabschnitt – das MS SCHWARZBURG befand sich bereits in diesem – unterblieben. Entgegen den Bestimmungen des Artikels 1033 DMyF erschien der Kapitän aber erst kurz vor der Kollision auf der Brücke. Außerdem befand sich der Ausguck ab 22 Uhr unter Deck zu einer Rauchpause.

Das MS SCHWARZBURG befuhr gemäß Artikel 1497 DMyF zu Recht den Kanal, da das Schiff über 21' (Fuß) Tiefgang hatte. Die Schiffsführung konnte grundsätzlich damit rechnen, dass entgegenkommende Schiffe die Vorschriften für den Kanal einhalten und somit keine Begegnung mit einem anderen Schiff im Abschnitt zwischen den Tonnenpaaren „Nr. 19" und „Nr. 23" zu erwarten war.
Das MS SCHWARZBURG hatte durch Ruder- und Maschinenmanöver (zwischen dem Tonnenpaar „Nr. 22") den nördlichen Teil des Fahrwassers erreicht. Hätte die SAGITTARIUS den südlichen Teil des Fahrwassers befahren, wäre es zu keiner Kollision gekommen. Sie lag aber quer im Fahrwasser. Der später von Experten ermittelte Kollisionswinkel von 63° bestätigte die Lage der Schiffe zueinander zum Zeitpunkt der Kollision.
Die Seekammer verhandelte diesen Seeunfall am 19. Februar 1971. In ihrem Spruch stellte sie fest: „Die auf MS 'Schwarzburg' gemäß Art. 29 SSO (KVR/60) eingeleiteten Manöver ent-

sprachen der gegebenen Sachlage und sind nicht zu beanstanden. Sie konnten jedoch die Kollision nicht verhindern. Auch die nach der Havarie eingeleiteten Maßnahmen entsprachen den Erfordernissen. Ein Verschulden des Kapitäns ... sowie des III. Nautischen Offiziers ... liegt nicht vor."

Es bleibt nachzutragen: Am 27. September 1969, dem übernächsten Tag nach dem Seeunfall, berichtete eine argentische Zeitung in einem langen vierspaltigem Beitrag mit der Überschrift »Trajeron a la Plata a 2 de las victimas del choque de buques« (2 Opfer des Schiffsunglücks nach La Plata überführt): „Der argentinische Lotse des deutschen Schiffes informierte darüber, dass an Bord des Schiffes zwei Tote seien und er Kenntnis davon hätte, dass vier Besatzungsmitglieder des liberianischen Frachters vermisst würden, außerdem gäbe es Verletzte." Sofort griffen die Medien in Westeuropa diese Meldung auf und verbreiteten sie. Diese Halbwahrheit gelangte auch in die DDR. Der Generaldirektor der DSR sah sich deshalb veranlasst, am 3. Oktober 1969 die Angehörigen der Besatzung des MS SCHWARZBURG in einem Telegramm über den Seeunfall zu informieren und teilte ihnen mit, dass auf dem Schiff niemand zu Schaden gekommen sei.

Die gesamte Besatzung der SCHWARZBURG wurde von den argentinischen Behörden erkennungsdienstlich erfasst und nahezu alle Besatzungsmitglieder, auch wenn sie keinen Einfluss auf die

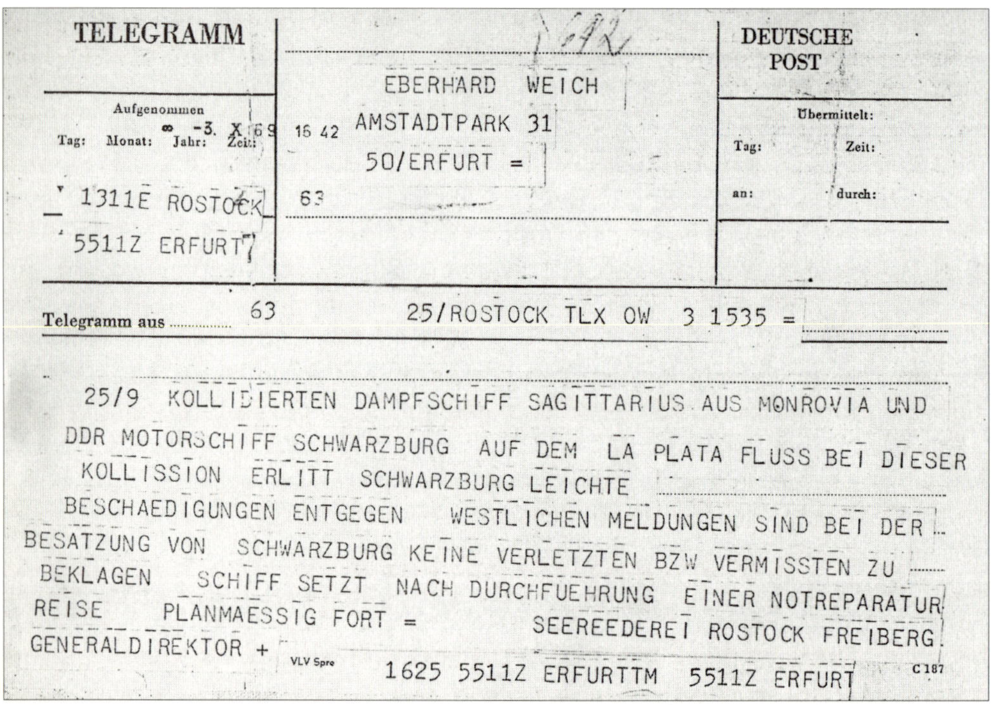
TELEGRAMM

DEUTSCHE POST

Aufgenommen
Tag: Monat: Jahr: Zeit: -3. X 69 16 42

EBERHARD WEICH
AMSTADTPARK 31
50/ERFURT =

Übermittelt:
Tag: Zeit:
an: durch:

1311E ROSTOCK
5511Z ERFURT
63

Telegramm aus 63 25/ROSTOCK TLX OW 3 1535 =

25/9 KOLLIDIERTEN DAMPFSCHIFF SAGITTARIUS AUS MONROVIA UND DDR MOTORSCHIFF SCHWARZBURG AUF DEM LA PLATA FLUSS BEI DIESER KOLLISSION ERLITT SCHWARZBURG LEICHTE BESCHAEDIGUNGEN ENTGEGEN WESTLICHEN MELDUNGEN SIND BEI DER BESATZUNG VON SCHWARZBURG KEINE VERLETZTEN BZW VERMISSTEN ZU BEKLAGEN SCHIFF SETZT NACH DURCHFUEHRUNG EINER NOTREPARATUR REISE PLANMAESSIG FORT = SEEREEDEREI ROSTOCK FREIBERG GENERALDIREKTOR +

VLV Spre 1625 5511Z ERFURTTM 5511Z ERFURT C187

Telegramm vom Generaldirektor Freiberg an die Angehörigen der Besatzungsmitglieder des MS SCHWARZBURG

Schiffsführung unmittelbar oder mittelbar hatten, zum Hergang des Seeunfalles vernommen.

Der III. Nautische Offizier und die beiden Matrosen, die zum Zeitpunkt der Kollision Ausguck und Ruder gingen, durften erst nach drei Monaten, der Kapitän nach fast einem Jahr, Argentinien verlassen. In dieser Zeit mussten sie sich den Untersuchungsorganen zur Verfügung halten.
Nach dem Leichtern und notdürftigen Abdichten der SAGITTARIUS brachten Schlepper das Schiff nach Buenos Aires. Hier lag es einige Zeit. In Fahrt kam das Liberty-Schiff nicht wieder. Es soll schließlich abgewrackt worden sein.
Das hohe Alter des Schiffes – fast 30 Jahre – und der durch die Kollision entstandene große Schaden, vor allem im Maschinenbereich, scheinen für die Verschrottung den Ausschlag gegeben haben.

Aus der Klappe des Suezscheinwerfers des MS SCHWARZBURG hängen noch Metallteile des DS SAGITTARIUS

Das geleichterte DS SAGITTARIUS im Hafen von Buenos Aires. Backbordseite mittschiffs der Kollisionsbereich

Nach Nebelkollision im Drogdenfahrwasser gesunken

„Der Entgegenkommer rammte und versenkte den Fischkutter wegen eines vorschriftswidrigen Backbordmanövers."
Bevor die Einzelheiten dieses Seeunfalles geschildert werden, soll ein Exkurs in die Geschichte der Kollisionsverhütungsregeln (KVR) der letzten 40 Jahre gegeben werden.

Die Anlage B der Schlussakte der Internationalen Konferenz von 1960 zum Schutz des menschlichen Lebens auf See enthielt die überarbeiteten Regeln zur Verhütung von Zusammenstößen auf See von 1951 (KVR/48). Eine Bearbeitung der 1960 beschlossenen Regeln zur Verhütung von Zusammenstößen auf See (KVR/60) wurde dem Unterausschuss der Intercovermental Maritime Consultative Organization (IMCO) – Zwischenstaatliche Beratende Seeschiffahrtsorganisation – mit dem Auftrag übertragen, eine weitere Revision der Regeln vorzuschlagen. Das Ergebnis dieser Arbeit erhob man auf einer Staatenkonferenz am 20. Oktober 1972 in den Rang einer Internationalen Konvention (KVR/72).

Damit waren zugleich erforderliche Veränderungen nicht mehr Beratungsgegenstand der Internationalen Konferenz zur Überarbeitung des Schiffssicherheitsvertrages. Die Internationalen Regeln KVR/72 traten am 15. Juli 1977 weltweit in Kraft. (Die DDR setzte die Regeln KVR/60 mit Wirkung vom 1. Januar 1966 und die der Konvention KVR/72 mit Wirkung vom 15. Juli 1977 in Kraft.) Die Regel 16 KVR/60 enthält generelle Verhaltensregeln für Schiffsführer bei schlechter Sicht, die in dem nachstehend geschilderten Fall missachtet wurden:

„a) Ein Fahrzeug oder ein Wasserflugzeug auf dem Wasser muß bei Nebel, dickem Wetter, Schneefall, heftigen Regengüssen oder anderen Umständen, welche die Sicht in ähnlicher Weise beeinträchtigen, mit sorgfältiger Rücksicht auf die gesamten obwaltenden Umstände mit mäßiger Geschwindigkeit fahren.

b) Ein Maschinenfahrzeug, das anscheinend vorlicher als querab das Nebelsignal eines Fahrzeuges hört, dessen Lage und Verhalten nicht auszumachen sind, muß die Maschine stoppen soweit die Umstände es zulassen, und dann vorsichtig manövrieren, bis die Gefahr des Zusammenstoßens vorüber ist.

c) Ein Maschinenfahrzeug, das ein anderes Fahrzeug vor dem Hören des Nebelsignals oder vor dem optischen Sichten vorlicher als querab ortet, darf frühzeitig und durchgreifend handeln, um den Nahbereich zu meiden; ist dies jedoch nicht möglich, so muß es die Maschine rechtzeitig stoppen, soweit die Umstände es zulassen, und dann vorsichtig manövrieren, bis die Gefahr des Zusammenstoßes vorüber ist."

Regel 16 c, Satz 1 KVR/60 kann im weitesten Sinne als Fahrregel im Nebel gelten. Allerdings ist die Zahl der Informationen, die das Radargerät liefert, geringer als bei optischer Sicht.

Kurs und Geschwindigkeit des Gegners können zwar mit ausreichender Genauigkeit festgestellt werden, es fehlen aber Informationen über Fahrzeugtyp und augenblickliches Verhalten. Die bewährten und eindeutigen Ausweichvorschriften für das Verhalten bei klarer Sicht können daher im Nebel nicht angewandt werden. Dennoch entstammt eine Grundregel bei Nebel der Situation bei klarer Sicht: den Kurs beim Ausweichen im Nebel grundsätzlich nur nach Steuerbord zu ändern (Regel 18, 19, 25a). Auch beim Manöver des letzten Augenblicks ist generell nur eine Kursänderung nach Steuerbord erlaubt. Von diesem Grundsatz sollte man auch bei einer Maßnahme nach Art.16 c KVR/60 nicht abweichen, soweit man mit einer Kursänderung versucht, den Nahbereich zu meiden oder in einem begrenzten Fahrwasser einander auf stevenrechten Kursen begegnet.

Bereits bei der Überarbeitung und Ergänzung der Regeln KVR/60 wurde im Entwurf zur Regel 19d KVR/72 formuliert: „Wenn der Kurs gegenüber einem Fahrzeug vorlicher als querab geändert wird, muß eine Kursänderung nach Backbord soweit als möglich vermieden werden, es sei denn, daß das andere Fahrzeug überholt wird."

Die im Folgenden beschriebene Kollision zwischen dem Kutter SAS-312 DORNHAI, 133 BRT, und dem sowjetischen Logger PU-4428 KOKNESE (Bauwerft: Volkswerft Stralsund, 262 BRT) ereignete sich am 22. Mai 1973 im Drogdenfahrwasser (SK-Nr.44/73). Aufgrund des eingetretenen Lecks sank der Fischkutter SAS-312 auf der Position 55°43,3´N, 12°41,5´E. Der Seekammer diente zur Feststellung des Tatbestandes der Havariebericht des Kapitäns des Kutters SAS-312, die Vernehmungen des Kapitäns und des Steuermanns (EO), des Bestmanns und des Maschinen-Assistenten sowie die Vernehmungen des Kapitäns und des Steuermanns vom Tuckpartner (zweites Fahrzeug bei Gespannfischerei) SAS-274 HAVEL. Weiterhin lagen der Seekammer die Identitätsmaße und Angaben über die Ausrüstung des Kutters SAS-312 und des sowjetischen Loggers PU-4428 vor. Es dienten zur Klärung des Seeunfalls die von beiden Kapitänen angefertigten Skizzen und Kurzberichte sowie die Berichte des Havarieexperten des dänischen Lloyd's über die Lage des Wracks nach der Kollision, über die Höhe des entstandenen Schadens an SAS-312 und über den Kollisionswinkel. Ferner standen der Wetterbericht des in der Nähe des Unfallortes liegenden Flugplatzes von Kopenhagen für die Zeit von 4 Uhr bis 7 Uhr MEZ des 22. Mai 1973 und die Schiffstagebücher der Kutter SAS-312 und SAS-274 der Seekammer zur Verfügung. Aus den Tagebüchern beider Kutter konnte das Passieren der einzelnen Tonnen im Drogdenfahrwasser rekonstruiert werden. Es ließ sich errechnen, dass das Fahrwasser mit Geschwindigkeiten zwischen fünf und neun Knoten befahren wurde. Aus den Aussagen der Wachhabenden geht außerdem hervor, dass während der Fahrt mehrere entgegenkommende Fahrzeuge geortet und auch in genügendem Abstand Backbord zu Backbord passiert wurden. In der Beweisaufnahme erklärte der Kapitän des Kutters SAS-312, er habe den Maschinen-Assistenten angewiesen, den Hilfsdiesel zu starten, um bei weiterer Verringerung der Fahrt keinen Stromausfall am Wellengenerator zu riskieren. Die Fahrt wurde nunmehr auf 280 U/min reduziert und betrug viereinhalb Knoten.

Nach einer weiteren Ortung, die zeigte, dass beide Schiffe einander klar Backbord zu Backbord passieren müssten, verließ der Kapitän die Brücke und betrat die Toilette.

Den Gegenkommer hatte der Steuermann um 6.25 Uhr ca. drei Grad Backbord voraus in zwei Seemeilen Entfernung geortet. Er änderte den Kurs zwanzig Grad nach Steuerbord. Da der Gegenkommer im Radar weiter auf SAS-312 zukam, wurde um 6.31 Uhr die Fahrt bis auf „Standgas" reduziert. Nunmehr kam der Gegenkommer in etwa 30° bis 40° an Backbord in Sicht. Das Schiff lief stevenrecht auf SAS-312 zu. Der Steuermann des Kutters ließ das Ruder „Hart Steuerbord" legen und erhöhte die Drehzahl der Maschine auf „VV". Er hatte noch den Eindruck, dass der Gegner nach Backbord drehte, weil sein achterer Mast nach Backbord auswanderte.

Mit hoher Fahrt kollidierte der Gegner den Kutter SAS-312 hinter der Nock in einem Winkel von ungefähr siebzig Grad. Der Bericht des Kapitäns des sowjetischen Loggers PU-4428 lautet in deutscher Übersetzung: „22. Mai 06.55 Uhr gehen auf halbe Fahrt. 07.21 Uhr (Bordzeit) passieren Tonne 21 querab. Gehen auf Kreiselkurs 175°. Im Radar zwei Ziele in Sicht, Nebelsignale sind nicht zu hören, die Ziele liegen an Steuerbord, fahren mit altem Kurs weiter, indem wir 10° nach Backbord vorhalten. In einer Entfernung von 2,5 Kabellängen bis zum Ziel kam SAS-312 in Sicht, der hart Steuerbord auswich, deshalb gingen wir auf Stopp, legten das Ruder auf Hart Steuerbord und Maschine auf ZV. Um 7.30 Uhr kollidierte unser Vorsteven in Höhe Maschinenraum Nähe Achterpiek mit dem Kollisionsgegner. Infolge der Kollision bekam SAS-312 ein Leck und versank auf der Position 55°43,3´N und 12°41,5´E. Bordzeit + 2 Stunden GMT."

Dieser Beschreibung hatte der Kapitän eine Handskizze beigefügt, aus der der Kurs seines Schiffes und die Kursänderung um zehn Grad nach Backbord sowie die Kursänderung des Kutters SAS-312 nach Steuerbord hervorgeht.

Wie konnte es zur Kollision zwischen dem Logger und dem Kutter kommen? SAS-312 ortete den Logger an Backbord voraus, der Logger den Kutter an Steuerbord voraus. Die Antwort auf diesen scheinbaren Widerspruch gibt der Vergleich beider Kurse auf der Karte. Der Logger fuhr einen Kurs von 175°. Aus der Seekarte entnimmt man jedoch, dass der Kurs 180° betragen müsste. SAS-312 fuhr einen Kurs von 360°. Während der Kutter sich auf der richtigen (rechten) Seite des Fahrwassers befand, geriet der Logger immer weiter auf die falsche Seite des Weges.

Stellt man die Lage beider Fahrzeuge zueinander zeichnerisch dar, so ist zu erkennen, dass der Logger den Kutter an seiner Steuerbordseite und der Kutter den Logger an seiner Backbordseite orten musste. Daraufhin wurde auf dem Logger der Kurs um zehn Grad nach Backbord, also zur falschen Seite geändert. In dieser Änderung lag die Ursache der Kollision. Um 6.35 Uhr stießen beide Schiffe zusammen. Am Unfallort betrug die Wassertiefe fünfzehn Meter. Beide Fahrzeuge kamen sofort voneinander frei. Die Unfallstelle lag am Rande des weißen Sektors des Leuchtfeuers vom Drogden, damit für SAS-312 auf der richtigen (Steuerbord) Seite des Fahrwassers.

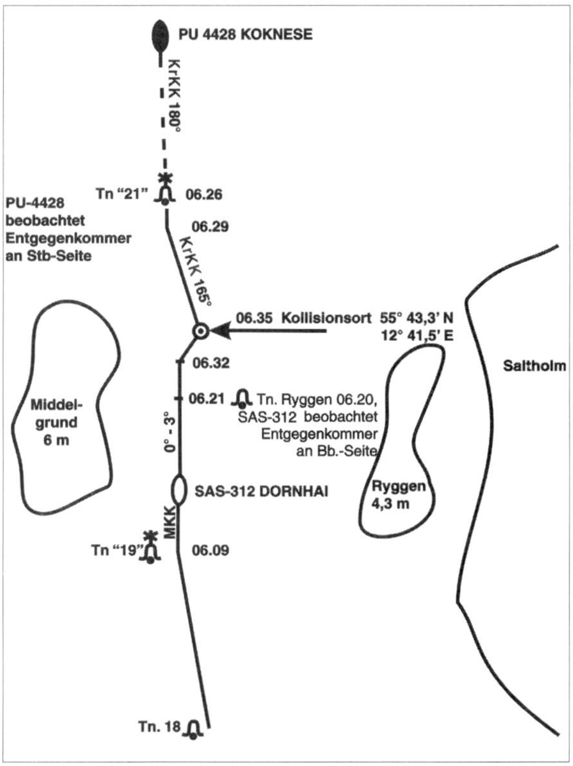

Darstellung der Kollision des Kutters SAS-312 DORNHAI mit dem Logger PU-4428 KOGNESE/USR

Der gesunkene Kutter SAS-312 DORNHAI

Ein großes Leck befand sich unterhalb der Wasserlinie. Das Umtrimmen der an Oberdeck befindlichen Salzfässer brachte keinen Erfolg. Das Leck kam nicht aus dem Wasser, die Lenzeinrichtung konnte der eindringenden Wassermassen nicht Herr werden. Nach drei Minuten, um 6.38 Uhr, war der Kutter SAS-312 so weit gesunken, dass nur noch Teile der Back und des Vorstevens aus dem Wasser ragten. Wenig später verschwand der Kutter völlig. Die Besatzung war vorher auf den Tuckpartner SAS-274 übergestiegen. Schiffstagebuch, Brückenbuch und Seekarte konnten gerettet werden.
Die Seekammer stellte das Nichtverschulden des Kapitäns und des Steuermanns von SAS-312 fest.
Der Kutter wurde später wieder gehoben und in Fahrt gesetzt.
Nach Klärung des geschilderten Kollisionshergangs beglich die sowjetische Reederei OKEAN-RYBFLOT die Höchsthaftungssumme.

Plötzlich schob sich ein hochaufragendes Vorschiff aus dem Nebel

Von den, im Rahmen des Bauprogrammes „KüMo 840 tdw" von der Peene-Werft Wolgast, seit Ende der 1950er bis Anfang der 1960er Jahre gebauten 25 Schiffen, kaufte die Demokratische Republik Vietnam die ALGENIB (Bau Nr. 63) und SCHEDIR (Bau-Nr. 66). Abweichend von den anderen Schiffen dieses Typs erhielten die ALGENIB und SCHEDIR in Norwegen die von vietnamesischer Seite gewünschten norwegischen Schiffskrane. Am 20. April 1960 übernahm zunächst die DSR beide Schiffe in ihre Flottenliste.

Die Vorbereitung der Überführungsfahrt beider Küstenmotorschiffe nach Vietnam sei aus einem Beitrag mit dem Titel „Die 840er KüMos" von Dieter Strobel und Heinz Brodersen wiedergegeben.

„Im Kaufvertrag war vereinbart worden", so erinnert sich der I. Offizier Rolf Schilling, „daß die Schiffe von DDR-Besatzungen nach Haiphong zu bringen sind. Die Besatzung stieg in Wolgast in der Werft auf und nahm an der Werftprobefahrt teil. Nach der Beseitigung der Restpunkte sollte die Reise unter folgenden flaggenrechtlichen Kennzeichen durchgeführt werden: Flagge DDR, Heimathafen Haiphong, Eigentümer DDR (Peene-Werft). Das ging natürlich nicht. So wurde vor der Abfahrt der Heimathafen in 'Rostock' umbenannt. Dieser neue Heimathafen wurde auf ein Blech geschrieben, mit dem der Name 'Haiphong' verdeckt worden ist. In Vietnam ist dieses Blech dann abgeschlagen worden und der Heimathafen Haiphong war wieder sichtbar. Auch alle Schiffspapiere mußten so geändert werden, daß Flagge, Eigentümer und Heimathafen übereinstimmten."

MS ALGENIB, Küstenmotorschiff Typ 840
BJ: 1958 - 1960
BW: VEB Peene-Werft Wolgast
ID: DSR 20. April 1960
Reederei/Eigner zur Unfallzeit: VEB Deutsche Seereederei Rostock;
HHfn: Rostock
Flagge: GDR
BRT 617/NRT 230/tdw 840
$L_{üa}$ 59,43 m, $B_{üa}$ 9,83 m, Tg (bel.) 3,66 m, v_D 10 kn
HM: Ein 4 Takt 8 Zyl. Motor,
Leistung: 405 kW (550 PS);
Hersteller: VEB Schwermaschinenbau »Karl Liebknecht« Magdeburg
SK-Nr. 51/60

Bereits sieben Tage nach der Indienststellung, am 27. April 1960, verließ die ALGENIB Warnemünde zur Überführungsfahrt nach Haiphong, wo sie Mitte Juli 1960 übergeben werden sollte. In Warnemünde hatte das KüMo noch ca. 80 t Gips (in Fässern) und Sportgeräte (eine Spende der FDJ für Vietnam) übernommen.

Am 28. April füllte die ALGENIB in Kiel-Holtenau den Schmierölbestand auf und lief am 30. April den niederländischen Hafen Sluiskil, am »Kanaal van Terneuzen naar Gent« gelegen, zur Ladungsvervollständigung (etwa 500 t Sackgut) an. Diesen Hafen verließ das Schiff am 5. Mai 1960 zur Weiterfahrt. Zur weiteren Ergänzung des Proviant- und Trinkwasserbestandes machte das Schiff noch einmal im Hafen von Gibraltar fest. Die Übernahme erfolgte zügig, so dass es bereits am nächsten Tag wieder auslaufen konnte. Der Kurs führte entlang der algerischen Küste. Am 13. Mai 1960 stand das Schiff am Westeingang des Canal de la Galite (Qanat Djalita). Diese Meerenge trennt die Banc de la Galite, auf der sich die Insel La Galite erhebt, von der Nordküste Tunesiens. Sonniges Wetter und gute Sicht sowie leichte bis mäßige Winde aus westlichen Richtungen hatten den bisherigen Reiseverlauf bestimmt. Plötzlich verkroch sich die Sonne hinter grauem Dunst und um 14.27 Uhr Bordzeit zogen urplötzlich Nebelschwaden auf. Die Sichtweite ging auf 300 bis 500 Meter zurück. Auf der Back zog ein Ausguck auf. Die Positionslichter wurden eingeschaltet und Nebelsignale gegeben. Der Kapitän reduzierte die Fahrt auf „VH", was mäßiger Geschwindigkeit entspricht, und informierte den Maschinenfahrstand vom Übergang auf Nebelfahrt. Der Wind hatte inzwischen auf Nord gedreht und wehte fast unmerklich mit Stärke eins. Etwa zweieinhalb Stunden später, um 16.35 Uhr, glaubte man auf der Brücke an Backbord voraus ein schwaches Nebelsignal zu hören.

Sein langer Ton deutete auf ein in Fahrt befindliches Fahrzeug mit Maschinenantrieb hin, welches Fahrt durch das Wasser macht. Das veranlasste den Kapitän, die Fahrt weiter auf „VL" zu vermindern.

Zu dieser Zeit lag auf der ALGENIB ein KrKK von 83° an. Um die Fahrt vollständig aus dem Schiff zu nehmen, legte der Kapitän den Maschinentelegraf auf „Stopp". Er befolgte damit Artikel 16 (b) der damals gültigen KVR/48, in dem es hieß:

„Ein Fahrzeug mit Maschinenantrieb, das anscheinend vorlicher als querab das Nebelsignal eines Fahrzeuges hört, dessen Lage nicht auszumachen ist, muß, wenn es die Umstände gestatten, seine Maschine stoppen und dann vorsichtig manövrieren, bis die Gefahr des Zusammenstoßes vorüber ist."

Um 17.03 Uhr vernahm man wiederum ein Nebelsignal, nun aber schon etwas deutlicher. Diesmal hörte die Brückenwache zwei lange Töne, was gemäß Artikel 15 (c) (ii) KVR/48 bedeutete, dass es sich um ein Fahrzeug mit Maschinenantrieb handelt, „... das in Fahrt ist, aber seine Maschine gestoppt hat und keine Fahrt durchs Wasser macht", oft werden diese zwei Töne auch als „Treibsignal" bezeichnet. Die ALGENIB machte zu diesem Zeitpunkt ebenfalls keine Fahrt mehr durch das Wasser und antwortete mit dem gleichen Signal.

Mit einem Mal brach um 17.05 Uhr, etwa 10° bis 15° an Backbord voraus, ein hochaufragendes Vorschiff aus dem Nebel. Der Abstand betrug etwa 500 Meter. Das Schiff schob, entgegen dem gehörten Signal, eine hohe Bugwelle vor sich her. Der Kapitän der ALGENIB versuchte mit verschiedenen Maschinen- und Rudermanövern von diesem direkt anlaufenden Schiff freizukommen. Die Manöver ließ er mit den entsprechenden Schallsignalen anzeigen. Erst als das auf Kollisionskurs anlaufende Schiff sich ungefähr auf 80 Meter an das Küstenmotorschiff angenähert hatte, hörte man auf der Brücke der ALGENIB drei kurze Töne mit der Bedeutung: „Meine Maschine läuft rückwärts." Gleichzeitig drehte das große Schiff nach Backbord direkt auf das Küstenmotorschiff zu. Der Kapitän der ALGENIB beorderte daraufhin den Maschinentelegrafen auf „VV" und das Ruder auf „Hart Backbord", um die nunmehr unvermeidlich gewordene Kollision abzuschwächen. Um 17.07 Uhr Bordzeit traf auf der Position 37°15'N, 8°30'E der Vorsteven des Kollisionsgegners die Backbord-Bordwand des MS ALGENIB ungefähr drei Meter vor dem Heck. Der Kollisionswinkel betrug 20°. Nach eingehender Kontrolle des Schiffes, bei der die Besatzung keinen Wassereinbruch und keine Gefahr für die Seetüchtigkeit feststellte, ging der Kapitän mit der ALGENIB auf Gegenkurs, um mit dem Kollisionsgegner Verbindung aufzunehmen. Der Kollisionsgegner antwortete jedoch nicht auf die akustischen Signale und entfernte sich weiter vom Unfallort. Daraufhin setzte das MS ALGENIB die Reise Richtung Suez-Kanal fort. In dieser Phase gelang eine Verbindungsaufnahme über Funk. Dabei stellte sich heraus, dass es sich um den Motortanker CYGNUS, Rufzeichen SVZE, Heimathafen Piräus, handelte. Die Navigationsausrüstung umfasste u.a. eine Peilfunkanlage, eine Kreiselkompassanlage, einen Echograf, ein Radargerät und eine Funkanlage.

Der mit ca 10.000 t reinem Bezin beladene MT CYGNUS auf Kollisionskurs. Aufgenommen aus dem Bullauge der Motorenwärter-Kammer der ALGENIB, die sich 18 m vor dem Heck be-fand. Die Aufnahme entstand etwa 40 Sekun-den vor der Kollision, kurz vor der Alarmierung der Besatzung

MT CYGNUS, Motortanker
BJ: 1954
BW: Furness S.B. Ltd., Haverton Hill-on-Tees/GBI
Reederei/Eigner zur Unfallzeit: Soc. Transoceanica Canopus S.A./GRC;
HHfn: Piräus
Flagge: GRC
BRT 10.860/NRT 6.134/tdw 16.260
$L_{üa}$ 160,03 m, $B_{üa}$ 20.67 m, Tg (bel.) 9,15 m, v_D 13,5 kn
HM: Ein 2 Takt 5 Zyl. Motor,
Leistung: ?
Hersteller: Richardsons Westgarth, Hartlepool/GBI

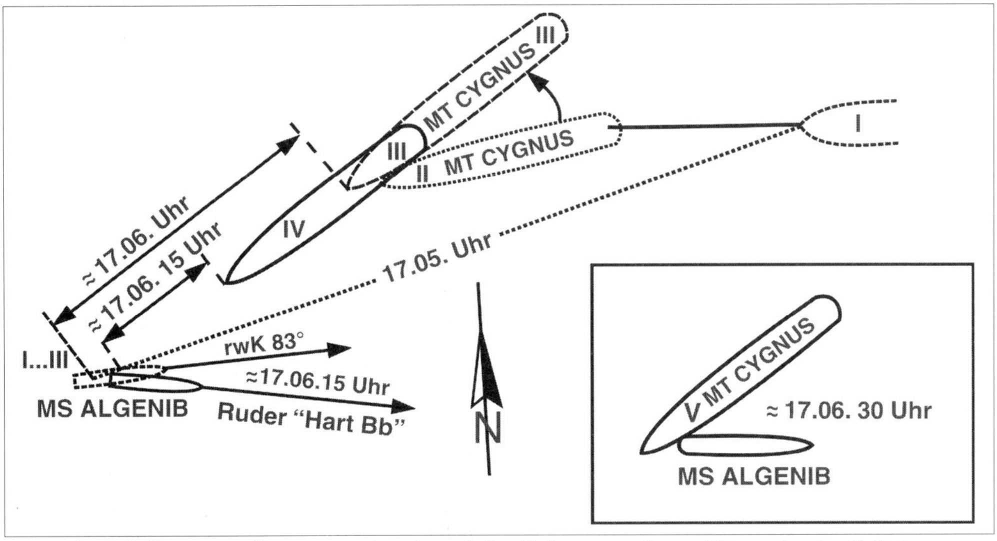

Lage der Schiffe unmittelbar vor und während der Kollision und zum Zeitpunkt der Kollision

Am 19. Mai 1960 erreichte das MS ALGENIB den Hafen Port Said/Ägypten, wo es zur Reparatur der entstandenen Schäden eine Werft anlaufen musste.

Die folgenden Reiseabschnitte waren Aden, Colombo, Singapore und Hoi Ho an der Nordküste der Insel Hainan/Volksrepublik China. Ohne weitere Zwischenfälle erreichte das MS ALGENIB am 7. Juli 1960 seinen Zielhafen Haiphong. Der Flaggenwechsel und die Übergabe der ALGENIB an die Demokratische Republik Vietnam (Ministerium für Post und Transport) erfolgte am 15. Juli 1960. Ihr neuer Name lautete fortan DOC LAP mit Heimathafen Haiphong.

Die Seekammer akzeptierte in ihrer Verhandlung am 7. September 1960 in diesem speziellen Falle das Backbordmanöver des Kapitäns, trug es doch wesentlich zur Kollisionsabschwächung bei und verhinderte einen Großschaden, wenn nicht gar den Totalverlust des Küstenmotorschiffes. Die Seekammer wertete das Manöver als Manöver des letzten Augenblicks und stellte fest: „Ein Verschulden an dem Zusammenstoß beider Schiffe im nautischen Sinne liegt von seiten der Schiffsleitung des MS ‚Algenib' nicht vor."

Die folgenschwere Kollision zwischen MS HEINRICH HEINE und MS MATARAM

Bis zum Ostersonntag 1988 waren es nur noch wenige Tage. Gut vertäut lag das MS HEINRICH HEINE an seinem Liegeplatz im Überseehafen Rostock.

MS HEINRICH HEINE (2), Kühlschiff
BJ: 1975
BW: A/S Framnaes M/V, Sandefjord/NOR
ID: DSR 4. Juni 1975
Reederei/Eigner zur Unfallzeit: VEB Deutfracht/Seereederei Rostock;
HHfn: Rostock
Flagge: GDR
BRT 6.640/NRT 3.612/tdw 9.147
$L_{üa}$ 140,75 m, $B_{üa}$ 18,04 m, Tg (bel.) 9,21 m, v_D 22,8 kn
HM: Ein 2 Takt 8 Zyl. Motor, Leistung: 9.709 kW (13.200 PS);
Hersteller: A/S Horten Verft, Horten/ NOR (Sulzer-Lizenz). SK-Nr. 17/88

Am 29. März 1988, vier Tage vor Karfreitag, übernahm ein neuer Kapitän die HEINRICH HEINE. Zwei Jahre zuvor, im März 1986, hatte er seine Berufung zum Kapitän erhalten. Die Kühlschifffahrt stellte für ihn nichts Unbekanntes dar. Hier fuhr er schon eine Reihe von Jahren, so auch über zwei Jahre auf dem MS THEODOR KÖRNER, dem Schwesterschiff der HEINRICH HEINE. Die Manövriereigenschaften dieses Schiffstyps kannte er, wie auch die Nord-Ostsee-Kanal-Passage und das Elbe-Fahrwasser. Unzählige Male hatte er die Elbe schon befahren. Das MS HEINRICH HEINE sollte Gründonnerstag, den 31. März 1988, nach Kuba auslaufen. Wie so oft konnte dieser Auslauftermin nicht

MS HEINRICH HEINE (2)

gehalten werden. Es traten Verzögerungen ein. Am Karfreitag, den 1. April 1988, sollte es dann endlich losgehen. Der Kapitän führte mit seinen nautischen Offizieren die Reisevorbereitung durch – diese beschränkte sich auf das Gebiet zwischen Rostock und d'Ouessant (Ushant), am Westausgang des Kanals. Aus der unmittelbaren Zusammenarbeit an Bord und auf der Brücke kannte er die nautischen Offiziere noch nicht. Ein Umstand, der für die bevorstehende Reise von Bedeutung sein sollte. Der Kapitän ging von der Annahme aus, dass seine Nautiker das zu befahrende Seegebiet ebenso gut kannten wie er. Er traf auch keine weitergehenden Festlegungen und Aufgabenverteilungen, falls sich mehrere nautische Offiziere auf der Brücke befinden sollten. Die Möglichkeit der Landradarberatung auf der Elbe fand bei der Reisevorbereitung keine Beachtung. Auch der UKW-Einsatz zur Kommunikation mit den Landradarstellen blieb, trotz des mit zwei UKW-Geräten ausgerüsteten Schiffes, unerwähnt, ebenso die passive Teilnahme an der Landradarberatung (Mithören des Sprechverkehrs auf dem jeweiligen UKW-Kanal). Üblich war diese Form der zusätzlichen Informationsgewinnung durchaus, auch bei gleichzeitig ständiger Überwachung des Kanals 16 (Internationaler Not- und Anrufkanal). Alle vorstehenden Möglichkeiten im Interesse eines sicheren Befahrens der Elbe zog man nicht in Erwägung.

Karfreitag, 12 Uhr war Landgangsschluss. Gegen 21.30 Uhr erfolgte die Ausklarierung. Kurz vor Mitternacht verließ das MS HEINRICH HEINE in Ballast, vorschriftsmäßig besetzt und ausgerüstet sowie im seetüchtigen Zustand den Überseehafen Rostock zur Reise nach Kuba via Nord-Ostsee-Kanal. Außer der Besatzung befand sich auch eine mitreisende Ehefrau an Bord.

Noch vor dem Auslaufen unterrichtete sie der II. Nautische Offizier über die Rettungsmanöver. Er zeigte ihr, wo sich das Rettungsboot befindet, in welches sie im Notfall steigen musste. Außerdem übergab er der Frau einen passenden Rettungsanzug und eine Schwimmweste. Kurz vor ihrer ersten Seereise hatte sie noch im Rundfunk eine Sendung über Aberglauben und Mythen in der Seefahrt gehört, an die sie sich plötzlich erinnerte: „Am Freitag, zumal noch am 1. April, läuft kein Schiff aus! Seemännischer Aberglaube, oder ...?"

Die Autoren Konrad Reich und Martin Pagel haben in ihrem Buch, „Himmelsbesen über weißen Hunden" über die abergläubische Deutung der Wochentage in der Seefahrt geschrieben: „Alles seemännische Unglück dieser Welt hingegen passierte am Freitag, im christlichen Glauben als Karfreitag der 'Tag des Leidens Christi'. Der Freitag als Todestag: Wer an ihm ausläuft, begab sich in die Gewalt des Todes, in die Hände der dämonischen Mächte."

Die HEINRICH HEINE, von der Besatzung auch »Weißer Schwan« genannt, lief, die Lichter von Warnemünde hinter sich lassend, in eine ruhige, dunkle Nacht. Die Sicht war relativ gut. Es war kühl, um nicht zu sagen kalt. Kurz vor 7 Uhr, am 2. April 1988, Ostersonnabend, erreichte das Schiff die Schleusen von Kiel-Holtenau. Nach reichlich acht Stunden Kanalfahrt lief die HEINRICH HEINE um 15.13 Uhr in die Neue Nordschleuse Brunsbüttel ein und machte mit Backbordseite fest. Hier erfolgte für die Atlantiküberquerung noch die Ergänzung des Proviants mit Frischgemüse und Frischobst. Um 15.22 Uhr kam der Seelotse an Bord. Der Kapitän informierte ihn über die Manöverkennwerte des Schiffes. Beide vereinbarten, nach dem Verlassen der Schleuse das Elbe-Fahrwasser mit ca. 15 Knoten zu befahren. Hierzu sollte die Hauptmaschine mit ca. 120 U/min gefahren werden, da nach einer in Rostock durchgeführten Reparatur die Hauptmaschine noch im Einfahrprogramm betrieben werden musste. Die Teilnahme der HEINRICH HEINE an der Radarberatung fand keine Erwähnung. Der Wind wehte zu dieser Zeit schwach mit Stärke eins Beaufort. Die Sonne schien. Ein leichter Dunst lag über der Elbe und dem anliegenden Land. Die Sicht war mäßig, sie betrug etwa zwei Seemeilen (3,7 km). Über die Sichtverhältnisse westlich von Brunsbüttel und im Bereich der Elbmündung hatten sich Kapitän und Lotse nicht ausgetauscht. Ein Hinweis des Lotsen, dass möglicherweise auf der Elbe mit einer Sichtverschlechterung oder gar mit Nebel gerechnet werden muss, blieb aus. Die Elbe führte einlaufenden Flutstrom von etwa einem Knoten.

Während des Auslaufens aus der Schleuse befanden sich der Kapitän als Wachleiter, der Erste Offizier als Wachoffizier zur Unterstützung des Kapitäns, der Lotse zur Beratung des Kapitäns, ein Praktikant (IV. Nautischer Offizier) zur Führung der Dokumentation und ein Vollmatrose als Rudergänger auf der Brücke. Ein Decksmann stand als Ausguck in der Backbord-Brückennock. Die Schiffsführungsanlage sowie alle nautischen Anlagen und Geräte befanden sich in einem einsatzklaren Zustand. Beide UKW-Geräte waren auf Kanal 16 hörbereit, wobei das Debeg-UKW-Gerät in der Schleuse noch auf Kanal 09 (Lotsenkanal) Verwendung fand. Die an Bord vorhandenen zwei Radargeräte, Decca AC 1229 und Decca RM 1216, arbeiteten und lieferten eine gute, auswertbare Anzeige. Der justierte Kursschreiber zeichnete die Kurse in guter Qualität auf. Obwohl laut Schiffstagebuch am 2. April 1988, um 12.09 Uhr ein Uhrzeitvergleich zwischen Brücke und dem Maschinenkontrollraum (MKR), wo auch der Manöverdrucker installiert war, erfolgte, wichen die Eintragungen im Schiffstagebuch von den ausgedruckten Uhrzeiten des Manöverdruckers mit einer konstanten Zeitdifferenz von minus zwei Minuten voneinander ab (diese Zeitdifferenz fand bei der Darstellung des weiteren Ereignisablaufes Berücksichtigung, indem zu den ausgedruckten Zeiten des Manöverdruckers zwei Minuten addiert wurden).

Das MS HEINRICH HEINE legte um 15.37 Uhr in der Schleuse ab. Es waren bereits die vorgeschriebenen Lichter gesetzt, die hell und klar brannten. 15.38 Uhr verließ das Schiff als zweites Fahrzeug hinter dem KüMo MARGOT mit der Fahrtstufe „VL" die Neue Nordschleuse. Als es um 15.39

Uhr das Leitwerk der Schleuse passiert hatte, meldete sich der II. Nautische Offizier von der achteren Manöverstation ab und begab sich zur Brücke, die er gegen 15.42 Uhr betrat. Zuvor, um 15.41 Uhr, hatte der Kapitän eine Fahrterhöhung auf „VH" angewiesen. „VV" erfolgte um 15.43 Uhr.
„Mach' mal einen Ort!" sagte der Erste Offizier zum II. Nautischen Offizier, als dieser auf der Brücke ankam, um die Navigation zu übernehmen. Im Weiteren informierte er den II. Nautischen Offizier über die, wegen einiger Segelfahrzeuge und eines wartenden KüMo, eingeleiteten leichten Backbord-Ausweichmanöver: Nach Bereinigung der Situation sollte wieder zügig nach Steuerbord gedreht werden. Der II. Nautische Offizier erkundigte sich noch über den Kurs des Schiffes und las die letzten Eintragungen im Brückenbuch. Schließlich warf er einen Blick auf die Seekarte. So geschah die Übergabe der Navigation. Gesteuerte oder zu steuernde Kurse, die gelaufene Fahrtstufe, Fahrzeuge in der Nähe des Schiffes und ihre Bedeutung für die Schiffsführung, Zeitintervalle für Schiffsortbestimmungen, welches Radargerät wer und in welcher Darstellungsart nutzt, fanden keine Beachtung in dem knappen Dialog der beiden Schiffsoffiziere. Der Kapitän akzeptierte diese Wachübergabe.
Auf der Brücke befanden sich nun der Kapitän als Wachleiter, der das Schiff führte, der II. Nautische Offizier als Wachoffizier und gleichzeitig verantwortlich für die Navigation und der auf der Brücke verbleibende Erste Offizier. Letzterer sollte lediglich die Hauptmaschine nach den Weisungen des Kapitäns auf 120 U/min hochtakten. 15.47 Uhr lagen diese an. Gleichzeitig trat zu dieser Zeit eine D-II-Störung auf. Wegen hoher Abgastemperaturen reduzierte die Maschine die Drehzahl automatisch kurzzeitig auf 99 U/min. Zum Vergleich sei angeführt, dass 105 U/min „VV-Manöverfahrt" entsprechen. Aufgrund der Störung führte der II. Nautische Offizier ein Telefongespräch mit dem Diensthabenden Technischen Offizier im Maschinenkontrollraum, um die näheren Gründe der nur wenige Sekunden andauernden Störung in Erfahrung zu bringen. Schon erhöhte sich die Drehzahl kontinuierlich. Um 15.49 Uhr lief das Schiff bereits wieder mit 115 U/min.
Seit der Übernahme der Navigation gegen 15.43 Uhr versuchte der II. Nautische Offizier eine Ortsbestimmung durchzuführen.
Hierbei beachtete er nicht das achteraus befindliche und zu dieser Zeit noch gut sichtbare Richtfeuer „Brunsbüttel". Ebenso ließ er optische Peilungen zu Landobjekten außer acht und versuchte stattdessen eine Standortbestimmung mittels Radar durchzuführen. Er justierte zunächst das AC 1229 und später das RM 1216. Letzteres schaltete er schließlich auf die Darstellungsart vorausorientiert um. Danach „begann er umständlich mit der Suche nach einem Peilobjekt und dessen Identifizierung auf dem Radarbildschirm. Die gut erkennbaren und zweifelsfrei identifizierbaren Radarechos der Molen kamen für ihn zur Navigation nicht in Betracht. Bis zur Passage der Tonne 58 hatte der II. Nautische Offizier noch

keine Ortsbestimmung durchgeführt. Über die konkreten, bis dahin gelaufenen Kurse des MS 'Heinrich Heine', hatte sich der II. Nautische Offizier nicht gekümmert, die Kurse nicht überwacht, kontrolliert und die Position des MS 'Heinrich Heine' im Fahrwasser nicht bestimmt ... Beides war aufgrund der Brückenbesetzung und Ausrüstung mit nautisch-technischen Geräten möglich." So heißt es dazu später in den Entscheidungsgründen zum Spruch der Seekammer.

Die seit dem Auslaufen der HEINRICH HEINE aus der Neuen Nordschleuse Brunsbüttel zu steuernden Kurse und Fahrtstufen empfahl der Lotse. Er wies dem Rudergänger die zu steuernden Kurse und Ruderlagen direkt an. Der Kapitän akzeptierte dies widerspruchs- und kritiklos, ohne eine Erklärung vom Lotsen abzufordern. Somit hatte der Kapitän selbst keine gesicherten Kenntnisse über den Standort und die Lage seines Schiffes auf dem Elbe-Fahrwasser. Er forderte weder den II. Nautischen Offizier zu einer Standortbestimmung auf, noch führte er selbst eine durch, um sich Gewissheit zu verschaffen. Auch beachtete er ebensowenig wie sein II. Nautischer Offizier das noch gut sichtbare Richtfeuer „Brunsbüttel". Den Ersten Offizier setzte er ebenfalls nicht zur Beobachtung des Richtfeueres ein, noch verlangte er von ihm, eine Standortbestimmung durchzuführen. Ob der Lotse selbst bis 15.48 Uhr die Positionen des Schiffes auf dem Elbe-Fahrwasser kannte, ist ungewiss.

Der Niederschrift des Sprechverkehrs der Radarberatung »Radar Brunsbüttel«, an dem die HEINRICH HEINE nicht teilnahm, ist folgendes zu entnehmen:

„15.47 Uhr ein aus der Schleuse laufendes, nicht in Beratung befindliches Fahrzeug wird eben südlich der Radarlinie geortet (das MS HEINRICH HEINE nahm nicht an der Radarberatung teil).

15.48 Uhr das nicht in Beratung stehende Fahrzeug wird weiterhin südlich der Radarlinie geortet.

15.49 Uhr dieses südlich der Radarlinie stehende Fahrzeug wird durch den Kapitän des entgegenkommenden MS KARIN KNORR als ein »DSR-Bananenjäger« identifiziert. Radar Brunsbüttel schlußfolgert hieraus, dass es sich bei dem nicht in Beratung stehenden Fahrzeug um das MS HEINRICH HEINE mit dem Seelotsen ... an Bord handelt."

Demnach befand sich das MS HEINRICH HEINE nach 15.48 Uhr eindeutig südlich der Radarlinie (entsprechend dem Rechtsfahrgebot auf der falschen Seite des Elbe-Fahrwassers) und lief eine Geschwindigkeit von 14 bis 15 Knoten. Zwischen 15.48 Uhr und 15.51 Uhr lag ein rechtweisender Kurs von 250° an. Den änderte man um 15.51 Uhr leicht nach Backbord auf ca. 247°, um einem voraus befindlichen Segler Raum zu geben. Dieses leichte Backbord-Raumgebemanöver erfolgte kurz vor dem Passieren der Tonne „58".

Radar Brunsbüttel beobachtete den Vorgang um 15.51/52 Uhr. Laut Schiffstagebuch passierte die HEINRICH HEINE die Tonne „58" um 15.52 Uhr. Nach Radar Brunsbüttel stand das Schiff zu dieser Zeit weiterhin südlich der Radarlinie. Mit einer langsamen Kursänderung nach Steuerbord sollte nun wieder auf den alten rwK von 250° gedreht werden. Zu diesem Zeitpunkt befand sich das Schiff 0,7 sm (1,3 km) vom späteren Kollisionsort entfernt.
Zwischen 15.53.30 Uhr und 15.54.30 Uhr steuert das MS HEINRICH HEINE laut Kursschreiber einen rechtweisenden Kurs von 255°. Diese Kursänderung auf 255°, die später der Rudergänger in der Seekammerverhandlung bestätigte, bemerkten weder der Kapitän noch der II. Nautische Offizier!
Überraschend trat nach dem Passieren der Tonne „58" eine gravierende Sichtverschlechterung auf etwa tausend Meter ein. Es erfolgte weder eine Reduzierung der Geschwindigkeit, noch nahm der Lotse die neue Situation zum Anlass, Kontakt mit Radar Brunsbüttel aufzunehmen. Eigentlich eine Pflicht für ihn, die er bei Sichtweiten unterhalb von dreitausend Meter wahrzunehmen hatte. Der Erste Offizier, der seit dem Verlassen der Schleuse in Brunsbüttel ständig auf der Brücke, etwa einen Meter neben dem Debeg-UKW-Gerät gestanden hatte, sagte später aus, dass er kein UKW-Gespräch des Lotsen gehört habe.
Sofort nach Eintritt der Sichtverschlechterung um 15.52 Uhr besetzten der Kapitän und der Lotse die Radargeräte. Der Kapitän hatte es bis dahin nur sporadisch beobachtet. Jetzt stellte er erstmals ein Zielecho eben Backbord voraus in ungefähr zwei Seemeilen Entfernung fest. Peilung und Abstand maß er nicht ein. Ebenso unterblieb eine systematische Zielverfolgung dieses Echos. Für fünfzehn Knoten Fahrt hatte der Kapitän einen Nahbereich von zwölf Kabellängen (2,220 km) und den Bereich der bedrohlichen Annäherung mit drei Kabellängen (0,550 km) festgelegt.
Bei dem Zielecho handelte es sich um das indonesische Semicontainerschiff MS MATARAM. Auf dessen Brücke befanden sich der Kapitän, ein Überseelotse, der II. Nautische Offizier, ein Offiziersanwärter und ein Rudergänger. Das Schiff lief elbaufwärts mit Zielhafen Hamburg. Beide Radargeräte waren in Betrieb.
Der Lotse nahm an der Radarberatung von Radar Brunsbüttel teil. Obwohl mit einem ARPA-Gerät ausgerüstet, setzte der Kapitän es nicht zur Kollisionsverhütung ein. Auf dem MS MATARAM fand wie auf der HEINRICH HEINE keine Navigation statt. Entsprechende Eintragungen in den Brückenbüchern dieses Schiffes fehlten, obwohl eine Radarnavigation bei dieser nautischtechnischen Ausrüstung möglich war und die Brückenbesetzung dies auch ermöglichte.

MS MATARAM, Semicontainerschiff
BJ: 1981
BW: Schlichting-Werft, Travemünde
Reederei/Eigner zur Unfallzeit: P.T. Djakarta Lloyd;
HHfn: Semarang
Flagge: IDA
BRT 13.444/NRT 8.390/tdw 17.664
TEU 686
$L_{üa}$ 158,30 m, $B_{üa}$ 25,58 m, Tg (bel.) 9,52 m, v_D 17 kn
HM: Ein 2 Takt 6 Zyl. Motor, Leistung: 9.114 kW (12.390 PS), Hersteller: Masch. Augsburg-Nürnberg (MAN)in Augsburg

Die MATARAM befuhr das Elbe-Fahrwasser mit ca. 15 Knoten und war über die Verkehrssituation sowie über das südlich der Radarlinie (falsche Seite) entgegenkommende MS HEINRICH HEINE ständig informiert. Nach dem von Radar Brunsbüttel aufgezeichneten Sprechverkehr muss davon ausgegangen werden, dass die MATARAM etwa 15.45 Uhr nach Backbord auf die Radarlinie geriet und 15.53 Uhr ein wenig nördlicher von der Radarlinie (die gleichzeitig die Trennlinie des Fahrwassers bezeichnet) auf der für sie linken (falschen) Seite stand.
Die 15.52 Uhr vom MS HEINRICH HEINE vorgenommene Kursänderung auf rwK 255° erkannte die Radarberatung. Sie informierte die MATARAM 15.53 Uhr, dass die HEINRICH HEINE südlich der Radarlinie steht, sich dieser aber nun nähert und nur noch eintausendfünfhundert Meter als Gegenkommer entfernt ist. Auch im Abstand von eintausenddreihundert Meter befand sich die MATARAM noch wenige Meter auf der linken (nördlichen) Fahrwasserseite. Die HEINRICH HEINE stand zu dieser Zeit ebenfalls noch südlich der Radarlinie, hielt aber weiter auf die nördliche und damit richtige Seite zu.
Der Tagebucheintragung auf der HEINRICH HEINE um 15.53 Uhr zufolge ortete ihr Kapitän den Entgegenkommer in einem Abstand von einer Seemeile. Er ließ einen langen Ton mit dem Typhon als Achtungssignal geben. Eine weitere Zielverfolgung auf dem Radarbildschirm unterblieb jedoch, da der Kapitän den Platz am Radargerät verließ und niemanden mit der weiteren Beobachtung beauftragte. Ein entscheidender Fehler! Unter allen Umständen hätte das im Radar aufgefasste Ziel im Auge behalten werden müssen. Der Kapitän versuchte nur, das von ihm geortete Fahrzeug optisch auszumachen. Kurze Zeit später bemerkte er, dass ein großes Schiff eben an Steuerbord voraus aus dem milchiggrauen Nebel auftauchte. Die Entfernung mag sechs Kabellängen, etwa eintausendeinhundert Meter, betragen haben. Er sah die Steuerbordseite und die offenen Masten des Schiffes und wies die Fahrtstufe „VH", 75 U/min, an. Die Zeiger der Borduhr standen auf 15.54 Uhr.
Beide Schiffe näherten sich weiter einander an. Obwohl der Kapitän keine gesicherte Kenntnis über die eigene Schiffsposition und die Lage seines Schiffes auf dem Elbe-Fahrwasser sowie die beabsichtigten Handlungen der Schiffsführung des nun ansichtigen Entgegenkommers hatte, ließ er den anliegenden Kurs weitersteuern. Der Lotse verzichtete auch jetzt noch auf eine Verbindungsaufnahme mit der

Radarberatung auf UKW-Kanal 04 oder mit seinem Lotsenkollegen auf dem MS MATARAM. So blieben die vom Lotsen und der Schiffsführung der MATARAM beabsichtigten und eingeleiteten Handlungen und Manöver unbekannt. Beide, der Kapitän wie auch der Lotse auf der HEINRICH HEINE, glaubten, dass die MATARAM den Kurs ebenfalls beibehalten und es zu einer Stb zu Stb-Passage beider Schiffe im Abstand von ungefähr 120 Meter kommen würde. Erneut ließ der Kapitän einen langen Ton mit dem Typhon geben und stoppte um 15.45 Uhr die Hauptmaschine des MS HEINRICH HEINE.

Bei einem Abstand der Schiffe von ungefähr drei Kabellängen (etwa 500 m) bemerkten der Kapitän und die anderen beiden auf der Brücke diensttuenden Offiziere (I. Offizier und II. Nautischer Offizier) ein leichtes Andrehen des MS MATARAM nach Steuerbord, zur HEINRICH HEINE hin. Übereinstimmend interpretierten sie dies als Gieren. Anders aber reagierte der Lotse, der empfahl: „Ruder Hart Backbord, zwei kurze Töne mit Typhon!" Den unüberlegten und falschen Rat des Lotsen akzeptierte der Kapitän kritiklos, er wurde befolgt und das Manöver sofort ausgeführt. Erst als die HEINRICH HEINE mit „Hart Backbord-Ruderlage" andrehte, erkannte der in der Steuerbord-Brückennock stehende Kapitän die nun offensichtsichtlich gewordene Kursänderung der MATARAM nach Steuerbord. „Hart Steuerbord, Voraus Volle Fahrt!" rief er in die

Die ineinander verkeilten MS HEINRICH HEINE und MS MATARAM

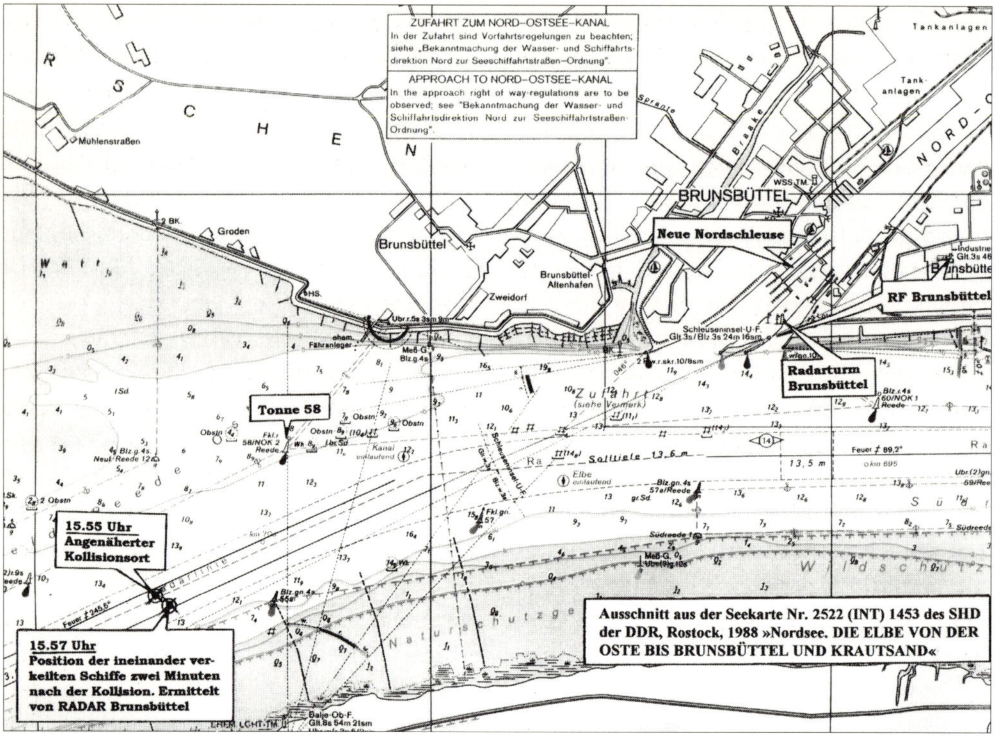

Das Elbe-Fahrwasser zwischen dem angenäherten Kollisionsort und der Zufahrt zum Nord-Ostsee-Kanal

Brücke hinein. Um 15.55 Uhr ließ er den Fahrhebel noch auf „VV" legen, zur Ausführung kam das Maschinenmanöver aber nicht mehr. Das DSR-Schiff machte zum Zeitpunkt der Kollision noch ungefähr sieben bis acht Knoten Fahrt voraus. Die Bugwulst und der Vorsteven des MS MATARAM bohrten sich in den Maschinenraum und die Aufbauten des MS HEINRICH HEINE. Sofort brach auf dem gesamten Schiff die Energieversorgung zusammen. Alle Anlagen und Geräte auf dem Schiff fielen aus. Der Kollisionsort konnte nicht mehr bestimmt werden. Der Kollisionswinkel betrug ungefähr 30°.

Der Ausguck und der Rudergänger der 16 bis 20 Uhr Wache der HEINRICH HEINE hielten sich vor dem Wachwechsel in der Messe auf. Sie verließen diese rechtzeitig, um zehn Minuten vor Wachablösung auf Station zu sein. Auf der Brücke angekommen ging der neue Rudergänger zum Ruderbock und löste den bisherigen Rudergänger ab. Der ablösende Ausgucksmann begab sich zunächst in die Backbord-Brückennock und sah, dass auf der Elbe Nebel lag. Da er auf dem Wasser und in seinem Beobachtungssektor nichts erkennen konnte, holte er sich das an der Backbordseite der Brücke abgestellte Fernglas. Auf dem Weg

zurück zur Backbord-Brückennock bemerkte er eine ungewöhnliche Hektik auf der Brücke. Nervös liefen Wachoffizier und Kapitän zwischen Radargerät und Brückenfenster hin und her. Da der Ausgucksmann auch mit dem Fernglas auf dem Wasser nichts erkennen konnte, suchte er noch einmal den ihm zugewiesenen Beobachtungssektor mit dem bloßen Auge ab. Wieder ohne Erfolg. Plötzlich sah er an der Steuerbordseite ein Schiff auftauchen. Es näherte sich rasch der HEINRICH HEINE.
Nichts Gutes ahnend hielt er sich an der Brückennock fest, rief die Sichtmeldung in die Brücke und schrie den eben abgelösten Ausgucksmann, der gerade im Begriff war zu gehen, an: „Halte dich fest, der erwischt uns!" Ungläubiges Stutzten.
Aber schon sah auch er das andere Schiff durch die Brücke hindurch. Er konnte sich noch an einem Handläufer am Brückenhaus festhalten, dann gab es einen dumpfen Schlag, begleitet von lautem Quietschen und Knirschen. Im nächsten Moment herrschte totale Stille. Die technischen Geräte auf der Brücke und die Maschinenanlage waren ausgefallen. Bis in das Brückenhaus hinein ragte der Bug des Kollisionsgegners. Alle auf der Brücke hatten sich auf die Backbordseite des Brückenhauses zurückgezogen. Nach den ersten Schrecksekunden wies der Kapitän die Besatzung an, nach Verletzten zu suchen und den Schadensumfang festzustellen. Die drei Matrosen beorderte er zum Backbord-Rettungsboot, um es zum Aussetzen klarzumachen.

Nach dem Verlassen der Neuen Nordschleuse in Brunsbüttel hielten sich der III. Nautische Offizier, der Funkoffizier und der Kühlmaschinist, an Bord auch »Eisbär« genannt, im Heinrich-Heine-Traditionszimmer auf, ein Raum in dem einem Brauch folgend Auskünfte zum Schiffsnamen dargestellt und in dem die Schiffschronik, Erinnerungsstücke, Gastgeschenke, Sporttrophäen und anderes, die das Schiff/die Besatzung erhielt, aufbewahrt wurden. Es befand sich auf dem unteren Brückendeck an Steuerbordseite. Ein Fernsehgerät und ein Videorecorder sorgten für Entspannung und Unterhaltung der Freiwache. Die plötzlich auftretende Betriebsamkeit an Bord hatten die Männer bemerkt. Um zu erkunden, was das hastige Getrappel auf der Brücke zu bedeuten habe, verließen sie das Traditionszimmer. Vielleicht verdankten die drei ihr Leben auch dem so genannten Siebenten Sinn. Augenblicke später steckte dort, wo man eben noch gesessen hatte, der gewaltige Vorsteven der MATARAM. Ein Traditionszimmer gab es nicht mehr!

Die mitreisende Ehefrau an Bord, sie trug einen wärmenden knallroten Anorak, stand, bevor das Unglück passierte, auf dem Bootsdeck an Backbordseite und beobachtete interessiert eine zweimastige Segelyacht, die ebenfalls elbabwärts lief. „Gleich kommt ein Schiff vorbei. Backbord voraus ist es schon zu sehen. An Steuerbordseite sehen Sie es dann noch deutlicher!" rief ihr der vorbeikommende Kühlmaschinist zu. Neugierig geworden ging sie auf die Steurbordseite

und blieb an der Achterkante des Bootsdecks stehen. Hier hatte sie freie Sicht und glaubte, das vorbeikommende Schiff erblicken zu können.
Die Sonne, die noch in der Schleuse in Brunsbüttel das Schiff mit ihren wärmenden Strahlen überzog, hatte sich längst verkrochen. Nebel, der sich immer mehr verdichtete, lag über der Elbe. Plötzlich sah sie in etwa vier Strich an Steuerbord den Steven eines großen Schiffes aus dem Nebel auftauchen und direkt auf die HEINRICH HEINE zukommen. „Festhalten! Der rammt uns!" riefen ihr zwei Besatzungsangehörige vom Hauptdeck aus zu. Ihre Hände umklammerten die Reling vom Bootsdeck. Sie stand wie versteinert, unfähig sich zu bewegen. Angst, große Angst überfiel sie. Dann krachte es fürchterlich. Wenige Meter von ihr entfernt drang das Vorschiff in die Steuerbordseite der HEINRICH HEINE ein. Den starken Kollisionsstoß, der ein ruckartiges Überholen des Schiffes nach Backbord und ein plötzliches Abbremsen der Vorausfahrt verursachte, bemerkte sie kaum. Die Frau stand unter Schock an die Reling geklammert und weinte. Später notierte sie in ihrem Tagebuch: „Was ich in diesem Moment gedacht habe, weiß ich nicht. Alles aus!!!"

Die Zeiger der Borduhr im Maschinenkontrollraum standen kurz vor 16 Uhr. Hier befand sich als Diensthabender Technischer Offizier der II. Technische Offizier. Vor fünf Tagen erst, am 28. März 1988, hatte er in Rostock auf der HEINRICH HEINE angemustert. Er wusste, dass sich der Elektro-Ingenieur und ein Elektriker, im Bordjargon »E-Mix« gerufen, im Maschinenraum aufhielten. Auch sein Maschinen-Assistent befand sich zu dieser Zeit außerhalb des Maschinenkontrollraumes, als plötzlich ein dumpfer Schlag das Schiff erzittern ließ. Das Schiff holte ruckartig nach Backbord über, blieb mit etwas Backbord-Schlagseite liegen und bremste plötzlich in seiner Vorausfahrt ab. „Etwa so, als wenn ein Bus bei 50 km/h plötzlich eine Notbremsung durchführt", erinnerte sich der II. Technische Offizier an diese Minuten, in denen er nicht ahnen konnte, was passiert war. Es gelang ihm, sich noch an den Handläufen im Maschinenkontrollraum festzuhalten, um nicht zu stürzen. Sein erster wiedergefasster Gedanke war: Die Anwesenheit im Maschinenraum feststellen! Kurz darauf kam der Maschinen-Assistent wieder in den Maschinenkontrollraum. Als er neben ihm stand, wandte sich der Diensthabende Technische Offizier fragend an ihn: „Wo ist der E-Ing.? Wo ist der E-Mix?" Der Assistent zuckte mit den Schultern. „Los, sofort suchen! Anwesenheit herstellen!" schrie der Diensthabende Technische Offizier. An Bord war die E-Versorgung zusammengebrochen. Im Maschinenraum herrschte zunächst völlige Dunkelheit. Erst als wieder spärliches Licht durch das Skylight in den Maschinenraum fiel und verschwommen Einzelheiten zu erkennen waren, sah der Diensthabende Technische Offizier wie Wasserdampf und rauchähnliche Schwaden aufstiegen. Es knisterte, ein Geräusch, wie man es bei thermischen Spannungen wahrnehmen kann. Die

Hauptmaschine und die Hilfsmaschinen standen still, während am Steuerbord-Schiffskörper ein Krachen, Reißen, Knallen und Poltern zu hören war. Der Diensthabende Technische Offizier glaubte, das Schiff sei irgendwo aufgelaufen. Vorsorglich legte er das Maschinentagebuch zum Mitnehmen griffbereit.

Aus dem Maschinenraum zurück meldete der Maschinen-Assistent: „Der E-Ing. und E-Mix sind schon oben! Wir wurden gerammt!" „Los, nach oben!" rief daraufhin der Diensthabende Technische Offizier dem Maschinen-Assistenten zu, nahm das Maschinentagebuch und beide verließen hastig den Maschinenkontrollraum. Der I. Technische Offizier, der Freiwache hatte, stand noch etwas schlaftrunken vor seiner Kammertür, als sein Kollege aus dem Maschinenkontrollraum kommend an ihm vorbeieilte und ihm in wenigen Wortfetzen erklärte, dass es eine Kollision gegeben habe. Auf dem Backbordgang des Bootsdecks angekommen, sah der II. Technische Offizier den Kühlmaschinisten auf dem Boden, nahe des Hospitals, sitzen. Sein linkes Hosenbein war zerrissen. Mit den Händen hielt er seinen stark blutenden linken Oberschenkel. „Bitte hilf mir!" rief er dem II.Technischen Offizier zu. Im selben Augenblick kam der II. Nautische Offizier hinzu. „Bist Du hier der richtige Mann und bleibst Du bei ihm", fragte ihn der II. Technische Offizier. „Ja, das geht schon seinen Gang. Ich kümmere mich um ihn."
Noch als er die Antwort vernahm, fuhr dem II. Technischen Offizier ein Schreck durch die Glieder. Jetzt erst schoss es ihm in den Kopf: „Wo ist meine Frau?" An seine mitgereiste Ehefrau hatte er in dem Chaos überhaupt nicht mehr gedacht. Er rannte aus den Aufbauten hinaus auf das Steuerbord-Bootsdeck und sah seine Frau Achterkante Aufbauten in ihrem unverkennbaren knallroten Anorak stehen. Ein Stein fiel ihm vom Herzen. „Gott sei Dank!" rief er. Er sah sie zitternd und weinend an der Reling stehen. Ihre Hände umklammerten die Reling. Er lief zu ihr hin und versuchte sie zu beruhigen: „Nun ist ja alles in Ordnung. Das andere kriegen wir schon wieder hin." Jetzt sah auch er zum ersten Mal den schemenhaft vom Nebel umhüllten Kollisionsgegner in der Steuerbordseite der HEINRICH HEINE stecken. Später erinnerte er sich: „Die Situation an Deck war ruhig, keine Panik, keine Schreie, nichts Lautes, alles lief ab wie in Trance. Hier und da standen einige Besatzungsangehörige mit ihren großen olivgrünen Taschen, in welchen sich der orangefarbene Kälteschutzanzug (Rettungsanzug) befand." Der II. Technische Offizier und seine Frau holten nun auch ihre Tasche mit dem Kälteschutzanzug, die Schwimmweste und die wichtigsten persönlichen Papiere aus der Kammer. Das Maschinentagebuch, das der II. Technische Offizier noch immer bei sich trug, steckte er in die Tasche neben den Kälteschutzanzug, damit es nicht verloren ging. Dann liefen sie wieder zu den anderen. Hier befand sich auch der III. Nautische Offizier. Er hatte sich mehrere Rippen gebrochen und Quetschungen erlitten, sein Gesicht war schmerzverzerrt.

Bis zu diesem Zeitpunkt hatten keine Signale nach der Sicherheitsrolle, Befehle oder irgendwelche Weisungen der Schiffsführung mittels Megafon oder Läufer die sich auf dem Hauptdeck aufhaltenden Besatzungsangehörigen erreicht. Die Backbord-Schlagseite nahm langsam zu. Ein Boot der Wasserschutzpolizei hatte sich inzwischen schon am Unfallort eingefunden. Auch Schlepper, vom Kapitän geordert, näherten sich mit hoher Fahrtstufe den ineinander verkeilten Schiffen. Den III. Nautische Offizier und den Kühlmaschinisten brachte man sofort nach Brunsbüttel ins Krankenhaus. Der Funker, der eine leichte Gehirnerschütterung erlitten hatte, verblieb an Bord. Außer den drei Verletzten auf der HEINRICH HEINE gab es noch zwei Verletzte auf der MATARAM.

Noch 15.55 Uhr, unmittelbar nach der Kollision, nahm der Lotse UKW-Kontakt zu Radar Brunsbüttel auf. Er informierte über die Kollision und bat um eine genaue Position. Zwei Minuten später, um 15.57 Uhr, teilt Radar Brunsbüttel mit: „Kollisionsort: Peilung 245°, Entfernung vom Radarturm 5.570 m." Diese Position lag ca. 90 m südlich der Radarlinie auf der grünen Fahrwasserseite. Unter Berücksichtigung des Kollisionsstoßes und des einlaufenden Flutstromes gab der Radarbeobachter von Radar Brunsbüttel während der Seeamtsverhandlung in Hamburg am 22. Juni 1988 an, dass „um 15.55 Uhr die Kollision ca. 30 m nördlich der Radarlinie stattfand."

Auf dem MS MATARAM beorderte der Kapitän um 15.52 Uhr die Maschine von „VV" auf „VH" und bei einem Abstand von acht Kabellängen zum MS HEINRICH HEINE reduzierte er weiter die Fahrt auf „VL". Im Abstand von dreihundert Metern sah der Seelotse auf der MATARAM erstmals den späteren Kollisionsgegner, die HEINRICH HEINE, als sich dieser in einem Backborddreh befand.

Sofort kam die Weisung „Ruder Hart Steuerbord!", die der Rudergänger auch sofort ausführte. Um 15.55 Uhr beorderte der Kapitän die Maschine auf „ZV". Das Maschinenmanöver soll auch ausgeführt worden sein. Der Posten Maschinentelegraf, ein Offiziersanwärter, sagte hierüber am 4. April 1988 aus, dass die Maschine erst eine Sekunde nach der Kollision rückwärts gedreht habe. Manöver- oder Warnsignale, wie auch das Schallsignal eines Maschinenfahrzeuges bei verminderter Sicht und Fahrt durchs Wasser, empfahl auf der MATARAM weder der Lotse dem Kapitän, noch wies dieser die Signale selbst an.

Zum Zeitpunkt der Kollision liefen nach den Berechnungen der Seekammer, die unter anderem auf Dokumenten, Aussagen und Protokollen basierten, das MS MATARAM 14 bis 15 Knoten (ca. 26 bis 28 km/h) und das MS HEINRICH HEINE 7 bis 8 Knoten (ca. 13 bis 15 km/h) Fahrt voraus. Der Zusammenstoß beider Schiffe erfolgte demnach mit einer Relativgeschwindigkeit, die etwa 21 Knoten (ca. 39 km/h) betrug. Beim Aufeinandertreffen beider Schiffe im Winkel von 40° bis 45° trat eine derart große kinetische Energie auf, dass beide Schiffe sich so ineinander verkeilten, dass sie ohne fremde Hilfe nicht mehr voneinander frei kamen. Die MATARAM steckte ungefähr acht bis zehn Meter in der Steuerbordseite der HEINRICH HEINE. Die Aufbauten und der Schiffskörper wiesen bis unterhalb der Wasserlinie, großflächige Zerstörungen auf. Der Wulstbug der MATARAM hatte den Maschinenraum und Treibstoffbunker getroffen. Das auslaufende Bunkeröl vermischte sich mit dem eindringenden Wasser im volllaufenden Maschinenraum. Ein Teil der Kammern konnte nicht mehr betreten werden. Wasser brach in den Laderaum II ein.

Mit Schlepperunterstützung gelang es 17.36 Uhr beide Schiffe voneinander zu trennen. Um einem Untergang der HEINRICH HEINE im Elbe-Fahrwasser vorzubeugen, setzte man sie um 18.20 Uhr zunächst an der Südseite des Fahrwassers auf Grund. Größere Mengen Öl und Dieselkraftstoff traten aus dem Schiff aus, flossen in die Elbe und verursachten eine Umweltverschmutzung.

Nach Angaben des Wasser- und Schiffahrtsamtes Cuxhaven betraf dies vor allen Dingen das Ufer und das Schlickwatt des Naturschutzgebietes „Hullen" im Landkreis Stade auf vier Kilometer Länge und hundert bis fünfhundert Meter Breite.

So wie alle anderen Einrichtungen waren auch sämtliche Sanitäranlagen, die Kombüse und die gesamte Heizung an Bord der HEINRICH HEINE ausgefallen. Nach einer dunklen, bitterkalten Nacht an Bord, in der niemand so richtig Schlaf gefunden hatte, versorgte die Brunsbütteler Feuerwehr am Morgen des neuen Tages die Besatzung mit Bohneneintopf und Wiener Würstchen sowie mit je fünf Kannen Tee und Kaffee.

Immerhin ein Frühstück für die Besatzung am Ostersonntag 1988. Am Mittag, gegen 12.30 Uhr, brachte ein Lotsenboot sechs Besatzungsmitglieder, darunter auch den II. Technischen Offizier als »verantwortlichen Reiseleiter« und seine Ehefrau, nach Brunsbüttel. Zuvor hatte der Funkoffizier die Gruppe mit dem nötigen Handgeld (Bewegungsgeld) für die Rückreise auf dem Landweg ausgestattet. Von Brunsbüttel aus ging es in einem Kleinbus zur deutsch-deutschen Grenzübergangsstelle Selmsdorf, von wo man in einem Bus der DSR nach Rostock zurückkehrte.

Schlepper brachten die schwer beschädigte HEINRICH HEINE am 4. April 1988 nach Hamburg in das Trockendock Elbe 17 zur ersten Schadensaufnahme und Aufmessung. Schließlich bekam die Mützelfeldtwerft in Cuxhaven den Zuschlag und reparierte das MS HEINRICH HEINE für 11 Millionen Dollar. Dieser Betrag wurde von dem Kaskoversicherer der HEINRICH HEINE - der DARAG, Deutsche Auslands- und Rückversicherungs AG der DDR - übernommen und in Dollar an die Reparaturwerft überwiesen.

Die Seekammer verhandelte den Seeunfall am 29. September 1988. Sie stellte fest, dass die Schiffsführung des MS HEINRICH HEINE die Kollision der beiden Schiffe schuldhaft mit verursachte. Im Spruch heißt es zur Verantwortlichkeit: „Ursächlich für den See-

MS HEINRICH HEINE im Drockendock Elbe 17. Deutlich sichtbar die schweren Schäden am Unterwasserschiff und an den Aufbauten

unfall waren die auf Lotsenberatung gefahrenen Manöver beider Schiffe. Verantwortlich dafür sind die Kapitäne und die Lotsen. Auf beiden Schiffen wurde nicht in Übereinstimmung mit den geltenden Internationalen Regeln von 1972 zur Verhütung von Zusammenstößen auf See gehandelt." Weiter ist zu lesen: „Der II. Nautische Offizier des MS HEINRICH HEINE hat die ihm obliegenden Pflichten ... zur Unterstützung des Kapitäns bei der Schiffsführung nicht erfüllt. Die Rechtspflichtsverletzungen von Kapitän ... und vom II. Nautischen Offizier ... erfolgten fahrlässig infolge mangelnder Aufmerksamkeit und sie waren mit ursächlich für den Seeunfall."

Bereits am 28. Juni 1988 hatte das Seeamt Hamburg nach zwei öffentlichen Verhandlungstagen (am 21. und 22. Juni 1988) vor stark besetzten Zuhörerbänken seinen Spruch verkündet. Es stellte fest, dass ein Verstoß gegen das Rechtsfahrgebot auf beiden Schiffen Hauptursache der schweren Kollision zwischen dem DDR-Kühlschiff HEINRICH HEINE und dem unter indonesischer Flagge fahrenden Frachter MATARAM am 2. April 1988 in der Elbmündung vor Brunsbüttel war.

Zu der Entscheidung des Seeamtes heißt es in der Zeitung »Täglicher Hafenbericht Hamburg« vom 30. Juni 1988: „... damit (haben sich) die bei-

den Seelotsen auf den beteiligten Schiffen, bei dem DDR-Schiff auch der Kapitän, fehlerhaft verhalten. Unabhängig hiervon wurde das Verhalten des Kapitäns der MATARAM als fehlerhaft bewertet, daß er im Nahbereich eine Kursänderung zuließ, ohne das andere Schiff zu sehen. Ferner stellt das Seeamt fest, der Unfall sei auch durch Segelfahrzeuge im Unfallbereich begünstigt worden, die über die gesamte Fahrwasserbreite bei teilweise schlechten Sichtverhältnissen elbabwärts kreuzten ... An beiden Schiffen entstand erheblicher Sachschaden. Aus den Treibstofftanks der HEINRICH HEINE flossen mehr als 60 t Schweröl in die Elbe. Betroffen durch die Wasserverschmutzung wurde vor allem das Vogelschutzgebiet 'Hullen'. Die Kosten für die Beseitigung der unmittelbaren Ölschäden wurden auf etwa 2,5 Mio. DM geschätzt.
Ein weiteres fehlerhaftes Verhalten des Seelotsen auf dem elbabwärts fahrenden DDR-Schiff sieht das Seeamt unter anderem darin, daß er ein Überholmanöver einleitete, ohne daß während des ganzen Vorganges jede Gefährdung des Gegenverkehrs ausgeschlossen war. Der Kapitän verhielt sich seinerseits fehlerhaft, indem er dieses Manöver zuließ. Überholt wurden von der 'Heinrich Heine' zwei Sportsegler.
Fehlerhaftes Verhalten beider Seelotsen sieht das Seeamt auch darin, daß sie nicht rechtzeitig das allgemeine Gefahr- und Warnsignal abgaben und die Geschwindigkeit trotz der unklaren Situation nicht wirksam und durchgreifend herabsetzten.
Entsprechend wird auch den Kapitänen beider Schiffe hinsichtlich der Geschwindigkeit fehlerhaftes Verhalten vorgeworfen." Das Seeamt bemängelte im Weiteren auch den mangelnden Gebrauch der UKW-Seefunkanlage, infolgedessen nur unzulängliche Radarinformationen eingeholt worden waren.

Das Backbordmanöver der KARL MARX

Das Radargerät gehörte seit Anfang der 60er Jahre mehr und mehr zur Ausrüstung der Schiffe der Zivilflotte der DDR. Für die mit Radar ausgerüsteten Schiffe waren alle die nach dem Zweiten Weltkrieg erlassenen international gültigen Kollisionsverhütungsregeln ohne jede Einschränkung bindend. Die Seerechtler Werner Reinhold, Werner Hoefs und Rolf Schilling verwiesen schon 1971 mit allem Nachdruck darauf, dass „auf einem mit Radar ausgerüsteten Fahrzeug eine Vergrößerung der Sicherheit nicht möglich und eine etwaige Erhöhung der Geschwindigkeit unter keinen Umständen erlaubt (ist), wenn die Schiffsleitung durch Zweifel an der Genauigkeit der Radaranlage, ungenügende Praxis, nicht sachgemäßer Bildschirmauswertung und Befehlsübermittlung ihre Radaranlage nicht effektiv ausnutzt. In solchen Fällen haben sich diese Fahrzeuge so zu verhalten, wie es Fahrzeuge ohne Radar in gleicher Situation richtig nach den

Artikeln der SSO und der seemännischen Praxis tun müßten." Kurz gesagt, wer das Radargerät nicht beherrscht, muss sein Schiff so führen, als hätte er kein Radar an Bord!

MS KARL MARX, Semicontainerschiff Typ Schnellfrachter
BJ: 1971
BW: VEB Warnowwerft Warnemünde
ID: DSR 29. Oktober 1971
Reederei/Eigner zur Unfallzeit: VEB Deutsche Seereederei Rostock;
HHfn: Rostock
Flagge: GDR
BRT 11.023/NRT 6.453/tdw 13.100
260 TEU
$L_{üa}$ 166,40 m, $B_{üa}$ 23,02 m, Tg (bel.) 9,55 m, v_D 21,5 kn
HM: Ein 2 Takt 7 Zyl. Motor,
Leistung: 14.932 kW (20.300 PS)
Hersteller: Cie. de Const. Mec. Sulzer (CCM Sulzer), Mantesla-Jolie/FRA
SK-Nr. 30/72 und GSK-Nr. 30/72

Die Hauptmaschine der KARL MARX konnte von der Brücke aus über Fernsteuerung gefahren werden. Zur Navigationsausrüstung gehörten unter anderem zwei Radargeräte, wobei es sich bei dem einen um eine Großanlage mit Absolutanzeige großer Reichweite und hoher azimutaler Auflösung (TSR 333) und bei dem anderen um eine Kleinanlage mit Relativanzeige mittlerer Reichweite und normaler azimutaler Auflösung (TSR 222) handelte, eine Kreiselkompassanlage, ein Decca-Navigator und eine Fahrtmessanlage. Außerdem befanden sich auf der Brücke ein Manöverdrucker, ein Schraubenumdrehungs-

MS KARL MARX

anzeiger (SUZ) und ein Ruderlagenanzeiger (RUZ). Mit einer kombinierten Selbst-/Handsteueranlage konnte der Schnellfrachter auf Kurs gehalten werden. Das MS KARL MARX verließ auf seiner ersten Ostasienreise, es stand noch keine zwei Monate im Dienst, am 22. Dezember 1971 Hongkong mit Reiseziel Yokohama/ Japan. An Bord befand sich eine Stückgutladung von 6.624 Tonnen.

Am 26. Dezember 1971 nahm der Wachleiter um neun Uhr das große Radargerät vom Typ „TSR 333" wegen eintretender Sichtverschlechterung mit der Darstellungsart relativ-vorausorientiert in Betrieb. Die Absolutdarstellung konnte wegen der unklaren Fahrtmessanlage nicht geschaltet werden.

Das Schiff steuerte die Uragastraße bei mäßiger, teilweise schlechter Sicht an. Wegen der weiteren Sichtverschlechterung schaltete der Wachleiter um dreizehn Uhr die Positionslichter ein. Die Lampen brannten hell und klar. Nicht unerwähnt bleiben soll, dass in der Seekammerakte kein Vermerk enthalten ist, der darauf schließen ließe, dass das zweite, kleinere Radargerät in Betrieb war. Der Bildschirm des großen Radargerätes zeigte eine große Anzahl von Zielechos an, die auf einen lebhaften Schiffsverkehr hindeuteten.

Um 14 Uhr kam der Kapitän auf die Brücke. Er übernahm nicht die Schiffsführung, die der II. Nautische Offizier als Wachleiter der 12 bis 16 Uhr Wache inne hatte. Zu dieser Zeit lag der Maschinentelegraf auf „VV". Die Hauptmaschine lief mit 120 U/min. Das entsprach in etwa der Dienstgeschwindigkeit von 21,5 Knoten. Die Maschine selbst wurde von Hand vom Fahrstand aus gefahren. Der Manöverdrucker erfasste automatisch alle Maschinenmanöver sowie Umdrehungsänderungen und druckte diese zur Dokumentation aus.

Um 16 Uhr löste der Erste Offizier ordnungsgemäß den II. Nautischen Offizier ab. Der noch immer auf der Brücke anwesende Kapitän übernahm jetzt auch die Schiffsführung. Er legte folgende Brückenorganisation fest: Der Erste Offizier sollte die navigatorische Sicherstellung der Fahrt mittels Radar durchführen. Den III. Nautischen Offizier setzte er als zusätzlichen Ausguck auf der Brücke ein. Das Handruder übernahm mit einem zu steuernden KrKK von 47° ein Vollmatrose.

Ein weiterer Vollmatrose besetzte als Ausguck die Steuerbord-Brückennock. Im Maschinenraum übergab der I. Technische Offizier die Wache an den II. Technischen Offizier.

Als er die Schiffsführung übernahm, legte der Kapitän auch das „Ende der Seereise" fest. Über die Wechselsprechanlage wies er den I. Technischen Offizier an, die Maschine herunterzufahren. Dazu legte er den Maschinentelegrafen auf „VH".

Die vielen Echoanzeigen auf dem Bildschirm nahm die Schiffsführung nur informativ zur Kenntnis. Der Kapitän hatte keine ständige Radarbeobachtung und Zielauswertung angewiesen. Kamen andere Schiffe in Sicht, versäumten es die auf der Brücke befindlichen nautischen Offiziere, die optische Sichtweite für den Ausguck durch Radarabstandsmessungen zu bestimmen. Nebelfahrt ordnete der Kapitän nicht an. Folglich wurden auch keine Nebelsignale gegeben. Das MS KARL MARX fuhr nach Meinung der Schiffsführung nicht als Radarschiff. Alle Vorsichtsmaßnahmen, wie sie von Nichtradarschiffen beim Fahren bei verminderter Sicht zu beachten sind, trafen daher für den Kapitän verbindlich zu. Die von ihm festgelegten Nahbereiche von zwei Seemeilen für eine Geschwindigkeit von zweiundzwanzig Knoten und eineinhalb Seemeilen für sechzehn Knoten, was „VH" entsprach, kannten die nautischen Offiziere aber nicht, obwohl der Kapitän eine Reisevorbereitung durchgeführt hatte. Nach zwei Standortbestimmungen, um 16.08 Uhr und 16.13 Uhr, die der Erste Offizier mittels Radar nach Peilung und Abstand zur Südostecke von Joga Shima vornahm, informierte er den Kapitän, eine anstehende Kursänderung vorzunehmen. Daraufhin wies der Kapitän dem Rudergänger eine Kursänderung nach Backbord auf einen KrKK von 30° (rwK 27°) an. Dieser Kurs führte östlich der Tonne „1" zur Ansteuerung von Yokohama.

16.15 Uhr begann ein Vollmatrose auf der Back mit dem Klarmachen beider Anker zum Fallen. 16.18 Uhr bestimmte der Erste Offizier nochmals den Schiffsort mittels Radar. Er peilte Tsurugi Saki in rechtweisend 281 Grad im Abstand von 26 Kabellängen. Um die gemessenen Werte in der Seekarte einzutragen, ging er zum Kartentisch. Nun trat der Kapitän an das Radargerät, um selbst einen Blick auf den Bildschirm zu werfen. Er sah die Echos zahlreicher Fahrzeuge, so unter anderem auch das eines mitlaufenden Schiffes. Anlass genug, den III. Nautischen Offizier in die Backbord-Brückennock zu beordern mit der Weisung, diesen Mitläufer optisch auszumachen. Dabei wies der Kapitän daraufhin, dass von Backbord voraus ein Entgegenkommer zu erwarten sei, sollte er in Sicht kommen, sei dieser sofort zu melden. Mit diesen Worten verließ der Kapitän das Radargerät. Inzwischen hatte der Vollmatrose von der Back über die Wechselsprechanlage „Beide Anker klar zum Fallen" an die Brücke gemeldet. Den in der Seekarte ausgewerteten Radarschiffsort von 16.18 Uhr und den Vermerk „Beide Anker klar zum Fallen" trug der Erste Offizier unter der Uhrzeit 16.20 Uhr im Brückenbuch ein.

Danach trat er an die vordere Fensterfront der Brücke und sah – fast gleichzeitig mit dem in der Backbord-Brückennock beobachtenden III. Nautischen Offizier – voraus in zehn bis fünfzehn Grad an Backbord und in einem Abstand von etwa fünf bis sieben Kabellängen den angekündigten Gegenkommer aus dem leichten Nebel auftauchen. Beide meldeten sofort ihre Beobachtung dem Kapitän, der das Fahrzeug inzwischen auch gesehen hatte. Das vordem auf dem Bildschirm beobachtete Auswandern der Peilung dieses Echos nach Steuerbord setzte sich zunächst auch nach dem Ansichtigwerden dieses Fahrzeuges fort. Vom Gegenkommer sahen der Kapitän und die anderen beiden Brückenoffiziere die Steuerbordseite und die Steuerbordvorderkante der

Brücke. Die Masten standen leicht offen. Hieraus schlussfolgerten sie, dass das Fahrzeug den Kurs der KARL MARX vor ihrem Bug von Backbord nach Steuerbord kreuzen würde. Der Abstand zwischen beiden Schiffen verringerte sich schnell. Die Peilung aber zum entgegenkommenden Fahrzeug veränderte sich nicht mehr. Sie stand! Augenblicklich erkannte der Kapitän die akute Kollisionsgefahr. Er beorderte umgehend das Ruder zunächst auf „Backbord 20" und gleich danach weiter auf „Hart Backbord". Diese Kommandos führte der Rudergänger sofort aus. Die Backbord-Kursänderung zeigte die KARL MARX mit dem vorgeschriebenen Schallsignal mehrere Male – zwei kurze Töne mit dem Typhon, welches mit einem weißen, über den ganzen Horizont mindestens fünf Seemeilen weit sichtbaren Lichtsignal gekoppelt ist und gleichzeitig mit dem Typhon ausgelöst wird – an. Da das Masttyphon sich schon mehrere Tage im unklaren Zustand befand, wurden die Schallsignale mit dem am Schornstein angebrachten Typhon gegeben. Zum Zeitpunkt der Einleitung der Kursänderung nach Backbord befand sich der Bug des anderen Fahrzeuges recht voraus in einem Abstand von zwei bis drei Kabellängen (etwa zweieinhalb bis dreieinhalb Schiffslängen). Die KARL MARX folgte willig der „Hartruderlage" und drehte zügig nach Backbord an. Fast gleichzeitig bemerkten der Kapitän und die Offiziere auf der Brücke eine Steuerbord-Kursänderung des inzwischen gefährlich nahe gekommenen Tankers. Die Geschwindigkeit der KARL MARX

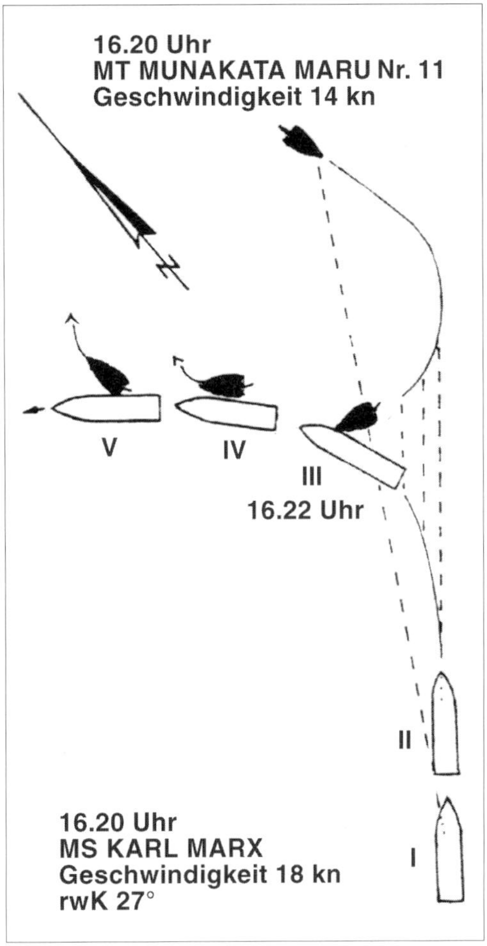

Lage der Schiffe vor und während der Kollision:
I MT MUNAKATA MARU Nr.11 kommt Backbord voraus in 10° bis 15° optisch in Sicht, Abstand fünf bis sieben Kabellängen
II Auf MS KARL MARX wird das Ruder „Backbord 20", gleich danach auf „Hart Backbord" gelegt. Manöversignal: 2 kurze Töne mit dem Typhon mehrere Male gegeben
III Kollision. Auf MS KARL MARX: Maschine „Stopp - Ruder Mittschiffs", danach „Recht so"
IV MT MUNAKATA MARU Nr. 11 schlägt mit Backbordseite gegen das MS KARL MARX
V MT MUNAKATA MARU Nr.11 schlägt mit dem Achterschiff gegen das MS KARL MARX

betrug noch ungefähr neunzehn Knoten. Ein Abbruch des Backbord-Rudermanövers auf der KARL MARX lag nicht mehr im Bereich der Möglichkeiten! Um 16.22 Uhr kollidierten das MS KARL MARX und der japanische Motortanker MUNAKATA MARU Nr.11.

Die Backbord-Monkey-Back (niedrige Back) des Tankers traf die Steuerbordseite des Schnellfrachters unter einem Winkel von 135° in Höhe Luke II. Zu spät beorderte der Kapitän die Hauptmaschine der KARL MARX auf „Stopp". Beide Schiffe stießen anschließend noch zweimal zusammen, bevor sie voneinander frei kamen.

Zum Zeitpunkt der Kollision ließ der Kapitän das Ruder auf „Mittschiffs" aufkommen und wies danach „Recht so" an. Der Manöverdrucker dokumentierte das „Stopp-Manöver" um 16.21 Uhr bei 120 U/min, wobei eine Geschwindigkeit von 21,5 Knoten erreicht wurde. Der I. Technische Offizier und ein Motorenwärter, die beide ab 16 Uhr ihren Wachdienst in der Maschine versahen, gaben bei ihren Vernehmungen übereinstimmend an, dass die Maschine zu diesem Zeitpunkt nur ca. 110 U/min gelaufen habe. Das wäre aber immer noch nach der Fahrttabelle eine Geschwindigkeit um die neunzehn Knoten gewesen! Eine Überprüfung der Geschwindigkeit des Schiffes anhand der in der Seekarte eingetragenen Schiffsorte bestätigte diese Aussagen im Wesentlichen. Hiernach ergab sich eine Geschwindigkeit um die achtzehn Knoten.

Nach den Beobachtungen der Brückenwache auf dem MS KARL MARX drehte sich die Antenne der Radaranlage des japanischen Tankers nicht. Ebenso konnte auf dem Japaner kein Ausguck außerhalb der Brücke ausgemacht werden. Nebelsignale des Tankers waren ebensowenig gehört worden wie Manöversignale. Seine Positionslichter brannten nicht. Außerdem schob das Schiff eine verhältnismäßig große Bugwelle vor sich her, was auf eine hohe Geschwindigkeit schließen ließ.

Den Kollisionsort bestimmte die Schiffsführung auf der KARL MARX nicht. Nach der Kollision leitete der Kapitän alle notwendigen Maßnahmen zur Sicherung des Schiffes und der Besatzung ein. Eine Funkverbindung mit dem Kollisionsgegner kam aber weder über UKW Kanal 16 noch auf der internationalen Notfrequenz 500 kHz zustande. Nach dem Seeunfall ließ der Kapitän eine Dringlichkeitsmeldung ausstrahlen. Yokohama Port Radio bestätigte den Namen des Kollisionsgegners. Um Beistand leisten zu können, manövrierte der Kapitän die KARL MARX bis auf eine Kabellänge an die MUNAKATA MARU Nr.11 heran. Deutlich konnten jetzt von der Brücke aus die Beschädigungen an dem Tanker gesehen werden. Ein Hilfeersuchen stellte dessen Kapitän nicht, so dass die KARL MARX mit eigener Kraft um 16.40 Uhr die Reise nach Yokohama fortsetzte. Auch die KARL MARX hatte durch die Kollision Schäden erlitten, aber ohne Inanspruchnahme eines Lotsen erreichte der Schnellfrachter den Quarantäneankerplatz von Yokohama. Die Schadensbeseitigung erfolgte in Japan. Die norwegische Klassifikationsgesellschaft »Det Norske Veritas« (DNV) bestätigte die Seetüchtigkeit (Klasse) des MS KARL MARX.

Um die Ursachen zu ermitteln, die zu dem Unfall geführt hatten, stützte sich die Seekammer auf die Aussagen des Kapitäns und dessen Seeunfallbericht, auf die Berichte der nautischen Offiziere und Vollmatrosen, die sich unmittelbar vor und während der Kollision auf der Brücke befanden, wie auch auf die Borddokumentation sowie die nautischen Unterlagen.

Die Seekammer stellte in ihren Entscheidungsgründen fest, dass „die auf der Brücke befindlichen nautischen Offiziere zu wenig über die Eigenschaften des Schiffes informiert (waren). Die Reisevorbereitung mit den nautischen Offizieren entsprach für dieses Gebiet nicht den Erfordernissen und auch nicht der Verfügung des Seefahrtsamtes der DDR I/4 vom 1.9.1970 über Maßnahmen zur Vorbereitung des Befahrens besonderer Gebiete.

Durch den Kapitän wurde nicht entsprechend den Sichtverhältnissen und den Manövriereigenschaften der Nahbereich rechnerisch festgelegt, sondern nur geschätzt. Über diese Festlegung des Nahbereiches wurden die nautischen Offiziere nicht unterrichtet."

Der Kapitän und die Zeugen indessen sagten übereinstimmend aus, dass auch „nach 16.00 Uhr eine eingeschränkte Sicht vorhanden war". Diese allgemeinen Aussagen ließen keine konkrete Sichtweite nach einem Entfernungsmaß zu. Da selbst im Verlaufe der Fahrt keine Radarabstandsmessungen zu anderen in Sicht kommenden Objekten erfolgten, musste diese auf eine andere Art bestimmt werden. Hierzu benutzte man die Geschwindigkeit beider Schiffe und die Zeit vom Sichten des Kollisionsgegners bis zur Kollision. Die Seekammer führte folgende Berechnung durch:

Die Geschwindigkeit der KARL MARX betrug ca. 18 Knoten, die Zeit des Sichtens bis zur Kollision war 1,5 Minuten. Daraus ergibt sich ein zurückgelegter Weg von 4,5 Kabellängen (830 m).

Die Geschwindigkeit des MT MUNAKATA MARU Nr.11 betrug (geschätzt) ca. 14 Knoten, die Zeit des Sichtens bis zur Kollision war 1,5 Minuten. Daraus ergibt sich ein zurückgelegter Weg von 3,5 Kabellängen (650 m).

Dazu heißt es in den Entscheidungsgründen: „Aus dieser Berechnung ergibt sich, daß zum Zeitpunkt der Kollision eine Maximalsichtweite von 8 Kabellängen (1.480 m) vorhanden war. Bei entsprechend geringerer Fahrt des einen oder anderen oder auch beider Fahrzeuge verringert sich die Sichtweite entsprechend. Es war also Nebel." Allerdings muss man einräumen, dass der Seekammer und dem von ihr bestellten Gutachter, wie auch der Großen Seekammer zu dieser Zeit noch keine offiziellen Angaben über den japanischen Motortanker MUNAKATA MARU Nr. 11 zur Verfügung standen. So ging man von geschätzten Größen, wie 800 BRT und 14 Knoten

Geschwindigkeit, aus. Die tatsächlichen Daten des Tankers aber waren:

MT MUNAKATA MARU Nr. 11, Motortankschiff
BJ: 1971
BW: Imamura Zosen, Kure/JPN
Reederei/Eigner zur Unfallzeit: Munakata Kaiun K.K., Tokio;
HHfn: Tokio
Flagge: JPN
BRT 979/NRT 624/tdw 2.241
$L_{üa}$ 75,30 m, $B_{üa}$ 11,56 m, Tg (bel.) 5,02 m, v_D 12 kn
HM: Ein 4 Takt 6 Zyl. Motor,
Leistung: 1.545 kW (2.100 PS)
Hersteller: Niigata Eng. Co. Ltd., Tokio/JPN

Bei der MUNAKATA MARU Nr. 11 handelte es sich wie bei dem MS KARL MARX um ein neues Schiff. Der Schiffsführung des Tankers standen unter anderem eine Kreiselkompass-, eine Radar- und eine Funkanlage zur Verfügung.
Die Seekammer hatte den Dozenten an der Ingenieurhochschule für Seefahrt Warnemünde/Wustrow, Kapitän Helmut Hilgert, als Gutachter bestellt. Er stellte nach ausführlichen Berechnungen und Beweisführungen fest:

„1. Bei der für MS 'Karl Marx' angenommenen Geschwindigkeit von 19 kn wäre ein Nahbereich von mindestens 2,4 sm (4.450 m) festzulegen. Dabei würde die bedrohliche Annäherung nach Empfehlung Nr. 8 der SSO ca. 6 kbl (1.110 m) betragen. Die Handlungen der Schiffsführung entsprachen nicht den Vorschriften für das Verhalten bei verminderter Sicht nach der SSO.
2. Wenn MS 'Karl Marx' nicht als Radarschiff fuhr, war die Geschwindigkeit entsprechend der Sichtweite zu hoch. Beim Sichten eines anderen Schiffes hätte dann ZV gegeben werden müssen.
3. MT 'Munakata Maru Nr.11' war ausweichpflichtig, nachdem die Fahrzeuge einander sich in Sicht hatten. Der Tanker ist seiner Ausweichpflicht zu spät nachgekommen.
4. Die Kollision hätte auch stattgefunden, wenn MS 'Karl Marx' im letzten Augenblick kein Manöver gefahren hätte.
5. Durch das Backbord-Manöver von MS 'Karl Marx' wurde die Kollision mit verursacht.
6. Hätte MT 'Munakata Maru Nr. 11' Kurs und Geschwindigkeit beibehalten, wäre die Kollision durch das Backbord-Manöver von MS 'Karl Marx' bei 3 Kabellängen (555 m) Entfernung vermieden worden.
7. Ein hart Steuerbord-Manöver als Manöver des letzten Augenblicks hätte bei nahezu stehender Peilung den Zusammenstoß verhüten können, wenn es bei einer Entfernung von mindestens 5,2 Kabellängen (960 m) eingeleitet worden wäre, selbst wenn MT 'Munakata Maru Nr.11' kein Manöver eingeleitet hätte.
8. Da MT 'Munakata Maru Nr.11' ein Steuerbord-Manöver gefahren hat, wäre auch bei einer Entfernung von 3 kbl (555 m) durch hart Stb. von MS 'Karl Marx' der Zusammenstoß vermutlich vermieden worden."

Am Ende sah es die Seekammer als erwiesen an, „daß die Kollision vermieden worden wäre, wenn auf beiden Schiffen entsprechend den Forderungen der Seestraßenordnung verfahren worden wäre und insbesondere die Schiffsleitung des MS 'Karl Marx' der Durchführung einer der Praxis angepassten Navigation – einschließlich Radarbeobachtung und Auswertung – mehr Beachtung geschenkt hätte."
Die Seekammer konnte das Verhalten des MT MUNAKATA MARU Nr. 11 nicht beurteilen, da ihr nur spärliche Angaben zur Verfügung standen.
Im Spruch der Seekammer vom 26. Mai 1972 wurde dem Kapitän des MS KARL MARX, der zur Zeit des Seeunfalles die Schiffsführung inne hatte, die Schuld an diesem Seeunfall gegeben. Im Spruch heißt es: „Die Sicht war durch Nebel eingeschränkt. Ursächlich für die Kollision war, daß das MS 'Karl Marx' mit einer den herrschenden Sichtverhältnissen entsprechenden zu hohen Geschwindigkeit die Uragastraße passierte und nach dem optischen Insichtkommen des ausweichpflichtigen Kollisionsgegners ein Ausweichmanöver nach Backbord ausführte. Verantwortlich dafür ist der Kapitän ... Infolge mangelhafter Reisevorbereitung und ungenügender Organisation des Brückenwachdienstes, insbesondere der nicht ordnungsgemäßen Auswertung der Radarinformationen, entschloß er sich, dem entgegenkommenden Schiff nach Backbord auszuweichen."

Der Kapitän legte, besonders gegen die ausgesprochene Erziehungsmaßnahme, zwei Jahre nur als Erster Nautischer Offizier fahren zu dürfen, Beschwerde ein. Daher musste sich die Große Seekammer mit dem Seeunfall befqssen. In der Verhandlung vor der Großen Seekammer erklärte der Beschwerdeführer ausdrücklich, dass der Tatbestand, so wie er im Spruch der Seekammer schriftlich niedergelegt ist, von ihm anerkannt wird. Im vorliegenden Falle war es daher nicht notwendig festzustellen ob MS 'Karl MARX' als Radarschiff oder als Nichtradarschiff anzusehen war. Ausschlaggebend war vielmehr, ob die Vorschriften des Artikels 16 KVR/60 eingehalten wurden. Bei dem Artikel 16 ist von der historischen Entwicklung dieser Bestimmung auszugehen. Als es noch keine Radargeräte in der Schifffahrt gab, waren die Besatzungen zum Stoppen der Maschine verpflichtet, wenn das Nebelsignal eines fremden Schiffes vorderlicher als querab gehört wurde, ohne dass sie die Lage des Schiffes ausmachen konnten. Mit der Einführung des Radargerätes in der Seeschifffahrt war den Schiffsoffizieren die Möglichkeit gegeben, einen größeren Bereich zu überblicken, als es lediglich durch das Hören des Nebelsignals möglich war. Nunmehr war es notwendig, die Bewegungsrichtung und Geschwindigkeit anderer Schiffe zu bestimmen, wenn sie im Radargerät geortet wurden. Es galt eine gefährliche Annäherung zu vermeiden. Aus diesem Grunde legte man den Nahbereich fest. Außerhalb des Nahbereiches können seit dieser Zeit frühzeitig Manöver eingeleitet werden, die ein Eindringen des fremden Zieles in den Nahbereich verhindern. Befindet sich das Ziel aber schon im Nahbereich, so ist die Maschine auf jeden Fall zu stoppen.

Maßgeblich für die Einschätzung des Verhaltens des Kapitäns waren deshalb die objektiv vorhandenen Umstände:

1. MS 'Karl Marx' verfügte über ein funktionsfähiges Radargerät.
2. Das Radargerät war eingeschaltet.
3. Der spätere Kollisionsgegner wurde durch den Kapitän im Radargerät im Abstand von etwa eineinhalb Seemeilen (2.780 m), 10 bis 15 Grad an Backbord geortet.

Da der Kollisionsgegner innerhalb des vom Kapitän festgelegten Nahbereiches, der mit zwei Seemeilen (3.700 m) bestimmt worden war, geortet wurde, hatte er die Pflicht, gemäß Artikel 16 Abs. c KVR/60 die Maschine zu stoppen. Der Kapitän stoppte die Maschine nicht, sondern ließ das Schiff mit der gleichen Geschwindigkeit weiterlaufen. Aus diesem Grund entschied die Große Seekammer, dass ihm auch eine schuldhafte Verletzung des Artikels 16 Abs.c vorzuwerfen sei. Das erhöhte seinen Schuldanteil an der Kollision.

Nach sorgfältiger Prüfung aller vom Beschwerdeführer vorgebrachten Argumente und nach nochmaliger Wertung aller Umstände erkannte die Große Seekammer am 19. Juli 1972 auf folgenden Spruch:

„... Ursächlich für die Kollision war, daß in der Gefahrensituation das MS 'Karl Marx' ein Manöver des letzten Augenblicks nach Backbord fuhr und der japanische Motortanker ein Ausweichmanöver nach Steuerbord einleitete, nachdem beide Schiffe einander optisch ansichtig wurden. Das Entstehen der Gefahrensituation wurde verursacht

a) seitens MS 'Karl Marx' durch

- eine unzureichende Unterrichtung durch Radar unter den Bedingungen des Nebels,
- das Unterlassen des Stoppens der Maschine, nachdem der spätere Kollisionsgegner im Nahbereich geortet wurde,
- eine zu hohe Geschwindigkeit, die unter der Bedingung der unzureichenden Auswertung der Radarinformationen und nach den obwaltenden Umständen nicht als mäßige Geschwindigkeit betrachtet werden kann,
- Unterlassung der Abgabe der vorgeschriebenen Nebelsignale,

b) seitens des japanischen MT 'Munakata Maru Nr.11' durch das verspätete Einleiten des erforderlichen Ausweichmanövers."

Die Große Seekammer bestätigte den Spruch der Seekammer, hob aber die Festlegung auf, wonach der Kapitän für zwei Jahre nur als Erster Offizier fahren durfte.

Linksfahrgebot im Bosporus

Beim Fahren in engen Fahrwassern muss der Nautiker viele Besonderheiten beachten. Für den Bosporus gilt auf einem beachtlich langen Weg das Linksfahrgebot. Eine Nichtbefolgung führte häufig zu Kollisionen.

MS ZWICKAU,
Erz-/Öl-Frachter, ex VIRTAFORS - 1969
BJ: 1958
BW: Kockums Mekaniska Verkstads A/B, Malmö/SWD
ID: DSR 27. Juni 1969
Reederei/Eigner zur Unfallzeit: VEB Deutsche Seereederei Rostock;
HHfn: Rostock
Flagge: GDR
BRT 15.611/NRT 9.330/tdw 23.320
$L_{üa}$ 181,60 m, $B_{üa}$ 22,71 m, Tg (bel.) 10,05 m, v_D 14,5 kn
HM: Ein 2 Takt 8 Zyl. Motor,
Leistung: 5.373 kW (7.200 bhp)
Hersteller: Kockums M/V A/B Malmö (Lizenz MAN)
SK-Nr. 66/72

Das MS ZWICKAU verließ am 11. August 1972 in Ballast den Hafen Rostock zur Reise nach Iljitshowsk am Schwarzen Meer. Am 28. August 1972 befuhr das Schiff entsprechend den Bosporus-Schifffahrtsvorschriften die europäische Seite des Bosporus und hatte einen Lotsen an Bord. Der Wind wehte aus nordöstlicher Richtung mit Stärke zwei. Es herrschten gute Sicht und starker Gegenstrom (3 kn). Außer dem Lotsen standen auf der Brücke der Kapitän, der III. Nautische Offizier, der Rudergänger und der Ausguck. Auf der

MS ZWICKAU

Back befand sich der Bootsmann. Beide Anker waren klar zum Fallen. Die Maschine lief „VV". Das Schiff machte eine Fahrt von acht bis neun Knoten. Es wurde nach den in der DHI-Seekarte Nr. 1111 eingetragenen Generalkursen und den Anweisungen des Lotsen gesteuert. Die Schiffsorte und Kurse wurden durch Radar- und visuelle Beobachtungen kontrolliert. Der nachfolgend geschilderte Verlauf der Reise entspricht dem Bericht des türkischen Lotsen auf der ZWICKAU. Danach wurde kurz nach dem Passieren von Istinye auf MS ZWICKAU an Backbord voraus ein entgegenkommendes Fahrzeug gesichtet. Der Gegenkommer zeigte das grüne Seitenlicht und die etwas offenstehenden Topplaternen. MS ZWICKAU befand sich auf der vorgesehenen Kurslinie und entsprechend der Empfehlung des Seehandbuches DHI 2031 mit Nachtrag von 1965 auf der europäischen Fahrwasserseite. Beim Sichten des Gegenkommers lag die grüne Leuchttonne „Yeni Köy Banki" an Backbord voraus. Auf MS ZWICKAU wurde nun beobachtet, dass der Kurs des Gegenkommers auf die grüne Leuchttonne „Yeni Köy Banki" gerichtet war, für den Gegenkommer zweifelsohne die falsche Fahrwasserseite. Der Gegenkommer wanderte schon etwas nach Steuerbord aus und näherte sich dann sehr schnell an Steuerbord und fast auf Gegenkurs dem MS ZWICKAU. Nach wie vor zeigte der Gegenkommer sein grünes Seitenlicht und die fast in Deckung befindlichen Topplaternen. Der Gegner wurde durch fünf kurze Töne auf seine Ausweichpflicht aufmerksam gemacht. Um eine gefährliche Annäherung zu vermeiden, änderte wenig später das MS ZWICKAU seinen Kurs etwas nach Backbord. Dies wurde mit zwei kurzen Tönen angezeigt. Der Gegenkommer näherte sich jedoch weiterhin in bedrohlicher Weise und zeigte dann sein rotes Seitenlicht. Hierauf wurde um 20.50 Uhr auf MS ZWICKAU die Maschine gestoppt. Bei einem „ZV-Manöver" wurde der Anker geworfen. Um 20.15 Uhr wurde die Maschine auf „3 x ZV" befohlen.

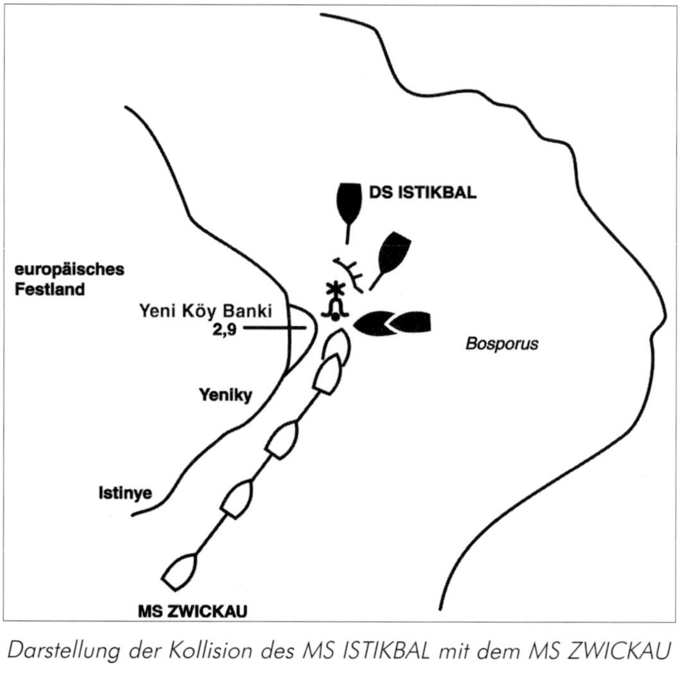

Darstellung der Kollision des MS ISTIKBAL mit dem MS ZWICKAU

Der Bug des DS ISTIKBAL nach der Kollision mit dem MS ZWICKAU

In einem Winkel von etwa 70° bis 80° kollidierte das türkische DS ISTIKBAL um 20.52 Uhr mit seinem Vorschiff die Steuerbordseite des MS ZWICKAU in Höhe von Tank III. Die Kollision ereignete sich auf 41°07´26´´N, 29°04´30´´E (0,8 kbl von Tonne „Yeni Köy Banki" und 1,2 kbl vom Ufer Köy Basi Burnu). Durch den Stoß wurde das MS ZWICKAU stark nach Backbord versetzt. Es befand sich daraufhin 20 bis 25 Meter vom europäischen Ufer entfernt. Beide Schiffe erlitten Beschädigungen. Der Lotse der ZWICKAU gab nach dem Unfall zu Protokoll, dass das DS ISTIKBAL keinen Lotsen an Bord hatte.
Die Seekammer stellte fest, dass weder der Kapitän noch der III. Nautische Offizier an der Kollision schuldig waren.

DS ISTIKBAL; Stückgutfrachtschiff,
ex DENLZ - 1962 ex STRATIDORE - 1962
BJ: 1949
BW: W. Gray & Co. Ltd., Hartlepool/GBI
Reederei/Eigner zur Unfallzeit: Istikbal Gemisi Donatma, Istiraki;
HHfn: Istanbul
Flagge: TRK
BRT 4.786/NRT 2.761/tdw 8.920
$L_{üa}$ 131,51 m, $B_{üa}$ 17,17 m, Tg (bel.) 7,63 m, v_D 10 kn
HM: Eine 3fach Expansionsmaschine 3 Zyl.,
Leistung: 1.434 kW
(1.950 PS)
Hersteller: Cen. Mar. Eng. Wks., Hartlepool

Das Eisenbahnfährschiff WARNEMÜNDE kollidiert mit der Mole in Gedser

EFS WARNEMÜNDE, Eisenbahnfährschiff
BJ: 1963
BW: VEB Schiffswerft »Neptun« Rostock
ID: DR 26. Mai 1963
Reederei/Eigner zur Unfallzeit: Deutsche Reichsbahn;
HHfn: Sassnitz
Flagge: GDR
BRT 6.148/NRT 2.008/tdw 1.564
$L_{üa}$ 136,33 m, $B_{üa}$ 17,71 m, Tg (bel.) 4,74 m, v_D 18 kn
HM: Vier 4 Takt 9 Zyl. Motore,
Leistung: 7.061 kW (9.600 PS)
Hersteller: VEB Maschinenbau Halberstadt
SK-Nr. 10/81

Das Eisenbahnfährschiff WARNEMÜNDE befand sich am 24. Dezember 1980 mit 44 Passagieren, Eisenbahnwaggons und Kraftfahrzeugen auf der Fahrt von Rostock-Warnemünde nach Gedser. Die Richtfeuerlinie zum Hafen wurde bei westlichem Wind mit Stärke 4, sehr guter Sicht und westlichem Strom, bei einem Pegelstand von 45 cm unter normal befahren, wobei zwei bis drei Grad nach Steuerbord vorgehalten wurde. Das Schiff lief mit zwölf bis dreizehn Knoten.

Der Kapitän erschien um 6.18 Uhr auf der Brücke, als das Schiff die Rødsand-Rende (Rødsandrinne) ansteuerte und übernahm um 6.24 Uhr das Kommando. Sein Schiff befand sich beim Leuchtfeuer „Rødsand-Rende N" in der Richtfeuerlinie. Die Stromtonne vor der Westmole war um 15° geneigt und zeigte Weststrom an. Unmittelbar nach der Kommandoübernahme ließ der Kapitän den Kurs etwas nach Steuerbord ändern und die Mittelzunge der Fähranleger ansteuern. Gleichzeitig reduzierte er die Fahrt. Der II. Nautische Offizier und der III. Nautische Offizier stellten eine Versetzung des Schiffs nach Backbord fest. Dies teilten sie dem Kapitän mit, der daraufhin die Mitte des Fährbettes ansteuern ließ. Das Schiff wurde trotzdem weiter nach Backbord versetzt. Das Ruder lag auf „Hart Steuerbord", damit die Mittelzunge annähernd voraus gehalten werden konnte. Bei einem Vorausabstand zum Westmolenkopf von ca. einer Kabellänge ließ der Kapitän die Mitte vom Westfährbett vorausnehmen. Das Schiff näherte sich bedrohlich dem Westmolenkopf. Als hierauf nun das Vorschiff den Westmolenkopf in einem Abstand von ungefähr zehn bis fünfzehn Meter an Backbordseite passierte, lief die Steuerbordmaschine auf „Voraus" weiter und der Kapitän legte die Backbordmaschine auf „ZV", um das Achterschiff vom Molenkopf frei zu kanten. Auf seine Anweisung arbeitete der Rudergänger mit dem Bugstrahlruder voll Backbord. Die eingeleiteten Manöver aber kamen nicht mehr voll zur Wirkung.

Um 6.28 Uhr kollidierte das Backbord-Achterschiff mit dem Westmolenkopf. Hierbei wurden die Beschädigungen, die zuvor bereits die dänische Fähre KONG FREDERIK IX am 27. November 1980 verursacht hatte, durch das EFS WARNEMÜNDE vergrößert. Die WARNEMÜNDE erlitt Deformierungen an der Außenhaut im Spantenbereich 64 bis 75.

Das Fährschiff hatte schon bei erheblich schlechteren hydrometeorologischen Bedingungen den Hafen ohne Vorkommnisse erreicht. Als ursächlich für den Seeunfall sah deshalb die Seekammer „die falsche Einschätzung der hydrometeorologischen Bedingungen durch den Kapitän" an. Anders ausgedrückt, der Kapitän hätte den Einfluß des Stromes vorausschauend berücksichtigen müssen, denn ihm war der herrschende Weststrom durch Anleuchten der Stromtonne rechtzeitig bekannt gewesen.

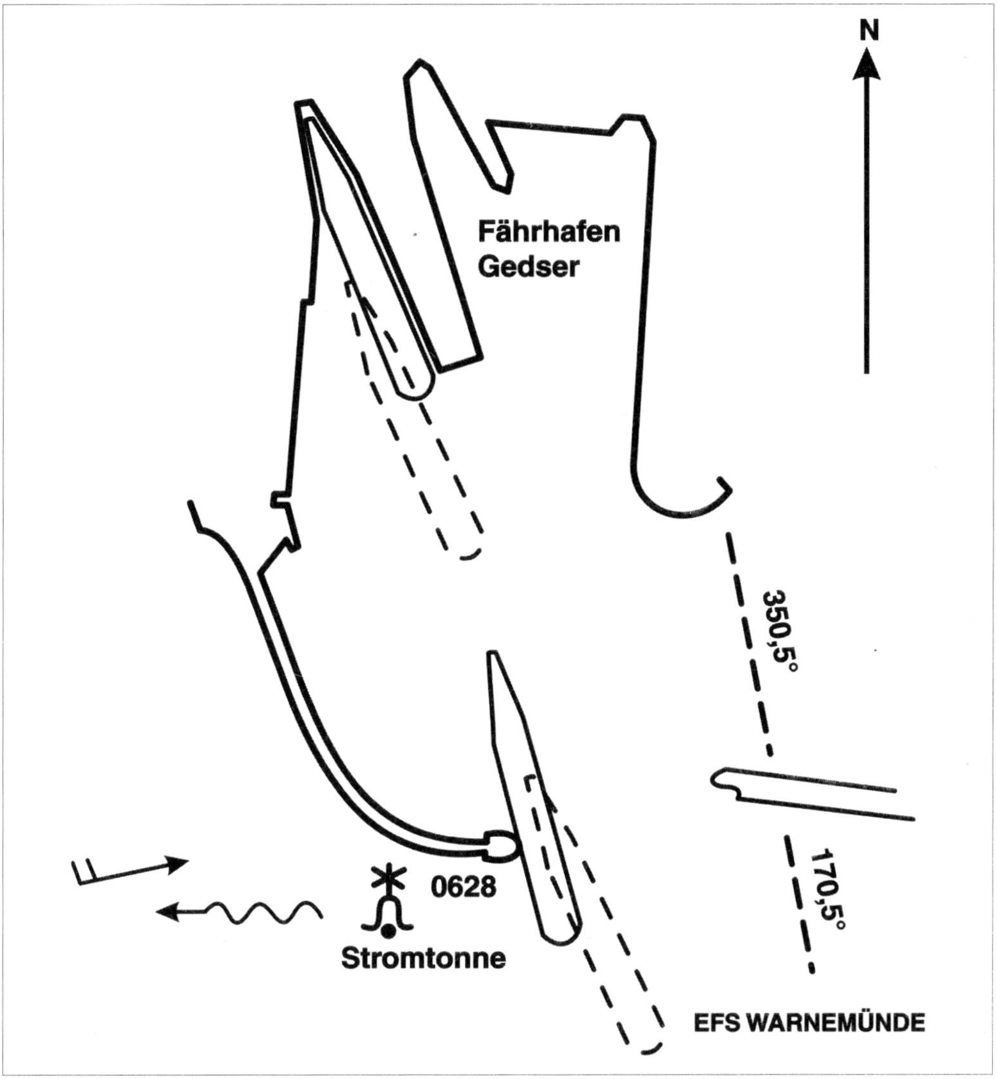

Einlaufen des Eisenbahnfährschiffes WARNEMÜNDE in Gedser/DEN

Befand sich die MIROW auf der falschen Fahrwasserseite ?

Die Kollision des MS MIROW mit dem griechischen MS PANAGIOTIS XILAS am 2. Oktober 1974 im Hamburger Hafen zeigt besonders deutlich die Schwierigkeiten beim Fahren und Manövrieren im Hafen. Zudem ist der Seeunfall ein Beispiel für die voneinander stark abweichenden Ermittlungsergebnisse der nationalen Seeunfalluntersuchungsorgane, die einen großen Einfluss auf die zivilrechtliche Auseinandersetzung vor den ordentlichen Gerichten haben. Die Ermittlungsergebnisse der Seekammer der DDR und des Seeamtes Hamburg ergaben zunächst übereinstimmend folgenden Geschehensablauf.

MS MIROW, Küstenmotorschiff Typ 299
BJ: 1972
BW: VEB Elbewerften Boizenburg/Roßlau, Betriesteil Boizenburg
ID: DSR 29. März 1972
Reederei/Eigner zur Unfallzeit: VEB Deutfracht/Seereederei Rostock;
HHfn: Rostock
Flagge: GDR
BRT 299/NRT 142/tdw 718 27 TEU
Lüa 57,64 m, Büa 10,39 m, Tg (bel.) 3,68 m, vD 12 kn
HM: Ein 4 Takt 8 Zyl. Motor,
Leistung: 853 kW (1.160 PS)
Hersteller: VEB Schwermaschinenbau »Karl Liebknecht« Magdeburg
SK-Nr. 21/75

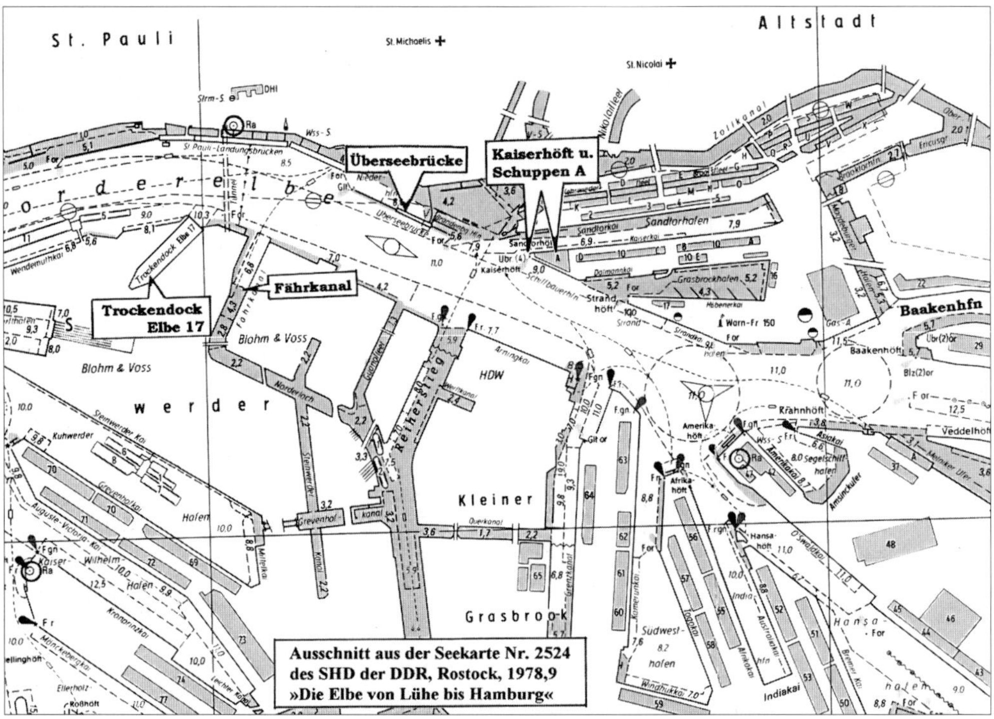

Das Elbe-Fahrwasser zwischen Norderelbe und Baakenhafen

Das Küstenmotorschiff lag am 2. Oktober 1974 seetüchtig und auslaufbereit mit Steuerbordseite am Schuppen 23 im Baakenhafen des Hamburger Hafens. Um 6.50 Uhr kam der Hafenlotse an Bord, den der Kapitän mit den Manövriereigenschaften und dem Tiefgang des Schiffes vertraut machte. Danach legte die MIROW um 6.57 Uhr bei umlaufendem Wind der Stärke eins und zunächst guter Sicht ab, um seewärts zu gehen. Die Brücke war ordnungsgemäß mit dem Kapitän, dem Ersten Offizier und dem Lotsen besetzt. Der Tiefgang vor dem Ablegen betrug vorn 3,35 m und achtern 3,50 m. Seit eineinhalb Stunden lief Ebbstrom (Hochwasser Hamburg St. Pauli am 2. Oktober 1974 um 5.21 Uhr). Die vorgeschriebenen Positionslichter waren geschaltet, sie brannten hell und klar. Das in Betrieb befindliche Radargerät lieferte auf dem 0,75-sm-Bereich eine gute Anzeige.
Der Kapitän führte das Schiff. Über UKW Kanal 6 informierte der Lotse die Schifffahrt, dass die MIROW den Baakenhafen Richtung See verlassen und in das Elbe-Fahrwasser eingedreht habe. Voraus befand sich im nördlichen Teil des Fahrwassers ein ebenfalls elbabwärts laufender Schleppzug, dem die MIROW folgte. Eine in Höhe von Schuppen A (Kaiserhöft) und den Docks 18/19 der Howaldtswerke Deutsche Werft AG erkennbare Nebelwand veranlasste den Kapitän um 7.08 Uhr die Steigung der Verstellschraube von 8,6 (6 Knoten) auf Steigung 1,8 „Voraus" (2 bis 3 Knoten), was weniger als „VGL" entsprach, zu reduzieren. Darüber hinaus ließ der Kapitän Nebelsignale geben. Er beorderte den Rudergänger mit dem II. Nautischen Offizier auf die Back als Ausguck. Das Ruder übernahm der Erste Offizier. Der Leitende Technische Offizier, der sich ebenfalls auf der Brücke befand, überwachte die Maschinenanlage. Über UKW forderte der Kapitän in Absprache mit dem Lotsen bei Radar „Hamburg-Ost" Radarberatung an. Ständig beobachtete der Lotse das auf den 0,75-sm-Bereich geschaltete Schiffsradar. Bei der Annäherung an die Überseebrücke nahm der Kapitän mit Rücksicht auf den dort liegenden kanadischen Marineversorger H.M.C.S. PROTECTEUR, Bordnummer 509 (Deplacement voll ausgerüstet 24.700 ts, 172 m lang und 23,2 m breit) eine leichte Kursänderung nach Backbord vor. Die Sichtweite hatte sich inzwischen auf siebzig bis fünfzig Meter verringert. Die MIROW passierte den Versorger in einem Querabstand von zwanzig bis fünfundzwanzig Meter.
Nach dem Passieren der PROTECTEUR ließ der Kapitän den Kurs mit großer Ruderlage nach Steuerbord ändern, um mit seinem Schiff wieder die äußere rechte Seite des Fahrwassers einnehmen zu können.
Im Bericht des Lotsen heißt es dazu: „Bei Annäherung an die Überseebrücke mußte wegen des dort liegenden canadischen Versorgers 'Protecteur' der Kurs leicht nach Backbord geändert werden ... Nach meiner Schätzung passierten wir den Versorger in einem Abstand von ca. 20 m und mit fast parallelem Kurs zur Überseebrücke. Die Radarstation – Ham-

burg-Ost – teilte uns den mitlaufenden Schleppzug und das aufkommende griechische Fahrzeug mit. Wenig später empfahl uns Radar Hamburg-Ost den Kurs nach Steuerbord zu ändern. Weitere Mitteilungen konnten wegen der starken Störungen nicht empfangen werden.
Im Bordradar wurde der Aufkommer in Höhe des Elbtunnels ausgemacht und beobachtet. Um die durch den an der Überseebrücke liegenden Versorger vorgenommene Ausweichbewegung wieder aufzuheben und um dem im Radar beobachteten Gegenkommer mehr Raum zu geben, wurde der Kurs energisch um 30 Grad nach Steuerbord auf 320 Grad geändert."

Das war um 7.11 Uhr, als Radar „Hamburg-Ost" das aufkommende MS PANAGIOTIS XILAS in gut zweihundert Meter Abstand meldete und dem Lotsen der MIROW empfahl, etwas mehr nach Steuerbord zu gehen. Dieser Empfehlung ist auf der MIROW mit der 30 Grad Steuerbordkursänderung unverzüglich entsprochen worden.

Gegen 7.13 Uhr kam die PANAGIOTIS XILAS an Backbord voraus auf Kollisionskurs in Sicht. Mit „Ruder Hart Steuerbord" und Maschine „VV" und kurz danach wieder „Ruder Hart Backbord", zum Freikanten des Achterschiffes, versuchte der Kapitän noch, die drohende Kollision zu verhindern. Sekunden später traf das MS PANAGIOTIS XILAS mit seinem Vorsteven das MS MIROW an Backbordseite in Höhe der Luke II so schwer, dass die Gefahr des Sinkens bestand. Die MIROW machte erheblich Wasser und bekam Schlagseite nach Backbord. Die Besatzung reagierte schnell und nahm das Lenzsystem in Betrieb. Dann stiegen alle, außer dem Kapitän und dem Lotsen, auf den Schlepper BUGSIER V über. Mit Hilfe von Hafenschleppern gelang es Kapitän und Lotse, das MS MIROW an das Südufer zu manövrieren, wo es mit dem Vorschiff auf Grund sank. Später unterfing der Schwimmkran MAGNUS III mit einer Stahltrosse die MIROW und mit der Unterstützung eines weiteren Schwimmkrans wurde das Vorschiff so weit gehoben, bis das Oberdeck über der Wasseroberfläche zu liegen kam. Nach der provisorischen Abdichtung des Lecks erfolgte das Lenzen des Laderaumes II. Anschließend verholte die MIROW zurück nach Schuppen 23, um dort die erst übernommene Ladung wieder zu löschen. Danach ging das Schiff zur Reparatur in die Werft.

MS PANAGIOTIS XILAS, Stückgutfrachtschiff
ex ISAPOSTOLOL - 1973 ex DIAMETIS PATERAS - 1972
BJ: 1958
BW: Kieler Howaldtswerke AG, Kiel
Reederei/Eigner zur Unfallzeit: Sirikari Compania Naviera S.A.
HHfn: Piräus
Flagge: GRC
BRT 8.764/NRT 5.205/tdw 12.860
$L_{üa}$ 151,30 m, $B_{üa}$ 19,03 m, Tg (bel.) 9,07 m, v_D 15 kn
HM: Ein 2 Takt 6 Zyl. Motor,
Leistung: 3.972 kW (5.400 PS)
Hersteller: Kieler Howaldtswerke AG, Kiel (MAN Lizenz)

Die unter Lotsenberatung fahrende PANAGIOTIS XILAS sollte am Schuppen 63 festmachen. Um 6.29 Uhr hatte der Kapitän die Maschine auf „VGL" beordert, was einer Geschwindigkeit von etwa sechs Knoten durch das Wasser entsprach. Zu dieser Zeit befand sich das Schiff auf der südlichen Fahrwasserseite. Der Kapitän hatte wegen des dichten Nebels auf der Back einen Ausguck aufziehen lassen. Nebelsignale wurden gegeben. Radar „Hamburg-Ost" gab Radarberatung. Das Radargerät auf der Brücke war zunächst auf den Entfernungsbereich 0,75 sm, später dann auf die Bereiche 0,5 sm und 0,25 sm geschaltet. Gegen 6.55 Uhr machten die Schlepper BUGSIER X als Kopfschlepper und STRAATMAN als Heckschlepper fest. In Höhe des Fährkanals ortete man mehrere Echos im nördlichen Fahrwasser, die auch Radar „Hamburg-Ost" meldete. Dem Fahrwasserverlauf folgend ließ der Kapitän den Kurs nach Steuerbord ändern. Danach trat eine Störung des UKW-Empfanges ein. Auch auf dem Radarbildschirm wurden Störungen festgestellt, die das Radarbild verschwimmen ließen. So konnte die Schiffsführung auf dem griechischem Frachter die gefährliche Annäherung der MIROW auf dem Radarbildschirm nicht erkennen. Um 7.15 Uhr wies der Kapitän „Maschine Stopp" an und leitete anschließend ein „ZV-Manöver" ein.
Auf dem Kopfschlepper BUGSIER X indessen erkannte man auf dem Radargerät die Annäherung eines Gegenkommers. Kurz danach tauchte das MS MIROW aus dem Nebel auf. Sekunden später erfolgte die Kollision. Im Bericht des Lotsen des MS PANAGOITIS XILAS hieß es hierzu:
„Die Echos der im Radar ausgemachten entgegenkommenden Fahrzeuge verschwammen, als diese in den Bereich des an der Überseebrücke liegenden canadischen Versorgers 'Protecteur' kamen. Da zu dieser Zeit auf dem UKW, Kanal 7, so starke Störungen vorhanden waren, konnte keine klare Meldung empfangen werden. Die Maschine der 'Panagiotis Xilas' wurde vorsichtshalber gestoppt und auf RV (Rückwärts Voll) gelegt und der Schlepper 'Bugsier 10' zum Austauen nach Steuerbord beordert.
Um 07.10 Uhr kam es querab vom Platz 23 B + V (Blohm & Voss) zur Kollision mit der 'Mirow', obwohl das Schiff vor der Kollision weder im Radar ausgemacht noch vom Ausguck gemeldet worden war."
Aufgrund des Lotsenberichtes schlussfolgerte die Seekammer, dass die mangelhaften Radaranzeigen sowie der gestörte UKW-Empfang auf Kanal 7 die Standortangaben der PANAGIOTIS XILAS und der von diesem Schiff angegebene Kollisionsort als ungenau zu werten sind.
Nachstehend einige Tonbandaufzeichnungen der Station Radar „Hamburg-Ost" (RHO):
„07.06 Uhr RHO:

> Du stehst genau in der Mitte des Fahrwasers. 'Panagoitis Xilas' steht ziemlich genau 100 m ab vom Dock 5."

Kurz danach musste eine Kursänderung durchgeführt werden.
„07.10 Uhr RHO:

Die 'Panagoitis Xilas' liegt jetzt gut im südlichen Teil des Fahrwassers, der Kurs ist gut so. Passiert jetzt Elbe 17, Entgegenkommer: An der Überseebrücke ein Schleppzug, aber im Norden. Außerdem ein Kahn beim Dreiangel, auch gut im Norden.

07.11 Uhr
Kanal 6 schlägt beim Sprechverkehr durch: 'Panagoitis Xilas' hat Dock Elbe 17 passiert und geht nach 63.

07.11 Uhr
'Mirow' (im weiteren mit M bezeichnet) ruft RHO auf Kanal 5.

RHO: Komm bitte auf Kanal 7, 5 ist hier sehr gestört.

RHO: Auf Kanal 7: Die M hat Überseebrücke passiert. Vor Dir ist ein Schleppzug und Dir entgegen kommt (Name des Lotsen) mit PX (Panagoitis XILAS, im weiteren mit PX bezeichnet). Abstand gut 200 Meter, eben in der südlichen Fahrwasserhälfte. Du (MIROW) müßtest noch etwas nach Steuerbord gehen.

07.12 Uhr

M: Ja, danke.

RHO: Die PX passiert jetzt Dock 10 und hat als Entgegenkommer die M ungefähr 150 Meter voraus und zwei kleine Mitläufer, die überholen eben an Steuerbord

07.13 Uhr
Kanal 6 schlägt beim Sprechverkehr durch: Vorschlepper B X (Bugsier X): Dat mit de 'Miro' geiht nich klor hier vörn.

RHO: M muß mehr nach Steuerbord.

RHO: M hinter dem großen Aufkommer ist ein weiterer kleiner Aufkommer, der jetzt auch Mitte Fahrwasser liegt."

Aus diesen Tonbandaufzeichnungen ist ersichtlich, dass das MS PANAGOITIS XILAS zuerst gut südlich im Fahrwasser, dann eben südlich und schließlich in der Mitte des Fahrwassers stand.
Und da es gegen 7.12 Uhr zu einer Kursänderung nach Steuerbord kommen musste, hat die PANAGOITIS XILAS infolge ihrer Länge die Mittellinie überschritten. Wie bereits erwähnt, war dieses auch der Grund des Maschinenmanövers und das Tauen des Schleppers nach Steuerbord. Es stand somit außer Zweifel, dass das MS PANAGOITIS XILAS die Fahrwassermitte überschritten hatte und demnach die Ursache für die entstandene Kollision setzte.
So heißt es dann auch schließlich im Spruch der Seekammer: „Ursächlich für die Kollision war das Verhalten des griechischen MS 'Panagoitis Xilas', weil dieses Fahrzeug einlaufend einen solchen Kurs steuerte, welcher von der südlichen Fahrwasserseite zur Fahrwassermitte und ab 07.13 Uhr auf die nördliche Seite des Fahrwassers führte. Die von Kapitän ... zur Verhinderung der Kollision eingeleiteten Maßnahmen entsprachen der nautischen Umsicht und Vorsicht. Ihn trifft kein Verschulden an der Havarie."

Das Seeamt Hamburg schätzte den Sachverhalt folgendermaßen ein: „Die untersuchte Nebelkollision ist dadurch zustande gekommen, dass die MIROW nach ihrem mit Rücksicht auf das an

Das MS MIROW wird von zwei Schwimmkranen im Hamburger Hafen über der Wasserlinie gehalten

der Überseebrücke liegende Versorgungsschiff vorgenommenen Bb-Ausweichmanöver in die südliche Fahrwasserhälfte und damit vor den Bug der entgegenkommenden PANAGIOTIS XILAS geraten war. Das vom Hafenlotsen der MIROW eingeleitete Gegenmanöver hatte nicht den gewünschten Erfolg, weil die Ruderwirkung wegen der sehr langsamen Fahrt zu gering war. Der voll laufende Ebbstrom tat das übrige, um die MIROW nicht rechtzeitig wieder auf die Nordseite des Fahrwassers gelangen zu lassen."

In dem Verfahren vor dem Hanseatischen Oberlandesgericht auf Zahlung von Schadensersatz in Höhe von 387.221,29 DM an die Auslands- und Rückversicherungs-AG (DARAG) der DDR ging der Richter jedoch davon aus, dass der Nachweis, der Zusammenstoß habe im nördlichen Teil des Fahrwassers oder in Fahrwassermitte stattgefunden, der Klägerin (das heißt der DARAG der DDR) nicht gelungen war. Die hierfür im Urteil 6 U 188/77/30 0 151/76 des Hamburger Oberlandesgerichts gegebene Begründung wies auf die Problematik nationaler Seeunfalluntersuchungen hin: „Allerdings haben die vom Landgericht vernommenen Besatzungsmitglieder der MIROW, der Kapitän, der I. Nautische Offizier und der Lotse, und die bisher nur von der Seekammer der DDR vernommenen Zeugen, der Maschinist und der damals als Ausgucksmann eingesetzte Matrose, übereinstimmend einen Geschehnisablauf geschildert, der die Annahme eines Verschuldens der MIROW

ausschließt. Die Aussagen sind in sich und untereinander widerspruchsfrei und mit überzeugenden Einzelheiten, zum Beispiel bezüglich der Vorbeifahrt an dem kanadischen Versorger, durchsetzt, so daß sie für sich recht überzeugend wirken. Dementsprechend hat die Seekammer der DDR in ihrem Spruch vom 11. Juni 1975 festgestellt, dass der Zusammenstoß im nördlichen, für die MIROW richtigen Fahrwasser stattfand. Andererseits stehen dem die Aussagen des Lotsen von PANAGOITIS XILAS und des Lotsen, der als Landradarberater beteiligt gewesen war, sowie des Schlepperführers von BUGSIER X entgegen.
Auch diese Aussagen sind für sich und untereinander widerspruchsfrei und schlüssig, so dass das Seeamt Hamburg im Gegensatz zur Seekammer zu dem Spruch gelangt ist, dass der Unfall etwas südlich der Fahrwassermitte stattfand. Die unterschiedlichen Sprüche beruhen aber vermutlich allein darauf, daß den Behörden nur ein Teil der Zeugen zur Verfügung stand."
Am Ende aller Untersuchungen traf der Seekammerspruch nur für den Kapitän der MIROW zu und der Seeamtsspruch war eine Verwaltungsentscheidung für die beteiligten Hamburger Lotsen. Aber beide Sprüche fanden als gutachterliche Äußerungen Eingang in dem Schadenersatzverfahren vor den Hamburger Gerichten. Der Kapitän der MIROW und die Hamburger Lotsen blieben im Besitz ihrer Befähigungszeugnisse (Patente).
Das Oberlandesgericht Hamburg wies die Klage der DARAG zur Verurteilung der Beklagten in Höhe von 387.221,29 DM ab. Für eine Restforderung sah der Senat das höhere Maß des Verschuldens im Verhältnis 3:1 auf Seiten der MIROW, so dass der DARAG noch ein Drittel der Schadenssumme zustand. Der generellen Schlussfolgerung des Seeamtes Hamburg, wonach der Zusammenstoß als seltener Ausnahmefall zu werten ist, weil die Hafenlotsen der beteiligten Schiffe von Radar „Hamburg-Ost" beraten wurden, kann man sich nur unter Vorbehalt anschließen.
Unumstritten dagegen ist die Feststellung, dass „bei den geringen Entfernungen, in denen sich Schiffsbewegungen im Hafen vollziehen, es vorkommen (kann), dass wichtige Informationen über sich abzeichnende Gefahren nicht schnell genug übermittelt werden können, um eine erfolgreiche Reaktion des Empfängers zu ermöglichen".

2. Kollision mit Landanlagen

Landanlagen sind zum Anlegen von Schiffen und allgemein zum Löschen und Laden bestimmte Bauwerke. Als Kai werden Uferanlagen mit senkrechter oder geböschter wasserseitiger Ufereinfassung, als Pier werden mit dem Land verbundene, aber in das Wasser vorgebaute, mehrseitige vom Wasser umgebene, zum Anlegen bestimmte Anlagen bezeichnet. Der Liegeplatz ist der Betriebsabschnitt im Umschlagsprozess eines Seehafens, der durch eine bestimmte Kai-(Pier) Länge bestimmt ist. Der Liegeplatz umfasst alle zur Abfertigung eines Schiffes unmittelbar notwendigen Anlagen und Bauwerke.
Im Hafen treten nicht selten Beschädigungen des Kai, der Pier oder der Krane durch das anlegende Schiff auf.

Kollision mit Kranen

Kran fällt auf die HEINRICH HEINE (1)

MS HEINRICH HEINE (1)

MS HEINRICH HEINE (1), Fracht- und Lehrschiff; ex MAR DEL PLATA - 1958
BJ: 1938
BW: John Cockerill S.A. Hoboken/BLG
ID: DSR 26. März 1958
Reederei/Eigner zur Unfallzeit: VEB Deutfracht/Seereederei Rostock;
HHfn: Rostock
Flagge: GDR
BRT 7.666/NRT 3.644/tdw 9.050
$L_{üa}$ 139,90 m, $B_{üa}$ 18,82 m, Tg (bel.) 8,05 m, v_D 14 kn
HM: Ein doppelwirkender 2 Takt 5 Zyl. Motor,
Leistung: 4.474 kW (2.400 bhp)
Hersteller: John Cockerill S.A. Serang/BLG (Lizenz Burmeister & Wain)
SK-Nr. 89/66

Das MS HEINRICH HEINE lag am 10. März 1966 mit der Backbordseite an der Cargo Jetty im Hafen London-Tilbury zum Laden fest vertäut. Die Ladearbeiten erfolgten durch Landkrane. Seit 10 Uhr wurden in Luke II Eisenbahnschienen aus der an der Steuerbordseite längsseits liegenden Schute PATRICK geladen. Die Schienen waren in der Schute bereits zu einzelnen Hieven zusammengelegt und wurden von Stauern in der Schute angeschlagen. Zu dieser Zeit kam der Wind aus Westsüdwest in Stärke vier bis fünf. Die Sicht war gut.
Um 15.32 Uhr hievte der Kran ein Bündel Schienen mit einem Gewicht von 5,75 ts (5.842 kg) aus der Schute; dabei stürzte der Kran querschiffs auf Luke II. Bei diesem Unfall erlitt der Kranführer tödliche Verletzungen. Kran und Schiff wurden schwer beschädigt. MS HEINRICH HEINE war nicht mehr seetüchtig und verholte in die Werft.

Der umgestürzte Kran liegt auf Backbordseite des MS HEINRICH HEINE

Die Sachverständigen der Firmen Dudgeon and Grany Ltd. und A.C. Tate and Partners stellten in ihren Gutachten fest, „daß als primäre Ursache für die Havarie eine Überbelastung des Krans angesehen werden muß, der eine Hebekapazität von 3 ts (3.048 kg) hatte, zu der Zeit jedoch mit 5,75 ts belastet war, wie man nach dem Unfall durch Wiegen der Hieve Eisenbahnschienen feststellte. Da die zu löschende Schute PATRICK hafenseitig bei dem MS HEINRICH HEINE befestigt war, muß neben den erstgenannten Feststellungen außerdem angenommen werden, daß der fragliche Kran mit einer großen Auslage arbeitete, die das Umstürzen ebenfalls begünstigte, wenn man berücksichtigt, daß allein die Breite des MS HEINRICH HEINE bei Luke II 58,5 Fuß (17,83 m) beträgt. Berücksichtigt man ferner die Distanz vom Standort des Kranes bis zum Kai und zuzüglich die halbe Breite der Schute PATRICK, so kann mit Sicherheit angenommen werden, daß der Kran mit Radius von 80 Fuß (17,68 m) gearbeitet hatte, als er umstürzte. Die

Der auf der HEINRICH HEINE liegende Kran aus einem anderen Blickwinkel

Schiffsleitung des MS HEINRICH HEINE hatte nicht die Aufgabe, die Sicherheitseinrichtungen des Krans und die Arbeit des Kranführers zu kontrollieren".

Die Besatzung des MS HEINRICH HEINE traf also kein Verschulden.

MS NAUMBURG stößt beim Verholen einen Kran um

Das MS NAUMBURG lag seit dem 19. April 1976 mit Steuerbordseite am Liegeplatz Nr. 8 in Montevideo/ Uruguay.

MS NAUMBURG, Stückgutfrachter Typ XD
BJ: 1967
BW: VEB Warnowwerft Warnemünde
ID: DSR 26. Oktober 1967
Reederei/Eigner zur Unfallzeit: VEB Deutfracht/Seereederei Rostock;
HHfn: Rostock
Flagge: GDR
BRT 8.501/NRT 5.048/tdw 9.921 (als Volldecker)
$L_{üa}$ 150,49 m, $B_{üa}$ 20,25 m, Tg (bel.) 8,19 m, v_D 17 kn
HM: Ein 2 Takt 8 Zyl. Motor,
Leistung: 8.238 kW (11.200 PS)
Hersteller: VEB Dieselmotorenwerk Rostock (Lizenz MAN)
SK-Nr. 43/76

Während der Hafenliegezeit des Schiffes führte die Besatzung an der Hauptmaschine umfangreiche Wartungsarbeiten durch, so dass die Maschine zu einer am 21. April 1976 vorgesehenen Verholung nicht klargemacht werden konnte. So bestellte der Kapitän zum Verholen zum Liegeplatz CMB am Querkai drei Schlepper und einen Lotsen. Als der Lotse gegen 18.50 Uhr an Bord kam, war es bereits dunkel, aber es herrschte gute Sicht. Der Wind wehte aus Südsüdwest mit Stärke vier.

Die Manöverstationen waren ordnungsgemäß besetzt. Der erste Schlepper wurde nach dem Aufkürzen der Festmacherleinen an Backbordseite in Höhe der Luken III und IV und der zweite Schlepper durch die Mittelklüse am Heck festgemacht. Um 20.03 Uhr begannen die beiden Schlepper das Schiff zu verholen. Die NAUMBURG wurde vom Heckschlepper in einem Abstand von etwa fünfzig bis sechzig Meter parallel zum Kai achteraus und um die Kaiecke zum Querkai gezogen, wobei das Vorschiff durch die Einwirkung des ablandigen Windes nach Backbordseite versetzt wurde. Der Seitenschlepper konnte das Vorschiff nicht halten und der dritte angeforderte Schlepper war noch nicht eingetroffen. Das Vertreiben des Vorschiffes nach Backbord sollte nun durch das Ausbringen einer Vorleine verhindert werden. Das Festmacherboot aber bekam beim Übernehmen die Vorleine in seine Schraube. Seine Position unter dem Steuerbordanker verhinderte ein Fallen des Ankers. Daher wurde der Backbordanker um 20.10 Uhr mit Verzögerung geworfen. Das Achterschiff der NAUMBURG näherte sich bedrohlich dem Kai.

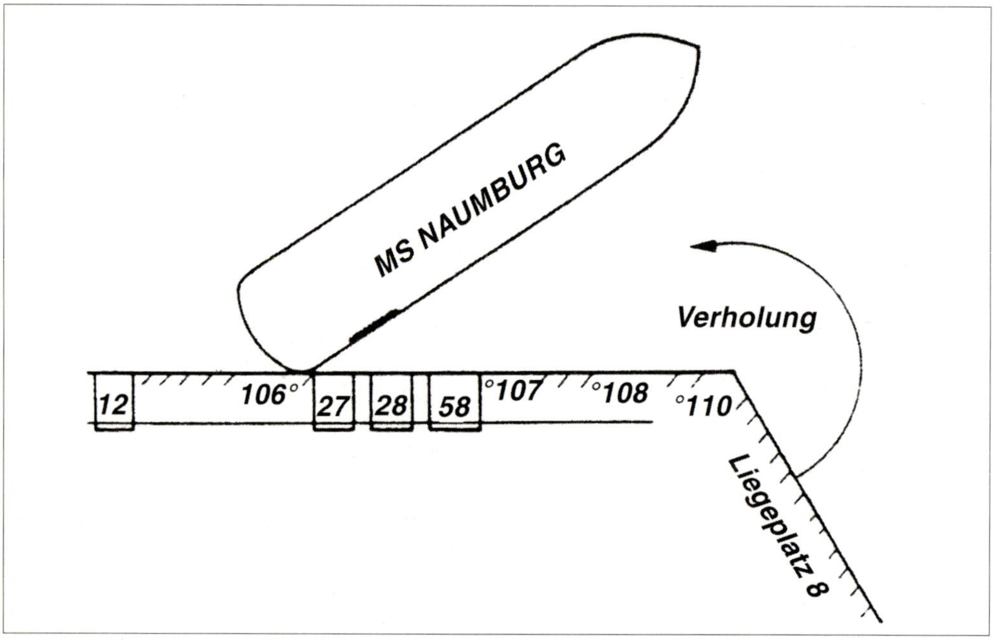

Darstellung des Verholmanövers des MS NAUMBURG in Montevideo

Der nach Steuerbord achteraus ziehende Schlepper kam der Aufforderung des Lotsen, nunmehr nach Backbordseite zu tauen, nicht nach. Das Achterschiff der NAUMBURG stand bald in einem Winkel von 20° bis 30° zum Querkai in Höhe der im Päckchen zusammenstehenden Krane Nr. 28 und 27 bei Kaipoller Nr. 106. Die um 20.20 Uhr an Land gegebenen Vor- und Achterleinen wurden in aller Eile durchgehievt und die Ankerkette bis auf acht Kettenlängen mitgesteckt. Der Seitenschlepper drückte mit verstärkter Kraft. Um 20.25 Uhr stellte der Heckschlepper das Tauen (Ziehen) völlig ein.

Noch bevor die Vorleine steif gehievt war, legte sich das Steuerbord-Achterschiff um 20.28 Uhr in einem Winkel von etwa 20° bis 30° gegen den Kaifender (Gegenstand zur Aufnahme von Bewegungsenergie) beim Poller Nr. 106. Der über den Kai ragende Steuerbord-Schanzkleidbereich (Außenhautwölbung) in Höhe der Luke V stieß gegen den Kran Nr. 28 und dann gegen den Kran Nr. 27, der nach der Landseite umkippte. Nach der Kollision mit dem Kran traf viel zu spät der dritte Schlepper ein.

Das Schiff erlitt bei der Kollison nur eine kleine Einbeulung, die die Seetüchtigkeit nicht beeinträchtigte. Die Seekammer sah die Ursachen des Seeunfalls im Tauen des Heckschleppers.

Zu Recht rügte die Seekammer das Verhalten des Kapitäns, der nicht auf das Eintreffen des dritten Schleppers gewartet hatte. Sein Einsatz hätte dem Manöver eine weitaus größere Sicherheit gegeben.

3. Nichtbeachtung der Durchfahrtshöhe

Schwimmkran GOLIATH kollidiert mit Hochspannungsleitung

Der Schwimmkran GOLIATH überführte am 2. Mai 1969 von Stralsund in Richtung auf den Greifswalder Bodden eine 100-t-Sektion für das Fundament einer Bohrinsel.

Schwimmkran GOLIATH, Selbstfahrender Ausleger-Wippkran
BJ: 1966
BW: VEB Warnowerft Warnemünde;
Kranteil: VEB Schwermaschinenbau Verlade- und Transportanlagen Leipzig
Abgeliefert an SHR: 21. Juni 1966
Reederei/Eigner zur Unfallzeit: VEB Seehafen Rostock;
HHfn: Rostock
Flagge: GDR
BRT 980
$L_{\text{üa}}$ 40,43 m, $B_{\text{üa}}$ 22,60 m, mittlerer Tg 2,20 m, v_D 5,5 kn
HM: Zwei Dieselmotore,
Leistung: 438 kW (596 PS)
Hersteller: ?
SK-Nr. 48/69

Die maximale Höhe des Krans betrug 60,5 m, der Tiefgang 2,20 m. Der Wind wehte aus Nordost mit Stärke drei bis vier. Es herrschte gute Sicht und ein Pegelstand von 15 cm über

Normal Null (NN). Der Schwimmkran des VEB Seehafen Rostock war vom VEB Deutsche Seebaggerei (DSB) für den Transport der Sektion zu einer Bohrinsel gechartert worden. Das Bauteil sollte von der Volkswerft Stralsund zum Mikrostandort im Greifswalder Bodden transportiert und dort als Teil des Fundaments abgesenkt werden. Gemäß einer besonderen vertraglichen Absprache sollten Verholmanöver sowie Hebe- und Absenkvorgänge unter Leitung des Kapitäns erfolgen.

Der Schwimmkran GOLIATH und der Mast der 110-kV-Leitung in Höhe der Proßnitzer Schanze

Da das ganze Unternehmen jedoch ein gewisses Risiko in sich barg, weil eine derartige Fahrt noch nicht praktiziert worden war, beauftragte die Deutsche Seebaggerei einen Ingenieur mit der Vorbereitung der Fahrt. Auf dem Wege zur Position, an der die Sektion abgesenkt werden sollte, war eine Hochspannungsfreileitung zu passieren. Man ging davon aus, dass der Kran etwa 58 Meter über den Wasserspiegel reichen würde und ein Sicherheitsabstand von über 2,20 Meter einzuhalten sei. Unter Berücksichtigung des Pegelstandes – 15 cm über NN – war am Ende eine Gesamthöhe des Schwimmkranes von etwa 61 Meter zu berücksichtigen.

Um die Fahrt vorzubereiten, erkundigte sich der verantwortliche Ingenieur über die Höhe der Leitungen, die zu unterqueren waren. Das Wasserstraßenamt gab die Höhe der Leitung am Mast mit 95 Meter an. Die niedrigste Höhe der Leitung, die 220 Meter von der Mastmitte entfernt lag, betrug 46 Meter. Das Energiekombinat teilte mit, dass ein Abstand des Krans von über 2,20 Meter einen Energieüberschlag ausschließt.

Aufgrund dieser Angaben fertigte der Ingenieur eine Zeichnung an, aus der ersichtlich war, dass im Abstand von 25 Meter vom Mastmittelpunkt eine Kabelhöhe von 85 Meter und in einem Abstand von 95 Meter eine Kabelhöhe von 65 Meter zu beachten sei. Dem Schwimmkran stand somit für die Durchfahrt eine Mindestpassierbreite von 70 Meter zur Verfügung. Es wurde ein Sicherheitsabstand von 15 Meter vom Fundament des Mastes ausgewählt, um eine genügende Tauchtiefe für den Schwimmkran und den Schlepper zu garantieren. Die Durchfahrt des Schwimmkranes wäre also nach der Zeichnung bei einer Schiffsbreite von 23,04 Meter ohne Schwierigkeiten möglich gewesen. Auch ein Verkanten des Krans, das durch Abdriften hätte auftreten können, hätte demnach bei

der Gesamtlänge des Krans von 40,42 Meter keine besondere Bedeutung erlangt. Zur Sicherung der Passage und Kenntlichmachung der sechs-Meter-Linie sollte ein Boot des Wasserstraßenamtes postiert werden.
Am 2. Mai 1969 legte der Ingenieur, der die Berechnungen vorgenommen hatte, dem Kapitän des Schwimmkranes seine Zeichnung vor. Die Angaben erschienen sowohl dem Kapitän als auch dem Lotsen glaubwürdig.
Um 15.50 Uhr legte der Schwimmkran mit Schlepperhilfe in der Volkswerft ab. Im Ziegelgrabenfahrwasser löste man die Schleppverbindung zum Heckschlepper PEENE. Der Bugschlepper SPREE und der Schwimmkran GOLIATH liefen mit der Fahrtstufe „VH", später „VL". Zwischen den drei Fahrzeugen bestand auf Kanal 16 UKW-Sprechverbindung. Der Schleppzug näherte sich nun mit langsamer Fahrt der Hochspannungsleitung, vor der das Strommeisterboot RUGARD auf Position lag. Um 17.52 Uhr kollidierte GOLIATH mit den untersten beiden Drähten der Starkstromleitung: Die Windmessanlage des Schwimmkranes hatte die Drähte der Hochspannungsleitung erfasst. Nach einem „ZV-Manöver" konnte der Schwimmkran vorsichtig zum Mastfundament manövrieren, wo er mit der vorderen Backbordseite festmachte. Der Schlepper SPREE hatte vorher die Schleppleine geslippt.
Der Seekammer lagen Pläne des Wasserstraßenamtes vor, in denen die Höhe des unteren Kabels mit 73,17 Meter angegeben war. Der verantwortliche Ingenieur gab zu, sich um etwa 22 Meter geirrt zu haben, weil er angenommen hatte, dass sich die in seiner Zeichnung angegebene Höhe von 95 Meter auf das untere Kabelpaar bezog. Damit war die Ursache der Kollision geklärt.

Die Seekammer stellte fest, „dass die Ursachen der Havarie des Schwimmkrans GOLIATH in der mangelnden

Schwimmkran GOLIATH berührt die 110-kV-Leitung

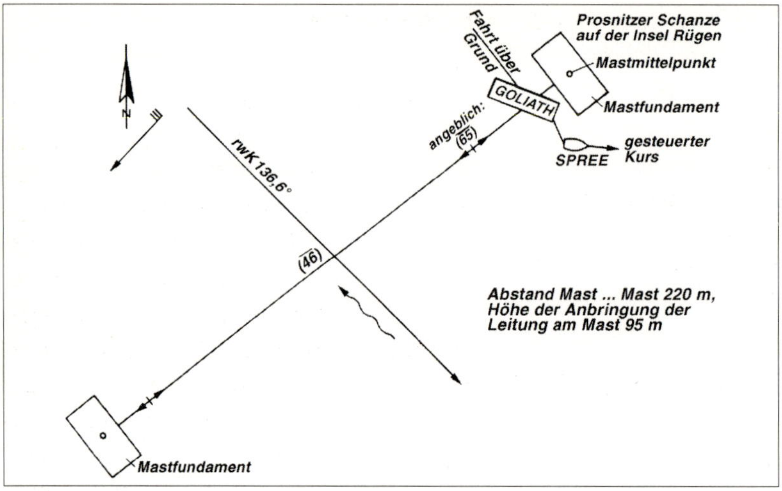

Darstellung der Berührung des Krans GOLIATH mit einer 110-kV-Leitung

Reisevorbereitung des vom VEB Deutsche Seebaggerei beauftragten Ingenieur ... in Zusammenarbeit mit einem Oberinspektor vom Wasserstraßenamt Stralsund liegt. Die in der Vorbereitung als Berechnungsunterlagen angegebenen Daten über die Höhe der Kabel entsprachen nicht den Tatsachen und führten zur falschen Unterrichtung des Kapitäns über den bei der Durchfahrt zu haltenden Abstand vom Sockel des Hochspannungsmastes. Dieses wiederum führte zur Berührung der unteren Kabel durch den Schwimmkran. Kapitän und Lotsen trifft kein Verschulden".

4. Seeunfälle auf Reeden

Ein Ankermanöver besteht aus
- der Wahl des Ankerplatzes,
- dem Ansteuern der Ankerposition,
- dem Fallenlassen des Ankers,
- dem vor Anker liegen; dieses wird durch
- das Ankerlichten beendet.

Schiffe können beim Vor-Anker-gehen kollidieren. Dafür trägt das vor Anker liegende Schiff nur in seltenen Fällen die Verantwortung. Auch beim Schwoien (Drehbewegung ankernder Schiffe bei Wind- und/oder Stromrichtungsänderung) kann eine Kollision erfolgen. Für das Vertreiben vor Anker mit nachfolgender Grundberührung oder Kollision ist das vertreibende Schiff verantwortlich.

MS ORANIENBURG auf der Reede von Singapore

MS ORANIENBURG,
Stückgutfrachter Typ XD
BJ: 1968
BW: VEB Warnowwerft Warnemünde
ID: DSR 12. März 1968
Reederei/Eigner zur Unfallzeit: VEB Deutfracht/Seereederei Rostock;
HHfn: Rostock
Flagge: GDR
BRT 8.501/NRT 5.048/tdw 10.080 (als Volldecker)
$L_{üa}$ 150,32 m, $B_{üa}$ 20,25 m, Tg (bel.) 8,20 m, v_D 18 kn
HM: Ein 2 Takt 8 Zyl. Motor,
Leistung: 8.238 kW (11.200 PS)
Hersteller: VEB Dieselmotorenwerk Rostock (Lizenz MAN)
SK-Nr. 24/79

MS ORANIENBURG befand sich auf der Reise von Rostock nach Shanghai und sollte in Singapore Schweröl für den Antriebsmotor bunkern. Die Ladung bestand aus 3.196,8 Tonnen Stückgütern. Beim Anlaufen der Eastern Working Anchorage (Reede) von Singapore am 7. Januar 1979 herrschten Wind Nordwest zwei, See eins, Strom Südwest zwei bis zweieinhalb Knoten. Die Schiffsführung wurde um 23 Uhr vom Kapitän übernommen. Am 8. Januar 1979 von 0 bis 4 Uhr befanden sich der II. Nautische Offizier, der Rudergänger, der Ausguck und ein Posten Back (Vorschiff) auf Wache. Der Maschinenkontrollraum (sonst wachfrei) war mit dem II. Technischen Offizier besetzt worden. Der Kapitän hatte in seiner Fahrenszeit als Schiffsoffizier diese Ankerreede bereits zwanzig Mal angesteuert. Der Hafen wurde unter Einhaltung der Verkehrstrennungsgebiete und der für tiefgehende Schiffe vorgesehenen Wege angelaufen. Nach den Hafenvorschriften bestand Lotsenpflicht, von der aber die Hafenverwaltung, wie auch im vorliegenden Fall, häufig Befreiung erteilen darf. Im Verlauf der Reisevorbereitung stellte der Kapitän folgende Überlegungen an: Anhand des von Cargoship (Agent/Makler) eingegangenen Telegrammes war ersichtlich, dass auf den Lotsen (wegen Lotsenmangels) mindestens vierundzwanzig Stunden hätte gewartet werden müssen. Die Bunkerübernahme beanspruchte aber nur sechs Stunden. Um die Reise so schnell wie möglich fortsetzen zu können, entschloss sich der Kapitän, den Ankerplatz auch bei Dunkelheit ohne Lotsen anzusteuern. Ein bestimmter Ankerort war nicht vorgesehen, denn dieser war von den vorzufindenden Liegeplatzverhältnissen abhängig. Auf dieser großen, dicht belegten Ankerreede ist es durchaus üblich, dass die Abstände der Ankerlieger untereinander nur eine Kabellänge betragen. Es bleibt gegebenenfalls auch im Einvernehmen mit dem Lotsen nur der Raum zum Freischwoien. Das Ansteuern der Eastern Working Anchorage war durch den Korridor (Ansteuerungsweg) vorgesehen. Nach dem Queren des Verkehrstrennungsgebietes stellte der Kapitän aber fest, dass ein Passieren des Korridors wegen starker Belegung nicht möglich war.

Von Singapore-Port wurde über UKW bestätigt, dass er durch die Immigration Ankerreede zum vorgesehenen Ankerplatz zu laufen hätte. In kurzer Folge wurde vom Wachoffizier der Standort bestimmt. Während des Ansteuerns des Ankerplatzes musste wegen kleinerer Fahrzeuge, mehrerer unbeleuchteter Ankerlieger und der Stromversetzung der Kurs einige Mal korrigiert werden. Um 3.08 Uhr wurde der Schiffsort durch Kreuzpeilung Fullerton Building rwP 319°, East St. John Lighthouse rwP 243° ermittelt und der Kurs auf den nordwestlich der Tonne „NW-Corridor" ausgemachten Ankerplatz abgesetzt. In den darauf folgenden zwei Minuten überprüfte der Kapitän das ordnungsgemäße Umsteuern der Hauptmaschine. Um 3.10 Uhr lief das Schiff mit „Voraus Langsame Fahrt" weiter. Backbord voraus tauchte in einiger Entfernung die NEWCREST auf. Das liberianische Schiff führte Ankerlichter, seine Decksbeleuchtung brannte nur schwach. Zu dieser Zeit löste sich aus einem Schatten (auch aus dem Radarschatten) ein kleineres Fahrzeug, das später als Bunkerschute erkannt wurde. Es kreuzte von Backbord kommend in etwa einhundert Meter Abstand den Bug der ORANIENBURG.

Auf dieser wurde die Maschine gestoppt und nach Passieren der Bunkerschute die Hauptmaschine wieder auf „Voraus Langsame Fahrt" gesetzt. Unmittelbar danach tauchte eine zweite, von Backbord kreuzende Bunkerschute aus dem Schatten der NEWCREST auf; und wieder musste auf der ORANIENBURG die Maschine gestoppt werden, um eine Kollision zu vermeiden. Das MS ORANIENBURG verlor dadurch seine Steuerfähigkeit und trieb durch den starken Strom schnell auf das liberianische MS NEWCREST zu. Trotz mehrerer Ruder- und Maschinenmanöver nahm die Versetzung nach Backbord in Richtung auf die NEWCREST erheblich zu.

Um 3.17 Uhr kollidierte MS ORANIENBURG in Höhe Luke IV Backbord mit dem Steven der NEWCREST.

MS ORANIENBURG setzte nach erfolgter Reparatur im Überwasserbereich und Bestätigung der Klasse am 16. Januar 1979 die Reise fort.

MS NEWCREST und MS ORANIENBURG auf der Reede von Singapore

MS NEWCREST, Stückgutfrachter; ex ASHBANK - 1976
BJ: 1959
BW: Harland & Wolff Ltd., Belfast
Reederei/Eigner zur Unfallzeit: Crest Shipping Ltd.;
HHfn: Monrovia
Flagge: LIB
BRT 8.537/NRT 5.128/tdw 12.534 (als Volldecker)
Lüa 147,33 m, Büa 19,13 m, Tg (bel.) 8,91 m, vD 15 kn
HM: Zwei 2 Takt 6 Zyl. Motore, Leistung: 4.998 kW (6.700 bhp)
Hersteller: Havland & Wolf Ltd. Belfast/GBI (Lizenz Burmeister & Wain)

Aus dem Spruch der Seekammer:
„Das liberianische Fahrzeug NEWCREST lag vor Anker, das MS ORANIENBURG steuerte den beabsichtigten Ankerplatz an. Die Brückenbesetzung entsprach den Vorschriften. Ursächlich für die Kollision waren die auf ORANIENBURG ausgeführten Manöver. Sie mußten zur Abwendung eines Zusammenstoßes mit zwei Bunkerschuten, welche regelwidrig den Kurs der ORANIENBURG kreuzten, eingeleitet werden. Die auf MS ORANIENBURG zum Erreichen des Liegeplatzes eingeleiteten Maßnahmen entsprachen der Situation und sind nicht zu beanstanden. Den Kapitän trifft kein Verschulden."

MS ORANIENBURG in Höhe Luke IV Backbord beschädigt

Ähnlich wie seinem Kollegen auf dem MS ORANIENBURG war es dem Kapitän des MS FRIEDEN am 6. Februar 1978 ergangen, als sein Schiff mit dem zypriotischen MS AGIOS IOANNIS A während der Ansteuerung zum Eastern Ankerplatz von Singapore kollidierte (SK-Nr. 37/78). Auch bei diesem Seeunfall musste das DDR-Schiff aufgrund eines von Backbord kommenden, ausweichpflichtigen Fahrzeuges aufgestoppt werden. Der starke Strom versetzte das Schiff auf den Ankerlieger, der auf einer verbotenen Ankerposition lag. Es kam zur Kollision

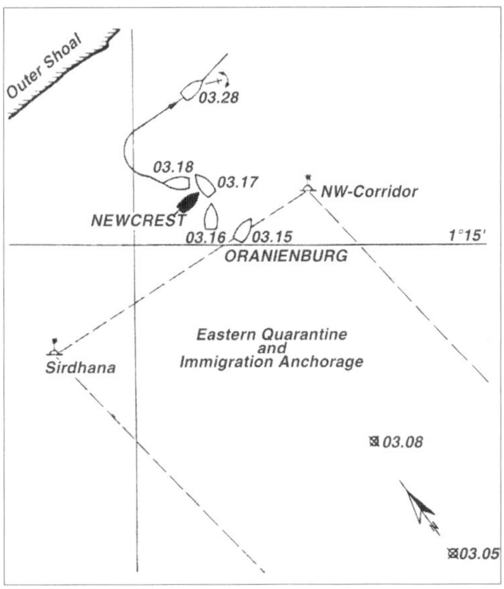

Darstellung der Kollision des MS ORANIENBURG mit MS NEWCREST auf der Reede von Singapore

mit erheblichen Beschädigungen an beiden Schiffen. Wenige Stunden zuvor war bereits ein japanisches Schiff mit MS AGIOS IOANNIS A. in Berührung gekommen, weil der Zypriote auf diesem verbotenen Ankerplatz lag. Die schlechten Erfahrungen, die den DDR-Schiffen bei der Ansteuerung der Reede von Singapore widerfuhren, führten schließlich zu einer generellen Weisung der Chefinspektion der DSR: „Zusätzlich zu dem navigierenden Wachoffizier und dem Ausguck ist die Brücke mit einem befähigten Besatzungsmitglied zu besetzen, das ausschließlich die Abstands- und Lagebestimmung der Ankerlieger und passierenden Fahrzeuge in Richtung auf die größte Gefahr (in diesem Fall die Backbordseite) übernimmt. Der ordentliche Ausguck beobachtet nur die

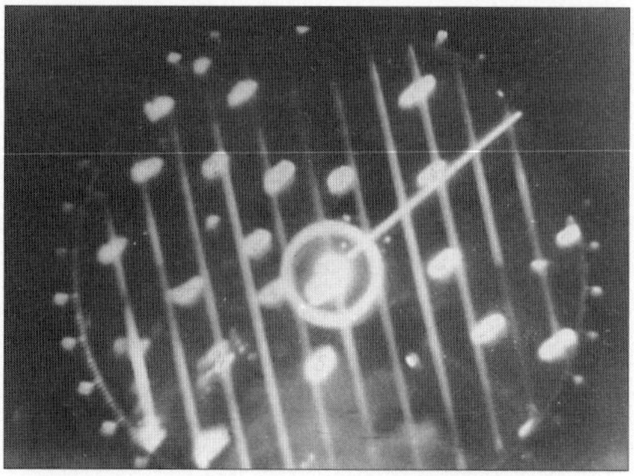

Radarbild auf MS ORANIENBURG bei geschaltetem Bereich 0,75 sm, Abstandsring 0,25 sm, aufgenommen nach dem Ankern

Stb-Seite und meldet seinerseits alle Abstände und Schiffsbewegungen. Die Fahrt des Schiffes ist so einzurichten, dass das Seegebiet vor Singapore bei Tageslicht erreicht wird. Wenn es die Umstände gestatten, ist Lotsenberatung in Anspruch zu nehmen."

MS WERRA auf der Reede von Le Havre

MS WERRA, Stückgutfrachter, ex FRAVIZO - 1964
BJ: 1958
BW: Amsterdamsche D.D. Maats., Amsterdam/NTH
ID: DSR 14. August 1964
Reederei/Eigner zur Unfallzeit: VEB Deutsche Seereederei Rostock;
HHfn: Rostock
Flagge: GDR
BRT 2.474/NRT 1.207/tdw 3.627
$L_{üa}$ 105,35 m, $B_{üa}$ 14,57 m, Tg (bel.) 6,05 m, v_D 15 kn
HM: Ein 2 Takt 6 Zyl. Motor,
Leistung: 2.648 kW (3.600 PS)
Hersteller: N.V. Werkspoor, Amsterdam
SK-Nr. 07/73

MS WERRA lag am 3. November 1972 auf der Reede von Le Havre vor Anker. Es herrschte Nebel mit Sichtweiten bis zu vierzig Metern. Der Wind wehte schwach aus Nordwest. Der Gezeitenstrom setzte mit etwa einem Knoten in Richtung 250°. Auf der Brücke befand sich der II. Nautische Offizier und in der Steuerbord-Brückennock der Ausguck. Jede Minute wurde die Glocke auf der Back vom Ankerposten kräftig geläutet, wie es die Internationalen Regeln verlangen. Die Maschine war klar zum sofortigen Einsatz. Das Radargerät wurde vom II. Nautischen Offizier im 3-sm-Bereich beobachtet. Unter

normalen Witterungsbedingungen hätte sich die Wache auf einen ruhigen Dienst freuen können, aber es herrschte an diesem Tag dichter Nebel. Um 13 Uhr kontrollierte der II. Nautische Offizier mittels Radarpeilung und Abstandsbestimmung den Ankerort. Echos von sich nähernden Fahrzeugen wurden auf dem Radarschirm nicht ausgemacht. Der II. Nautische Offizier begab sich daraufhin in die Steuerbord-Brückennock.
Wenige Augenblicke später hörte er plötzlich in unmittelbarer Nähe an Backbordseite ein Typhonsignal eines in Fahrt befindlichen Schiffes. Zu diesem Zeitpunkt kam der Kapitän auf die Brücke und begab sich an das UKW-Gerät.

MS IOKASTI, Stückgutfrachter, ex CONCORDIA MARGRETHE - 1971
ex MARGRETHE - 1970 ex MARGRETHE BAGGE - 1970
BJ: 1938
BW: A/B Gotaverken, Gothenburg
Reederei/Eigner zur Unfallzeit: Iokasti Shipping Co. Ltd.
HHfn: Limassol
Flagge: CYP
BRT 5.496/NRT 3.278/tdw 8.596
Lüa 138,13 m, Büa 17,94 m, Tg (bel.) 7,79 m, vD 16 kn
HM: Ein doppelwirkender 2 Takt 6 Zyl. Motor,
Leistung: 5.147 kW (6.900 bhp)
Hersteller: A/B Gotaverken, Gothenburg (Lizenz Burmeister & Wain)

Auf dem späteren Kollisionsgegner IOKASTI hatte sich, wie aus dem Vernehmungsprotokoll vor dem französischen Gericht in Le Havre zu entnehmen ist, folgendes zugetragen: Am 3. November 1972 kam MS IOKASTI aus Algier/Algerien und fuhr nach Rouen/Frankreich. Es sollte auf der Reede von Le Havre vor Anker gehen. In Höhe des Feuerschiffes konnte man nur vierzig Meter weit sehen. Radar- und UKW-Gerät waren funktionsuntüchtig. Nach 12.56 Uhr passierte die IOKASTI mit Backbordseite das Feuerschiff LE HAVRE in weniger als vierzig Meter Abstand auf einem Kreiselkompasskurs von 120°. Von der Brücke aus rief man den auf dem Feuerschiff befindlichen Männern

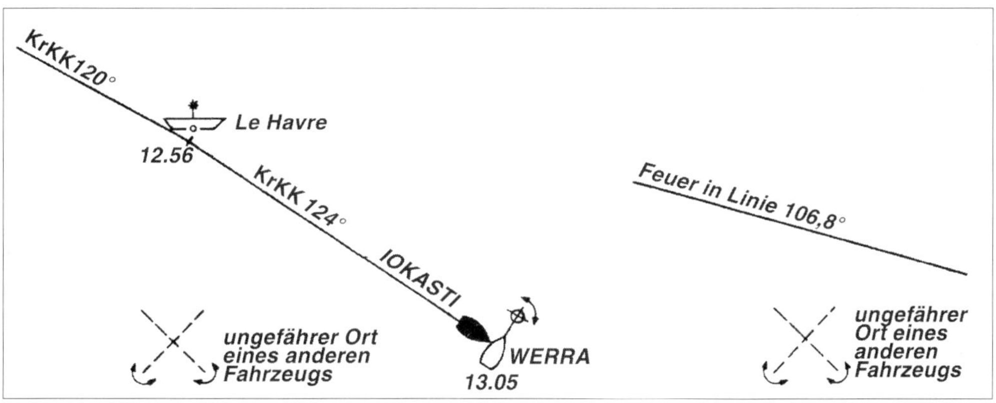

Darstellung der Kollision des MS IOKASTI mit dem MS WERRA

Scherzworte zu und danach wurde der Kurs auf 124° geändert, um die Tonne „LH2" und später den Ankerplatz zu erreichen. Nebelsignale mit Typhon wurden gegeben. Ungefähr acht Minuten nach Passieren des Feuerschiffes hörte der Kapitän voraus an Backbord eine Glocke. Er stoppte sofort seine Maschine und ließ, noch bevor er des Kollisionsgegners ansichtig wurde, das Ruder auf „Hart Steuerbord" legen. Danach beorderte er die Maschine auf „Voll Zurück" und das Ruder wieder auf „Mittschiffs".
Aber das Unglück war nicht mehr zu verhindern: Die IOKASTI kollidierte um 13.05 Uhr auf einem KrKK von 138° in einem Winkel von 65° bis 70° mit der WERRA an den Brückenaufbauten.

MS IOKASTI hatte die 13,5 Kabellängen (2.500 m) lange Strecke zwischen dem Feuerschiff und dem Kollisionsort in etwa neun Minuten zurückgelegt. Das entsprach einer Geschwindigkeit von achteinhalb Knoten. Verursacht hatte die Kollision das MS IOKASTI, das mit einem nicht einsatzklaren Radargerät im dichten Nebel und mit einer nach den Umständen zu hohen Geschwindigkeit fuhr, so dass die an Bord eingeleiteten Manöver beim Sichten des MS WERRA ein Ausweichen nicht mehr möglich machten. Ein Verschulden des Kapitäns und des Wachoffiziers des MS WERRA an der Kollision lag daher nicht vor. Nicht unerwähnt bleiben soll, dass sich offensichtlich das MS IOKASTI um 13 Uhr im Radarschatten des Feuerschiffes befand und deshalb auf dem Radarbildschirm der WERRA als Zielecho nicht erschien. Denn nur so ist es zu erklären, dass der II. Nautische Offizier zu diesem Zeitpunkt nur ein Ziel beobachtete.

Der Einfluss der Verkehrsleitstellen auf die Sicherheit der Schifffahrt

Die Kollision zwischen dem MTS MINOL 8, dem Küstenschutzschiff (KSS) KARL MARX der Volksmarine und der Motorklappschute ERWIN FISCHER am 28. Januar 1966 gegen 6.22 Uhr im Rostock-Überseehafen-Fahrwasser in Höhe des Pinnengrabens (SK-Nr. 13/66) bot den Anlass für die Schaffung der Verkehrsleitstellen in den Häfen Wismar, Rostock, Stralsund und Saßnitz. Die Seekammer erteilte nach diesem Unfall den zuständigen Behörden die Auflage, Festlegungen über das Hafenregime zu treffen, die in Zukunft derartige Kollisionen verhindern sollten. Gleichwohl waren natürlich nach der Einrichtung der Verkehrsleitstellen, zuerst in Rostock, Gefahrensituationen insbesondere bei Nebel nicht völlig vermeidbar, nicht zu vergessen menschliches Fehlverhalten, wenn zum Beispiel zwischen der Verkehrsleitstelle und den beteiligten Schiffen Missverständnisse auftraten.

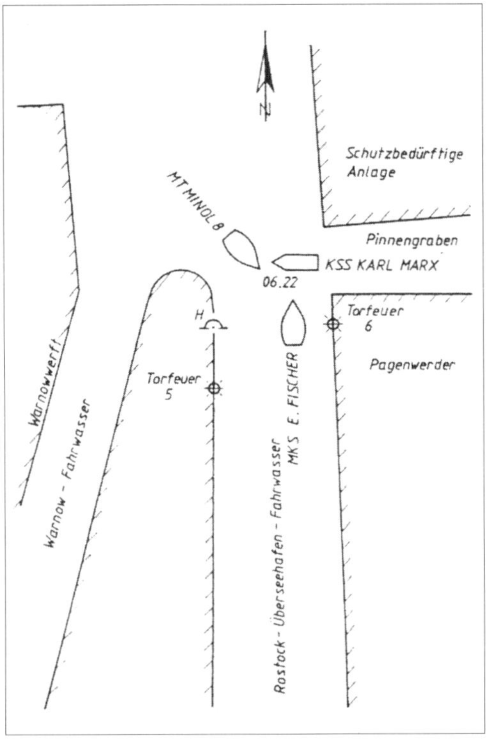

Darstellung der Kollision des KSS KARL MARX mit MKS ERWIN FISCHER und MT MINOL 8 im Rostock-Überseehafen-Fahrwasser

ROS-222 BITTERFELD, Seitentrawler Typ III
BJ: 1959
BW: VEB Peene-Werft Wolgast
ID: FiKoRo 4. August 1961
Reederei/Eigner zur Unfallzeit: VEB Fischkombinat Rostock/VEB Fischfang Rostock;
HHfn: Rostock
Flagge: GDR
BRT 939/NRT 290/tdw -
$L_{üa}$ 65,56 m, $B_{üa}$ 10,42 m, Tg 4,65 m,
v_D 11 kn
HM: Zwei 4 Takt 8 Zyl. Motore,
Leistung: 1.059 kW (1.420 bhp)
Hersteller: VEB Görlitzer Maschinenbau Görlitz
SK-Nr. 27/73

Der Trawler ROS-222 BITTERFELD lief nach einer Reparatur in der Neptunwerft zu einer Probefahrt aus. Unter Beratung eines Lotsen legte das Schiff am 3. Januar 1973 um 15.35 Uhr von seinem Liegeplatz ab. Der Tiefgang des 65,60 Meter langen Schiffes betrug vorn 2,60 Meter und achtern 5,20 Meter. Auf der Brücke befanden sich der Kapitän, der das Schiff führte, der Erste Offizier als Radarbeobachter, der II. Nautische Offizier, verantwortlich für die Navigation, der Rudergänger, ein Ausguck und der Lotse. Auf der Back waren der Bestmann und der Netzmacher als Ausguck postiert. Der Wind wehte aus West mit Stärke drei. Dichter Nebel lag über dem Wasser. Die Sichtweite betrug nur drei Kabellängen (555 m). Von Hand wurden die vorgeschriebenen Nebelsignale gegeben. Das Radargerät beobachtete der Erste Offizier vorausorientiert auf dem 1,5-sm-Bereich. Die Bildqualität war gut. Das Schiff stand über UKW Kanal 14 mit der Verkehrsleitstelle Rostock in ständiger Verbindung. Kurzzeitig wurde auf UKW Kanal 12 für Meldungen an die Lotsenstation umgeschaltet. Mit Fahrtstufe „VGL" fuhr die BITTERFELD seewärts. Der Verkehrsleitstelle teilte der II. Nautische Offizier auf der Warnow mehrmals die Positionen des Schiffes mit. Um 16.28 Uhr passierte das Schiff das Dalbenpaar „D/ 5". Die Sichtweite betrug da nur noch eine Kabellänge (185,2 m). Etwa in Höhe der Lotsenstation (Hohe Düne) nahm der Lotse der BITTERFELD mit dem Lotsen des auf Warnemünde Reede treibenden liberianischen MS GHENT über UKW Verbindung auf.

MS GHENT, Stückgutfrachter
BJ: 1971
BW: Tohoku Zosen, Shiogama
Reederei/Eigner zur Unfallzeit: Tradax International S.A.;
HHfn: Monrovia
Flagge: LIB
BRT 2.963/NRT 1.891/tdw 5.558
$L_{üa}$ 85,82 m, $B_{üa}$ 15,29 m, Tg (bel.) 7,45 m, v_D 11,5 kn
HM: Ein 4 Takt 6 Zyl. Motor, Leistung: 1.491 kW (2.000 bhp)
Hersteller: Hanshin Nainenki Kogyo Osaka

Das MS GHENT war auf der Reise nach Rostock in einen Sturm geraten und beschädigt worden. Das Ankergeschirr war unklar, das Typhon nicht funktionstüchtig. Das Schiff konnte nur von Hand gesteuert werden. Deshalb fuhr es, wie der Kapitän später erklärte, als manövrierunfähiges Schiff. Die Maschinenanlage sowie das Radar- und UKW-Gerät waren einsatzklar. Das auf dem 1,5-sm-Bereich nordstabilisierte Radargerät lieferte gute Anzeigen. Trotz des herrschenden Nebels war eine sichere Navigation gewährleistet. Die Brücke war mit dem Kapitän, dem Ersten Offizier, einem Rudergänger und einem Lotsen besetzt, der um 15.45 in Höhe Tonne „1" an Bord gekommen war. Der Ausguck befand sich auf der Back. Es gab keine Verständigungsschwierigkeiten zwischen dem Kapitän und dem Lotsen.

Durch das Auslaufen der BITTERFELD verzögerte sich das Einlaufen der GHENT. Sie trieb mit Wissen der Verkehrsleitstelle zwischen den Tonnen „C" und „B" westlich des Rostock-Überseehafen-Fahrwassers. Auf der GENT bestand eine stabile Verbindung auf UKW Kanal 14 zur Verkehrsleitstelle, auch zu der Lotsenstation hatte man auf Kanal 12 Kontakt aufgenommen. Die Lotsen beider Schiffe vereinbarten über UKW, dass MS BITTERFELD vor Erreichen der Tonne „C" das Fahrwasser nach Westen verlassen und MS GHENT nördlich der Tonne „C" in das Fahrwasser einlaufen sollte. Der Lotse der BITTERFELD teilte dem Lotsen der GHENT mit, dass die BITTERFELD südlich der Tonne „C" das Fahrwasser

ROS-222 BITTERFELD, Seitentrawler Typ III

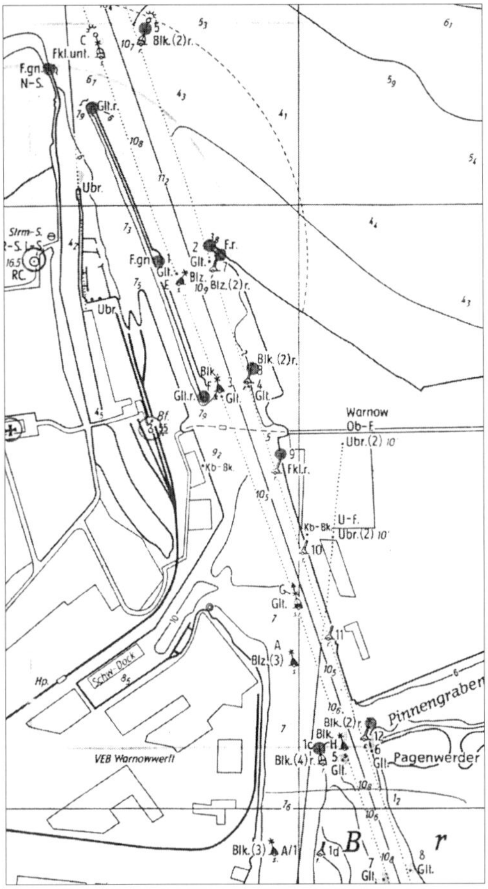

Hafen Warnemünde - Rostock, SHD Nr. 1630 Ausgabe 1964, 5

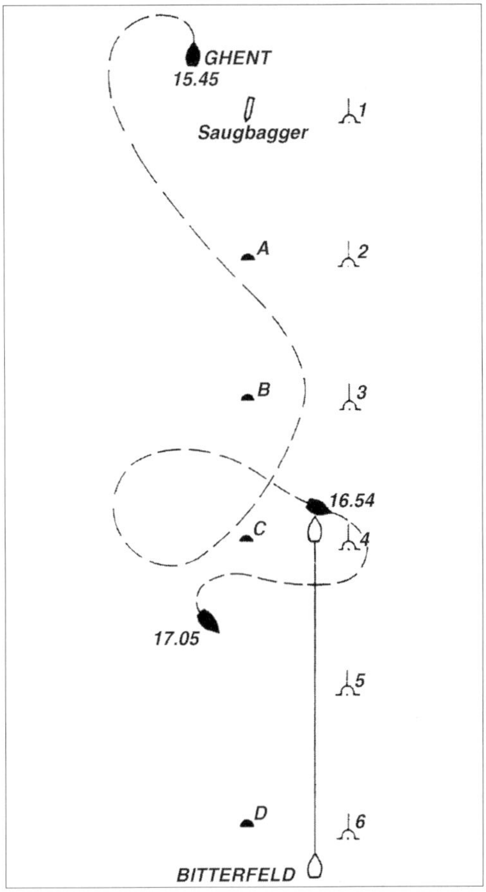

Darstellung der Kollision des MS GHENT mit dem Trawler ROS-222 BITTERFELD

nach Westen verlässt. Der Lotse der GHENT informierte seinen Kollegen auf MS BITTERFELD, sein Schiff wolle über Nord drehen und dann nördlich Tonne „C" das Fahrwasser ansteuern. Diese Absprache wurde später von beiden Lotsen bestätigt. Wenig später erteilte die Verkehrsleitstelle wegen des Einlaufens der dänischen Eisenbahnfähre nach Warnemünde die Weisung, dass die BITTERFELD im Rostock-Überseehafen-Fahrwasser weiter nach Norden zu fahren habe und die GHENT warten sollte, bis MS BITTERFELD sie passiert habe. Die Weisung wurde nur auf MS BITTERFELD mitgehört aber nicht auf MS GHENT. Die Verkehrsleitstelle fragte nicht zurück und so gab es für den Empfang der Weisung nur von der BITTERFELD eine Bestätigung, weil sich der Lotse von dort gemeldet hatte. Ein schweres Versäumnis der Leitstelle, das zum Verhängnis geriet. Auf MS BITTERFELD führte man die richtig verstandene Weisung der Verkehrsleitstelle aus. Kurs und Geschwindigkeit wurden im Fahrwasser beibehalten. Als auf dem Radarschirm erkannt wurde, dass zur GHENT bei einem Abstand von drei Kabellängen (555 m) die Peilung stand, wurde die Maschine auf „ZV" und das Ruder nach „Hart Steuerbord" befohlen. Die einzig richtige Maßnahme, denn nach Osten, außerhalb des Fahrwassers, war eine ausreichende Wassertiefe für das Schiff vorhanden. Auf MS GHENT hatte man offenbar die Weisung der Verkehrsleitstelle nicht gehört und nach einem Drehkreis über Nord mit dem Einlaufen in das Fahrwasser (KrKK 120°) begonnen. Im Abstand von zwei Kabellängen (370 m) erkannte der Lotse auf dem Radarschirm die im gleichen Fahrwasser befindliche BITTERFELD.

Nach Ziffer 8 der damals gültigen „Empfehlungen für den Radargebrauch" galt eine solche Situation als „bedrohliche Annäherung" und nach den Regeln hätte durch ein „ZV-Manöver" jegliche Fahrt aus dem Schiff genommen werden müssen. Der Lotse gab dem Kapitän aber keinen Hinweis auf das notwendige Manöver, sondern verließ das Radargerät und begab sich in die Backbord-Brückennock, um die Tonne „4" zu beobachten. Er interpretierte das von ihm auf dem Radarschirm bemerkte Auswandern des Echos von MS BITTERFELD nach Osten als Verlassen des Fahrwassers. Etwa in Höhe Tonne „C", die im Radar angezeigt wurde, erfolgte auf MS GHENT das Ruderkommando „Hart Steuerbord", um in das Fahrwasser einzudrehen. Zu diesem Zeitpunkt kam an Steuerbord der GHENT die BITTERFELD in Sicht.

Die Maschine auf GHENT wurde

MS GHENT, Leck in Höhe Luke II, Steuerborseite

MS ESPENHAIN

gestoppt, das Ruder nunmehr auf „Hart Backbord" befohlen. Trotz der auf beiden Schiffen eingeleiteten Maßnahmen kollidierten um 16.54 Uhr beide Schiffe in einem Winkel von 90° und erlitten schwere Schäden. Das MS GHENT musste wegen des entstandenen Lecks in Höhe Luke II Steuerbordseite auf der Westseite des Fahrwassers auf Grund gesetzt werden. Der Trawler BITTERFELD ging nach der Kollision nicht rechtzeitig vor Anker und kam deshalb um 17.26 Uhr östlich des Fahrwassers am Grund fest. Eine – gewissermaßen zeitlos gültige – Erkenntnis formulierte die Seekammer im Spruch: „Die von der Verkehrsleitstelle erteilten Weisungen heben die Verantwortung des Schiffsführers für die Führung seines Schiffes nicht auf. Der Kapitän muß stets die von den Kollisionsverhütungsregeln geforderte nautische Umsicht und Vorsicht beachten. Das trifft auch auf den Lotsen zu." Daher schlussfolgerte die Seekammer, dass ursächlich für die Kollision das Verhalten des MS GHENT war: Nach dem Eindrehen in das Fahrwasser legte sich das MS GHENT quer zum im Fahrwasser auslaufenden MS BITTERFELD. Obwohl es das auslaufende MS BITTERFELD auf dem Radarschirm erkannte, stoppte es seine Fahrt nicht auf.

MS ESPENHAIN, Massengutschiff Typ IX
BJ: 1962
BW: VEB Warnowwerft Warnemünde
ID: DSR 14. Juni 1963
Reederei/Eigner zur Unfallzeit: VEB Deutfracht/Seereederei Rostock;
HHfn: Rostock
Flagge: GDR
BRT 8.136/NRT 4.466/tdw 11.780

MS FEDERAL RHINE nach der Kollision. Bulbsteven eingedrückt und gerissen. Leck etwa 120 mm x 800 mm

$L_{üa}$ 151,86 m, $B_{üa}$ 19,24 m, Tg (bel.) 8,58 m, v_D 15 kn
HM: Ein 2 Takt 7 Zyl. Motor,
Leistung: 4.305 kW (5.850 PS)
Hersteller: VEB Dieselmotorenwerk Rostock (Lizenz MAN)
SK-Nr. 16/82

MS FEDERAL RHINE, Massengutschiff
BJ: 1977
BW: Hyundai S.B. & Heavy Industry, Ulsan
Reederei/Eigner zur Unfallzeit: Belcan N.V., N.V. UBEM S.A.
HHfn: Antwerpen
Flagge: BLG
BRT 21.484/NRT 16.972/tdw 35.925
$L_{üa}$ 222,49 m, $B_{üa}$ 23,17 m, Tg (bel.) 9,70 m, v_D 14 kn
HM: Ein 2 Takt 7 Zyl. Motor,
Leistung: 7.758 kW (10.400 PS)
Hersteller: Misui Eng. & S.B. Co. Ltd., Tamano (Lizenz Burmeister & Wain)

Am 13. Januar 1982 ereignete sich die Kollision zwischen dem MS ESPENHAIN und dem belgischen MS FEDERAL RHINE auf Warnemünde Reede. Die Ursachen für die Kollision waren der Kurs und die Geschwindigkeit des MS FEDERAL RHINE. In dem umfänglichen Spruch der Seekammer vom 4. November 1982 heißt es: „Dieses Schiff hatte entgegen der Regel 19 (1) KVR/72 in Verbindung mit Regel 7 (b) KVR/72 offensichtlich keine systematische Radarbeobachtung und -auswertung betrieben.
Dadurch wurde die Nahbereichssituation mit MS ESPENHAIN nach Regel 19 (d) KVR/72 nicht erkannt und die Fahrt nach Regel 19 (a) KVR/72 nicht rechtzeitig aus dem Schiff genommen. Beim optischen Insichtkommen des Fahrzeuges war MS FEDERAL RHINE

ausweichpflichtig nach Regel 15 KVR/72. Es konnte bei dem gesteuerten Kurs und der vorhandenen Geschwindigkeit bei der geringen Entfernung zu dem kurshaltepflichtigen MS ESPENHAIN seiner Ausweichpflicht nach Regel 16 KVR/72 nicht mehr nachkommen und die Kollision verhindern."
Was sich vor dem Unfall auf der FEDERAL RHINE zugetragen hatte, ist der Seekammer nicht bekannt geworden.

Der Kapitän des MS ESPENHAIN trug keine Schuld an der Kollision seines Schiffes mit MS FEDERAL RHINE.
Die international übliche Rechtsanwendung betreffend die Unfälle, an denen Verkehrs- und Radarleitstellen beteiligt sind, kennt nur einen Verantwortlichen: den Kapitän. Der Vertreter der Leitstelle ist nur Zeuge im Verfahren. Das ist auch logisch, denn nur am Ort des Geschehens können die Schiffsmanöver befohlen und ausgeführt werden. Auf den zuvor beschriebenen Seeunfall angewendet heißt das, dass am 13. Januar 1982 ab 14.15 Uhr MS ESPENHAIN eine Verkehrserlaubnis für das Auslaufen aus dem Überseehafen, Liegeplatz 18, besaß.
MS FEDERAL RHINE war gegen 15.15 Uhr auf der Reede Rostock von der Verkehrsleitstelle darüber informiert worden, „den Anker zu hieven und zur Tonne 1 zu laufen, um dort das Lotsenboot zu treffen". Aber es musste beiden Schiffsführern auch klar sein, dass die Verkehrserlaubnis nur für die Seewasserstraße erteilt war. Die Verkehrsleitstelle erteilte für den Verkehr auf Reede keine Verkehrserlaubnis. Im Fahrwasser und auf dem Weg von oder zur Reede hatten beide Schiffsführer für die Einhaltung der Bestimmungen der Seeverkehrsordnung eine eindeutige persönliche Verantwortung. Kurz gesagt, trotz aller Hinweise, Aufforderungen, Weisungen oder Befehle einer Verkehrsleitstelle, der Kapitän wird nie von seiner Verantwortung für die Sicherheit seines Schiffes entbunden.

5. Kollisionen auf Hoher See

Ausweich- und Fahrregeln

Ausweich- und Fahrregeln sind Teil der internationalen Kollisionsverhütungsregeln (KVR), die alle Fahrzeuge auf der Hohen See, im Küstenmeer (Territorialgewässer) und in den inneren Seegewässern zu beachten haben, um Kollisionen (Zusammenstöße) zu vermeiden.

In den nationalen Seegewässern gelten in der Regel zusätzlich örtliche Sondervorschriften. Einige der grundlegenden Regeln finden schon seit über 150 Jahren Anwendung, so zum Beispiel die Gebote: Bei gefährlichen Kurskreuzungen von Schiffen muss dasjenige ausweichen, welches das andere an seiner Steuerbordseite hat, oder: Entgegenkommer haben beide nach Steuerbordseite zu drehen, damit sie sich mit Backbord passieren.

Der Überholer darf im freien Seeraum an beiden Seiten überholen und ist für die sichere Passage verantwortlich.

Die Kennzeichnung eines Fahrzeuges bei Dunkelheit und unsichtigem Wetter durch ein rotes Licht an seiner Backbordseite, ein grünes Licht an seiner Steuerbordseite und das weiße Topplicht dazwischen in entsprechender Höhe am Mast, alle in Vorausrichtung bis 2 Strich achterlicher als querab (112,5°) scheinend, ist seit 1849 in Preußen gebräuchlich gewesen. Die nachfolgend geschilderte Kollision ereignete sich im Geltungszeitraum der Kollisionsverhütungsregeln 1972.

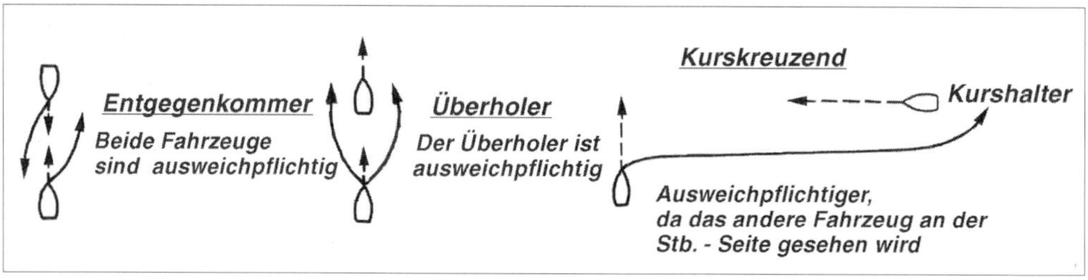

Ausweich- und Fahrregeln

Warum kollidierte das MS SAALE mit dem MS BERYTE?

MS SAALE

MS SAALE Stückgutfrachter, ex OLIVIA WINTHER - 1963
BJ: 1958
BW: Terneuzen Scheepswerf, Terneuzen/ NTH
ID: DSR 23. November 1963
Reederei/Eigner zur Unfallzeit: VEB Deutfracht/Seereederei Rostock;
HHfn: Rostock
Flagge: GDR
BRT 3.500/NRT 1.819/tdw 5.377 (als Volldecker)
$L_{üa}$ 99,66 m, $B_{üa}$ 14,20 m, Tg (bel.) 7.20 m, v_D 13 kn
HM: Ein 4 Takt 10 Zyl. Motor,
Leistung: 1.545 kW (2.100 PS)
Hersteller: Maschinenbau Augsburg - Nürnberg, Augsburg
SK-Nr. 05/78

Am 4. September 1977 erreichte das MS SAALE die Biskaya. Es befand sich auf einer Reise von Antwerpen nach Ceuta, beladen mit 1.814 Tonnen Stückgut. Das Wetter war ruhig. Die Sichtweite betrug etwa zehn Seemeilen. Das Schiff arbeitete leicht in der westlichen Dünung und gierte bis zu zwei Grad nach jeder Seite. Das Selbststeuer war eingeschaltet. Es wurde am Kompass ein Kurs von 208° gesteuert, der als typischer Querungskurs für die Biskaya bekannt ist.

Entsprechend des Wachplanes trat der III. Nautische Offizier um 20 Uhr seine Seewache an. Ein Vollmatrose war außerdem als Ausguck aufgezogen. Die Positionslaternen brannten hell und klar. Auf der britischen Seekarte 1104 wurde nach Deccakoordinaten navigiert, der Standort stündlich bestimmt.

Die Geschwindigkeit betrug 12,5 Knoten. Die beiden an Bord befindlichen Radargeräte waren aufgrund der guten Sichtverhältnisse nicht eingeschaltet. Es herrschte geringer Schiffsverkehr. Aber bald wurde in fünf bis sechs Grad an Backbord ein Fahrzeug ausgemacht, dessen Topplichter in Linie und dessen beide Seitenlichter sichtbar waren. Der Entgegenkommer wurde von nun an ständig vom Wachhabenden und dem Ausguck beobachtet, aber nicht mit dem Diopter gepeilt. Um 22.35 Uhr änderte der Wachhabende den Kurs des Schiffes nach

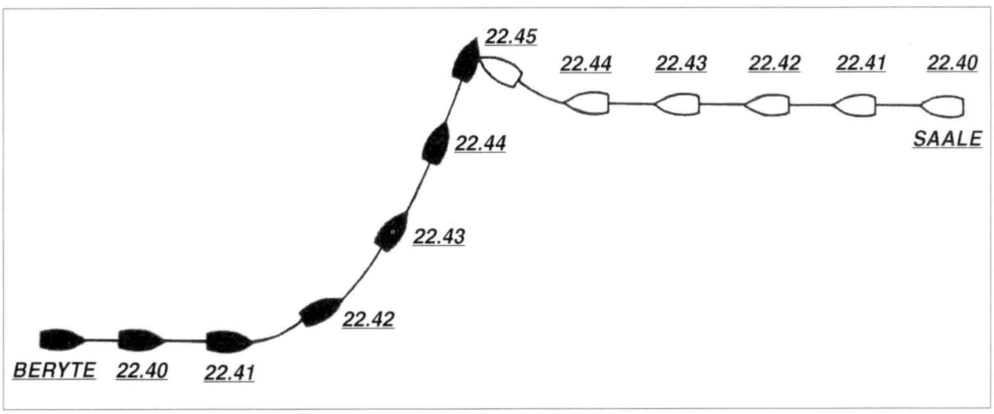

Rekonstruktion der Situation, die zur Kollision führte, nach den Angaben des Kapitäns des MS SAALE

Steuerbord um acht Grad auf 216°. Danach zeigte der Entgegenkommer nur noch die rote Seitenlaterne und die Topplichter in Deckung.
Der Wachhabende schätzte den zu erwartenden Passierabstand Backbord zu Backbord auf eine halbe Seemeile. Dann stellte der III. Nautische Offizier jedoch fest, dass das an Backbord befindliche entgegenkommende Fahrzeug wieder beide Seitenlichter im Wechsel zeigte. Sofort wurde das Handruder besetzt. Mit dem Typhon, gekoppelt mit einem Lichtsignal, gab man mehrfach fünf kurze Töne mit der

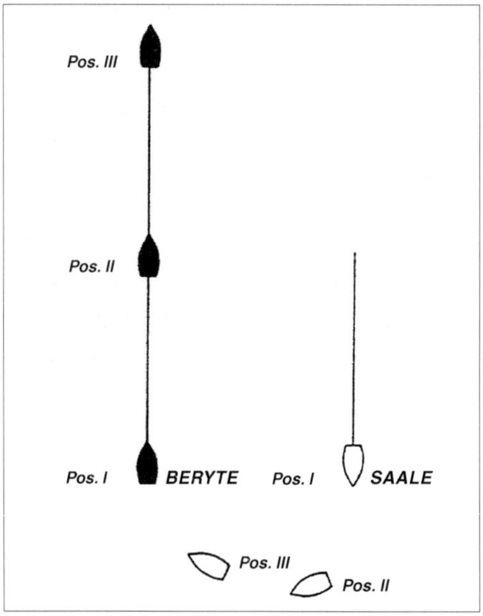

Darstellung der Situation, die zur Kollision geführt haben soll, nach den Angaben des Kapitäns vom MS BERYTE Legende:
Position I BERYTE und SAALE, Steuerbord zu Steuerbord querab, SAALE dreht nun „Hart Steuerbord"
Position II Lage von BERYTE und SAALE, eine Minute später
Position III Behauptete Kollisionslage erreicht nach zwei Minuten. Kollision unmöglich!

Bedeutung: Ich mache sie auf ihre Ausweichpflicht aufmerksam. Da keine Reaktion beim Entgegenkommer zu beobachten war, wurde nach der Abgabe des Steuerbord-Kursänderungssignals (ein kurzer Ton) eine Steuerbord-Kursänderung mit der Ruderlage „Steuerbord 15" eingeleitet und kurz darauf auf „Hart Steuerbord" gelegt und die Maschine auf „Zurück Voll" bzw. „3 x ZV" beordert. Zu dieser Zeit wurde der spätere Kollisionsgegner in etwa zwanzig bis dreißig Grad an Backbord mit weit geöffneten Topplichtern und dem grünen Seitenlicht in einer Backborddrehung beobachtet. Erst jetzt war von diesem Fahrzeug ein Aufmerksamkeitssignal und darauf folgend das Backbord-Kursänderungssignal (zwei kurze Töne) zu hören. Um 22.45 Uhr kollidierten beide Schiffe. MS SAALE wurde am Backbord-Vorschiff getroffen. Der Kollisionswinkel betrug von achtern gesehen etwa zehn bis fünfzehn Grad, die Kollision erfolgte auf einem Kurs von 270° bis 290°.
Ganz anders stellte sich der Hergang der Kollision aus der Sicht der Schiffsführung auf dem liberianischen MS BERYTE dar.

MS BERYTE, Stückgutfrachter, ex SKYROS - 1973
BJ: 1962
BW: Fredrikshavns V.u.T. A/S, Fredrikshavn
Reederei/Eigner zur Unfallzeit: Associated Levant Lines S.A.L., T. Gargour & Fils;
HHfn: Beirut
Flagge: LEB
BRT 2.661/NRT 1.285/tdw 3.317
$L_{üa}$ 110,37 m, $B_{üa}$ 15,55 m, Tg (bel.)

6.09 m, v_D 14,5 kn

HM: Ein 2 Takt 6 Zyl. Motor,
Leistung: 2.574 kW (3.450 bhp)
Hersteller: Helsingörs Skibs. u. Msk.
Helsingör (Lizenz Burmeister & Wain)

Der entscheidende Auszug aus dem Schiffstagebuch von MS BERYTE lautet: „Um 21.50 Uhr befand sich an Steuerbordseite ein anderes Schiff auf Gegenkurs. Dieses ließ ein klares Passieren grün an grün ohne jedes Manövrieren erwarten. Als es querab von uns war, änderte es plötzlich seinen Kurs nach Backbord und berührte unser Steuerbord-Achterschiff mit seinem Backbord-Vorschiff." Bei den Uhrzeitangaben ist zu berücksichtigen, dass sie auf den Schiffen um eine Stunde und fünf Minuten voneinander differieren.

Aus dem Schadensbericht geht hervor, dass die BERYTE an der Steuerbordseite im Bereich des achteren Deckshauses Beschädigungen erlitten hatte. Die Auswertung der Kurse und der Annäherungsgeschwindigkeit beider Schiffe ergab, dass die Kollision „als beide Schiffe sich querab befanden", wie vom Kapitän des MS BERYTE behauptet, weder rechnerisch noch zeichnerisch nachvollziehbar war. Das ergeben folgende Fakten:

- Sowohl das MS BERYTE als auch das MS SAALE waren mit ca. 12 Knoten aufeinander zugelaufen. Daraus ergab sich eine Annäherungsgeschwindigkeit von etwa 24 Knoten.
- Zu dem Zeitpunkt, als man auf dem MS SAALE den Kurs nach Steuerbord änderte, waren beide Schiffe vier Seemeilen voneinander entfernt.
- Bei einer Schiffspeilung von 3 Grad und einer relativen Geschwindigkeit von 4 kbl/min betrug der zu erwartende Passierabstand zwei Kabellängen.
- Unter Berücksichtigung der bekannten Manöverelemente des MS SAALE bei einem Drehkreis nach Steuerbord mit harter Ruderlage und einer bekannten Geschwindigkeit von zwölf

MS SAALE nach der Kollision mit dem MS BERYTE

Knoten berechneten die Gutachter, dass das MS SAALE nach zwei Minuten eine solche Lage einnehmen hätte können, die der Beschreibung des Kapitäns des MS BERYTE entsprach. Dann hätte der Querabstand aber nur eineinhalb Kabellängen betragen dürfen.

- Wenn die Kursänderung des MS SAALE jedoch, wie vom Kollisionsgegner beschrieben, erst vollzogen wurde, als man querab lag, dann wäre ein Kollidieren beider Schiffe nicht mehr möglich gewesen.

Unterm Strich konnte sich die Kollision auf die vom Kapitän der MS BERYTE beschriebene Art nicht vollzogen haben.

In einer Entfernung von vier Seemeilen hatten sich um 22.35 Uhr die beiden aufeinander zulaufenden Fahrzeuge zweifelsfrei ausmachen können. MS SAALE sah den Entgegenkommer in etwa sechs Grad an Backbord mit der schon beschriebenen Lichterstellung. Der Wachhabende der SAALE schlussfolgerte aus dieser Situation, dass beide Fahrzeuge ausweichpflichtig seien. Um dieser Verpflichtung nachzukommen, änderte er bei einem Abstand von vier Seemeilen um 22.35 Uhr den Kurs um acht Grad nach Steuerbord. Die Kursänderung war ausreichend, weil vom Gegner nur noch das rote Licht zu sehen war. Da der Gegner den Kurs der SAALE nach den Kollisionsverhütungsregeln nicht kreuzen durfte, stellte das Steuerbord-Manöver der SAALE in keinem Fall einen Verstoß gegen die Regeln dar.

„Ursächlich für den Eintritt der Kollision ist das Verhalten des MS BERYTE, das nur an Bb-Seite von der SAALE gestanden haben kann", stellte die Seekammer fest. „Nur die Bb-Drehung der BERYTE führt rechnerisch und zeichnerisch zum Eintritt der Kollision mit seinem Stb-Achterschiff am Bb-Vorschiff des MS SAALE. Die Bb-Kursänderung war ein regelwidriges Verhalten des MS BERYTE; daher trifft den Wachoffizier und den Kapitän des MS SAALE am Eintritt der Kollision kein Verschulden."

Die Kollision des Motortankers SCHWEDT (2) mit dem Kühlschiff FRITZ REUTER (2)

MT SCHWEDT (2), Motortanker, ex SEA SEREPENT - 1969
BJ: 1961
BW: Öresundsvarvet A/B, Landskrona/ SWD
ID: DSR 30. Januar 1969
Reederei/Eigner zur Unfallzeit: VEB Deutfracht/Seereederei Rostock;
HHfn: Rostock
Flagge: GDR

BRT 24.827/NRT 15.911/tdw 42.210
$L_{üa}$ 213,42 m, $B_{üa}$ 29,34 m, Tg (bel.) 11.00 m, v_D 16,5 kn
HM: Ein 2 Takt 10 Zyl. Motor,
Leistung: 13.689 kW (18.350 bhp)
Hersteller: Götaverken A/B, Göteborg
SK-Nr.: 38/76

Das Kühlschiff MS FRITZ REUTER und der Motortanker SCHWEDT (beides Fahrzeuge des VEB Deutfracht/Seereederei Rostock) begegneten sich am 9. Juli 1976 in der südlichen Nordsee. Beide Schiffe waren wegen ihres geringen Tiefganges auf die Benutzung der in diesem Seegebiet eingerichteten Tiefwasserwege nicht angewiesen. Der Wind wehte leicht aus Ostsüdost mit Stärke zwei. Die See war ruhig. Der Strom setzte in nördlicher Richtung mit 0,75 Knoten. Die Sichtweite betrug etwa sechs Seemeilen.

MT SCHWEDT, beladen mit 40.429 t Syrian Crude Oil, befand sich auf der Reise von Tartous/Syrien nach Rostock. Neben dem Wachoffizier befanden sich der Rudergänger und der Ausguck auf der Brücke. Es wurde mit Handruder gesteuert. Das Radargerät hatte man auf Betriebsart True Motion (Absolutdarstellung der Bewegungen der Ziele auf dem Bildschirm) und die UKW-Station auf Kanal 16 geschaltet. Ab 13 Uhr steuerte das MS SCHWEDT einen KrKK von 25° (rwK 23°). Gegen 13.08 Uhr stellte der Wachoffizier in einer Entfernung von zwölf Seemeilen auf dem Radarschirm ein Echo eben Backbord voraus fest. Als sich dieses Echo gegen 13.12 Uhr in einem Abstand von zehn Seemeilen zur SCHWEDT befand, änderte der II. Nautische Offizier den Kurs um fünf Grad nach Steuerbord und ließ 30° am Kompass steuern. Später gab er dafür als Begründung an, dass er dem Gegenkommer Raum geben wollte. Visuell wurde das andere Fahrzeug gegen 13.21 Uhr in einer Entfernung von fünfeinhalb Seemeilen bei einer Schiffsseitenpeilung von ungefähr siebeneinhalb bis elf Grad an Backbord ausgemacht. Um genaue Angaben zu erhalten, wurde das Fahrzeug mit dem Diopter aus der Steuerbordnock eingepeilt. Die Peilung zum Fahrzeug stand. Das bedeutete für den Wachoffizier, dass er es mit einer kurskreuzenden Situation zu tun hatte, was auch durch die Auswertung des Radarbilds bestätigt wurde. Der Unterschied zwischen den Kursen beider Fahrzeuge betrug elf Grad. Um 14.23 Uhr versuchte der Wachoffzier über UKW Kanal 16 zu dem DSR-Kühlschiff Verbindung aufzunehmen. Weil niemand sich auf dem ausweichpflichtigen Schiff meldete, ließ der Wachoffizier mehrfach mit dem Typhon fünf kurze Töne geben. In dieser Situation bedeutete das: „Ich muss Kurs und Geschwindigkeit beibehalten und mache sie auf ihre Ausweichpflicht aufmerksam, da die Gefahr eines Zusammenstoßes droht." In dem Moment, als das Typhon ertönte, schätzte der Wachoffizier die Entfernung zum Kühlschiff auf drei bis dreieinhalb Seemeilen. Für den Wachoffizier sah es so aus, als ob das DSR-Kühlschiff nicht ausweichen würde.

Blitzschnell stellte er mehrere Überlegungen an. Sein Schiff, die SCHWEDT, lief zu dieser Zeit etwa fünfzehn Knoten durchs Wasser, das DSR-Kühlschiff etwa zwanzig Knoten. Bei einer Annäherungsgeschwindigkeit von nicht ganz sechs Kabellängen pro Minute blieb noch eine Frist von etwa sechs Minuten, um eine Kollision zu vermeiden. Es war auf DDR-Schiffen üblich, sich nahebei zu passieren, gegenseitig zuzuwinken und über UKW die neuesten Nachrichten auszutauschen. Die Kühlschiffe waren schnelle und wendige Schiffe, die auf kurze Distanzen gut andrehten. Da wird wohl der Wachhabende des Kühlschiffes im letzten Moment sein Ausweichmanöver fahren, hoffte der Wachoffizier der SCHWEDT.

Nach Ertönen des dritten Typhonsignals erschien der aus dem Schlaf aufgeschreckte Kapitän des Motortankers auf der Brücke. Er sah ein Schiff mit hoher Fahrt auf die SCHWEDT zukommen, das fünf bis sechs Kabellängen entfernt war. Nunmehr konnte nur noch ein „Manöver des letzten Augenblicks" Rettung verheißen. Der Kapitän ließ das Ruder auf „Hart Steuerbord" legen und die Maschine stoppen. Aber bereits in dem Augenblick, als diese Befehle ausgeführt wurden, stand dem Kapitän deutlich vor Augen, dass ein Eindringen des Bugs des Kollisionsgegners in die gefüllten Öltanks nur noch mit einem Backbord-Manöver abzuschwächen oder vielleicht zu verhindern war. Er korrigierte den gegebenen Befehl sofort auf „Hart Backbord", jedoch zu spät! Der MT SCHWEDT änderte seinen Kurs lediglich um ca. fünf Grad nach Steuerbord und wurde vom Steven des MS FRITZ REUTER in den hinteren Aufbauten getroffen. Eine zweite Berührung durch das Achterschiff der FRITZ REUTER erfolgte trotz der Backbord-Ruderlage zwischen den Ladetanks 8 und 9 der SCHWEDT. Der Schaden am MT SCHWEDT belief sich auf 700.000 Mark.

MS Fritz Reuter (2), Kühlschiff, ex PACIFIC EXPRESS - 1973
BJ: 1964
BW: A/S Frederiksstad Mek. Verksted, Frederikstad/NOR
ID: DFR 23. November 1963
Reederei/Eigner zur Unfallzeit: VEB Deutfracht/Seereederei Rostock;
HHfn: Rostock
Flagge: GDR
BRT 4.570/NRT 2.378/tdw 6.149
$L_{üa}$ 138,79 m, $B_{üa}$ 18,47 m, Tg (bel.) 7,85 m, v_D 19,5 kn
HM: Ein 2 Takt 8 Zyl. Motor,
Leistung: 7.236 kW (9.700 PS)
Hersteller: A/S Frederikstad Mek. Verksted, Frederikstad

Die Schäden am Poop- und Bootsdeck des MT SCHWEDT

Die Schäden am Vorschiff des MS FRITZ REUTER

Das MS FRITZ REUTER befand sich in Ballast auf der Reise von Göteborg nach Zypern. Das Schiff war mit einem Radargerät des Typs Raython Pathfinder-10 cm, einem Raython Pathfinder-3 cm, einem Sperry-Kreisel und einer Selbststeueranlage, einem Decca MK 21, einem Echografen, einem Deltagerät und einer Debec-UKW-Station mit 84 Kanälen ausgerüstet. Der Drehkreis über Steuerbord betrug 3,1 Kabellängen (574 m). Bei „Hart Steuerbord Ruderlage" kam das Schiff nach 10 Sekunden 2°, 20 Sekunden 9°, 30 Sekunden 19°, 40 Sekunden 29°, 50 Sekunden 39° und 60 Sekunden 49° vom Kurs ab.

Das Schiff fuhr mit eingeschalteter Selbststeueranlage, der Rudergänger war nicht auf Wache aufgezogen. Der Wachoffizier beauftragte den Ausguck mit Arbeiten im Rettungsboot, das sich an Backbordseite hinter der Brücke befand. Um 12.31 Uhr wurde die Tonne „S 2" des Tiefwasserweges passiert, danach ein KrKK von 197° gesteuert (rwK 202° über Grund). In der Zeit von 13.00 Uhr bis 13.30 Uhr wurden keine Standorte im Brückenbuch vermerkt. Im Spruch der Seekammer wird zum Aufenthalt des Wachhabenden auf der Brücke festgestellt: „Es ist in der mündlichen Beweisaufnahme (auch später vor Gericht, die Autoren) nicht zweifelsfrei geklärt worden, wo sich der Wachoffizier ab 14.00 Uhr aufgehalten hat und welche Aufgaben er in dieser Zeit erfüllte. Nach seinen Angaben befand er sich im Bereich der Brücke und des Kartenraums, beschäftigt mit der Überwachung der Fahrt des Schiffes. Während dieser Zeit befanden sich

kurzzeitig seine Ehefrau und die Chefstewardeß auf der Brücke und auch auf dem Peildeck zum Sonnen."
Sicher ist, dass der Wachoffizier gegen 13.28 Uhr durch einen Rundblick von der Steuerbordnock aus die Verkehrssituation beobachtete. Mit dem im 8-sm-Bereich geschalteten Radargerät kontrollierte er noch einmal den Seeraum. Da er keine Fahrzeuge oder Echos ausmachen konnte, begab er sich in den Kartenraum, um mit dem Decca-Gerät die Position zu bestimmen.
Auf dem Weg dorthin schaute der Wachoffizier durch das vordere Fenster zwischen Kartenraum und Brücke und sah plötzlich an Steuerbord in ca. 15° bis 20° Schiffspeilung ein Fahrzeug auftauchen. Er eilte an die Selbststeueranlage, stellte diese auf Hand-Elektrik-Betrieb und legte das Ruder auf „Hart Steuerbord", danach beorderte er die Maschine auf „Zurück Voll". Um 13.31 Uhr kam es zur Kollision. Bei der FRITZ REUTER belief sich der Schaden auf 800.000 Mark.
Aus dem Spruch der Seekammer:
„Ursächlich für die Kollision war das Verhalten des MS FRITZ REUTER. Dieses Fahrzeug kam seiner Ausweichpflicht gemäß Artikel 19 und 29 KVR/60 nicht nach. Verletzt wurde auch § 21 SSBO vom 25.11.1974 über eine ordentliche Besetzung der Wache. Der II. Nautische Offizier hat diese Kollision schuldhaft verursacht. Zur Klärung der strafrechtlichen Verantwortlichkeit wird der Vorfall dem Bezirksstaatsanwalt mit der Bitte um Einleitung eines Ermittlungsverfahrens übergeben. Aus diesem Grund werden

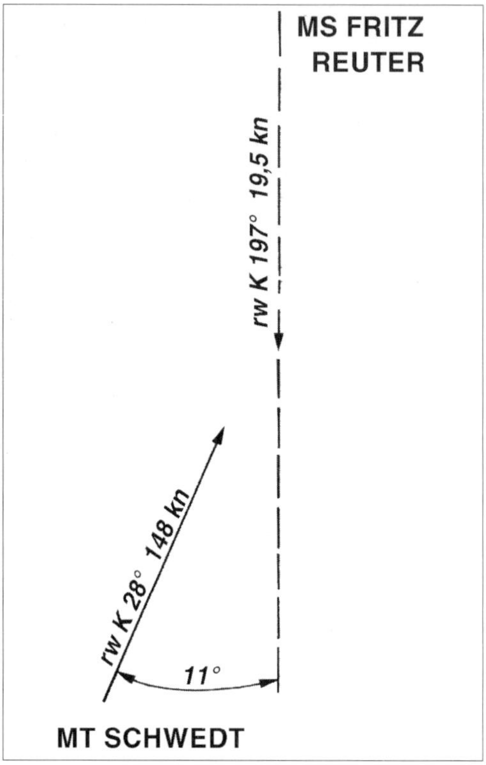

Darstellung der Kurse des MS SCHWEDT und des MS FRITZ REUTER in der südlichen Nordsee

keine Erziehungsmaßnahmen durch die Seekammer ausgesprochen."
Dem II. Nautischen Offizier des MT SCHWEDT machte die Seekammer aus seiner abwartenden Haltung, bis es zu spät war, keinen Vorwurf, denn er musste den Kurs der SCHWEDT beibehalten, er war Kurshalter.
Nach der Kollisionsverhütungsvorschrift (KVR/1972, die ein Jahr nach der Kollision in Kraft trat) durfte der Kurshalter selbst schon dann Manöver zur Abwendung eines Zusammenstoßes einleiten, sobald er erkannte, dass der Ausweichpflichtige seinen Verpflichtungen nicht nachkam. Man

ging nun davon aus, dass der Kurshalter mit Unaufmerksamkeiten beim Ausweichpflichtigen rechnen muss, wenn dieser die Ausweichpflicht nicht frühzeitig genug erfüllt, und dass er auch die Manövriereigenschaften des Gegners nicht genau genug kennen kann. Es wurde nunmehr dringend davor gewarnt, so lange zu warten, bis der Ausweichpflichtige allein einen Zusammenstoß nicht mehr vermeiden kann. Der Kollision des MS FRITZ REUTER mit dem MT SCHWEDT war eine derartige Grenzsituation vorausgegangen.

Kollision mit abgeblendet fahrendem Rauschgiftschmuggler

Das MS BODE des VEB Deutfracht/Seereederei Rostock kollidierte am 23. Januar 1974 auf der Reise von Lattakia/Syrien nach Beirut/Libanon im östlichen Mittelmeer auf der Position 34°25'N 35°29,5'E mit dem libanesischen MS SALAM. Nach der Kollision sank das MS SALAM. Zwei Mitglieder der fünfköpfigen Besatzung wurden gerettet. Die Schiffsdaten des Motorküstenschoners SALAM konnten nicht ermittelt werden.

Wie kam es zu diesem tragischen Seeunfall?

MS BODE

MS BODE, Stückgutfrachter, ex ARTIC GULL - 1964
BJ: 1959
BW: Moss Værft & Dokk A/S, Moss/NOR
ID: DSR 6. November 1964
Reederei/Eigner zur Unfallzeit: VEB Deutfracht/Seereederei Rostock;
HHfn: Rostock
Flagge: GDR
BRT 3.826/NRT 2.114/tdw 5.857 (als Volldecker)
$L_{üa}$ 108,21 m, $B_{üa}$ 14,81 m, Tg (bel.) 7,43 m, v_D 13,5 kn
HM: Ein 2 Takt 6 Zyl. Motor,
Leistung: 2.686 kW (3.600 bhp)
Hersteller: N.V. Werkspoor, Amsterdam/NTH
SK-Nr. 25/74

Das Frachtmotorschiff verließ am 22. Januar 1974 im seetüchtigen Zustand mit einem Tiefgang vorn und achtern von 6,25 m den Hafen Lattakia/Syrien mit Zielhafen Beirut/Libanon. Um Mitternacht übernahm der II. Nautische Offizier die so genannte »Hundewache«. Zur Brückenwache gehörte noch ein Vollmatrose, der den Ausguck in der Steuerbord-Brückennock besetzte. Das Schiff steuerte nach dem am Selbststeuer eingestellten KrKK von 180°. Die für ein in Fahrt befindliches Maschinenfahrzeug über 45 m Länge vorgeschriebenen Lichter brannten hell und klar. Das an Bord installierte Radargerät vom Typ Decca TM 629 war in Betrieb und auf den 24-sm-Entfernungsbereich nach der Darstellungsart Absolutanzeige geschaltet. Es arbeitete einwandfrei. Sein Einsatz erfolgte überwiegend zur Navigation. Der Maschinentelegraf lag auf „VH". Die Hauptmaschine machte die entsprechenden Umdrehungen. Ein mitlaufendes Schiff befand sich Steuerbord voraus in einem Abstand von sechs Seemeilen.
Sein Hecklicht konnte optisch gut ausgemacht werden. Auch auf dem Radarbildschirm war der Mitläufer als Zielecho sehr gut sichtbar.
Der Wind wehte aus Nord mit Stärke vier. Die Wellen der leicht bewegten See trugen hin und wieder kleine weiße Schaumköpfe. Eine sehr gute bis gute Sicht, die auch durch die zeitweilig auftretenden kurzen Regenschauer kaum beeinträchtigt wurde, ermöglichte eine gute Beobachtung des Seeraumes.
Um 0.45 Uhr war die Hauptmaschine zum Indizieren von „VH" auf „VV" hochgefahren worden. Nach Beendigung der Messungen um 1.36 Uhr beorderte der II. Nautische Offizier die Maschine wieder auf „VH". Diese Fahrtstufe entsprach etwa elfeinhalb Knoten. Der Kapitän beabsichtigte den Hafen Beirut bei Tagesanbruch zu erreichen. Während des Indizierens überholte die BODE das mitlaufende Schiff an Steuerbordseite in einem Abstand von drei Seemeilen. Ein schon einige Zeit auf dem Radarbildschirm beobachteter Entgegenkommer an Backbord kam bei einem Abstand von zehn Seemeilen in Sicht. Die Lichter des Hafens und der Stadt Tripoli/Libanon und die des südlich von Tripoli verlaufenden Küstenstreifens konnte man von Bord des MS BODE gut erkennen. Die Regenschauer hatten gegen zwei Uhr aufgehört. Eine dunkle, klare Nacht mit sehr guter Sicht lag nun über dem der Küste des östli-

chen Mittelmeeres vorgelagerten Seegebiet.
Während der Radarbeobachtungen konnte der II. Nautische Offizier neben der gut auf dem Bildschirm erkennbaren Küstenlinie keine weiteren Zielechos als die des an Backbord befindlichen Gegenkommers und des nun Steuerbord achteraus befindlichen überholten Mitläufer orten. Nach der Auswertung der Radarstandlinien ging der II. Nautische Offizier wieder nach vorn auf die Brücke. Der Ausguck stand nach wie vor in der Steuerbord-Brückennock und beobachtete aufmerksam den Voraussektor. Plötzlich bemerkte der II. Nautische Offizier etwa zehn Grad Steuerbord voraus in einem Abstand von ungefähr einhundert Meter ein ganz schwaches weißes Licht. Vergeblich versuchte er Motorengeräusche und andere optische oder akustische Signale auszumachen. Da er nichts weiter wahrnahm ging ihm blitzschnell durch den Kopf, „das kann nur das Hecklicht eines Mitläufers sein". Ohne Verzug versuchte er mit einem „Hart Backbord Rudermanöver" einen größeren Passierabstand zu dem in unmittelbarer Nähe an Steuerbord voraus befindlichen schwachen Licht zu erreichen.
MS BODE kollidierte um 2.40 Uhr mit einem unbekannten schwimmenden Gegenstand. Der Kollisionsstoß war nicht hart. Sekunden später sah man im Schein der Backbord-Seitenlaterne einen vorbeitreibenden Gegenstand und hörte den Schrei eines Menschen. Der II. Nautische Offizier beorderte unverzüglich die Maschine auf „Stopp" und löste die Bootsrolle (zu Wasserbringen eines Rettungsbootes) aus. Die Kollision hatte sich außerhalb der Hoheitsgewässer Libanons auf der Position 34°25'N, 35°29,5'E ereignet. Um 2.50 Uhr war Boot 2 klar zum Aussetzen und konnte zu Wasser gebracht werden. Kurz danach, um 3.06 Uhr, folgte eine Notmeldung über Funk. Nach zwei Stunden, um 5.15 Uhr, konnte die Rettungsbootbesatzung zwei Schiffbrüchige aus dem Wasser bergen. Sie gaben an, von dem libanesischen Motorküstenschoner SALAM, Heimathafen Tripoli/ Libanon, zu stammen. Die Besatzung bestehe aus fünf Personen. Während der weiteren Suche nach den drei noch vermissten Besatzungsangehörigen, die aber nicht gefunden wurden, fischte man um 12.20 Uhr zwei Autoschläuche auf. Der Kapitän ließ diese Schläuche an Bord aufbewahren. Es bestand der dringende Verdacht auf Rauschgiftschmuggel. Der Abbruch der Suche erfolgte am 23. Januar 1974 nach Einbruch der Dunkelheit. Das MS BODE setzte schließlich am Morgen des 24. Januar 1974 um 6.01 Uhr die Reise nach Beirut fort. Es erreichte Beirut Reede und ging hier 9.21 Uhr vor Anker.

Am 27. Januar 1974 übergab der Kapitän die beiden geretteten Besatzungsmitglieder des gesunkenen libanesischen Motorküstenschoners SALAM und die Teile der aus dem Meer gefischten Ladung den libanesischen Behörden.
Aus den Aussagen der Beteiligten und des Zeugen bei der Beweisaufnahme während der Seekammerverhandlung

Zwei Offiziere des MS BODE mit den zwei geretteten Besatzungsmitgliedern des gesunkenen MS SALAM

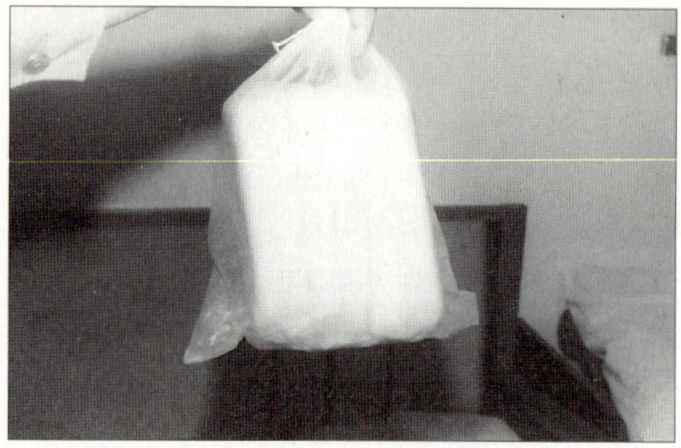

In Tüten verpacktes Rauschgift, wie es in den aufgefischten Autoschläuchen gefunden wurde

ging hervor, dass nach dem Kollisionsstoß der Kollisionsgegner an Backbordseite der BODE vorbeigeglitten war. Somit handelte es sich bei der SALAM um kein mitlaufendes Fahrzeug, wie der II. Nautische Offizier in den ersten Schrecksekunden nach dem Sichten des schwachen weißen Lichtes irrtümlich angenommen hatte, sondern um ein Fahrzeug, das den Kurs der BODE kreuzte. In dieser Lage der Fahrzeuge zueinander, hätten die Positionslichter der SALAM schon lange vor der Kollision auf der BODE gesehen werden müssen, aber auch die der BODE, aus der Sicht der SALAM. Die SALAM führte keine Positionslichter, so der Verdacht der Seekammer, weil sie bei ihrer Schmugglerfahrt nicht gesehen werden wollte. Die vom II. Nautischen Offizier eingeleiteten Ausweichmanöver entsprachen der Lage. Den II. Nautischen Offizier sowie den Kapitän der BODE traf kein Verschulden an der Kollision.

An der KRÖPELIN entstand ein Schaden von 400.000 Mark

Stora Jätterson ist ein kleiner Hafenplatz auf dem schwedischen Festland. Er liegt an der Westseite des nördlichen Kalmarsundes. An dem einzigen hier vorhandenen Betonkai lag am 26. Januar 1973 gut vertäut das neue, erst vor vier Monaten in Dienst gestellte Container-Küstenmotorschiff KRÖPELIN.

MS KRÖPELIN, Container-Küstenmotorschiff
BJ: 1972
BW: VEB Elbewerften Boizenburg/Roßlau, Betriesteil Boizenburg
ID: DSR 27. September 1972
Reederei/Eigner zur Unfallzeit: VEB Deutsche Seereederei Rostock;
HHfn: Rostock
Flagge: GDR
BRT 494/NRT 267/tdw 1.111 56 TEU
$L_{üa}$ 70,97 m, $B_{üa}$ 10,37 m, Tg (bel.) 3,68 m, v_D 12 kn
HM: Ein 4 Takt 8 Zyl. Motor, Leistung: 853 kW (1.160 PS)
Hersteller: VEB Schwermaschinenbau »Karl Liebknecht« Magdeburg
SK-Nr. 40/73

MS KRÖPELIN

An diesem Freitag hatte die KRÖPELIN nach Ladungsende 1.000 t Zellulose übernommen, die nach Purfleet, am Nordufer der Themse vor London gelegen, gehen sollte. Die KRÖPELIN galt als Zweiwachenschiff, das heißt, der Kapitän und der Erste Offizier mussten sich alle sechs Stunden in der Schiffsführung ablösen. Sie legten die optimale aber auch sicherste Reiseroute mit den zu steuernden Kursen fest, besprachen schwierig zu befahrene Reiseabschnitte und das Verhalten bei besonderen Wetterlagen, insbesondere bei schlechter Sicht und Nebel, wie sie in diesem Fahrtgebiet und zu dieser Jahreszeit häufig anzutreffen sind. Die Ladung war gut gestaut, die Luken wasserdicht verschlossen.

Um 13.21 Uhr kam von der Brücke das Kommando: „Leinen los!" Langsam löste sich das Küstenmotorschiff vom Kai. Die losgeworfenen Festmacherleinen wurden eingeholt und aufgeschossen. Es folgten noch einige Manöver, dann nahm das Schiff langsam Fahrt auf und verließ den Hafen. Um 18 Uhr stand die KRÖPELIN bereits im Südteil des Kalmarsundes. Auf der Brücke fand nun der Wachwechsel statt. Der Kapitän übernahm vom Ersten Offizier die Schiffsführung. Den Ausguck übernahm ein Vollmatrose, der auch die Ruderautomatik kontrollierte und in der Steuerbord-Brückennock Posten bezog.

Dunkelheit hatte sich über dem Kalmarsund ausgebreitet. Das Schiff führ-

te die seiner Größe entsprechenden Lichter. Alle Lampen brannten hell und klar. Das Wetter zeigte sich nicht gerade von seiner besten Seite. Aus Südwest wehte ein kalter, weiter auffrischender Wind mit fünf Windstärken. Ein bedeckter Himmel ließ die Nacht noch dunkler erscheinen. Die Sichtweite betrug nach den Beobachtungen befeuerter Seezeichen, die mit Radarabstandsmessungen verglichen wurden, eine bis zwei Seemeilen. Das Radargerät war in der Darstellungsart vorausorientiert und zunächst auf dem 12-sm-Entfernungsbereich in Betrieb. Es lieferte ein gut abgestimmtes Bild.
Um 20.16 Uhr passierte die KRÖPELIN die Tonne „Stengrund" an Steuerbord in einem Abstand von elf Kabellängen. Die Tonne selbst war bei einem mit Radar gemessenem Abstand von eineinhalb Seemeilen optisch in Sicht gekommen. Nach Erreichen des Südausganges des Kalmarsundes änderte der Kapitän den bisher gelaufenen rwK von 194° auf 215°. Als das Schiff aus dem Windschatten der Südostküste Schwedens herauslief und in die offene winterlich aufgewühlte Ostsee gelangte, nahmen Wind und Seegang aus Südwest weiter zu.
Die KRÖPELIN stampfte stark. Wasser ging über Deck und Luken, sobald sich das Vorschiff in eine der hohen Wellen bohrte oder auf eine solche aufschlug. Jedes Mal lief ein Zittern durch den Schiffskörper. Das steckte das neue Schiff gut weg. Der Kapitän wollte es aber nicht über Gebühr beanspruchen. Um die Stampfbewegungen und das harte gegen die See Boxen zu verringern, entschloss er sich, vom Kurs abzuweichen und einen rwK von 270° zu steuern. Nun lag das Schiff ruhiger in der See. Es befand sich 6,5 Seemeilen südlich vom Leuchtfeuer „Utklippan".
Schon kurz vor 23 Uhr, noch auf dem Kurs von 194°, hatte der Kapitän ein Zielecho in einem Vorausabstand von ungefähr zehn Seemeilen geortet. Dieses Echo beobachtete er kontinuierlich und peilte es nach der 270-Grad-Kursänderung in drei bis vier Strich an Backbord mit einem Abstand von ungefähr siebeneinhalb Seemeilen. Schon fünfzehn Minuten später, er hatte inzwischen das Radargerät auf den 3-sm-Bereich zurückgeschaltet, befand es sich vier bis fünf Strich an Backbord, der Abstand hatte sich auf zweieinhalb Seemeilen verringert. Aufgrund der Beobachtungen auf dem Radarbildschirm klassifizierte der Kapitän das Echo als ein entgegenkommendes Schiff. Optisch konnte er es noch nicht ausmachen, deshalb gab er Nebelsignale für ein Maschinenfahrzeug in Fahrt von der Größe der KRÖPELIN. Alle zwei Minuten schickte fortan das Typhon einen gellenden unüberhörbaren, langen Ton in die pechschwarze Nacht. Das Echo auf dem Radarbildschirm näherte sich schnell der KRÖPELIN. Bei einem gemessenen Abstand von einer Seemeile war das Fahrzeug immer noch nicht optisch auszumachen. Wenig später, 23.20 Uhr, legte der Kapitän die Steigung der Verstellschraubenflügel auf „Nullstellung". Den Ausguck beorderte er von der Steuerbord- in die Backbord-Brückennock und gab ihm die Weisung, die Aufmerksamkeit

besonders auf das Insichtkommen der Lichter und mögliche Schallsignale eines in unmittelbarer Nähe befindlichen Fahrzeuges zu richten.
Bei dem starken Wind und dem heftigen Seegang hatte das Küstenmotorschiff eine relativ kurze Auslaufstrecke. Bald lag es gestoppt in der See. Anstatt des einen langen Tones mit dem Typhon wurden von nun an zwei aufeinanderfolgende lange Töne gegeben. 23.25 Uhr kamen nahezu querab an Backbord der gestoppt in der See dümpelnden KRÖPELIN die eben offen stehenden Topplichter und das grüne Steuerbordseitenlicht des georteten Fahrzeuges in Sicht. Reaktionen zur Abwendung der drohenden Kollisionsgefahr bemerkte der Kapitän der KRÖPELIN auf diesem Fahrzeug nicht. Jetzt musste er handeln, um die nun nicht mehr zu vermeidende Kollision zumindest abzuschwächen. Große Überlegungen konnte er nicht mehr anstellen. Er wollte versuchen, einen so klein wie nur irgend möglichen Kollisionswinkel zu erreichen. Augenblicklich beorderte er das Ruder auf „Hart Steuerbord" und legte die Schraubensteigung auf „VV". Aber nur wenige Sekunden später kam es schon zur Kollision. Der Vorsteven des MS HARLESIEL/Bundesrepublik Deutschland traf die Backbordseite des MS KRÖPELIN in Höhe Achterkante der Luke I in einem Winkel von ungefähr einhundert bis einhundertzehn Grad und riss im Kollisionsbereich die Außenhaut auf. Unmittelbar nach der Kollision löste sich die HARLESIEL wieder von der KRÖPELIN. Die Kollision ereignete sich auf der Position 55°50′ N, 15°34,5′ E, etwa zwanzig Seemeilen südlich des schwedischen Hafens Karlskrona.

Das MS KRÖPELIN im Nothafen Karlskrona/SWD.
Die V-förmig aufgerissene Backbordaußenhaut vom Laderaum I nach dem Löschen der Ladung

MS HARLESIEL, Küstenmotorschiff, ex CRAIGERIN - 1972 ex HARLESIEL - 1972
BJ: 1971
BW: Rolandwerft GmbH, Bremen
Reederei/Eigner zur Unfallzeit: M.s. »Harlesiel« Schiffahrts KG, Manager Bernhard Warnings;
HHfn: Bremen
Flagge: GFR
BRT 499/NRT 338/tdw 1.438
$L_{üa}$ 80,82 m, $B_{üa}$ 12,42 m, Tg (bel.) 3,59 m, v_D 13 kn
HM: Ein 4 Takt 8 Zyl. Motor,
Leistung: 1.397 kW (1.900 PS)
Hersteller: Atlas Mak Masch., Kiel

Das MS KRÖPELIN hatte schwere Schäden an Backbordseite zwischen den Spanten 50 und 60 oberhalb und unterhalb der Wasserlinie erlitten. Durch die aufgerissene Außenhaut machte der Laderaum stark Wasser.
Unter Führung des Kapitäns konnte das MS KRÖPELIN durch das aufopferungsvolle Bemühen der Besatzung in dieser kalten, dunklen Nacht und den vorherrschenden unwirtlichen Wetterbedingungen schwimmfähig gehalten werden. Mit eigener Kraft erreichte es in Begleitung des MS HARLESIEL am 27. Januar 1973 um 4.52 Uhr den Nothafen Karlskrona/Schweden.
„Ursächlich für die Kollision war das Verhalten des MS 'Harlesiel'. Trotz der herrschenden Sichtsituation mißachtete dieses Schiff die von MS 'Kröpelin' gegebenen Signale, kam seiner Ausweichpflicht nicht nach und fuhr mit einer den Umständen nach zu hohen Geschwindigkeit auf den Kollisionsort zu, so daß die von MS 'Kröpelin' beabsichtigten Manöver zur Verhinderung der Kollision wirkungslos bleiben mußten", heißt es im Spruch der Seekammer zu den Ursachen, die zu dieser schweren Kollision führten und bei der glücklicherweise keiner der Seeleute zu Schaden kam. Ein Verschulden des Kapitäns der KRÖPELIN konnte die Seekammer nicht feststellen. Der Seekammer der DDR oblag es nicht zu überprüfen, ob seitens des wachhabenden Steuermanns der HARLESIEL navigatorische Fehler gemacht wurden und welches die Ursachen hierfür waren. Der Schaden an der KRÖPELIN betrug 400.000 Mark.

6. Eisfahrt

Eisfahrt besteht in Seegebieten, in denen die Schifffahrt durch Eis mehr oder weniger behindert oder gefährdet ist.
Bei starker Eislage muss die Eisfahrt mit Unterstützung eines Eisbrechers erfolgen. Das ist ein Spezialschiff mit starkem Antrieb zum Aufbrechen und Erhalten einer Fahrrinne im Eis. Die Eisfahrt mit und ohne Eisbrecherunterstützung erfordert eine spezielle Ausrüstung der im Eis eingesetzten Schiffe (Schlepptrosse, Scheinwerfer) und weitere Vorsichtsmaßnahmen, wie z. B. das Achterlastig-Trimmen des Schiffes bei Ballastfahrt, um die Schraube und das Ruder zu schützen. Die Schiffe sollten Eisklasse besitzen.

MS RÜGEN

Der Eiswinter von 1962 auf 1963 ist vielen in Erinnerung geblieben. Große Teile der Ostsee und ihrer Zugänge waren zugefroren. Der sowjetische Eisbrecher WJUGA half auf den Ansteuerungen nach Rostock und Wismar die Schifffahrt aufrechtzuerhalten.

MS RÜGEN, Stückgutfrachter ex MARIVIA - 1963
BJ: 1958
BW: Orenstein - Koppel & Lübecker Maschinenbau AG, Lübeck
ID: DSR 26. Januar 1963
Reederei/Eigner zur Unfallzeit: VEB Deutsche Seereederei Rostock;
HHfn: Rostock
Flagge: GDR
BRT 3.993/NRT 2.272/tdw 5.919 (als Volldecker)
$L_{üa}$ 112,78 m, $B_{üa}$ 14,86 m, Tg (bel.) 7,35 m, v_D 12,5 kn
HM: Ein 2 Takt 6 Zyl. Motor,
Leistung: 2.238 kW (3.000 PS)
Hersteller: Maschinenbau Augsburg - Nürnberg, Augsburg
SK-Nr. 15/63

Am 19. Februar 1963 verließ MS RÜGEN, mit 4.653 t Zement und Stückgut beladen, den Hafen von Gdynia (Gdingen). Der Tiefgang beim Auslaufen betrug vorn 6,90 m und hinten 7,40 m. Das erste Reiseziel an der westafrikanischen Küste war Casablanca/Marokko. Vor dem Hafen von Gdynia musste ein Eisgürtel mit „VV- und ZV-Manövern" durchbrochen werden.
Danach erreichte die RÜGEN eisfreies Wasser. Auf der Höhe der Insel Bornholm lief das Schiff durch Tellereis, das allmählich in Fest- und Packeis überging. Der Kapitän hatte ursprünglich geplant, durch den Sund zu lau-

fen, da die Eisberichte der vorhergegangenen Tage dort für die Schifffahrt günstige Eisverhältnisse meldeten. Jedoch informierte die Lotsenstation Falsterbo am 20. Februar 1963, es sei schwierig, durch den Sund zu fahren. Die RÜGEN lief daher weiter mit westlichem Kurs durch starkes Fest- und Packeis (30 bis 35 cm) in Richtung auf den Großen Belt. Im Kielwasser folgte das KüMo KOSEROW der DSR.

Am 21. Februar 1963 gegen 3.15 Uhr saßen beide Schiffe in fünfzig bis sechzig Zentimeter starkem Packeis fest, aus dem sie der Eisbrecher WJUGA befreite. MS KOSEROW lief in Rostock ein, während MS RÜGEN gegen 18 Uhr allein den Südausgang des Großen Belt erreichte. Da hier die Stärke des Packeises wieder vierzig bis fünfzig Zentimeter betrug, konnte das Eis nur mit „VV- und ZV-Manövern" durchbrochen werden. Das beanspruchte stark die Hauptmaschine und die Verbände des Schiffes. Um 18.51 Uhr kam MS RÜGEN auf der Position 54°45´N, 10°54´E erneut im Eis fest. Die Positionskontrollen durch Radarpeilungen und Lotungen ergaben, dass das Schiff anfänglich südostwärts und später nordwestlich mit 0,15 Knoten (etwa 280 m/h) im Eis driftete.

Am Morgen des 22. Februar 1963 konnte die Reise in dünnem Eis und teilweise auch in freiem Wasser wieder aufgenommen werden.

Um 22.40 Uhr saß das Schiff auf der Position Leuchtfeuer „Romsø" im dicken Packeis (40 bis 45 cm) wiederum fest. Erst am 23. Februar 1963, um 7.15 Uhr gelang es freizukommen. Gefahren wurde entsprechend den

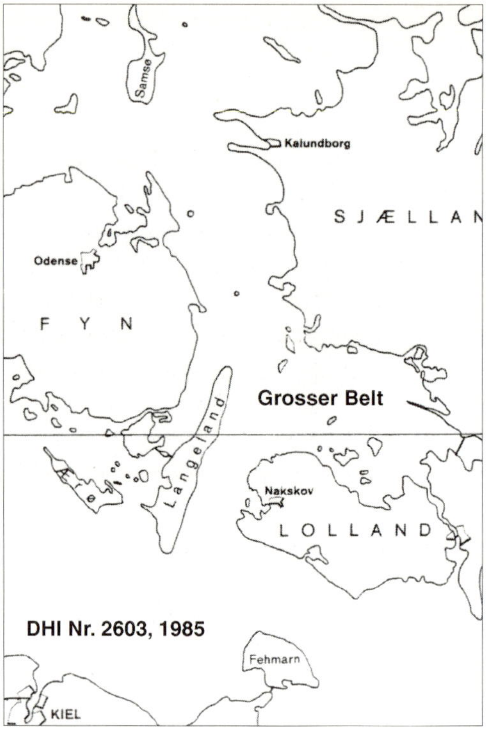

Großer Belt

Eisverhältnissen, navigiert nach Radarpeilungen und Echolotanzeigen. Die Geschwindigkeit des Schiffes durch das Eis betrug zwei Knoten. In der Nähe des gesteuerten Kurses befand sich ein eisfreies, schlauchartiges Seegebiet mit einer Länge von etwa sieben Kabellängen. Um dieses zu erreichen, wurde der rwK auf acht Grad und weiter auf dreihundertdrei Grad geändert. Bei dieser Drehung des Schiffes traten scharrende Geräusche und ein Schaukeln des Schiffes auf. Die Maschine wurde gestoppt, da eine Grundberührung befürchtet wurde. Die Peilung aller Tanks und Bilgen bestätigte, dass Tank 2 mit Wasser vollgelaufen war. Radarpeilungen zeigten, dass sich das Schiff infolge der starken Eisdrift einer naheliegenden Untiefe näherte. Durch eigene Kraft konnte sich das Schiff freimanövrieren, kam dann jedoch wieder in starkes Packeis. Die Eisdrift versetzte das Schiff nordöstlich. Der Kapitän versuchte die RÜGEN gegen die Eisdrift zu legen, um das Heck eisfrei zu halten. Das Packeis erfasste erneut das Schiff und setzte es auf Grund. Nun staute sich das Eis an der Backbordseite. Es schob sich übereinander und begann zu pressen. Die Eisdrift drehte das noch immer am Grund festsitzende Schiff und das Eis presste nun die Steuerbordseite des Schiffes.

Am späten Abend brach Wasser im Kofferdamm des Maschinenraumes ein. Weitere Wassereinbrüche in die Tanks folgten. In den Frühstunden des 25. Februar 1963 näherte sich dem immer noch festsitzenden Schiff ein großes driftendes Eisfeld und erfasste die RÜGEN am Steuerbordvorschiff, dadurch drehte das Vorschiff mit Unterstützung von Ruder- und Maschinenmanövern nach Backbord und kam so gegen 9.30 Uhr von der Untiefe frei. Der Kapitän entschloß sich, sieben Kabellängen von der Untiefe entfernt, beide Anker durch die Eisdecke zu werfen. Die Anker kamen zum Tragen und das Einhalten der Ankerposition wurde durch volle Maschinenkraft voraus unterstützt. Erst am späten Nachmittag wurde die Reise durch starkes Packeis in Richtung Norden fortgesetzt. Am 26. Februar 1963 traf das MS FRIEDEN die RÜGEN. Beide Schiffe liefen gemeinsam nach Göteborg/ Schweden. Hier ging MS RÜGEN in die Werft. Das Schiff hatte starke Beschädigungen am Schiffsboden und an der Schraube davongetragen.

Die Seekammer stellte fest, dass „die Umstände, die zur Grundberührung geführt haben, durch die zu diesem Zeitpunkt herrschenden ungewöhnlichen Eisverhältnisse bedingt waren.

Die Stromverhältnisse haben hierbei mitgewirkt. Das Schiff ist durch die umsichtige Leitung des Kapitäns mit eigener Kraft wieder frei gekommen".

Leck im Plattengang des MS RÜGEN

Beschädigte Schraube des MS RÜGEN

Sicherheitsabstand zur Küste unterschritten

Das MS ESPENHAIN (SK-Nr. 20/79) – Angaben zum Schiff siehe Kapitel „Die Bedeutung der 1966 geschaffenen Verkehrsleitstellen" – versegelte am 4. März 1979 aufgrund verschiedener Seeschlagschäden in Ballast von Rostock nach Szczecin (Stettin) in die Werft. Vor dem Auslaufen teilte die Zentrale Verkehrs-, Seenotrettungs- und Eisbrecherleitstelle in Warnemünde dem Kapitän mit, dass keine Eisbehinderungen für Schiffe der Größe der ESPENHAIN zu erwarten seien. Nach den vom Kapitän festgelegten Kursen sollte der Plantagenetgrund eine Seemeile nördlich passiert und dann bis etwa in Höhe Arkona ein rechtweisender Kurs von 84° gesteuert werden. Am 5. März 1979, um 1.34 Uhr traf das Schiff westnordwestlich vom Plantagenetgrund auf stärkeres Eis. Gegen 1.40 Uhr kam es im Eis fest, aber das Schiff konnte wieder in Fahrt gebracht werden, dann kam es keine zwei Stunden später wieder im Eis fest. Der Kapitän beobachtete zwei unter der Küste von Rügen (Mövenort)

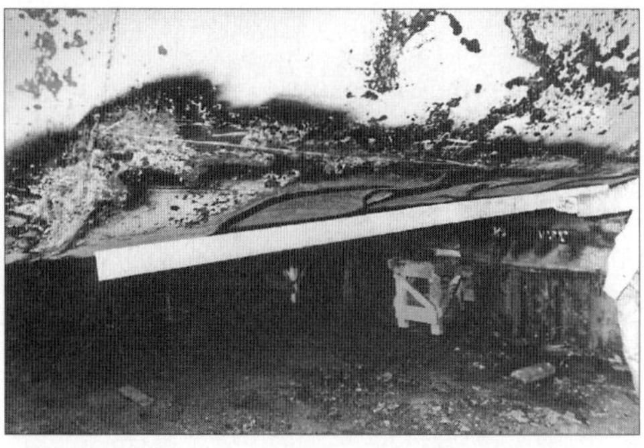

MS ESPENHAIN, beschädigter Plattengang ober-halb der angelegten Messlatte (Spant 14-

fahrende Schiffe. Die Leuchtfeuer von „Arkona" und „Dornbusch" waren klar zu erkennen und der Küstenverlauf visuell gut auszumachen. Der Kapitän legte für die weitere Fahrt einen Sicherheitsabstand von sieben Kabellängen (ca. 1.300 m) zur Küste fest, der nicht unterschritten werden sollte. Mit zunehmender Annäherung an die Küste wurden die Eisverhältnisse besser und das Schiff machte gute Fahrt voraus. Allerdings nahm die Brückenwache während der gesamten Fahrt durch das Eis Erschütterungen mit unterschiedlicher Intensität im Schiff wahr. Nach der Wachübernahme stellte der Erste Offizier den Schiffsort mit dem Radargerät fest. Er maß den Abstand zur Küste mit drei Kabellängen (555 m) und machte den Kapitän hierauf aufmerksam, woraufhin dieser den Kurs seewärts änderte. Ganz offensichtlich hatte das Schiff in der zurückliegenden Zeit mehrfach Grundberührungen erlitten, die sich als Erschütterungen im ganzen Schiff bemerkbar gemacht hatten. So stellte man während der Fahrt nach Szczecin ein Leck in Tank 26 fest. In Szczecin war kein Dock frei. Die Schiffsbodenuntersuchung konnte erst in Kiel vorgenommen werden. Es zeigten sich umfangreiche Bodenschäden mit starken Plattendeformationen und Querrissen an Steuerbordseite im Bereich des Tanks 26 sowie Beschädigungen der Schraube. Die Seekammer kam nach umfangreichen theoretischen Untersuchungen zu der Erkenntnis, dass der II. Nautische Offizier durch ungenaue Navigation, der Standort um vier Uhr war falsch in die Seekarte eingetragen worden, die Voraussetzungen für die Grundberührung geschaffen hatte.

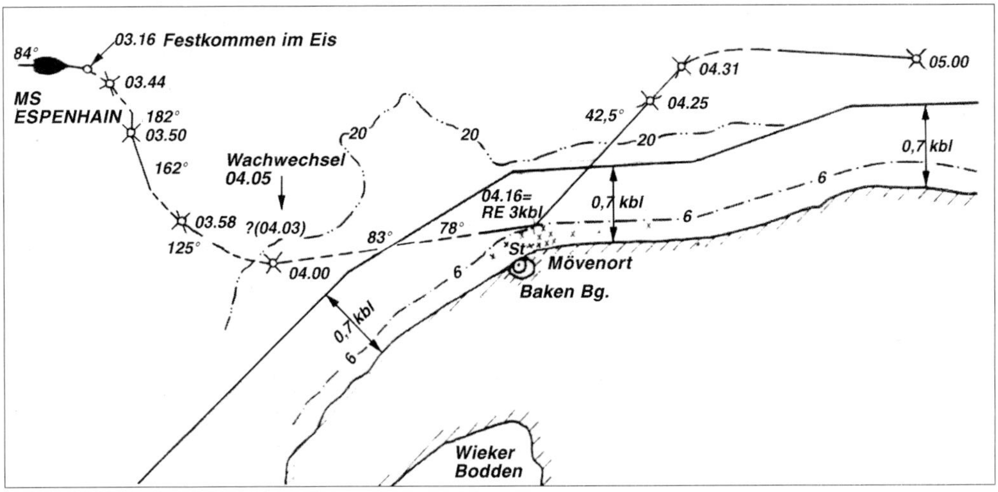

Darstellung der Grundberührung des MS ESPENHAIN bei Eisfahrt vor Mövenort (Insel Rügen)

Die Fahrt des MS HEIDENAU im Eisbrecherkonvoi

MS HEIDENAU, Holz-Container-Frachter
BJ: 1979
BW: Vyborg Shipyard, Vyborg/USR
ID: DSR 15. Dezember 1979
Reederei/Eigner zur Unfallzeit: VEB Deutfracht/Seereederei Rostock;
HHfn: Rostock
Flagge: GDR
BRT 4.841/NRT 2.423/tdw 6.780
$L_{üa}$ 130,00 m, $B_{üa}$ 17,35 m, Tg (bel.) 6,93 m, v_D 16,5 kn
HM: Ein 2 Takt 5 Zyl. Motor,
Leistung: 4.487 kW (6.100 PS)
Hersteller: Bryansk Engineering Works. Bryansk/USR (Lizenz Burmeister & Wain)
SK-Nr. 18/80

Das MS HEIDENAU wurde Ende Januar 1980 im Hafen Leningrad (St. Petersburg) mit 3.526 t Schnittholz beladen. Nach dem Auslaufen am 31. Januar 1980 begann gegen 3.40 Uhr die Konvoifahrt (Schiff hinter Schiff) hinter dem sowjetischen Eisbrecher MURMANSK in westlicher Richtung. Die Sichtweiten betrugen eine bis sechs Kabellängen. Beide Radargeräte waren nordstabilisiert in Betrieb (3-cm-Gerät, 10-cm-Gerät). Die größte Eisstärke zwischen Kronstadt und der Insel Hogland betrug zehn bis fünfzehn Zentimeter. Während der Fahrt in Richtung Hogland reihten sich zwei weitere Schiffe in den Konvoi ein, so dass um 10.45 Uhr

MS HEIDENAU

südlich Hogland sich folgende Reihenfolge ergab: Eisbrecher MURMANSK, MS KABONA (1.350 BRT), MS KOMILES (4.638 BRT), MS KUNGURLES (4.531 BRT), MS HEIDENAU.

Die Abstände zwischen den Schiffen betrugen drei bis fünf Kabellängen. Gegen Mittag hatten sich die Eisverhältnisse vorübergehend verbessert. Auf MS HEIDENAU beobachtete man eine Fahrterhöhung auf der KOMILES, die den Kurs in freies Wasser nach Steuerbord änderte. MS HEIDENAU folgte ihr, wobei sich der Abstand auf vier Seemeilen erhöhte. Der Kapitän wollte den alten Abstand wieder herstellen. Er schaltete um 11.17 Uhr die automatische Fernsteuerung (AFS) vom Extraprogramm auf Normalprogramm um und erhöhte die Maschinenumdrehungen auf 140 U/min. Das entsprach einer Geschwindigkeit von fünfzehn Knoten. Zwanzig Minuten später meldete der Wachoffizier eine Verringerung des Abstands zur KOMILES, sie war im Eis festgekommen. Der Kapitän der HEIDENAU verringerte nun seinerseits die Geschwindigkeit, indem er die Umdrehungen der Maschine auf 120 U/min zurückregelte. Damit setzte er die Geschwindigkeit der HEIDENAU auf ca. zwölf Knoten herab. Das reichte aber nicht aus, denn der Wachoffizier meldete eine schnelle Annäherung an MS KOMILES. Daraufhin stoppte der Kapitän die Maschine und legte den Maschinentelegrafen um 11.42 Uhr auf „ZGL". Die Automatik arbeitete den Befehl zuverlässig ab. Dem Kapitän aber erschien die Zeitspanne, bis das von ihm gegebene „Zurück-Manöver" wirksam wurde, als viel zu lang. Sein falscher Eindruck führte dazu, dass er in schneller Folge mehrere „Zurück- und Vorausmanöver" legte. Die Automatik reagierte hierauf nicht so, wie es sich der Kapitän vorstellte. Zum Herunterfahren der Maschine von 110 U/min auf die Umsteuerdrehzahl von 30 U/min werden zwei Minuten benötigt. Wird in dieser Zeit die Umsteuerung von „Zurück" wieder auf „Voraus" gelegt, dann springt die Maschine zuerst auf „Zurück" an, bis sie nach weiteren fünfzehn Sekunden erneut umsteuert. Die Handlungen des Kapitäns verzögerten somit das Anspringen der Maschine um eine Minute.

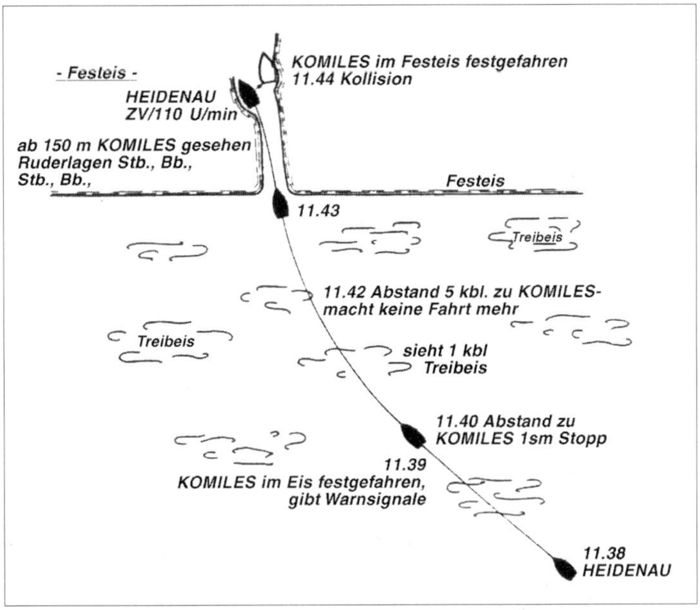

Darstellung des Kollisionsverlaufes zwischen den MS HEIDENAU und MS KOMILES

Der Abstand zwischen MS HEIDENAU und MS KOMILES betrug jetzt nur noch zwei Kabellängen. Zwar sprang die Maschine auf „Zurück" an, der beabsichtigte Erfolg trat jedoch nicht sofort ein. Die Maschine steuerte beim vom Kapitän eingegebenen Normalprogramm erst bei etwa 30 U/min auf „Zurück" um. Die Maschine erreichte die geforderten 110 U/min auf „Zurück" erst im Moment der Kollision mit MS KOMILES. Beide Schiffe erlitten Schäden.

Die Seekammer stellte die Verantwortlichkeit des Kapitäns von MS HEIDENAU fest, „weil er MS HEIDENAU nicht mit einer sicheren Geschwindigkeit führte und über die Manöverkennwerte seines Schiffes sowie über die Wirkungsweise der automatischen Fernsteuerung (AFS) für die Maschine nicht die notwendigen Kenntnisse besaß".

MS KOMILES
BJ: 1960
BW: Stocznia Gdanska, Gdansk (Danzig)/POL
Reederei/Eigner zur Unfallzeit: Baltic Shipping Co., Leningrad;
HHfn: Leningrad
Flagge: USR
BRT 4.638/NRT 2.349/tdw 6.500
$L_{üa}$ 123,93 m, $B_{üa}$ 16,74 m, Tg (bel.) 7,24 m, v_D 15 kn
HM: Ein 2 Takt 5 Zyl. Motor,
Leistung: 4.066 kW (5.450 bhp)
Hersteller: Sulzer Bros. Ltd. Winterthur

Das Küstenmotorschiff KÜHLUNGSBORN verdriftet im Eis

MS KÜHLUNGSBORN

MS KÜHLUNGSBORN, Küstenmotorschiff 500
BJ: 1956
BW: VEB Elbewerft Boizenburg
ID: DSR 7. September 1956
Reederei/Eigner zur Unfallzeit: VEB Deutsche Seereederei Rostock;
HHfn: Rostock
Flagge: GDR
BRT 439/NRT 174/tdw 563
$L_{üa}$ 49,88 m, $B_{üa}$ 8,28 m, Tg (bel.) 3,17 m, v_D 9,5 kn
HM: Ein 4 Takt 6 Zyl. Motor,
Leistung: 294 kW (400 PS)
Hersteller: VEB Schwermaschinenbau »Karl Liebknecht« Magdeburg
SK-Nr. 46/66

Ein typischer Unfall im Eis widerfuhr dem MS KÜHLUNGSBORN am 26. Februar 1966 in der Flintrinne in Höhe des Leuchtturms „Kalkgrundet". Das Schiff befand sich mit einer La dung Kohle auf der Reise von Szczecin (Stettin) nach Limhamn/Schweden. Der Wind wehte mit Stärke vier aus Süd. Die Sichtweite betrug eine halbe bis eine Seemeile. Am Abend durchfuhr das Schiff lockere Treibeisfelder und passierte um 22.18 Uhr das Leuchtfeuer „Drogden". Ab hier steuerte der Kapitän einen rwK von 49°. Navigiert wurde mit dem Radargerät KSA-5 (RFT).

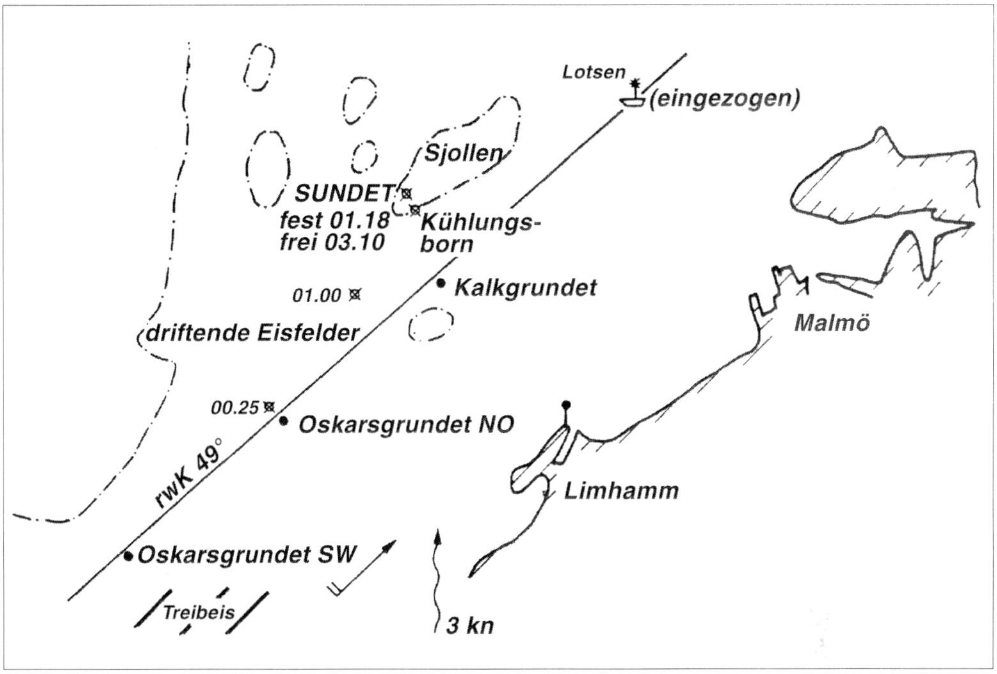

Darstellung der Eisdrift des MS KÜHLUNGSBORN und des dänischen Eisbrechers SUNDET auf die Untiefe „Sjollen"

In einem Abstand von zwei Seemeilen vom Leuchtturm „Oskarsgrundet" traf das Schiff auf stärkeres Eis, das durchbrochen wurde. Gegen 23.50 Uhr bot der schwedische Eisbrecher SUNDET seine Hilfe für die Fahrt zum Hafen von Limhamn an. Da MS KÜHLUNGSBORN trotz der Fahrt im Kielwasser des Eisbrechers wenig später wieder im Eis festkam, stellte man zwischen beiden Schiffen eine Schleppverbindung her.

Kurz nach Mitternacht brachen die beiden zwei Zentimeter starken Leinen. Die Weiterreise durch das Eis gelang nur langsam. Der Leuchtturm „Oskarsgrundet NE" wurde von den Schiffen um 0.25 Uhr passiert. Um 0.40 Uhr stellte das Schiff erneut eine Schleppverbindung zum Eisbrecher her. Gut eine halbe Stunde später kamen sowohl der Eisbrecher als auch das MS KÜHLUNGSBORN im Eis auf der Südwestspitze der Untiefe „Sjollen" fest und die Schleppverbindung wurde gelöst. Die KÜHLUNGSBORN wurde durch Eispressungen um einen halben Meter angehoben. Gegen 3.10 Uhr kam das Schiff bei starken Eispressungen und Rückwärtsmanövern von der Untiefe frei. Die Maschinenwache meldete Wassereinbruch im Maschinenraum und wenig später den Ausfall der Hilfsdiesel und der Hauptmaschine.

Über Malmö-Radio wurde um 4.15 Uhr ein Schlepper mit starken Pumpen angefordert. Die KÜHLUNGSBORN tauchte achtern immer tiefer ein, das

Wasser stand schon an Deck. Schließlich ließ der Kapitän um 4.23 Uhr „SOS" funken. Um 4.55 Uhr nahm der schwedische Eisbrecher THULE die KÜHLUNGSBORN in Schlepp. Ein Bergungsvertrag wurde unterschrieben und eine Stunde darauf ging die THULE bei der KÜHLUNGSBORN längsseits zum Lenzen, da das Wasser auf dem Achterdeck eine Höhe von sechzig Zentimeter erreicht hatte. Am Vormittag half der schwedische Schlepper ILLERN beim Lenzen. Der Schleppzug erreichte den Hafen Malmö, wo die Lecks abgedichtet wurden.

Im Spruch der Seekammer wurde zum Ausdruck gebracht, dass sich der Kapitän während der Eisfahrt richtig verhalten hatte, und besonders betont, dass sein Verhalten nach der Grundberührung infolge der starken Eisdrift den vorhanden gewesenen Bedingungen und Schwierigkeiten entsprach. Dem umsichtigen Handeln des Kapitäns und der Besatzung war es zu verdanken, dass die KÜHLUNGSBORN nach der Grundberührung trotz der starken Eisdrift mit Hilfe von Bergungsfahrzeugen den Hafen von Malmö erreichte.

Kentern durch Vereisen

Der Kutter STR-197 JAN PETERSEN, 17-m-Kutter-Klasse, (SK-Nr. 06/60) machte am 5. Dezember 1959 gegen 18.30 Uhr, trotz des Ostsüdostwindes Stärke 4 und Lufttemperatur -5°C, an seinem gewohnten Liegeplatz an der Mole des Hafens Saßnitz fest. Die Besatzung ging von Bord, eine Wache wurde nicht gestellt! Das Wetter verschlechterte sich im Laufe des 6. Dezember 1959 und der Wind nahm bis auf Sturmstärke (Ost bis Südost 7 bis 8) zu. Aus diesem Grund lief der Kutter nicht aus. Da die See direkt auf die Mole stand und sich dort brach, kam viel Wasser über die Mole, hinter der sich der Liegeplatz von STR-197 befand. Bei -5°C Lufttemperatur gefror es am Kutter sofort, der vereiste von der Mastspitze bis zur Wasserlinie, hauptsächlich die zur Mole liegende Backbordseite. Bei dem Versuch den Kutter abzuschleppen, legte er sich über die bereits bestehende Schlagseite noch mehr nach Backbord über und kenterte.

Das Kentern des Kutters hätte verhindert werden können, wenn vor dem Loswerfen der Leinen die Krängung des Kutters durch Entfernen des Eises beseitigt worden wäre. Für den Untergang des Kutters trug der Kutterführer die Verantwortung.

WAR-45 JOHANN STELLING ex SAS-82, 17-m-Kutter wie STR-197 JAN PETERSEN ex SAS-

7. Maschinenschäden und Störungen an technischen Einrichtungen

Maschinenschäden und Störungen an technischen Einrichtungen sind Seeunfälle, durch die die Sicherheit des Fahrzeuges und der an Bord befindlichen Personen in der Regel für länger als zwölf Stunden nicht gewährleistet ist oder die ursächlich zu einer anderen Seeunfallart oder einer Gefährdung im Seeverkehr führen.

Die Ursachen der nachstehend beschriebenen Fälle waren hauptsächlich technische Mängel, subjektive Fehler und Pflichtverletzungen sowie äußere Einflüsse, wie zum Beispiel Schäden und Störungen, die dazu führen konnten, dass es der Schiffsführung nahezu unmöglich war, auch unter Beachtung guter seemännischer Praxis, eine akute Gefahr abzuwenden und es zu größeren Zerstörungen an technischen Schiffsanlagen und -ausrüstungen kam, die Fortbewegungs- oder Manövrierfähigkeit erheblich beeinträchtigten und/oder unmöglich machten oder das Schiff in seiner Gesamtheit sowie Landanlagen gefährdeten.

Welche schwerwiegenden Folgen zum Beispiel die Verletzung der ingenieurtechnischen Sorgfaltspflicht sowohl für das eigene Schiff, die eigene Besatzung und die Ladung als auch für die Sicherheit aller am Seeverkehr beteiligten Schiffe hat, sollen folgende Beispiele zeigen.

Maschinentelegraf richtig quittiert - Maschine entgegengesetzt angelassen

MS SPREEWALD, Stückgutfrachter
ex BRIGITTE TORM - 1965
BJ: 1952
BW: Odense Staalskibsværft A/S, Odense/ DEN
ID: DSR 15. Juli 1965
Reederei/Eigner zur Unfallzeit: VEB Deutsche Seereederei Rostock;
HHfn: Rostock
Flagge: GDR
BRT 4.199/NRT 2.242/tdw 6.720 (als Schutzdecker)
BRT 6.080/NRT 3.484/tdw ? (als Volldecker)
$L_{üa}$ 129,40 m, $B_{üa}$ 17,39 m, Tg (bel.) 7,30 m/7,68 m, v_D 16 kn
HM: Ein 2 Takt 6 Zyl. Motor,
Leistung: 4.123 kW (5.530 bph)
Hersteller: Burmeister & Wain, Kopenhagen/DEN
SK-Nr. 101/67

Das MS SPREEWALD lag am 10. Mai 1967 am Liegeplatz 405 A im Dockhafen Antwerpen. Es war geplant, in der Nacht auszulaufen.

Dazu musste die Boudewijn-Schleuse genutzt werden, um in das Schelde-Fahrwasser zu gelangen. Der Leitende Technische Offizier meldete um 21.30 Uhr dem Kapitän die Maschinenanlage einsatzklar. Zuvor war die Hauptmaschine durchgeblasen, angelassen und umgesteuert sowie die Maschinentelegrafenanlage durchgefahren worden. Mängel und Beanstandungen traten dabei nicht auf. Zwei Schlepper lagen ab 22.41 Uhr bereit, den Stückgutfrachter vom Liegeplatz abzuziehen. Der Lotse befand sich an Bord. Der Kapitän hatte ihn mit den Manövriereigenschaften des Schiffes vertraut gemacht. Um 22.44 Uhr hieß es „Leinen los". Das Schiff legte ab und wurde zunächst bis vor die Boudewijn-Schleuse gebracht. Da die nächste Schleusung in Richtung Schelde-Fahrwasser erst um Mitternacht erfolgen sollte, legte der Kapitän nach Absprache mit dem Lotsen das Schiff vor Anker. Die Schlepper blieben während dieser Zeit am Schiff fest. Kurz vor 24 Uhr ging das Schiff Anker auf und lief, nachdem es mit „VGL" in Fahrt gebracht worden war, in die Schleuse ein.

Die Maschinenraumwache bestand aus dem II. Technischen Offizier als Wachingenieur, einem Motorenwärter und einem Maschinen-Assistenten. Überdies befanden sich im Maschinenraum der Leitende Technische Offizier, der die Maschinenmanöver mitschrieb, und der 1. Elektriker.

Das MS SPREEWALD hatte die Order, als erstes Schiff in die Schleuse ein- und bis unmittelbar an das vordere geschlossene Schleusentor heranzulaufen. Es sollte mit Steuerbordseite an der Schleusenmauer festmachen. Um 0.07 Uhr ließ der Kapitän die Maschine stoppen und die Steuerbord-Vorspring an Land geben. Das Schiff machte noch ganz wenig Fahrt voraus. Dennoch war unumstritten, dass das Schiff auch bei noch so geringer Vorausfahrt nicht allein mit Leinen abgestoppt werden konnte.

So beorderte der Kapitän, die Achterleine war inzwischen auch an Land gegeben worden, über den Maschi-

nentelegraf die Maschine auf „ZL", um sein Schiff endgültig zum Stehen zu bringen und die inzwischen tragenden Leinen zu entlasten.
Dieses „ZL-Manöver" quittierte der II. Technische Offizier zwar richtig, führte es aber falsch aus. Er ließ die Hauptmaschine auf „Voraus" an, so dass sich die Vorausfahrt wieder erhöhte. Die Leinen kamen steif. Sie begannen regelrecht zu brummen und brachen schließlich. Anstatt den Maschinentelegrafen sofort wieder auf „Stopp" zu legen, um die Aufmerksamkeit des Wachingenieurs zu erregen und erst dann die inzwischen notwendig gewordene Fahrtstufe zu fordern, telegrafierte man gleich nach größerer Maschinenleistung.
Der Maschinentelegraf wurde auf der Brücke von „ZL" sofort weiter über „ZH" und „ZV" auf „3xZV" gelegt. Logischerweise lief nun die Hauptmaschine, bedingt durch das falsche Umsteuern, „3xVV". Die SPREEWALD kollidierte um 0.09 Uhr mit dem Tor der Boudewijn-Schleuse.
Der Leitende Technische Offizier hatte den Maschinenabschnitt des MS SPREEWALD erst am 28. April 1967, 13 Tage vor dem Seeunfall, übernommen. Bei der Übernahme erhielt er keinen Hinweis vom Unklarzustand der roten Warnleuchte im Maschinentelegraf. Sie hatte die Funktion bei Manöverungleichheit (Motorendrehrichtung und Maschinentelegrafenanzeige stimmen nicht überein) aufzuleuchten und damit das Maschinenpersonal zu warnen. In dem Defekt der Warnleuchte aber erblickte die Seekammer nur einen betriebstechnischen Mangel. Ungeachtet dessen funktionierten die zur Kontrolle der Motorendrehrichtung erforderlichen Einrichtungen wie Umsteuerhebel, Umsteueranzeiger und Umdrehungsrichtungsanzeiger am Fahrstand der Hauptmaschine. Obwohl diese Kontrollmöglichkeiten sich im Sichtfeld des II. Technischen Offiziers befanden, ließ er diese völlig außer Acht. Damit hatte er diesen Seeunfall schuldhaft verursacht, wie die Seekammer in ihrem Spruch schließlich feststellte.

Fast die gleichen fehlerhaften Handlungen führten zum Seeunfall des MS DORSCH am 16. März 1981 am Liegeplatz 99 des Überseehafens Rostock.

MS DORSCH, Seeschlepper und
Versorgungsschiff, ex A 73 ex A 63
ex 926 (Seeschlepper der VM) - 1976
BJ: 1953
BW: VEB Schiffswerft »Edgar Andre«
Magdeburg
ID: DSR 1977
Reederei/Eigner zur Unfallzeit: VEB Deutfracht/Seereederei Rostock;
HHfn: Rostock
Flagge: GDR
BRT 117/NRT 33/tdw 222
$L_{üa}$ 28,76 m, $B_{üa}$ 6,58 m, Tg 2,42 m,
v_D 10 kn
HM: Ein 4 Takt 8 Zyl. Motor,
Leistung: 220 kW (300 PS)
Hersteller: VEB Schwermaschinenbau
»Karl Liebknecht« Magdeburg
SK-Nr. 18/81

MS DORSCH

MS DORSCH befand sich auf der Fahrt von der Reede Rostock zum Stadthafen. Beim Passieren des Liegeplatzes 99 wurde der Kapitän über UKW gebeten, einen Lotsen vom Schlepper YAK, der mit weiteren Schleppern am Liegeplatz 99 lag, zum Stadthafen mitzunehmen. Er erklärte sich dazu bereit, legte das Ruder „Hart Steuerbord" und kurz danach den Maschinentelegrafen auf „Stopp", um am Schlepper YAK längsseits zu gehen. Das Stoppmanöver wurde im Maschinenraum quittiert und die Maschine gestoppt. Wenig später beorderte der Kapitän über den Maschinentelegrafen die Hauptmaschine auf „ZH". Damit beabsichtigte er den Steuerborddreh des Schiffes zu unterstützen und es zugleich aufzustoppen. Das „ZH-Manöver" wurde vom Maschinenfahrstand richtig quittiert, jedoch als Vorausmanöver ausgeführt. Da der Schlepper die Vorausfahrt beibehielt, forderte der Kapitän nunmehr „ZV". Wieder wurde richtig quittiert, aber die Hauptmaschine auf „VV" hochgefahren.

Um 12.03 Uhr kollidierte MS DORSCH mit dem fest vertäut am Liegeplatz 99 liegenden Schlepper SÜDPERD, der erhebliche Beschädigungen an seiner Steuerbordseite davontrug.

Bei der Beweisaufnahme stellte die Seekammer fest, dass „die vom Kapitän eingeleiteten Manöver zum Längsseitsgehen am Schlepper YAK der Praxis entsprachen und nicht zu beanstanden waren. Die dazu von ihm geforderten Maschinenmanöver entsprachen den Forderungen und konnten zeitlich vom Wachhabenden in der Maschine ausgeführt werden".

Als der Kapitän die Maschinenmanöver mittels Maschinentelegrafen abforderte, befand sich nur der Maschinen-Assistent, der weder ein Befähigungszeugnis noch einen Berechtigungsschein besaß, im Maschinenraum. Der Mann quittierte zwar immer richtig, führte aber die Zurückmanöver stets falsch aus. Damit verursachte er zwangsläufig den Seeunfall. Ein Verschulden konnte ihm dennoch nicht angelastet werden. Er durfte, wenn schon, die Hauptmaschine und die Maschinenmanöver nur unter Anleitung oder Aufsicht des Leitenden Technischen Offiziers bedienen und ausführen, da dieser als einziger auf diesem Schiff Inhaber eines technischen Befähigungsnachweises war. Der Leitende Technische Offizier hatte aber zuvor den Maschinenraum verlassen, um das Mittagessen einzunehmen. Damit verstieß er gegen die Seeschiffsbesetzungordnung (SSBO), die von ihm forderte, im Maschinenraum anwesend zu sein, solange sich das Schiff in Fahrt befand. Auch bei diesem Seeunfall musste festgestellt werden, dass die Warnanlage, diesmal handelte es sich um eine akustische, funktionsuntüchtig war. Der Leitende Technische Offizier war für den Seeunfall verantwortlich.

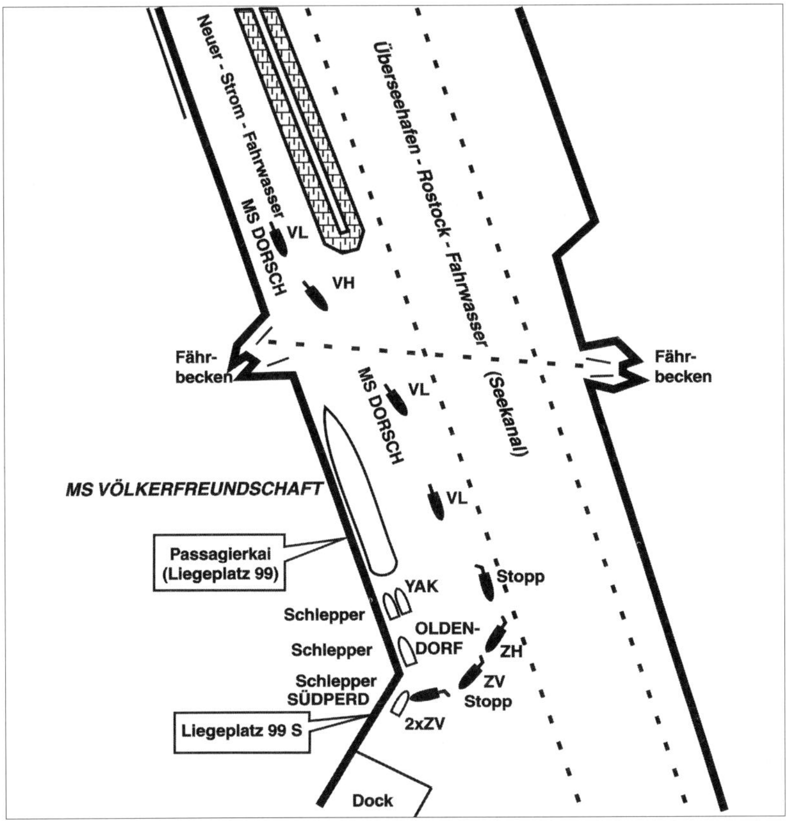

Darstellung der Manöver auf MS DORSCH, die in Warnemünde zur Kollision mit dem Schlepper SÜDPERD führten

Ausfall der Hauptmaschine führte zur Kollision mit dem Kai in Dakar

MS FREDERIC JOLIOT-CURIE

Das folgende Beispiel zeigt, dass nicht nur dem Maschinenpersonal auf den Schiffen Fehlhandlungen unterliefen, die im Ergebnis zu Seeunfällen führten. So war eine begrenzte Anzahl von Land aus regelrecht „vorprogrammiert" gewesen. Die Gründe hierfür lagen zum Teil in der nicht qualitätsgerechten Ausführung der Arbeiten einzelner Gewerke der Werften und deren Kooperationsbetriebe, in oberflächlich getroffenen Entscheidungen und/oder in der sorglosen, zum Teil vereinfachten Abnahme der Arbeiten sowie in der verkürzten Erprobung der Anlagen und Systeme an Bord vor dem ersten Auslaufen.

MS FREDERIC JOILOT-CURIE,
Stückgutfrachter Typ Afrika
BJ: 1969
BW: VEB Mathias-Thesen-Werft Wismar
ID: DSR 19. Januar 1970
Reeder zur Unfallzeit: VEB Deutfracht/
Seereederei Rostock
HHfn: Rostock
Flagge: GDR
BRT 5.711/NRT 3.223/tdw 6.840
$L_{üa}$ 129,36 m, $B_{üa}$ 17,32 m, Tg. (bel.)
7,60 m, v_D 17 kn
HM: Ein 2 Takt 7 Zyl. Motor,
Leistung: 5.149 kW (7.000 PS)
Hersteller: VEB Maschinenbau
Halberstadt (Lizenz MAN)
SK-Nr. 08/78

Im Westafrikadienst eingesetzt, lief das MS FREDERIC JOLIOT-CURIE am 12. November 1977 mit 3.224 t Stückgut an Bord den Hafen Dakar/Senegal an. Beim Erreichen der Ansteuerung von Dakar wurde Revierfahrt angewiesen und ab 16.49 Uhr die Hauptmaschine langsam heruntergefahren. Der I. Technische Offizier und ein Maschinen-Assistent besetzten 17.40 Uhr den Maschinenraum. Die Überwachung der Hauptmaschine erfolgte vom Maschinenkontrollraum aus. Zum Einlaufen in den Hafen waren ein Lotse und ein Schlepper vom Kapitän bestellt worden. Vor dem Einlaufen fanden über die Brückenfernsteuerung Probemanöver, Umsteuern und Anlassen der Hauptmaschine, statt. Die Automatik arbeitete einwandfrei und ohne Beanstandungen.

Der Erste Technische Offizier meldete auf Befragen von der Brücke:

„Automatik, Steuerluftsystem und Hauptmaschine ohne Beanstandungen!" Weitere verkehrsbedingte Anlass- und Umsteuermanöver verliefen ebenso präzise.

Der Kapitän übernahm um 18 Uhr die Schiffsführung. Für die Navigation war von diesem Zeitpunkt an der Erste Offizier verantwortlich. Um 18.55 Uhr passierte das Schiff die Hafeneinfahrt. Zu dieser Zeit wehte eine schwache Brise aus Nord. Es war dunkel, die Luft klar und die Sicht sehr gut, sie lag bei zwölf Seemeilen. Dem Schiff war der Liegeplatz 31 im Bassin Est zugewiesen worden, wo es mit Backbordseite festmachen sollte.

Das Schiff drehte mit Backbord-Ruderlage und gestoppter Maschine in das Hafenbecken, Bassin Est, ein und näherte sich mit ganz langsamer Fahrt in einem Winkel von etwa dreißig Grad dem Liegeplatz 31. Der Kapitän beabsichtigte, mit dem durch das „Zurückmanöver" eintretenden Steuerbord-Dreh des Schiffes, dieses parallel zum Liegeplatz zum Stehen zu bringen. Etwa zweihundert Meter vor dem Kaiende, das im rechten Winkel auf den Querkai stößt, beorderte der Kapitän um 19.02 Uhr über die Automatik die Hauptmaschine auf „ZL". Da dieses Maschinenmanöver nicht ausgeführt und keine Automatikstörung angezeigt wurde, wies er sofort „ZH" an, ließ gleichzeitig die Notmanövertaste drücken und ohne erst den Erfolg des eingeleiteten Maschinenmanövers abzuwarten, den Steuerbordanker werfen. Der Anker hielt aber nicht und schlierte über Grund. In dieser Situation erfolgte die

Der Vorsteven der FRDERIC JOLIOT-CURIE drang 40 cm tief in den Querkai ein

Weisung: „Übernahme Hauptmaschine auf Handbetrieb!" Aber auch von Hand ließ sich diese nicht auf „Zurück" umsteuern. Eine Minute später kam es zunächst zu einer seitlichen Berührung mit der Kaikante des Liegeplatzes 31 und gleich danach setzte die FREDERIC JOLIOT-CURIE auf den Querkai auf. Der Vorsteven drang vierzig Zentimeter tief in den Betonkai ein und wurde dabei leicht gestaucht, wodurch geringfügige plastische Deformierungen auf beiden Seiten des Schiffskörpers im Bereich der Ahmings (Tiefgangsskalen am Bug und Heck an einem Schiff) auftraten. Die sofort nach der Kollision vom Kapitän angewiesene und unter Leitung des Leitenden Technischen Offiziers durchgeführte Störungssuche an der Hauptmaschine sowie die Verhandlung der Seekammer konnten eindeutig die Ursachen ermitteln, die zum Versagen der Umsteuerung der Hauptmaschine und damit zur Kollision des MS FREDERIC JOLIOT-CURIE mit dem Kai im Hafen Dakar führten.

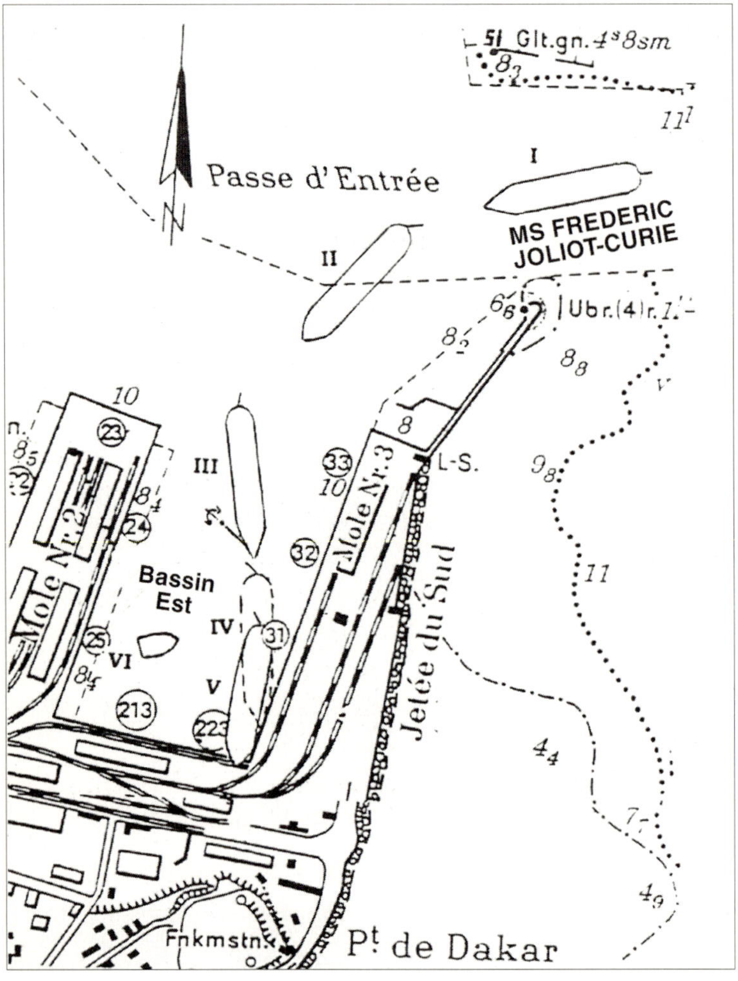

Das Anlegemanöver des MS FREDERIC JOLIOT-CURIE im Hafen von Dakar:

- *I 18.55 Uhr Das MS FREDERIC JOLIOT-CURIE passiert einlaufend die Molen*
- *II 18.57 Uhr „Stopp Maschine"*
- *III 19.02 Uhr Maschine „ZL" danach „ZH" und „Fall Stb-Anker"*
- *IV 19.03 Uhr Seitliche Berührung des Vorschiffes mit dem Kai, LP 31*
- *V 19.04 Uhr Kollision mit dem Querkai*
- *VI Der zum Drücken bereitliegende Schlepper*

Es wurde festgestellt, dass der Rückwärtsnocken des Zylinders drei der Hauptmaschine mit der Kante an der Stößelrolle der Einspritzpumpe anlag, was ein weiteres Verschieben der Nockenwelle in die Endstellung verhinderte. Das Anlaufen des Rückwärtsnockens erfolgte in der Stellung, wo die Anfassung des Nockens beginnt.

Noch im Hafen Dakar wurde vom Bordkommando am Zylinder vier ein Blockieren der Umsteuerung experimentell nachgewiesen. Das gleiche Ergebnis erbrachte ein unter Aufsicht eines Technischen Oberinspektors der Geschäftsstelle der Seekammer durchgeführter weiterer Versuch.

Die nicht vorschriftsmäßigen Stößelrollen waren während der Werftliegezeit des Schiffes von März bis Juni 1977 im VEB Mathias-Thesen-Werft in Wismar eingebaut worden.

Verantwortlich hierfür war ein Technologe vom VEB Dieselmotorenwerk Rostock. Die vorangegangene Befundaufnahme hatte einen starken Verschleiß der Stößelrollen ergeben, die einen sofortigen Wechsel notwendig machten. Zur ordnungsgemäßen Vorbereitung und Durchführung der Reparatur war weder die Dokumentation des Herstellerbetriebes herangezogen worden, noch wurden die Originalstößelrollen aufgemessen. Der Technologe nahm an, dass die Stößelrollen des Hauptmaschinentyps KZ 70/120 C, die am Lager vorhanden waren, mit denen der an Bord befindlichen Hauptmaschine identisch sind und löste die Bereitstellung der Ersatzteile vom Lager über einen Materialentnahmeschein aus. So erhielt die Motorenreparaturabteilung die falschen Stößelrollen und baute diese auch in die Hauptmaschine des Typs KZ 60/105 E ein.

Die Seekammer stellte in ihrem Spruch fest, dass der durch die Motorenreparaturabteilung vorgenommene Einbau der falschen Stößelrollen vom Technologen nicht kontrolliert wurde.

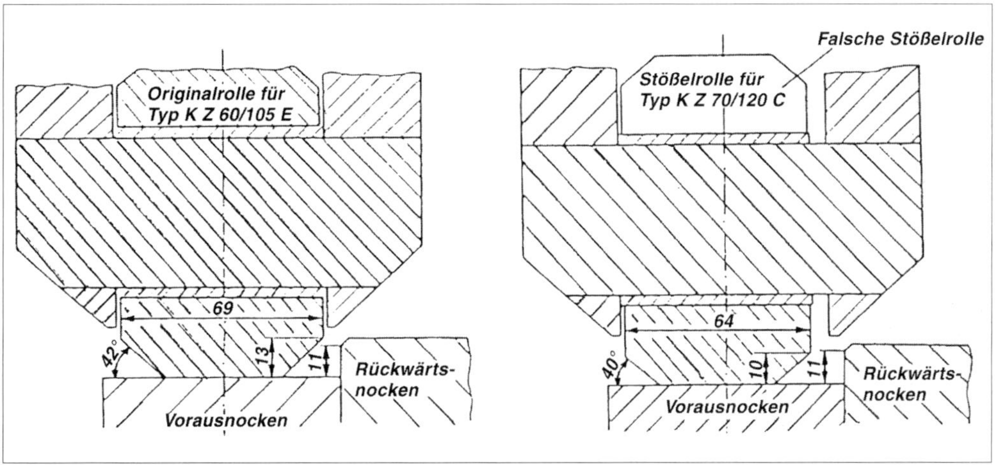

Die unterschiedlichen Stößelrollen

Damit verletzte er Grundprinzipien der ingenieur-technischen Sorgfaltspflicht. Der Technologe des VEB Dieselmotorenwerk Rostock wurde an diesem Seeunfall für schuldig befunden. Dem Dieselmotorenwerk erteilte die Seekammer eine Auflage zur qualitätsgerechten Vorbereitung, Durchführung und Kontrolle von Reparaturarbeiten.

Sorgloses Verhalten bei Reparaturen und bei der Wartung der Motoren

SAS-405 NORDSEE, Frosttrawler
BJ: 1966
BW: VEB Elbewerft Boizenburg
ID: 30. November 1966
Reederei/Eigner zur Unfallzeit: VEB Fischkombinat Saßnitz/VEB Fischfang Saßnitz;
HHfn: Sassnitz
Flagge: GDR
BRT 644/NRT 260/tdw 397
$L_{üa}$ 48,85 m, $B_{üa}$ 10,09 m, Tg 3,50 m, v_D 12 kn
HM: Ein 4 Takt 8 Zyl. Motor,
Leistung: 746 kW (1.000 bhp)
Hersteller: VEB Schwermaschinenbau »Karl Liebknecht« Magdeburg
SK-Nr. 66/68

Der Frosttrawler SAS-405 NORDSEE wurde am 20. Februar 1968 auf dem Fangplatz im Seegebiet nördlich der Färöer um 6.45 Uhr infolge eines Schadens an der Hauptmaschine manövrierunfähig und musste durch SAS-402 OSTSEE sowie die Kutter SAS-282 DOGGERBANK und SAS-314 BLAUHAI nach Saßnitz geschleppt werden.
Zum Zeitpunkt des Ausfalls der Hauptmaschine wehte eine schwache Brise aus nordnordöstlicher Richtung, aus der auch eine leichte Dünung stand. Es war dunkel, die Sicht gut. Bereits wenige Tage nach der Ausreise am 12. Januar 1968 aus Saßnitz war ein ungewöhnlich hoher Ölverbrauch festgestellt worden. Die technischen Offiziere führten diesen auf den Zustand der Kolben und Kolbenringe zurück. Im isländischen Hafen Vatneyri, der angelaufen worden war, um den Schaden zu beheben, zog das Bordpersonal alle acht Kolben der Hauptmaschine. Sie wurden gereinigt, teilweise neu beringt und wieder eingebaut. An der Ausführung der Arbeiten an der Hauptmaschine waren der Leitende Technische Offizier (C4-Inhaber), der I. und II. Technische Offizier (beide C3-Inhaber) und zwei Kühlmaschinisten (mit C2) beteiligt. Ein Probelauf der Hauptmaschine verlief ohne Beanstandungen. Am 2. Februar, um 14.30 Uhr konnte der Frosttrawler wieder den Hafen Vatneyri in Richtung Fangplatz verlassen.
Über drei Wochen lief die Hauptmaschine störungsfrei.
Plötzlich traten am 20. Februar 1968 gegen 5.45 Uhr zweimal kurz hintereinander starke Geräusche und Erschütterungen im Schiff auf. Sie ließen zunächst eine Kollision mit einem unbekannten Gegenstand vermuten. Da auf der Brücke letzteres angenommen wurde, ließ der Wachoffizier das Fanggeschirr hieven. Die Hauptmaschine lief nach den Erschütterungen ohne wahrnehmbare Fremdgeräusche

oder andere Unregelmäßigkeiten weiter, bis der I. Technische Offizier bei einer Kontrolle der Hauptmaschine einen Ölaustritt aus der Ölwanne im Bereich des Zylinders 8 feststellte. Die Hauptmaschine wurde gestoppt.
Die unmittelbar darauf vorgenommene Schadensbesichtigung ergab, dass sich der Verbindungsbolzen des Pleuels an der Steuerbordseite des Zylinders 8 gelöst hatte und herausgeschleudert worden war. Dabei wurden Motorenblock und Grundwanne zerschlagen. Bei der Montage in Vatneyri wurde anstelle eines Drehmomentenschlüssels ein einfacher Maulschlüssel zum Anziehen der Kronenmutter benutzt. Es musste angenommen werden, dass durch das unvorschriftsmäßige Anziehen der Schraubverbindung eine Überdrehung des Verbindungsbolzens eingetreten war. Es blieb die Erkenntnis, dass das gesamte Triebwerk vor dem Auslaufen aus Vatneyri nochmals einer Nachkontrolle hätte unterzogen werden müssen. Sie durchzuführen lag in der Verantwortung des Leitenden Technischen Offiziers.

SAS-405 NORDSEE. Aufnahme vom Pleuellager Steuerbordseite 8 bei geöffneter Schauklap-pe. Aus der im Bild sichtbaren Führung wurde der Pleuellagerbolzen herausgeschleudert. Deutlich sind die Beschädigungen am Pleuel zu erkennen. Im

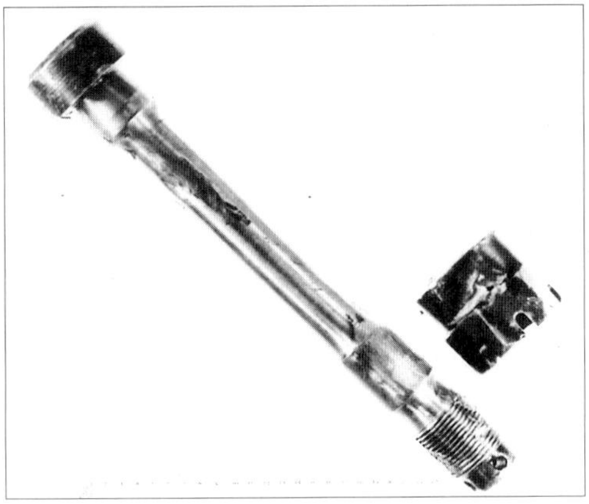

Ansicht des gesicherten Pleuellagerbolzen mit Kronenmutter

Der Leitende Technische Offizier des MS POEL gab dem Kapitän einen falschen Rat

Die technische Entwicklung und die komplizierter werdende Praxis der Führung und des Betriebes eines Schiffes, das mit einem großen ingenieur-technischen System gleichzusetzen ist, stellten immer höhere Anforderungen an die Bordoffiziere.
Dabei kam es auf ein gutes Zusammenwirken zwischen dem Kapitän/Wachleiter und dem Leitenden Technischen Offizier/Wachhabenden Technischen Offizier, also zwischen Brücke und dem Maschinenfahrstand oder -kontrollraum, an.

MS POEL, Küstenmotorschiff Typ 840
BJ: 1959 - 1961 BW: VEB Peene-Werft Wolgast
ID: DSR 9. Dezember 1961
Reederei/Eigner zur Unfallzeit: VEB Deutfracht/Seereederei Rostock; HHfn: Rostock
Flagge: GDR
BRT 617/NRT 230/tdw 840
$L_{üa}$ 59,21 m, $B_{üa}$ 9,83 m, Tg (bel.) 3,65 m, v_D 10 kn
HM: Ein 4 Takt 8 Zyl. Motor, Leistung: 410 kW (550 bph)
Hersteller: VEB Schwermaschinenbau »Karl Liebknecht« Magdeburg
SK-Nr. 33/75

Der Maschinenbetrieb auf der POEL war für einen zwölfstündigen wachfreien automatischen Betrieb zugelassen und mit einer Brückenfernsteuerung versehen. Das Maschinenpersonal bestand aus zwei Mann, dem Leitenden Technischen Offizier, der als Alleinmaschinist fuhr, und einem Elektriker.
Das Küstenmotorschiff POEL befand sich am 17. Mai 1975 gegen 15 Uhr in der Deutschen Bucht auf dem Terschelling-Elbe-Weg zwischen den Tonnen „TE 7" und „TE 9", ungefähr sechseinhalb Seemeilen querab der Insel Terschelling. Es hatte 750 Tonnen China Clay (Tonerde) geladen und war auf der Reise von Fowey an der englischen Kanalküste via Nord-Ostsee-Kanal nach Stralsund.
Das Schiff lief „VV" mit einer Geschwindigkeit über Grund von 8,7 Knoten. Brückenwache ging der Erste Offizier. Der Wind wehte aus Nordost mit Stärke sechs. Die See war mäßig bewegt.
Aus Nordost stand eine mittelhohe Dünung. Hin und wieder traten Regenschauer auf. Aber das Wetter besserte sich. Der Wind nahm in den folgenden sechs Stunden bis auf Stärke eins ab. Diese Wetterentwicklung sollte auch für die Spruchfindung der Seekammer von Bedeutung sein. Um 15 Uhr befanden sich an Steuerbord- wie auch an Backbordseite des MS POEL je ein größeres Schiff beim Überholvorgang. Die POEL war demzufolge Kurs- und Geschwindigkeitshalter. Voraus, in einem Abstand von zwei bis drei Seemeilen, beobachtete der Erste Offizier mehrere fischende Fahrzeuge, gegenüber denen er nach Artikel 26 der KVR/60 mit seinem Schiff ausweichpflichtig war.
Der Leitende Technische Offizier nahm von Deck aus ein Klopfen der Hauptmaschine wahr. Im Maschinenraum stellte er durch Abfühlen der Hauptmaschine fest, dass die Triebwerksschauklappe fünf wärmer als die anderen Schauklappen war. Der Kapitän ging mit dem Leitenden Technischen Offizier auf die Brücke. Er wollte sich erst überzeugen, ob ein sofortiges Stoppen, wie der Leitende Technische Offizier anmahnte, bei der Verkehrslage und den meteorologischen Bedingungen möglich sei. Der Kapitän lehnte ein sofortiges Stoppen der Hauptmaschine ab, weil sich die POEL im Verkehrstrennungsgebiet mit zwei Überholern befand. Um 15.05 Uhr reduzierte er die Geschwindigkeit auf „VH" und änderte den Kurs aus dem Verkehrstrennungsgebiet heraus nach Steuerbord, nachdem die beiden über-

MS POEL längsseits vom MS BERLIN (Typ IV) im Baie d'Halong/VNM zu einem späteren Zeitpunkt

holenden Schiffe das MS POEL klar passiert hatten.

Um nicht den Schiffsverkehr zu behindern, ließ der Kapitän dann südlich des Verkehrstrennungsgebietes die Hauptmaschine stoppen. Nach dem Öffnen der steuerseitigen Schauklappe des Zylinders fünf stellte der Leitende Technische Offizier auf dem Kurbelwannensieb grobe Weißmetallspäne fest. Er reinigte das Pleuellager und nahm eine Schmierölprobe. Daraus ergaben sich keine Anhaltspunkte für einen Schaden am Pleuellager und/ oder am Pleuelzapfen der Kurbelwelle. Diese oberflächliche Befundaufnahme nahm der Leitende Technische Offizier zum Anlass, dem Kapitän eine Weiterfahrt zu einem Nothafen vorzuschlagen. Der Kapitän folgte diesem Rat und steuerte Emden als Nothafen an. Der Weiterbetrieb der Hauptmaschine beruhte somit auf der falschen Beratung des Leitenden Technischen Offiziers, die zur Schadensvergrößerung führte.

Aufgabe des Leitenden Technischen Offiziers wäre es nach dem Stoppen der Hauptmaschine gewesen, dem Kapitän zu melden, dass mit hoher Wahrscheinlichkeit ein Pleuellagerschaden an der Hauptmaschine vorliege und eine Fortsetzung der Reise erst nach Aufnahme des Pleuellagers mit einer Befundaufnahme desselben möglich sei. Für den Kapitän hätte dies bedeutet, das Schiff mit zunächst seeklar bleibender Maschine außerhalb des Verkehrstrennungsgebietes bis zur Wetterbesserung vor Anker zu legen. Ein Lagerwechsel unter der Voraussetzung, dass der Pleuelzapfen der Kurbelwelle noch nicht in Mitleidenschaft gezogen worden war, lag damit auf dem vor Anker liegenden Schiff im Bereich des Möglichen. Eine weitere Möglichkeit bestand darin, das Pleuellager des Zylinders fünf aufzunehmen und den Kolben stillzusetzen. Mit einem so hergerichteten Hauptmotor hätte das Schiff den Nothafen Emden oder einen anderen an der Route liegenden Hafen sicher erreichen können, ohne nachteilige Folgen für die Hauptmaschine. Es wäre sogar möglich gewesen, Stralsund ohne weitere Reparatur mit nur sieben Zylindern der Hauptmaschine anzulaufen. Diese zwei Möglichkeiten spielten in den Überlegungen des Leitenden Technischen Offiziers keine Rolle. Er schlug den Weiterbetrieb der Hauptmaschine dem Kapitän vor und setzte sie der Gefahr der totalen Zerstörung aus.

Der Leitende Technische Offizier erwirkte beim Kapitän um 20.27 Uhr, vor dem Erreichen der Position des Emslotsen, ein Ankern südlich der Tonne „Westerems" zur Durchführung einer weiteren Kontrolle der Hauptmaschine. Grund hierfür war ein wiederholtes Ansteigen der Schmieröltemperatur um fünf Grad.

Nach dreistündiger Abkühlzeit der Maschine führte der Leitende Technische Offizier eine Triebwerkskontrolle durch. Da er keine Weißmetallspäne mehr vorfand, ging er davon aus, dass keine weitere Schadensvergrößerung eingetreten sei. Aufgrund dieser abermaligen Fehleinschätzung schlug er dem Kapitän wiederum vor, am Morgen des nächsten Tages mit eigener Kraft den Nothafen Emden anzulaufen. Den Vorschlag des Kapitäns, einen Schlepper anzunehmen, schlug der Leitende Technische Offizier aus Kostengründen aus. Um 9.55 Uhr ging die POEL Anker auf und machte fünf Stunden später in Emden fest.

Im Ergebnis der Untersuchung stellte man eine mangelhafte Verbindung von Lagermetall und Stützschale fest. Das Lagermetall hatte sich in Platten von der Lagerschale gelöst und wurde ausgequetscht, es war nicht geschmolzen. Ein Weiterbetrieb der Hauptmaschine mit dem gestörten Zylinder 5 um weitere neuneinhalb Stunden führte zu einer erheblichen Vergrößerung des Schadens am Pleuellager und der Kurbelwelle. Die Seekammer machte den Leitenden Technischen Offizier nicht für den Lagerschaden, aber für den Weiterbetrieb der Hauptmaschine und die dadurch eingetretene Schadensvergrößerung verantwortlich.

Zu der vom Rechtsbeistand des Leitenden Technischen Offiziers aufgeworfenen Frage, wie sich der Leitende Technische Offizier dem Kapitän gegenüber hätte verhalten müssen, nahm die Seekammer wie folgt Stellung: „Die Aufklärungspflicht des Leitenden Technischen Offiziers gegenüber dem Kapitän in Sachen des technischen Schiffsbetriebes geht soweit, daß der Leitende Technsiche Offizier den Kapitän über Art, Umfang, Ausdehnung, Folgen, Beseitigung, Zeitdauer der Reparatur usw. einer Unregelmäßigkeit im technischen Betrieb des Schiffes und seine Rückwirkungen auf die Schiffsführung sofort, genau und umfassend berichten muß. Aus dieser Meldung muß der Kapitän zweifelsfrei als Verantwortlicher für das ganze Schiff seine richtige und fundierte Entscheidung treffen können, das

heißt, der Leitende Technische Offizier legt mit seiner Meldung eine Führungsentscheidung vor. Für den Inhalt und die fachliche Richtigkeit dieser Führungsentscheidung ist der Leitende Technische Offizier verantwortlich."
Die Meldung und der Vorschlag sind in jedem Fall im Maschinentagebuch nachzuweisen. Der entstandene Schaden betrug 80.000 Mark.

Führungsentscheidungen erfordern ein Zusammenwirken von Kapitän und Leitendem Technischen Offizier

MS HELLERAU, Holzfrachter Typ 401
BJ: 1966
BW: VEB Schiffswerft »Neptun« Rostock
ID: DSR 15. März 1966
Reederei/Eigner zur Unfallzeit: VEB Deutfracht/Seereederei Rostock;
HHfn: Rostock
Flagge: GDR
BRT 2.546/NRT 1.424/tdw 4.259
$L_{üa}$ 92,93 m, $B_{üa}$ 14,90 m, Tg (bel.) 5,95 m, v_D 12 kn
HM: Ein 2 Takt 6 Zyl. Motor,
Leistung: 1.692 kW (2.300 PS)
Hersteller: VEB Dieselmotorenwerk Rostock
SK-Nr. 08/84

Das Schiff befand sich am 29. April 1983 auf der Reise von der Reede Rostock nach Alicante/Spanien. Es hatte 3.318,382 m³ Schnittholz in Truckpaketen geladen. Von der Gesamtladung befanden sich 777 m³ gleichmäßig auf die Luken verteilt an Deck. Die Auslaufstrecke (die vom Schiff aus Vorausfahrt nach Legen des Maschinentelegrafen auf „ZV" bis zum Stillstand des Schiffes zurückgelegte Strecke) betrug bei dieser Zuladung etwa acht Kabellängen (1.480 m). Nachdem das Schiff gegen 16 Uhr Rostock Reede mit Generalkurs Nord verlassen hatte, war über die Fernbedienung von der Brücke aus die Hauptmaschine nach der Betriebsvorschrift hochgefahren worden. Gegen 18 Uhr wurde der Kiel-Ostsee-Weg erreicht. Der Kapitän ordnete das 2-Wach-System an und übernahm selbst die Brückenwache als Wachleiter. Im Maschinenraum ging der I. Technische Offizier Wache. Das Schiff steuerte einen KrKK von 295° und lief in Fahrtrichtung rechts von der Wegachse etwa eine halbe Seemeile entfernt mit dreizehn Knoten bei schwach bewegter See. Der Wind kam aus Westsüdwest mit Stärke drei bis vier. Die Sichtweite betrug etwa drei Seemeilen, es regnete.
Die Hauptmaschine des MS HELLERAU hatte einen Ölnebeldetektor des Typs MK 4, System Graviner. Dieser Ölnebeldetektor ermöglicht die Früherkennung unzulässiger Ölnebelkonzentrationen in der Hauptmaschine, die ihre Ursachen in thermischen Überbelastungen im Triebwerksraum haben (Lagerschaden, Kolbenringe undicht u.a.).
Um 18.29 Uhr löste der Graviner Ölnebelalarm am Zylinder 5 der Hauptmaschine aus. Der I. Technische Offi-

zier informierte darüber sofort die Brücke, auf der sich neben dem Kapitän auch der Leitende Technische Offizier befand und forderte eine Motorendrehzahlreduzierung. Diese wurde auch augenblicklich ausgeführt. Der Leitende Technische Offizier begab sich dann unverzüglich in den Maschinenraum, wo er an der Schauklappe des Zylinders 5 eine Temperaturerhöhung feststellte. Er meldete dem Kapitän um 18.39 Uhr, dass vermutlich ein Lagerschaden an der Hauptmaschine vorliege und diese sofort gestoppt werden müsse. Der Forderung des Leitenden Technischen Offiziers zum sofortigen Stoppen der Hauptmaschine kam der Kapitän nicht nach. Er begründete seine Entscheidung damit, dass sich das Schiff auf einem Schifffahrtsweg befände und er erst einen sicheren Ankerplatz anlaufen müsse, bevor die Hauptmaschine gestoppt werden kann.

Die Befundaufnahme nach dem Ankern ergab, dass das Pleuellager des Zylinders 5 ausgelaufen und der Pleuelzapfen beschädigt war. Eine vollständige Demontage des Lagers mit Bordmitteln war nicht möglich. Am 30. April 1983, gegen 15.30 Uhr traf der Schlepper PEEZ des VEB Bagger-, Bugsier- und Bergungsreederei beim MS HELLERAU ein und schleppte es zum Nothafen Rostock, wo es am 1. Mai 1983, gegen 1.10 Uhr sicher festmachte.

An der Hauptmaschine des MS HELLERAU stellte man einen Pleuellagerschaden fest, dessen Ursache eine mangelhafte Auflage der Lageroberschale im Marinefuß war. Dieser Lagerschaden hatte sich, wie auf dem MS POEL, über einen längeren Zeitraum ausgebildet.

Die Verhandlung über den Maschinenschaden auf dem MS HELLERAU nahm die Seekammer zum Anlass, nochmals mit aller Deutlichkeit auf die Pflichten und Rechte des Kapitäns und des Leitenden Technischen Offiziers bei Maschinenstörungen hinzuweisen.

Sie verlangte vor allem eine zweckmäßige und gut abgestimmte Zusammenarbeit zwischen Brücke und Maschinenkontrollraum (Maschinenleitstand). Wann das Schiff zu stoppen ist, bleibt immer lageabhängig.

Fehlende Überwachung der Hauptmaschinen

MS RASSOW, Schubschlepper
BJ: 1973
Bauort: Berlin
ID: WF 1973
Reederei/Eigner zur Unfallzeit: VEB Fahrgastschiffahrt »Weiße Flotte« Stralsund;
HHfn: Stralsund
Flagge: GDR
Verdrängung in Tonnen: 230
$L_{üa}$ 23,69 m, $B_{üa}$ 8,19 m, Tg 1,60 m, v_D 10 kn
HM: Zwei 4 Takt 6 Zyl. Motore,
Leistung: 573 kW (800 PS)
Hersteller: VEB Schwermaschinenbau »Karl Liebknecht« Magdeburg
SK-Nr. 08/85

MS RASSOW mit dem Fährschubprahm LIBBEN befand sich am 3. April 1984 zwischen Kloster/Hiddensee und Schaprode/Rügen im Einsatz. Die Fährschubeinheit MS RASSOW/LIBBEN der Weißen Flotte wurde von zwei Hauptmaschinen angetrieben, die über Schiffswendegetriebe auf die nach außen drehenden Schrauben wirkten. Die Hauptmaschinen wurden von der Brücke aus gefahren. Ebenso konnten die Hauptparameter der Maschinen, wie Öldruck, Öl- und Kühlwassertemperatur, und auch die visuelle und akustische Anzeige der Überwachungsanlage bei auftretenden Störungen auf der Brücke beobachtet werden. Diese Überwachungsanlage wurde auf der Brücke eingeschaltet und vor jedem Seeklarmachen überprüft. Da MS RASSOW keine aut-Klasse (unbesetzter Maschinenraum) und keine Genehmigung zum zeitweise unbesetzten Maschinenraum beim Betrieb der Hauptmaschinen besaß, war dieser vom Leitenden Technischen Offizier, als einzigem Inhaber eines technischen Befähigungszeugnisses an Bord, zu besetzen. Nach der Mittagspause kontrollierte der Leitende Technische Offizier die Ölstände der Hauptmaschinen und Getriebe.
Die fünfköpfige Besatzung arbeitete während der Beladung des Fährschubprahms an Deck, Maschinenraum und Brücke waren während dieser Zeit unbesetzt. Der Kapitän überwachte das Stellen der Fahrzeuge und Güter, während die übrigen vier Besatzungsmitglieder die Handwinden zum Hochdrehen der Anlegebrücke bedienten. Die Arbeiten dauerten einundzwanzig Minuten. Beide Hauptmaschinen liefen während dieser Zeit ohne Überwachung im Leerlauf. So war die Besatzung überrascht, als beim Ablegemanöver vom Anleger Schwedenhagen in Kloster die Backbord-Hauptmaschine ausfiel und die Fahrt abgebrochen werden musste. Nach der Demontage des Motors stellte man an mehreren Kurbelzapfen Materialauftragungen von Lagermetall fest. Die Kurbelwelle zeigte Rissbildung im Bereich der Ölbohrungen.
Die Untersuchung der Seekammer ergab, dass die vom Hersteller geforderten Fristen für die Kontrolle der Beschaffenheit des Schmieröls, der Ölwechsel und der Reinigung der Rotationsfilter keine Beachtung fanden. Der vermutlich letzte Ölwechsel vor dem Seeunfall, so gab der Kapitän an, soll während der Werftliegezeit Januar/März 1983 beim Stand von 13.306 Betriebsstunden durchgeführt worden sein. Ein Nachweis dafür konnte nicht erbracht werden. Die Kontrolle der Maschinentagebücher aber ergab, dass die Hauptmaschinen des MS RASSOW bis zum Seeunfall mindestens 2.170 Betriebsstunden ohne Ölwechsel gelaufen waren.
Der Ausfall der Backbord-Hauptmaschine war auf den Ausfall der Schmierölversorgung infolge der mangelnden Ölpflege zurückzuführen. Die fehlende Überwachung der Hauptmaschinen zwischen 14.00 und 14.12 Uhr und eine unter Leitung des Leitenden Technischen Offiziers mangelhaft durchgeführte Reparatur hatten zur Vergrößerung der an der Backbord-Hauptmaschine aufgetretenen Schäden geführt.

8. Brände an Bord

In der Seefahrt erfolgt die Zuordnung der Brände nach vier Kategorien:
- Brände im Maschinenraum,
- Brände in Aufbauten und in Deckshäusern,
- Ladungsbrände,
- sonstige Brände.

Kapitän Hans-Hermann Diestel stellte bei einer Auswertung ihm vorliegender Brandberichte in der „Seewirtschaft" fest, dass die meisten Brände im Maschinenbereich auftreten. Von 97 Bränden im Maschinenraum ereigneten sich 74 auf See und von 42 Bränden in den Aufbauten 29 auf See. Eine Auswertung der Brände auf Schiffen der Handels-, Fischerei- und Technischen Flotte der DDR über einen Zeitraum von zehn Jahren (1973-1982) ergab folgendes: 41,5 Prozent der Brände traten im Maschinenraum, 27,5 Prozent in den Aufbauten, 16,5 Prozent in den Laderäumen auf und 14,5 Prozent waren sonstige Brände. Brände wurden nach der Seeunfalluntersuchungsordnung vom 10. Juli 1980 nur dann als Seeunfall erfasst, wenn durch den Brand an Bord oder außerhalb des Fahrzeuges ein Schaden am Fahrzeug einschließlich seiner Maschinenanlage oder anderer Einrichtungen entstanden und die Sicherheit der an Bord befindlichen Personen, des Fahrzeuges oder der Ladung in der Regel für länger als zwölf Stunden (beim Störfall bis zu zwölf Stunden) nicht gewährleistet war.

Brände im Maschinenraum

Der Riss von Leitungen des Kraftstoffsystems ist eine der häufigsten Brandursachen auf Schiffen.

Brand auf Frosttrawler SKAGERRAK

SAS-403 SKAGERRAK, Frosttrawler
BJ: 1966
BW: VEB Elbewerft Boizenburg
ID: FiKoSa 30. August 1966
Reederei/Eigner zur Unfallzeit: VEB Fischkombinat Saßnitz/VEB Fischfang Saßnitz;
HHfn: Sassnitz
Flagge: GDR
BRT 644/NRT 260/tdw 397
$L_{üa}$ 48,80 m, $B_{üa}$ 10,09 m, Tg 3,50 m, v_D 12 kn
HM: Ein 4 Takt 8 Zyl Motor,
Leistung: 746 kW (1.000 bhp)
Hersteller: VEB Schwermaschinenbau »Karl Liebknecht« Magdeburg
SK-Nr. 124/67

Der Frosttrawler SAS-403 SKAGERRAK befand sich auf einer Fangreise vor Island und dampfte am 5. Juni 1967 vom Fangplatz Bardagrund, nordwestlich Islands, unter Land, um von einem Trawler Proviant zu übernehmen. Es herrschten östlicher Wind mit Stärke acht, grobe See, die Sicht war gut. Am frühen Abend brach im Maschinenraum ein Brand aus. Die im Maschinenleitstand befindlichen I. Technischer Offizier und Kühlmaschinist

bemerkten den Brandausbruch, als eine Stichflamme an den Fenstern des Leitstands emporschlug. Der Kühlmaschinist lief sofort in den Maschinenraum und bekämpfte den Brand mit einem Schaumfeuerlöscher. Der Brand weitete sich jedoch aus.
Der Brandherd befand sich im Bereich der Zylinderstation 8 der Hauptmaschine. Die Flammen schlugen von den Zylinderköpfen bis zur Maschinenraumdecke. Der zumehmende Rauch und die starke Hitze machten es bald selbst den Feuerlöschkräften unmöglich, sich dem Brandherd über den Notausstieg des Maschinenraumes zu nähern. Überdies stellte sich heraus, dass der Notausstieg für die mit Regenerationsgeräten (RG) ausgestatteten Männer zu eng war. Gleichzeitig ließ der Leitende Technische Offizier alle Schotten schließen und sämtliche Notschalter, auch die für die Dieselkraftstoff-Förderpumpe und die Lüfter, von Deck aus abschalten. Die Hauptmaschine lief trotzdem weiter. Es blieb noch eine Möglichkeit, die Dieselkraftstoffzufuhr vom Hauptdeck aus zu sperren. Außerdem wurden alle Lüfter abgedichtet, so dass kein Rauch entweichen und kein Luftsauerstoff in den Maschinenraum gelangen konnte. Das Hauptdeck über dem Maschinenraum wurde laufend mit Wasser gekühlt. Die Schaumfeuerlöschanlage konnte nicht mehr in Betrieb genommen werden, da die Anschlüsse für die Anlage alle im Maschinenraum angeordnet waren. Der Kapitän befürchtete eine Explosion der Tagestanks und ließ deshalb um 19.06 Uhr SOS senden. Die Besatzung erhielt den Befehl, die Schwimmwesten anzulegen und die Rettungsflöße mit Notproviant zu versehen. Alle, bis auf die Männer der Löschtrupps, versammelten sich bei den Rettungsflößen. Die Flöße blieben noch an Bord. Gegen 19.20 Uhr blieb die Hauptmaschine stehen.
Um 19.42 Uhr kam eine UKW-Verbindung auf Kanal 12 mit ROS-202 und SAS-401 zustande. Der Kapitän empfing mit Erleichterung die Nachricht, dass DDR- und ausländische Fischereifahrzeuge dem Frosttrawler zu Hilfe eilen. Um 4.30 Uhr, am 6. Juni 1967 öffnete man die Maschinenmontageluke. Der Brand war durch Sauerstoffmangel erstickt. SAS-403 wurde am 7. Juni 1967 von ROS-501 in Schlepp genommen. Der Schleppzug erreichte am 15. Juni 1967 Saßnitz Reede.
Gestützt auf das

- Ermittlungsergebnis des Volkspolizei-Kreisamtes Rügen, Betriebsschutz/Kriminal (BS/K) Fischkombinat Saßnitz,
- Protokoll über kriminaltechnische Tatortarbeit,
- Gutachten des Sachkundigen für Gerichtstechnik Rostock und
- Gutachten des Sachverständigen für Gerichtstechnik KTI-Berlin

stellten Sachverständige als Brandursache das Brechen einer Dieselkraftstoff-Manometerdruckleitung fest. Es handelte sich um einen Gewaltbruch, der infolge verminderter Materialfestigkeit auftrat. Der austretende Dieselkraftstoff spritzte auf den Abgasstutzen der Hauptmaschine im Bereich der Zylinder 7 und 8. Die Abgasstutzen waren direkt am Austritt aus den Zylinderköpfen auf einer Länge von

etwa vierzig Millimeter nicht isoliert. Die Abgastemperaturen lagen zu diesem Zeitpunkt bei etwa 380°C, also im Bereich des Zündpunkts des Dieselkraftstoffs. So konnte sich der Dieselkraftstoff entzünden.
Die Gutachter und die Seekammer kamen übereinstimmend zu der Auffassung, dass die Besatzungsmitglieder den Brandausbruch nicht hätten verhindern können. Neben der Feststellung einer Reihe von technischen Mängeln an den schiffbaulichen Teilen des Schiffes, formulierte die Seekammer eine Reihe von Erkenntnissen, die auch heute noch gelten:

1. Sofortige Auslösung des Feueralarms durch den Wachoffizier und Übernahme der Schiffsführung sowie der Leitung der Brandbekämpfung durch den Kapitän.
2. Zentrale Leitung der Brandbekämpfung von der Brücke aus.
3. Abdichtung der Lüfter und Verschließen aller anderen Öffnungen zum Maschinenraum.
4. Einsatz der CO_2-Feuerlöschanlage.
5. Sofortiges Betätigen des Ferngestänges zum Tagestank von Deck aus, um die weitere Zufuhr von Dieselkraftstoff zur Hauptmaschine zu unterbinden.
6. Senden des SOS-Rufs, da eine Explosion des Tagestanks befürchtet werden muss.
7. Befehl zum Anlegen der Schwimmwesten (heute Rettungsanzüge).
8. Klarmachen der kollektiven Rettungsmittel.
9. Abkömmliche Besatzung zu den Rettungsflößen.
10. Ständiges Nasshalten der Decks und der Bordwände sowie des Abdichtungsmaterials.

Flammen schlagen bis zur Maschinenraumdecke der ASCHBERG

MS ASCHBERG, Ro-Ro-Schiff,
ex BORE IX - 1977
BJ: 1972
BW: Oy Rauma Repola, Rauma/FIN
ID: DSR 5. April 1977
Reederei/Eigner zur Unfallzeit: VEB Deutfracht/Seereederei Rostock;
HHfn: Rostock
Flagge: GDR
BRT 3.166/NRT 1.131/tdw 4.740
$L_{üa}$ 113,52 m, $B_{üa}$ 19,26 m, Tg (bel.) 6,25 m, v_D 16 kn
HM: Zwei 4 Takt 6 Zyl. Motore,
Leistung: 4.476 kW (6.000 bhp)
Hersteller: Atlas-MaK, Maschinenbau Kiel
SK-Nr. 01/80

Das MS ASCHBERG war zugelassen für den aut-24-Betrieb (24-Stunden-wachfreier-Maschinenraum). Das Schiff befand sich auf einer Reise von Hull/ Großbritannien nach Rostock via Skagen. Es hatte 1.051 Tonnen Ladung in Containern auf Trailern geladen. Am 17. Oktober 1979 um 5.45 Uhr passierte die ASCHBERG in der Nordsee nördlich in einem Abstand von zweieinhalb Seemeilen die Pumpstation GNSC B-11 (Ekofisk Emden), die sich auf der Position 55°30,2´N, 04°39,9´E befand.

MS ASCHBERG

Der Wind wehte aus Westnordwest mit Stärke vier. Es herrschte Seegang Stärke drei, der Strom setzte in Richtung Ostsüdost.
Die Sicht war gut, die Lufttemperatur betrug 11°C. Um 5.37 Uhr bemerkte der Wachhabende Erste Offizier eine D III-Störung – Brennstoffdruck zu niedrig – und informierte den Diensthabenden Technischen Offizier, der sich sofort in den Maschinenkontrollraum begab. Hier sah er eine Dunstwolke in Richtung Hauptmaschine/Wellentunnel aufsteigen. Noch während der Diensthabende Technische Offizier den Bereitschafts-Maschinen-Assistenten in den Maschinenraum befahl, bemerkte er um 5.43 Uhr einen Brandausbruch im hinteren Bereich der Steuerbord-Hauptmaschine auf der Zylinderkopfstation. Er sah Flammen bis zur Maschinenraumdecke lodern. Nun konnte er nur noch „Feuer im Maschinenraum" zur Brücke melden, den Hilfsdiesel starten und fluchtartig den Maschinenkontrollraum und den Maschinenraum verlassen. Dabei erfasste ihn beinahe ein Flammenstoß. Der Wachoffizier löste um 5.43 Uhr Feueralarm aus. Die nun von der Besatzung ausgeführten Handlungen sind dem Schiffs- und Maschinentagebuch sowie dem Brückenbuch entnommen und in chronologischer Reihenfolge aufgeführt. Die folgende Zusammenstellung zeigt minutiös den aufopferungsvollen Kampf der Besatzung um den Erhalt ihres Schiffes:

17.10.1979

5.37 D III-Störung, WO informiert diensthabenden TO (DTO)

5.39 Steigung HM reduziert

5.43 DTO meldet aus MKR: Feuer im MR, WO löst Feueralarm aus, Notabschaltungen und Schnellschlüsse gezogen

5.46 Notstopp HM durch WO, Ausfall Bordnetz, HD aufs Netz. Kapitän übernimmt Schiffsführung und Leitung der Brandbekämpfung, Rauchmeldeanlage Tweendeck (Zwischendeck ZD) springt an

6.00 Besatzung vollzählig, Herstellen Verschlußzustand MR und Laderäume

6.05 RG-Trupp erkundet von Bb den MR

6.18 RG-Trupp aus MR zurück, keinen Feuerschein wegen starker Rauchentwicklung erkannt

6.20 Kapitän befiehlt RG-Erkundung im ZD in der Nähe des Decks über dem MR

6.25 RG-Trupp aus ZD zurück. Ergebnis: starke Erwärmung des Decks über MR, starke Rauchentwicklung, Verschlusszustand MR und ZD hergestellt, Bootsalarmauslösung

6.26 Kapitän befiehlt LTO: CO_2-Anlage klarmachen für MR

6.28 LTO meldet: CO_2-Anlage einsatzklar, Kapitän befiehlt: CO_2-Einsatz für MR

6.32 Kapitän befiehlt: mit Notfeuerlöschdiesel kühlen Schornsteinaufbauten sowie Oberdeck Stb und achtern

6.34 Beide Boote sind klar zum Ausschwingen, restliche Besatzung auf Stellplatz Oberdeck, Abkühlung der Aufbauten, ständige Beobachtung des Achterschiffes von der Brücke aus

6.35 Nachlassender Rauchaustritt aus dem Schornstein

6.40 Kapitän lässt Sofortmeldung an DSR-Dispatcher absetzen

7.10 Schornsteinaufbau Stb kühlt ab, Feuerwache Achterschiff Oberdeck

7.15 Störwertmeldeanlage: Wasser im MR

7.22 Absetzen Notfeuerlöschdiesel

7.30 Verbindung mit DSR-Havariestab stabil

9.30 Brandposten: Schornsteinaufbau kühlt weiter ab

11.20 RG-Trupp zur Erkundung Zwischendeck (ZD) eingesetzt

11.48 RG-Trupp zurück: dichter Rauch, Deck und Wände zum MR handwarm

12.00 RG-Trupp zur Erkundung ZD eingesetzt

12.17 RG-Trupp zurück: ZD über MR keine Erwärmung

12.32 1. RG-Erkundung im MR

12.35 Im MR keine Rauchentwicklung, kein offenes Feuer feststellbar

12.42 2. RG-Erkundung im MR: die vorgenommene Abschaltung (bis auf DK-Tagestank) wieder aufgehoben, Bilgenwasser unbedenklich

12.51 2. Erkundung beendet

12.59 3. RG-Erkundung: Abschalten aller nicht benötigten Kraftgruppen, Zuschaltung Meyerschaltung I + II

13.08 RG-Trupp zurück

13.15 4. RG-Erkundung, kein Feuer, keine Rauchentwicklung MR, passiver Lüftungsbeginn im ZD (Notausstieg Oberdeck und dritte Lüfterklappe geöffnet)

14.15 Passiver Lüftungsbeginn MR

14.52 bis 16.13 RG-Erkundung Nr. 5 bis Nr. 7 im MR

15.09 MS TESSIN (494 BRT) in Sicht, UKW-Kontaktaufnahme

15.14 UKW-Absprache mit MS TESSIN: Schiff bleibt stand by

17.10 Brand im ZD

17.20 RG-Trupp im ZD

17.30 MS TESSIN wird durch MS ZÜSSOW (299 BRT) abgelöst

17.34 RG-Trupp aus ZD zurück: Containerbrand ZD Bb, nicht mit Handfeuerlöscher bekämpfbar

17.42 Verschlusszustand ZD hergestellt

17.43 Kapitän befiehlt Einsatz CO_2 im ZD

17.45 Netzausfall, starke Rauchentwicklung Aufbauten

17.47 Besatzung aus den Aufbauten

18.05 MS ZÜSSOW informiert Dispatcher DSR und MS KLOSTERFELDE (3.098 BRT)

18.13 Besatzung wohlauf

18.16 MS ZÜSSOW informiert, dass sich MS KLOSTERFELDE 20 sm entfernt befindet

18.30 MS ZÜSSOW informiert: Abstand von Bohrinsel beträgt 6 sm, Drift geht südlich vorbei

18.50 ein HD läuft

18.50 RG-Trupp stellt im MR Stromversorgung sicher

19.00 Festlegung: ZD und MR sind in den nächsten 12 Stunden nicht zu betreten, Feststellung: CO_2 Vorrat aufgebraucht

19.37 Temperaturkontrolle Oberdeck im Bereich des brennenden Containers, Anbringen von 4 Thermometern am Oberdeck

19.42 MS KLOSTERFELDE auf Position des MS ASCHBERG

19.50 Verbindung auf Mittelwelle mittels Taste mit MS KLOSTERFELDE

20.45 Schleppverbindung mit MS KLOSTERFELDE hergestellt, Ruderanlage auf MS ASCHBERG wegen Netzausfall unklar. MS ASCHBERG schwoit daher stark im Schleppgeschirr, rollt und setzt hart in die See ein

23.00 Temperatur Oberdeck nicht erhöht, 15°C

23.48 Schleppverbindung zu MS KLOSTERFELDE gebrochen, Wind und See nehmen zu. Aufgrund des Erschöpfungszustands der Besatzung wird festgelegt, mit der Herstellung einer neuen Schleppverbindung bis zum Tagesanbruch zu warten, Abstand zum „Dan Ölfeld" beträgt 13 sm

18.10.1979

8.06 RG-Trupp schaltet im MR den HD auf das E-Netz. Es werden die Aggregate und Kraftverteilungen zugeschaltet. Damit kann auch die Ankerwinde eingesetzt werden, die zur Herstellung der Schleppverbindung dringend benötigt wird

8.48 Position MS ASCHBERG: 55°32´N, 05°55´E, Wind nimmt weiter zu

13.26 Schleppverbindung zum MS KLOSTERFELDE wieder hergestellt (42er Draht und 5 Kettenlängen), Wind inzwischen WNW 8, See 6

14.37 Ruder klar

16.50 Notbetrieb in Ordnung, keine Ladung verrutscht

19.10.1979

1.15 MS WEIMAR (15.979 BRT) erreicht die Position des Schleppverbands

9.55 Ausfall der Rudermaschine (Ölmangel)

14.15 MS WEIMAR hat Schlepptrosse

von MS KLOSTERFELDE über nommen

17.11 RG-Trupp beginnt mit Erkundung Rudermaschine

18.20 Rudermaschine wieder klar

20.10.1979

3.30 Schlepper EISVOGEL (388 BRT) erreicht Schleppverband im Skagerrak

11.00 Skagen passiert, rwK 132°

22.10.1979

4.55 Schleppverbindung zu MS WEIMAR gelöst (vor Anker auf Warnemünde-Reede)

8.30 Fest im Rostocker-Überseehafen auf Liegeplatz 51 mit Bb-Seite. Die Zugänge zum MR und den Laderäumen im ZD waren verschlossen und mit der Aufschrift „Zutritt verboten, CO_2“ versehen.

Als Brandursache gab die Betriebsfeuerwehr, Abteilung Überseehafen, an: Die aus Kupfer bestehende Drucküberwachungsleitung war aus der Brennstoffdruckleitung (Sammelleitung) herausgerissen. Durch diese Tatsache entstand eine senkrechte Öffnung nach oben mit einem Durchmesser von acht Millimeter, aus der Dieselkraftstoff mit einem Druck von zwei bis zweieinhalb Kilopond pro Quadratzentimeter (0,196 MPa bis 0,245 MPa) Dieselkraftstoff (MDF 6) herausspritze. Dieser Kraftstoff hatte einen Flammpunkt von 88°C, sprühte bis zur Decke des Maschinenraums und verteilte sich über die Steuerbord-Hauptmaschine. Da die Abgastemperaturen bei 380°C bis 400°C lagen und die des Turboladers bei etwa 320°C bis 350°C, war eine sofortige Zündung des Dieselkraftstoffes an den nicht isolierten und verblechten Flanschen der Abgasleitung an der Hauptmaschine gegeben. Die geführten Untersuchungen zeigten also, dass nur das Zünden von Dieselkraftstoff auf heissen Flächen für die Brandentstehung in Frage kam.

Mitglieder der Besatzung des MS ASCHBERG waren weder für den Brandausbruch im Maschinenraum noch für den Bruch der Rohrleitung verantwortlich.

Reederei und Seekammer beanstandeten allerdings einen verzögerten Einsatz des CO_2 und anderer Löschmittel an Bord. Unmittelbar nach dem die Vollzähligkeit der Besatzung festgestellt

Schnellschlussventile MS ASCHBERG

und sicher war, dass der Maschinenraum unbesetzt ist, hätte Kohlendioxyd in den brennenden Maschinenraum eingeblasen werden müssen.

Das folgende Beispiel eines Brandausbruches aufgrund des Brechens einer Brennstoffleitung fand seinen endgültigen Abschluss erst vor der Großen Seekammer.

Der unisolierter Flansch am Turbolader der Steuerbord-Maschine auf MS ASCHBERG

Flammen über dem Maschinenleitstand der KURT BARTHEL

ROS-322 KURT BARTHEL, Fang- und Verarbeitungsschiff, Supertrawler-Klasse
BJ: 1977
BW: VEB Volkswerft Stralsund
ID: FiKoRo 18. November 1977
Reederei/Eigner zur Unfallzeit: VEB Fischkombinat Rostock/VEB Fischfang Rostock;
HHfn: Rostock
Flagge: GDR
BRT 3.169/NRT 1.425/tdw 2.244
$L_{üa}$ 101,89 m, $B_{üa}$ 15,24 m, Tg 5,80 m, v_D 15 kn
HM: Ein 2 Takt 8 Zyl. Motor,
Leistung: 2.854 kW (3.880 PS)
Hersteller: VEB Dieselmotorenwerk Rostock
SK-Nr. G 07/82

ROS-332 fischte am 15. Juli 1981 in der Norwegischen See auf der Position 66°40´N, 00°40´W. Es befanden sich dreihundert Tonnen Frostfisch und zwanzig Tonnen Fischmehl als Ladung an Bord. Im Seegebiet war es windstill, die Sichtweite betrug zehn Seemeilen. An Bord der KURT BARTHEL befanden sich 86 Besatzungsmitglieder. Die Maschinenwache bestand aus dem III. Technischen Offizier, dem Elektriker, einem Maschinen-Assistenten und dem Kühl-Assistenten. Im Verarbeitungsraum wurde Fisch zum Frosten vorbereitet.
Aufgrund einer Maschinenstörung verließ der III. Technische Offizier den Leitstand. Dabei sah er im Maschinenraum über dem Zylinder 2 eine Flamme, die bis zum darüberliegenden Dom hochschlug. Unverzüglich löste er über die Wechselsprechanlage „Feuer im Maschinenraum" aus. Zur gleichen Zeit wurde auf der Brücke „Feueralarm, hinterer Maschinenraum" automatisch angezeigt und ebenfalls automatisch die Feuerrolle über Schiffsalarm ausgelöst. Der Kapitän übernahm die Schiffsführung

sowie die Leitung der Brandbekämpfung und forderte über UKW Hilfe an. In der Zwischenzeit gingen auf der Brücke folgende Meldungen ein:

- Im Maschinenraum Feuer und starke Rauchentwicklung.
- In der Verarbeitung und im Innenschiff starke Rauchentwicklung.
- Besatzung vollzählig, Räume evakuiert.

Nach Eingang der Meldungen erteilte der Kapitän den Befehl zum Einblasen von Löschgas (Chlorbrommethan) in den Maschinenraum. Gleichzeitig wurde der Verschlusszustand überprüft. Es erfolgten zusätzliche Abdichtungen. Nunmehr entschloss sich der Kapitän zum Einsatz von Trägern mit Druckluftatemgeräten und Asbestanzügen (DLA-Träger). Durch diese konnte in der Folgezeit im Maschinenraum das Wellentunnelschott geschlossen und der Schnellschluss vom Hilfskessel gezogen werden. Die Schnellschlüsse für die Tagestanks wurden infolge starker Rauchentwicklung und Einschränkung des Tastsinns durch den Asbestanzug nicht gefunden. Bei der Erkundung im Bereich der Produktion stellten die DLA-Träger schwarzen Rauch und Feuerschein fest. Der Kapitän konzentrierte daraufhin die weiteren Löschmaßnahmen auf die Fisch-Verarbeitung und bat die Fangleitung der in der Nähe fischenden sowjetischen Fischereiflotte um Hilfe, da der Brand mit eigenen Mitteln nicht mehr unter Kontrolle gebracht werden konnte.

Von den in unmittelbarer Nähe fischenden DDR-Fischereifahrzeugen ROS-310, ROS-308, ROS-311 und ROS-306 stiegen 17 Mann mit kompletter RG (SSG)-Ausrüstung auf die KURT BARTHEL zur Unterstützung der Brandbekämpfung über. Kurz vor Mittag gingen ROS-308 und ROS-311 am Fang- und Verarbeitungsschiff längsseits und setzten ihre Löschmittel ein. Auf den Bereich Fisch-Verarbeitung konzentrierten sich nun alle Anstrengungen, die aber keinen sichtbaren Erfolg zeigten. Um 15.25 Uhr legte ROS-308 von ROS-332 ab, um Platz für den am Unfallort eingetroffenen sowjetischen Schlepper URAGAN zu machen, der um 16 Uhr bei ROS-332 längsseits ging.

Nach einer Einsatzbesprechung mit den sowjetischen Fachkräften begannen diese um 16.19 Uhr zielgerichtet, aufgrund ihrer Ortskenntnisse (von den sowjetischen Schwesterschiffen) und ihrer speziellen Ausbildung, mit der Brandbekämpfung. Sie setzten Leichtschaumrohre, spezielle Anzüge und Gesichtsvollmasken in Verbindung mit DLA-Geräten ein. Gegen 18.00 Uhr war der Brandbereich Werkstatt/Fisch-Verarbeitung nach dem Einsatz von Schaum gelöscht. Auch in der Fischmehlfabrik und im Fischmehlraum war der Brand erloschen. Am 16. Juli 1981 gegen 3 Uhr warf der Schlepper URAGAN die Leinen los. Die Untersuchungskommission ermittelte als Brandursache den Bruch der Einspritzleitung am Zylinder 2 der Hauptmaschine.

Zu den Handlungen der verantwortlichen Offiziere nach Ausbruch des Brandes nahm die Große Seekammer Stellung. Ihre Erkenntnisse zusammengefasst lauteten:

1. Die Handlungen des Leitenden Technischen Offiziers beim Betreten

des Maschinenraums waren bestimmt durch die für ihn zunächst nicht erkennbare Brandursache. Er übernahm nach erfolgloser Branderkundung nicht unverzüglich die Einsatzleitung im Maschinenraum. Dies begünstigte eine Brandausbreitung. Notwendig wäre gewesen: die Hauptmaschine nach Genehmigung von der Brücke zu stoppen und die Brücke über die Situation und die im Maschinenraum eingeleiteten Maßnahmen zu informieren. Dem Leitenden Technischen Offizier wurde weiterhin vorgeworfen, dass die Handlungen der Besatzungsmitglieder, die sie bei Auftreten einer Gefahr (Brandausbruch) in den ersten Minuten zu erfüllen hatten, im Antihavarietraining nicht genügend geübt worden waren.

2. Dem Kapitän warf die Große Seekammer vor, dass die Organisation des Sicherheitsdienstes an Bord nicht für alle Bereiche (Fisch-Verarbeitung) festgelegt und die Besatzung nicht ausreichend für eine erfolgreiche Brandbekämpfung vor bereitet war.

Schon viele Jahre nutzte die Ingenieurhochschule für Seefahrt Wustrow/Warnemünde für ihre Studenten ein spezielles Schiffssicherungskabinett der Volksmarine, bis sie selbst entsprechende Einrichtungen schuf und nutzen konnte. Seit langem gehörte das praktische Antihavarietraining in diesen Einrichtungen zum Ausbildungsprozess künftiger Schiffsoffiziere aller Verwendungsrichtungen in den zivilen Flotten der DDR.

Ein kleines Versäumnis rettete zwei Besatzungsmitgliedern das Leben

Das MS BUSSARD legte am 6. Juli 1985 um 2.15 Uhr mit Schlepperhilfe von seinem Liegeplatz im polnischen Hafen Szczecin (Stettin) ab. Das Schiff befand sich in einem see- und reisetüchtigen Zustand. Es sollte mit einer zwanzigköpfigen Besatzung via Rostock nach Rochester/Großbritannien versegeln. Zuvor war von der polnischen Klassifikationsgesellschaft (Polski Statkow Rejestr [PSR] in Szczecin) eine auf vier Wochen befristete Ausnahmegenehmigung zum Fahren mit nur zwei Generatoren (Generator I und III, der Generator II war unklar) erteilt worden. Das Schiff hatte 2.026 m^3 Paketholz geladen. Davon waren 520 m^3 an Deck gestaut. Bei umlaufenden Winden der Stärke eins bis zwei und einem wolkenlosen Himmel steuerte das Schiff unter Lotsenberatung nach Kapitänsanweisung die Oder seewärts. Mit Erreichen des freien Seeraumes ging der Lotse von Bord.

Wie vorgesehen unterbrach der Kapitän noch am gleichen Tag die Reise und lief mit dem Schiff den Überseehafen Rostock an, den es gegen 16 Uhr zur Reparatur des Generators II erreichte. Am folgenden Tag, um 16 Uhr

brach man die Reparatur erfolglos ab und verschob sie auf einen späteren Zeitpunkt. Noch am gleichen Tag passierte das Schiff um 21.20 Uhr die Mole Warnemünde zur Weiterreise nach Rochester/Großbritannien via Nord-Ostsee-Kanal.
Der III. Nautische Offizier las um 23.30 Uhr die Deccometer am Decca-Navigator ab. Im Brückenbuch vermerkte er: Kette 7B/MP r = C 20,5; gr = G 35,3. Während er die Position in der Seekarte auswertete, das Schiff befand sich auf der Position 54°27,8'N, 11°44,3'E, (Kiel-Ostseeweg) rief der Ausguck gehende Vollmatrose aus der Backbord-Brückennock in die Brücke: „Feuer im Schornstein!"
Es war 23.32/33 Uhr. Der Wind wehte aus West bis Nordwest mit Stärke fünf bis sechs. Eine klare und sichtige Luft ließ eine gute Beobachtung zu. Der Erste Offizier löste die „Feuerrolle" aus, ließ die Lichter für ein manövrierunfähiges Fahrzeug schalten und den schlafenden Kapitän wecken. Auf der Brücke angekommen übernahm er die Schiffsführung und informierte um 23.37 Uhr über UKW den Dispatcher des Kombinates Seeverkehr und Hafenwirtschaft (KSH) vom Brandausbruch. Danach übertrug er dem II. Nautischen Offizier die Führung der Feuerlöschtrupps. Mit dem Auftrag: „Erkundung des Brandherdes im Maschinenraum!" drang der Geräteträgertrupp zum Maschinenraumschott an Backbordseite vor. Auf dem Wege dorthin öffnete ein Matrose das Handrad für die Inbetriebnahme der Schaumfeuerlöschanlage. Am Maschinenraumschott angekommen öffnete einer der Geräteträger dieses vorsichtig. Flammen schlugen ihm entgegen. Starker Brandrauch und große Hitze breiteten sich schlagartig aus. Ein Eindringen in den Maschinenraum erschien den Geräteträgern nicht mehr möglich. Während sie sich wieder zum Stellplatz auf dem Achterschiff zurückzogen, brach gegen 23.48 Uhr die Stromversorgung auf dem gesamten Schiff zusammen - Black-out -, bis die Notbeleuchtung anging.

MS BUSSARD, Frachtmotorschiff Typ Framo
BJ: 1962
BW: VEB Schiffswerft »Neptun« Rostock
ID: DSR 14. Juli 1962
Reederei/Eigner zur Unfallzeit: VEB Deutfracht/Seereederei Rostock;
HHfn: Rostock
Flagge: GDR
BRT 1.743/NRT 927/tdw 2.733 (als Volldecker)
$L_{üa}$ 82,38 m, $B_{üa}$ 12,63 m, Tg (bel.) 5,75 m, v_D 12 kn
HM: Ein 4 Takt 6 Zyl. Motor,
Leistung: 1.004 kW (1.365 PS)
Hersteller: VEB Maschinenbau Halberstadt
SK-Nr. 04/86

Noch am Abend des gleichen Tages machte das Technische Personal den Maschinenbereich klar zum Auslaufen. Entgegen den üblichen Gepflogenheiten ließ sich der Leitende Technische Offizier nicht im Maschinenraum, sondern in seiner Kammer den Einsatzklarzustand der Maschine melden.
Der Wachleiter der Auslauf-Wache (20-24 Uhr) für den Technischen Bereich war der Leitende Technische Offizier, der vor dem ersten Maschi-

MS BUSSARD

nenmanöver die Anlassluftflasche nicht öffnete. Die Hauptmaschine sprang nicht an. Erst nach dem Öffnen der Anlassluftflasche konnte das Manöver ohne Beanstandungen ausgeführt werden.
Gegen 22.50 Uhr begann der Maschinen-Assistent seine 23 Uhr Kontrollrunde. Als Neuling nahm er seine Aufgabe besonders ernst und war sehr gewissenhaft beim Ablesen der Betriebsparameter. Er wollte sich schließlich anerkannt wissen. Den Eintrag der Betriebsparameter in das Maschinentagebuch nahm er unmittelbar nach Beendigung der Kontrollrunde vor. Besonderheiten oder Abweichungen vom Normalzustand hatte er nicht festgestellt. Ungefähr 23.30 Uhr betrat er die Zylinderkopfstation, wischte die Zylinderköpfe ab und verließ danach den Maschinenraum, um wie üblich, die nächste Wache zu wecken. Beim Leitenden Technischen Offizier, seinem Wachleiter, meldete er sich nicht ab, da er ihn seit 22.30 Uhr nicht mehr gesehen hatte, auch nicht, als er den Maschinenraum und die an ihn angrenzenden Räume während dieser Zeit kontrollierte. Der Leitende Technische Offizier wiederum nannte dem Maschinen-Assistenten nicht seinen Aufenthaltsort. So wusste eine Stunde lang keiner vom anderen, wo er sich während der Wache aufhielt. Wie die späteren Untersuchungen ergaben, hatte sich der Leitende Technische Offizier im Kühlmaschinenraum befunden. Dort soll es einige kleinere Probleme mit der Kühlwasserversorgung der Kühlanlage gegeben haben. Nach dem Wecken der nächsten

Wache kam der Maschinen-Assistent gegen 23.31 Uhr wieder zurück in den Maschinenraum. Noch einmal betrat er die Zylinderkopfstation, um sich letztlich Gewissheit zu verschaffen, auch nichts zur Wachübergabe übersehen oder vergessen zu haben. Er fand alles in Ordnung, ging wieder zur Telefonzelle und begann dort mit den Eintragungen in das Betriebsstundenbuch. Von den Schreibarbeiten sah er einmal kurz auf. Sein Blick ging durch die Glasscheiben der Telefonzelle in Richtung Heck, glitt an der Hauptmaschine entlang bis zum hinteren Maschinenraum. Plötzlich sah er einen Feuerschein und Flammen, die in etwa Höhe Zylinderkopfstation loderten. Es muss 23.32 Uhr gewesen sein. Der Maschinen-Assistent eilte den Niedergang zur Zylinderkopfstation hoch. Auf halber Höhe traf er erstmals wieder auf den ihm entgegenkommenden Leitenden Technische Offizier, der nach Feuerlöschern rief. Jetzt schlugen auch die akustischen und optischen Signalgeber auf dem Schiff an. Der Maschinen-Assistent riss instinktiv den an der Telefonzelle befindlichen Pulverfeuerlöscher aus der Halterung, lief zum Brandherd und entleerte ihn in Richtung Ansaugsiebe des Abgasturboladers (ATL). Ein Löscherfolg trat nicht ein. Der Leitende Technische Offizier stand mit dem Rücken zur Hauptmaschine und hatte die MDF-Zahnradpumpe in Betrieb genommen. Danach ging er auf der Zylinderkopfstation nach vorn in Richtung Niedergang, wobei es plötzlich hinter ihm ein dumpfes, knallendes Geräusch gab, ähnlich einer schwachen Explosion. Er sah im Bereich des Abgasturboladers (ATL) einen verpuffungsartigen Brand, dessen Flammen bereits bis zum Kesseldeck hochschlugen. Der Leitende Technische Offizier eilte mit einem Feuerlöscher in Richtung Brandherd und stieß dabei hart mit der Stirn gegen einen Gegenstand. Für einen Augenblick schwanden ihm die Sinne. Wo und wie er zu der Kopfverletzung gekommen war und auch über seine Handlungen zu diesem Zeitpunkt konnte er bei seiner Vernehmung keine genauen Angaben machen. Später fand man auf der Backbordseite der Zylinderkopfstation einen auf dem Laufsteg liegenden unbenutzten Trockenfeuerlöscher.

Der Maschinen-Assistent lief noch einmal den Niedergang hoch zur Zylinderkopfstation. Er versuchte den Maschinenraum zu verlassen. „Nur raus hier!“, ging es ihm durch den Kopf. An den bereits stark erhitzten Handläufern zog er sich am linken Unterarm eine Brandverletzung zu. Noch einmal eilte er den Niedergang zur Zylinderkopfstation hinauf, lief zur E-Werkstatt und traf auf den aus einer Stirnwunde blutenden Leitenden Technischen Offizier. Der Maschinen-Assistent lief jetzt von der E-Werkstatt durch zwei angrenzende Storeräume zur Getränkelast. Deren Lattentür trat er kurz entschlossen mit den Füßen ein und gelangte so, immer wieder laut den Leitenden Technischen Offizier rufend, über den von der Getränkelast führenden Ausstieg (Vermessungsluke) hinaus ins Freie, an Deck. Gleich nach ihm gelangte so auch der Leitenden Technische Offizier in Sicherheit. Der sonst

verriegelte Ausstieg war nach der Übernahme von Getränken am Nachmittag des 7. Juli 1985 im Überseehafen Rostock noch nicht wieder abgeschlossen worden. Dieses Versäumnis rettete beiden das Leben.
Der II. Nautische Offizier meldete die nunmehrige Vollzähligkeit der Besatzung dem Kapitän, der daraufhin die Suche nach der Maschinenraumwache aufhob. Es war 23.40 Uhr, als der Kapitän über UKW Kanal 16 eine Dringlichkeitsmeldung mit der Positionsangabe „Kiel-Ostsee-Weg Tonne 10" an alle Schiffe absetzte.
Der weitere zeitliche Ablauf der Ereignisse an Bord konnte während der Voruntersuchung und im Verlaufe der Seekammerverhandlung nicht eindeutig und zweifelsfrei geklärt werden, da hierüber keine schriftlichen Aufzeichnungen mehr vorlagen und die Aussagen verschiedener Besatzungsmitglieder voneinander abwichen. So lassen sich die weiteren Ereignisse an Bord nur ohne weitere Zeitangaben nachvollziehen.
Die Bekämpfung der aus dem Schornstein schlagenden Flammen erfolgte mit allen verfügbaren Handfeuerlöschern. Da sich die Lage an Bord weiter verschlechterte, schoss der Kapitän rote Signalraketen und setzte mit dem Handfunksprechgerät eine Notmeldung ab, in der er die Schiffahrt davon in Kenntnis setzte, dass die BUSSARD dringend Löschwasser brauche. Auf die Notmeldung antwortete das dänische Fährschiff TRAVEMÜNDE, das wenig später von achtern auflief und im Abstand von dreißig bis fünfzig Metern vom Havaristen an dessen Backbordseite stoppte. Bis zu diesem Zeitpunkt war der Aufenthalt auf dem Backbordbootsdeck und auf der Brücke problemlos gewesen. Durch den Windschatten der TRAVEMÜNDE entstand ein Stau von Brandrauch und Qualm, der sich in kürzester Zeit über die gesamte BUSSARD ausbreitete. Gleichzeitig erhielt der Kapitän die Meldung, dass der Backbord-Betriebsgang nicht mehr begehbar sei, weil aus der Messe Flammen schlugen. In diesem kritischen Zustand forderte er den Kapitän des Fährschiffes auf, etwas nach voraus zu laufen, damit der Wind den Brandrauch und Qualm vom Schiff vertreibt. Auch bat er ihn, die Besatzung mit einem Rettungsboot der Fähre abbergen zu lassen. Der Kapitän wies die Besatzung an, das Bootsdeck zu räumen und sich auf der Luke II zu sammeln. Hier fand eine nochmalige Vollzähligkeitskontrolle statt. Und wieder fehlte der Leitende Technische Offizier. Ein ausgeschickter Suchtrupp fand ihn schließlich in seiner Kammer und brachte ihn zum Stellplatz.
Nach Absprache mit dem Kapitän der TRAVEMÜNDE ließ der Kapitän der BUSSARD den Backbordanker werfen und zwei Kettenlängen stecken. Damit sollte ein Übergreifen des Brandes auf die Decksladung verhindert und das Längsseitsgehen des Rettungsbootes erleichtert werden. Auch konnte nun der Brandrauch nach achtern abziehen.
Die Besatzung der BUSSARD verließ um 0.39 Uhr ihr Schiff und stieg in das inzwischen längsseits liegende Rettungsboot der TRAVEMÜNDE. Als ein-

ziger blieb der Kapitän an Bord. Über sein Handfunksprechgerät erhielt er vom Kapitän der Fähre die Information, dass alle neunzehn Besatzungsmitglieder der BUSSARD wohlbehalten angekommen seien und der Seenotkreuzer der DGzRS JOHN T. ESSBERGER voraussichtlich in fünfzehn Minuten bei ihm eintreffen werden.

Auch die Feuerlöschboote (FLB) 40-3, stationiert in Rostock-Warnemünde (ca. 22 sm [41 km] vom Unfallort entfernt) und 40-2, stationiert in Wismar (ca. 30 sm [57 km] vom Unfallort entfernt) sowie der Seenotrettungskreuzer (SNRK) STOLTERA des Seefahrtsamtes, stationiert in Warnemünde, befanden sich inzwischen auf dem Wege zum MS BUSSARD.

Die vom einberufenen Havariestab des Kombinates Seeverkehr und Hafenwirtschaft (KSH) angeforderten Schlepper ARNI und BÜFFEL (beide BBB) passierten 0.45 Uhr zum Unfallort auslaufend die Mole Warnemünde. Außerdem steuerte das Forschungs- und Ausbildungsschiff (FAS) STÖRTEBEKER der Ingenieurhochschule für Seefahrt Warnemünde/Wustrow den Unfallort an und sollte dort bei Höchstfahrt voraussichtlich gegen 1.30 Uhr eintreffen. Kurz nach dem Ablaufen des Fährschiffes TRAVEMÜNDE, das die Besatzung der BUSSARD nach Travemünde brachte, traf der Seenotkreuzer JOHN T. ESSBERGER bei der brennenden BUSSARD ein und begann mit Schaumkanone und Schlauchleitung die Flammen zu bekämpfen.

Mit der Ankunft des DDR-Feuerlöschbootes 40-3 gegen 2.10 Uhr wies der Kapitän der BUSSARD den Vormann des Seenotkreuzers JOHN T. ESSBERGER an, die Brandbekämpfung einzustellen und entließ ihn aus seiner Hilfeleistungspflicht. Die Bekämpfung des Brandes übernahm nun das FLB 40-3. Gegen 2.30 Uhr waren die Flammen gelöscht.

Eine Schleppverbindung mit den Schleppern ARNI und BÜFFEL stand schließlich um 4.20 Uhr. Danach

Die Steuerbordwand des Maschinenraumes nach dem Brand. Der Wandbereich über der MDF-Pumpe mit besonders starken Abbranderscheinungen

.

Mit 1 bezeichnet, die MDF-Pumpe, mit 2 be-zeichnet, das Rücklauf-ventil zum

kennzeichnete man die Position des von der BUSSARD geworfenen Backbordankers mit einem Schwimmkörper, brannte die Ankerkette durch und der Schleppzug nahm, begleitet vom SNRK STOLTERA, Fahrt mit Kurs Warnemünde auf.

Nach Meinung der Seeekammer war für den Seeunfall die Inbetriebnahme der MDF-Pumpe gegen das geschlossene Ventil ursächlich, denn durch das Anfahren der MDF-Zahnradpumpe gegen das geschlossenes Rücklaufventil baute sich ein Druck > 2,5 Mpa auf, der schließlich zum Platzen eines Schlauches der Düsenkühlung bei Station I der Hauptmaschine führte.

Verantwortlich dafür war der Leitende Technische Offizier, der gegen 23.13 Uhr mit der linken Hand die MDF-Pumpe eingeschaltet und mit der rechten das geschlossene Rücklaufventil verzögert geöffnet hatte. Durch diesen Fehler kam es zum Schlauchplatzer, zum unkontrollierten Austritt von Kraftstoff und schließlich zum Brandausbruch.

Teilaufnahme der ausgebrannten Messe

Ladungsbrände

Baumwollebrand auf MS STUBBENKAMMER

MS STUBBENKAMMER, Stückgutfrachter, ex TILIA GORTHON - 1958
BJ: 1948
BW: Kockums M/V A/B Malmö/SWD
ID: DSR 17. Dezember 1958
Reederei/Eigner zur Unfallzeit: VEB Deutsche Seereederei Rostock;
HHfn: Rostock
Flagge: GDR

BRT 1.814/NRT 890/tdw 3.470
$L_{üa}$ 98,14 m, $B_{üa}$ 13,44 m, Tg (bel.) 5,97 m, v_D 14 kn
HM: Ein 2 Takt 9 Zyl. Motor,
Leistung: 1.678 kW (2.250 bph)
Hersteller: Kockums M/V A/B Malmö (Lizenz MAN)
SK-Nr. 25/59

MS STUBBENKAMMER übernahm vom 13. bis 20. Januar 1959 im Hafen von Alexandria/Ägypten Baumwollballen. Die Ballen waren in Sackleinewand eingenäht und mit Bandeisen eingefast. Während der Tage im ägyptischen Hafen herrschte trockenes Wetter. Auch der Laderaum war trocken und mit Garnier (hölzerne Latten und Bretter) ausgelegt. Eine Raumwache wurde schiffsseitig nicht gestellt. Am 16. Januar 1959 waren die Ladearbeiten in Luke IV beendet. Die Luke wurde abgedeckt und verschalkt, das heißt, die Luke mit Hilfe von Persenningen, Schalklatten, Schalkklampen und Keilen wasserdicht verschlossen. Bis zum Ausbruch des Brandes wurde sie nicht wieder geöffnet. Am 24. Januar 1959, das Schiff befand sich seit vier Tagen auf See, meldete ein Wache gehender Matrose dem Wachoffizier, dass aus dem Backbord-Ventilator von Luke IV Rauch aufsteige. Der Kapitän befahl dem Wachoffizier, die Ursache festzustellen.

Als dieser meldete, dass der Ventilator, aus dem Rauch austrat, bereits ganz heiß sei, ließ der Kapitän „Feuer im Schiff" auslösen. Luke IV wurde geöffnet und mit vier Feuerlöschschläuchen Wasser in die Luke gegeben. Der Brandherd befand sich hinter dem Lukenschacht unter den Mannschaftswohnräumen, auf die die Flammen bereits übergegriffen hatten. Zum Brandherd gelang kein Vordringen wegen der starken Brandrauchentwicklung. Das Schiff nahm Kurs auf Algier, da der Brand an Bord nicht mehr zu kontrollieren war. Um 5.07 Uhr lag das Schiff am Kai im Hafen

MS STUBBENKAMMER im Nothafen Algier

von Algier. Die französische Feuerwehr (damals war Algerien noch französische Kolonie) stand bereits mit mehreren Löschfahrzeugen bereit. Eine Stunde später stand Luke IV vollständig unter Wasser. Nach dem Abpumpen hievte man die gesamte Ladung aus Luke IV und stapelte sie an Land auf. Die Brandursachen konnten nicht eindeutig geklärt werden.

Unter den an Bord gegeben Umständen entfiel die Möglichkeit der Selbstentzündung. Die Temperatur der Baumwolle war regelmäßig kontrolliert worden. Sie hatte konstant bei 15°C bis zum Ausbruch des Brandes gelegen. Die wachhabenden Offiziere hatten beim Verladen der Baumwollballen aber bemerkt, dass von den Stauern das Rauchverbot an Land nicht eingehalten wurde (obwohl große Schilder mit der Aufschrift »No smoking« aufgestellt waren). Nun erinnerte man sich, dass brennende Zigaretten auf den Baumwollballen ausgedrückt worden waren, deren glühende Reste zum Brand geführt haben konnten. Der Brandausbruch brauchte aber seine Zeit.

Verkohlte Baumwollenballen in Luke IV

Expellerbrand auf MS RÜGEN

MS RÜGEN (SK-Nr. 23/64) – Angaben zum Schiff siehe „Eiswinter in der Ostsee 1962/1963" – übernahm am 15. Januar 1964 im Hafen von Djibouti 1.200 Tonnen Expeller. Das sind als Viehfutter verwendete Pressrückstände von Ölsaaten. Wegen des Restölgehaltes und der Fasern entzündet sich eine solche Ladung leicht, so dass besondere Staumaßnahmen und eine gute Belüftung in den Laderäumen als oberstes Gebot gelten. Die Ladung des MS RÜGEN wurde unter Aufsicht der Besatzung von Berufsstauern gestaut. Luftkanäle und Entlüftungsschächte garantierten eine optimale Belüftung. Über fünfzig CO_2-Flaschen befanden sich an Bord.

Das Schiff verließ am 18. Januar 1964 Djibouti in Richtung Suez-Kanal. Während der Reise wurden bei gutem, trockenem Wetter in regelmäßigen Abständen die Luken geöffnet und die Expellerladung durchlüftet. Am 23. Janaur 1964 erreichte das Schiff den Liegeplatz 3 a im Hafen von Port Said. Hier sollten 61 Tonnen Tierhäute für Alexandria gelöscht werden. Während der Vorbereitung zum Löschen der Ladung am 24. Januar 1964, kurz nach Mitternacht, stieg Rauch- und Brandgeruch aus Luke II und III auf. Die Lage des Brandherdes konnte nicht ausgemacht werden. Da in der Nähe der RÜGEN einige Tanker im Hafen lagen, auf die die Flammen hätten übergreifen können, musste das Schiff den Hafen verlassen und ging in der Nähe des östlichen Wellenbrechers vor Anker. Für die Bekämpfung des Brandes wurden alle Luken mit Persenningen bezogen und die Luken II und III unter Wasser gesetzt. Überdies drückte man ein halbe Stunde den Inhalt von fünfundzwanzig Kohlenmonoxydflaschen in die beiden Laderäume, später weitere dreizehn Flaschen. Gegen Mittag konnte man ein langsames Absinken der Temperatur in den Laderäumen II und III registrieren. Da das Löschgas auch in andere Räume des Schiffes geströmt war, wurde kein CO_2 mehr in die Laderäume gedrückt. Erst am nächsten Tag, den 25. Januar 1964, kam ein Feuerlöschschlepper längsseits. Mittags wurden die Luken halb geöffnet. Der Brand war nicht erloschen; ein Ausgraben des Brandherdes aufgrund der Rauch- und Hitzeentwicklung nicht möglich. Nun half nur noch der Einsatz von acht Feuerlöschschläuchen. Erst ein völliges Fluten der beiden Laderäume „ertränkte" den Brand. Die Wassermassen verursachten eine starke Backbord-Krängung des Schiffes. Es musste auf flaches Wasser gebracht werden, wo die noch unversehrte Ladung umgestaut wurde. Die Luken II und III wurden am 26. Januar 1964 geöffnet. Das Schiff saß nun wegen der gefluteten Räume auf Grund. Das Lenzen der Räume dauerte einen Tag und das Schiff kam wieder vom Grund frei. Mit eigener Kraft lief MS RÜGEN in den Hafen von Port Said ein.

Dieser Brand führte zu einer Reihe von Erkenntnissen, die beim Transport von Baumwoll- und Expellerladungen zu beachten sind:

- Während des Ladens und Löschens ist strenges Rauchverbot durchzusetzen.
- In den Laderäumen darf während des Ladens kein Wasser verschüttet werden.
- Vor Übernahme einer Expellerladung ist aus den Ladungspapieren der Ölgehalt der Ladung zu ermitteln.

Abschließend soll darauf hingewiesen werden, dass bei Bränden mehr Schiffe verloren gingen als bei allen anderen Seeunfallarten, wie man einem Bericht des Institute of London Underwriters (Gesellschaft der Londoner Seeversicherer) entnehmen kann.

1981	69 Schiffe mit 673 717 BRT
1982	72 Schiffe mit 672 310 BRT
1983	66 Schiffe mit 637 310 BRT
1984	56 Schiffe mit 396 855 BRT
1985	50 Schiffe mit 123 695 BRT

9. Seemannschaft auch mit Gefahren verbunden

Unter dem Begriff „Seemannschaft" wird auch im Zeitalter moderner Schiffe und Fahrzeuge die Handhabung des Schiffes – auch als Seemännische Schiffsführung bekannt – und die seiner Einrichtungen und Ausrüstungen bezeichnet.

Die Grundlage guter Seemannschaft ist ein solides theoretisches Grundwissen, aber auch praktische Erfahrungen befahrener Seeleute im Umgang mit dem Schiff. Die Seeleute der DDR sahen sich auf immer moderneren und technisch ausgereifteren Schiffen und Fahrzeugen mit diesem Umstand konfrontiert. Sie mussten neue Erfahrungen im Umgang und beim Einsatz dieser Schiffe und Fahrzeuge sammeln und ihre theoretischen Kenntnisse auch auf der Schulbank dem neuesten Stand anpassen. Aus Nachlässigkeit, Routine, mangelnder Sorgfalt, Unaufmerksamkeit bis hin zum fahrlässigen Verhalten erwuchsen aber oft schwerwiegende Folgen wie nachstehende Unfälle zeigen.

Tod bei der Arbeit mit Leinen auf MS THEODOR KÖRNER

MS THEODOR KÖRNER, Lehr- und Frachtschiff ex COPACABANA - 1958
BJ: 1938
BW: John Cockerill S.A., Hoboken/BLG
ID: DSR 2. April 1958
Reederei/Eigner zur Unfallzeit: VEB Deutsche Seereederei Rostock;
HHfn: Rostock
Flagge: GDR
BRT 7.897/NRT 3.617/tdw 9.050
$L_{üa}$ 140,13 m, $B_{üa}$ 18,74 m, Tg (bel.) 8,11 m, v_D 14 kn
HM: Ein 2 Takt 5 Zyl. Motor, Leistung: 4.474 kW (6.000 bph)
Hersteller: John Cockerill S.A., Seraing/BLG (Lizenz Burmeister & Wain, Kopenhagen)
SK-Nr. 52/60

MS THEODOR KÖRNER

Das MS THEODOR KÖRNER lag nach einer Werftliegezeit am Dienstag, den 6. September 1960, im Stadthafen Rostock am Kabutzenhof Liegeplätze 1 und 2 fest vertäut. Neben der Stammbesatzung befanden sich Matrosenlehrlinge an Bord. Die Besatzung war damit beschäftigt, den von der Werftliegezeit zurückgelassenen Unrat von Bord zu bringen und die seemännische Ausrüstung an Bord zu nehmen. Hierzu zählten auch Reservestahldrahtleinen, die mehr oder weniger vertörnt waren. Der Bootsmann erhielt den Auftrag, diese Leinen wieder in einen einsatzfähigen Zustand zu bringen. Unter diesen Stahldrahtleinen befand sich auch ein sehr stark verkinkter und vertörnter, etwa 150 Meter langer, 26er Stahldraht. Natürlich wusste der Bootsmann, dass beim Überbordgeben des Stahldrahtes das Leinenende ausrauschen und bedingt durch die Kinken auch hochspringen kann. Aus diesem Grunde führten der Bootsmann und der Lehrmatrose mit den für das Austörnen eingeteilten Matrosenlehrlingen eine zusätzliche Arbeitsschutzbelehrung durch. Am Nachmittag gab man den 26er Stahldraht zum Austörnen über das Schanzkleid. Fünf Lehrlinge zogen an Land den Draht aus. Der Bootsmann, der Lehrmatrose und ein Matrosenlehrling verblieben an Bord und beobachteten das Ablaufen der Stahldrahtleine über das Schanzkleid und die Spring auf die Pier. Als noch ungefähr fünf bis sechs Meter

Leine an Deck lagen, rauschte diese plötzlich aus. Der Bootsmann sprang geistesgegenwärtig zur Leine, um sie mit dem Fuß noch zu stoppen. Jedoch vergebens. Nur einem glücklichen Umstand war zu verdanken, dass bereits hierbei kein Unfall geschah. Dann schrie der Bootsmann laut „Los, weg von der Leine!" und wies den Lehrmatrosen und Matrosenlehrling zur Reling, in einen genügend weiten Abstand zur ausrauschenden Leine, die schneller und schneller über das Schanzkleid lief. Schließlich hakte sie mit einem großen Kinken am Schanzkleid.

Das Leinenende schnellte hoch. Es sauste peitschend durch die Luft und traf den in diesem Augenblick in unmittelbarer Nähe der Leine stehenden Matrosenlehrling so unglücklich im Nacken, dass der Bordarzt nur noch den Tod aufgrund eines Halswirbelbruches feststellen konnte.

Die Seekammer sah die durchgeführten Arbeitsschutzbelehrungen und auch die Einweisung in die Arbeiten durch den Bootsmann als ausreichend an. Sie prüfte, ob eine andere Form des Austörnens der Stahldrahtleine möglich gewesen wäre. Methoden, wie zum Beispiel die Stahldrahtleine durch eine Wasserpforte von Bord zu geben oder über den Poller zu fieren, schieden wegen der zu großen Kinken aus. Auch das Sichern des vertörnten Stahldrahtes mit einer Leine schätzte die Seekammer als unzweckmäßig ein.

Diese Art und Weise des Ausbringens und Austörnens der Stahldrahtleine entsprach dem bis dahin praktizierten Brauch in der Schifffahrt. Die Seekammer empfahl nun, künftig bei derartigen Arbeiten die Stahldrahtleine Hand über Hand von Bord zu geben. Sie beauftragte den Betrieb, durch entsprechende Weisungen einer Wiederholung eines derartigen Unfalles vorzubeugen.

Am 28. Februar 1984 sollte der vietnamesische Stückgutfrachter TO LICH unter Lotsenberatung und mit Unterstützung der Schlepper BÜFFEL (Kopfschlepper), WISENT (Heckschlepper) und UR (drücken an Backbord) des VEB Bagger-, Bugsier- und Bergungsreederei Rostock vom Liegeplatz 42 A zum Liegeplatz 42 im Überseehafen verholen.

MS TO LICH, Stückgutfrachtschiff
BJ: 1980
BW: Austin & Pickersgill Ltd. Southwick, Sunderland/GBI
Reederei/Eigner zur Unfallzeit: Vietnam Ocean Shipping Co. (VOSCO);
HHfn: Haiphong
Flagge: VNM
BRT 9.123/NRT 6.617/tdw 15.300
$L_{üa}$ 144,00 m, $B_{üa}$ 20,48 m, Tg (bel.) 8,86 m, v_D 14 kn
HM: Ein 2 Takt 4 Zyl. Motor,
Leistung: 5.590 kW (7.600 PS)
Hersteller: Hawthorn, Leslie (Engineers) Ltd., Newcastle/GBI (Lizenz Sulzer)
SK-Nr. 11/84

Nachdem das Schiff vom Kai noch mehrere Meter entfernt lag, drückte der Schlepper UR an Backbordseite in Richtung Liegeplatz 42. Der Wind wehte zu dieser Zeit aus West mit Stärke zwei bis drei und unterstützte somit das Anlegemanöver. Die auf der Back befindliche Manövergruppe bestand aus dem Ersten Offizier als Leiter sowie dem Schiffszimmermann und zwei Matrosen. Der Erste Offizier stellte sich, um eine bessere Übersicht zu haben, auf das erhöhte Podest an Steuerbordseite unmittelbar am Bug. Es lag in der Zugrichtung der Schleppleine des Schleppers BÜFFEL. Wissen muss man, dass die Schleppleinen für die Schlepper BÜFFEL und WISENT zur Ausrüstung des vietnamesischen Schiffes gehörten. Um eine weitere parallele Annäherung an den Liegeplatz zu gewährleisten, übermittelte der Lotse über UKW die Order des Kapitäns der TO LICH an den Schlepper BÜFFEL, die Schleppleine steif zu fahren. Der Kapitän des Schleppers erhöhte daraufhin die Steigung beider Schrauben kontinuierlich von null auf zwei Grad und taute mit „VL" (Steigung 4 Grad) an. Die Schleppleine kam steif. Die Steuerbordversetzung des Vorschiffes setzte sich fort, deshalb verlangte der vietnamesische Kapitän vom Schlepper BÜFFEL stärker zu ziehen. Trotz wiederholter Leistungserhöhung des Schleppers gelang kein Antauen nach Backbord. Um 21.37 Uhr brach die Schleppleine. Das mit großer Geschwindigkeit zurückschnellende Ende der Leine traf den Ersten Offizier, schleuderte ihn vom Podest und verletzte ihn so schwer, dass er unmittelbar danach an den Folgen der Verletzung verstarb.

Im Spruch der Seekammer vom 24. Mai 1984 heißt es:

„Ursächlich für den Tod des 1. Offiziers ... waren die schweren Verletzungen, die er infolge des Leinenbruches erlitt. Die Schleppleine befand sich in einem Zustand, der offensichtlich für den Bugsiervorgang nicht geeignet war."

Auch der tödliche Unfall auf dem Semicontainerschiff RADEBEUL (Typ Monsun) der Deutschen Seereederei Rostock GmbH am 9. März 1992 beim Festmachen im Suezkanal ist einer ungenügenden Seemannschaft zuzuschreiben. Wenngleich dieser Seeunfall nach der Privatisierung des VEB Deutfracht/Seereederei Rostock erfolgte, soll er hier Erwähnung finden.

MS RADEBEUL, Semicontainerschiff Typ Monsun
BJ: 1984
BW: VEB Warnowwerft Warnemünde
ID: DSR 24. August 1984
Reederei/Eigner zur Unfallzeit: Deutsche Seereederei Rostock GmbH;
HHfn: Rostock
Flagge: GFR
BRT 13.557/NRT 7.854/tdw 17.330
642 TEU
$L_{üa}$ 158,27 m, $B_{üa}$ 23,13 m, Tg (bel.) 10,18 m, v_D 16 kn
HM: Ein 2 Takt 7 Zyl. Motor,
Leistung: 6.690 kW (9.100 PS)
Hersteller: VEB Dieselmotorenwerk Rostock (Lizenz MAN)

Mit der Wiedervereinigung Deutschlands am 3. Oktober 1990 wurden die Aufgaben der Seekammer von den Seeämtern der Bundesrepublik Deutschland übernommen.

Im Spruch des Seeamtes Emden vom 11. August 1992 - DI 22/92 E heißt es zu diesem Unfall: „Am 9.3.1992 gegen 11.25 Uhr wurde der Matrose A auf dem Achterdeck des in der El

Ballah Westbranch des Suezkanals festmachenden MS 'Radebeul' von der vom Spillkopf springenden Achterleine getroffen und auf das Stb-Pollerpodest geschleudert. Hierdurch erlitt er schwere Schädelverletzungen, an denen er wenig später trotz sofortiger und bordseitig äußerst sachgemäß durchgeführter Erste Hilfeleistungsmaßnahmen verstarb. Der Unfall ist darauf zurückzuführen, daß

- das Heck infolge des von der Bb-Seite einfallenden Windes und in diesem Augenblick vermutlich unzureichender Schlepperassistenz abklappte und unvorhergesehen steif kam und vom Spillkopf sprang und
- den zwischen Spillkopf und Poller in der Gefahrenzone stehenden Matrosen traf."

Festmacherboot um ein Haar mit dem Anker versenkt

Das MS MAGDEBURG war das zweite Schiff der DSR, das den Namen der DDR-Bezirksstadt trug. Die erste MAGDEBURG, ein Typ IV Schiff, war am 27. Oktober 1964 nach einer Kollision mit dem japanischen MS YAMASHIRO MARU auf der Themse gesunken (SK-Nr. 32/66). Das Schiff wurde wieder schwimmfähig gemacht und verkauft. Bei der Überführung allerdings versank das versicherte Wrack im Atlantik.

MS MAGDEBURG (2) Frachtschiff Typ XD
BJ: 1970
BW: VEB Warnowwerft Warnemünde
ID: DSR 28. Mai 1970
Reederei/Eigner zur Unfallzeit: VEB Deutfracht/Seereederei Rostock;
HHfn: Rostock
Flagge: GDR
BRT 5.392/NRT 2.956/tdw 8.720 (als Schutzdecker)
$L_{üa}$ 150,30 m, $B_{üa}$ 20,25 m, Tg (bel.) 7,28 m, v_D 18,5 kn
HM: Ein 2 Takt 8 Zyl. Motor,
Leistung: 8.238 kW (11.200 PS)
Hersteller: VEB Dieselmotorenwerk Rostock (Lizenz MAN)
SK-Nr. 06/84

Das MS MAGDEBURG erreichte am 21. Juni 1983 aus dem Persischen Golf von Dubai/Vereinigte Arabische Emirate kommend den niederländischen Hafen Rotterdam. Zwei Schlepper, INDEPENDENT VII vorn und INO am Heck, sollten die MAGDEBURG im Waalhaven über Backbordbug drehen und danach über den Achtersteven zum festgelegten Liegeplatz Heyplaad bugsieren.

Dieser hatte eine Länge von 185 m, begrenzt durch eine Schute vorn und das MS ANTON GUBARYEV/UdSSR (1.222 BRT, Lüa 88,75 m) achtern.

Auf der Brücke befanden sich der Kapitän, der Hafenlotse, der Erste Offizier sowie der Rudergänger, der das Ruder von Hand bediente. Die Manöverstationen Back und Heck waren ebenfalls ordnungsgemäß besetzt. Zwischen den Manöverstationen und der Brücke bestand eine stabile Sprechverbindung über Handfunksprechgeräte. Bei guter Sicht und umlaufenden Winden der Stärke eins schien das geplante Anlegemanöver kein Problem zu sein. Während die

MS MAGDEBURG (2)

Schlepper das Schiff drehten und in die Nähe des Liegeplatzes bugsierten, fand zwischen dem Kapitän, dem Hafenlotsen und den Stationsoffizieren eine Manöverabsprache statt. Die MAGDEBURG sollte auf der Höhe des Liegeplatzes mit Hilfe der Schlepper und durch den Einsatz der Maschine des Schiffes aufgestoppt werden.
Auf der Manöverstation Back befanden sich der III. Nautische Offizier als Stationsoffizier, zwei Matrosen, der Kabelgattmatrose und drei Matrosenlehrlinge. Alle Manöver waren der Absprache gemäß ausgeführt worden. Das MS MAGDEBURG näherte sich mit geringer Achterausfahrt in einem Winkel von fünfzehn bis zwanzig Grad dem Liegeplatz und dem Bug der ANTON GUBARYEV. Auch dieses Manöver war zwischen dem Kapitän und Lotsen abgesprochen worden.

Als sich die Back der MAGDEBURG auf Höhe der Schute befand, löste sich vom Kai das Festmacherboot 11 und näherte sich der Backbordseite des Vorschiffes. Nahe dem Vorsteven blieb es unter der überhängenden Back liegen. Der Fahrstand des Festmacherbootes befand sich im vorderen Teil des Fahrzeuges. Dort hielt sich auch der Bootsführer als einzige Person an Bord auf. Auf Weisung des Kapitäns gaben die Matrosen unter Aufsicht des III. Nautischen Offiziers eine Vorleine von der Back hinunter in das Boot, die der Bootsführer festmachte. Danach, so hatte der Stationsoffizier noch gesehen, war er wieder nach vorn in Richtung Fahrstand gegangen. Die Übergabe der Leine an das Festmacherboot meldete der Stationsoffizier dem Kapitän. Zum Aufstoppen der noch geringen Achterausfahrt sollte die Hauptmaschine der MAGDEBURG über die Brückenfernsteuerung auf „Voraus" angelassen werden. Dies schlug fehl. Der Leitende Technische Offizier musste nun die Hauptmaschine von Hand anlassen, um das geforderte „VGL-Manöver" ebenfalls von Hand ausführen zu können. Durch diese Manöververzögerung hatte sich das Heck inzwischen auf zwanzig bis dreißig Meter dem Bug der ANTON GUBARYEV genähert. Jetzt wies der Hafenlotse den Kopfschlepper an, nach voraus zu tauen. Gleichzeitig empfahl er dem Kapitän, den Backbordanker mit einer Kettenlänge werfen zu lassen. Der Kapitän wies den Stationsoffizier an, den Backbordanker mit einer Kettenlänge zu werfen. Sogleich gab der III. Nautische Offizier das Kommando „Fall Anker mit einer Länge!" an den das Ankerspill bedienenden Kabelgattmatrosen weiter. Überzeugt hatte er sich aber nicht, ob das Festmacherboot mit der übergebenen Vorleine den Backbord-Bugbereich in Richtung Kai schon verlassen hatte. Der Matrose öffnete die Bremse und der Anker fiel auf den hinteren Teil des Festmacherbootes. Durch die Wucht des aufschlagenden Ankers kenterte das Boot, lief voll Wasser und begann zu sinken. Der Bootsführer rettete sich mit einem Sprung kopfüber in das Wasser. Der Kopfschlepper slippte sofort die Schleppleine, fischte den Bootsführer aus dem Wasser und drückte das sinkende Festmacherboot in Richtung Kai. Später barg es ein Hebeschiff. Verantwortlich für diesen Seeunfall, so befand die Seekammer, war der III. Nautische Offizier in seiner Funktion als Stationsoffizier, „der durch seine Handlungsweise schuldhaft

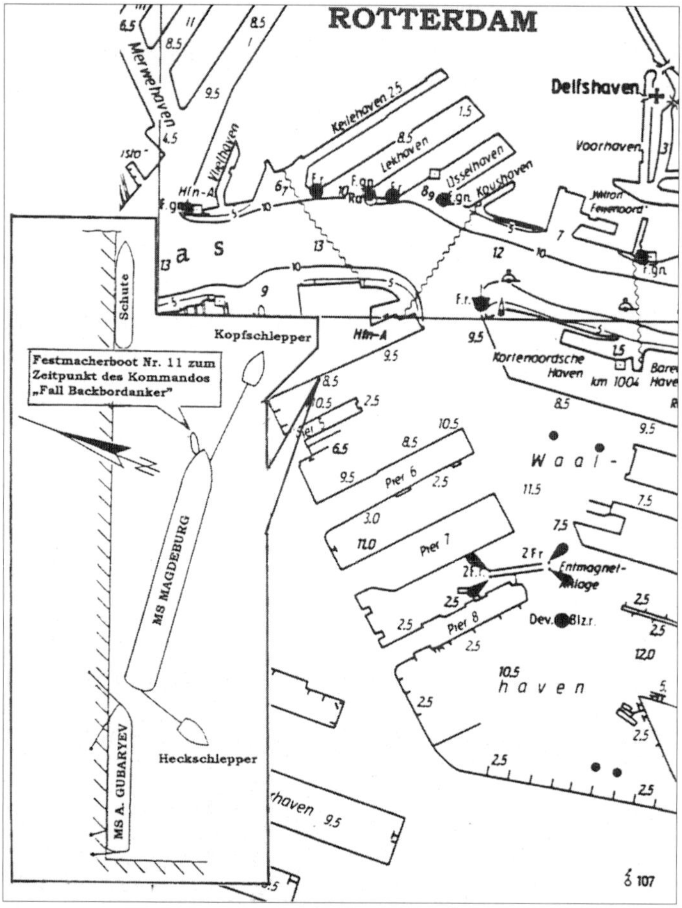

Der Waalhaven in Rotterdam mit dem vorgesehenen Liegeplatz des MS MAGDEBURG und der angenäherten Lage des Schiffes

(fahrlässig) Rechtspflichten aus Leichtfertigkeit verletzte, obwohl ihm pflichtgemäßes Handeln möglich war".
Ein Anlegemanöver verlangt immer höchste Aufmerksamkeit, Übersicht, reaktionsschnelles, aber überlegtes und sicheres Handeln. Das um so mehr, wenn neben einem oder mehreren Schleppern zusätzlich Festmacherboote und möglicherweise noch ein Anker zum Einsatz kommen. Der Arbeitsablauf auf der Manöverstation muss gut organisiert sein.

Grundberührung des Motorschulschiffes ERNST THÄLMANN

MSS ERNST THÄLMANN, Motorschulschiff Typ 89.1 ex ANKLAM (mit den Bordnummern ex 303 ex S-22 ex S-26 der Volksmarine)
BJ: 1969
BW: VEB Peene-Werft Wolgast
ID: GST 1. Dezember 1976
Reederei/Eigner zur Unfallzeit: Marineschule der GST »August Lütgens«;
HHfn: Greifswald-Wieck
Flagge: GDR
Deplacement: 339 t
$L_{üa}$ 51,89 m, $B_{üa}$ 6,91 m, Tg 2,40 m, v_D 16 kn
HM: Zwei 2 Takt 12 Zyl. V-Motoren, Leistung: je 1.839 kW (2.500 PS); Hersteller: USR
SK-Nr. 02/83

MSS ERNST THÄLMANN

Das MSS ERNST THÄLMANN der Marineschule der GST „August Lütgens", Greifswald-Wieck, befand sich am Donnerstag, den 4. November 1982, auf einer Ausbildungsfahrt mit Tauchern im Greifswalder Bodden. Für die Durchführung der Übungen beabsichtigte der Kapitän, einen Ankerplatz östlich der Halbinsel Zudar/Rügen unter Land anzulaufen.
Für eine sichere Schiffsführung standen unter anderem eine Kreiselkompass-, Echolot- und Fahrtmessanlage sowie ein Radargerät vom Typ TSR 333 zur Verfügung. Alle Anlagen und Geräte befanden sich in einem einsatzklaren Zustand und erlaubten zu jeder Zeit die Bestimmung eines sicheren Schiffsortes auch unter komplizierten Bedingungen.
An diesem Ausbildungstag fegte ein scharfer Novemberwind mit sechs Beaufortstärken aus West ablandig über die Ostküste der Halbinsel Zudar und den Greifswalder Bodden. Die Sicht war sehr gut.
Um 14.06 Uhr wies der Kapitän Revierfahrt an. Er befand sich auf dem offenen Fahrstand und hatte die Schiffsführung inne. Von hier aus bediente der Erste Offizier auch die Hebel der Fernsteuerung der Maschinenanlage, während dem II. Nautischen Offizier die Verantwortung für die Navigation oblag. Alle Stationen waren laut Rolle ordnungsgemäß besetzt. Der Rudergast bediente das Ruder von Hand und in beiden Brückennocken befand sich je ein Ausguck.
Um 15.17 Uhr passierte das Schiff die Tonne „KW/5" des Lauterbach-Fahrwasser-West mit Backbordseite. Beide Maschinen liefen mit 450 U/min bei zwanzig Grad Steigung der Schraubenflügel.
Der Rudergänger steuerte den ihm vom Kapitän befohlenen KrKK von sieben Grad. Eine genaue Ankerposition nach Breite und Länge an der Ostküste von Zudar war vom Kapitän weder festgelegt noch in die Seekarte eingezeichnet worden. Sein Ziel hatte er schon bei vorausgegangenen Ausbildungsfahrten angelaufen. Er fühlte sich seiner Sache sicher und unterließ deshalb die Festlegungen, auf welchem Kurs und mit welchen Navigationsverfahren das Ansteuern der Küste sichergestellt werden sollte. Die Ansteuerung einer Ankerposition leitete er von der offenen Brücke aus ein. Hier glaubte er die Möglichkeit zu haben, sich weitestgehend optisch orientieren zu können, griff aber damit auf die Nutzung des Radargerätes als technischem Hilfsmittel für eine sichere Annäherung an die Küste nicht zurück.
Das Radargerät befand sich an der linken Seite des Ruderhauses und war von der offenen Brücke nicht einsehbar. Dem II. Nautischen Offizier befahl der Kapitän das Echolot ständig zu beobachten und ihm sofort Meldung zu erstatten, wenn fünf Meter Wassertiefe angezeigt würden. Der II. Nautische Offizier konnte weder terrestrische Schiffsortbestimmungen noch solche mit dem Radargerät, einschließlich der Abstandsbestimmungen zur Küste durchführen, weil er ja ständig das Echolot im Auge behalten musste. Das Radargerät war geschaltet, lief auf dem 3-sm-Bildschirmbereich und lieferte eine gute Bildschirmanzeige.

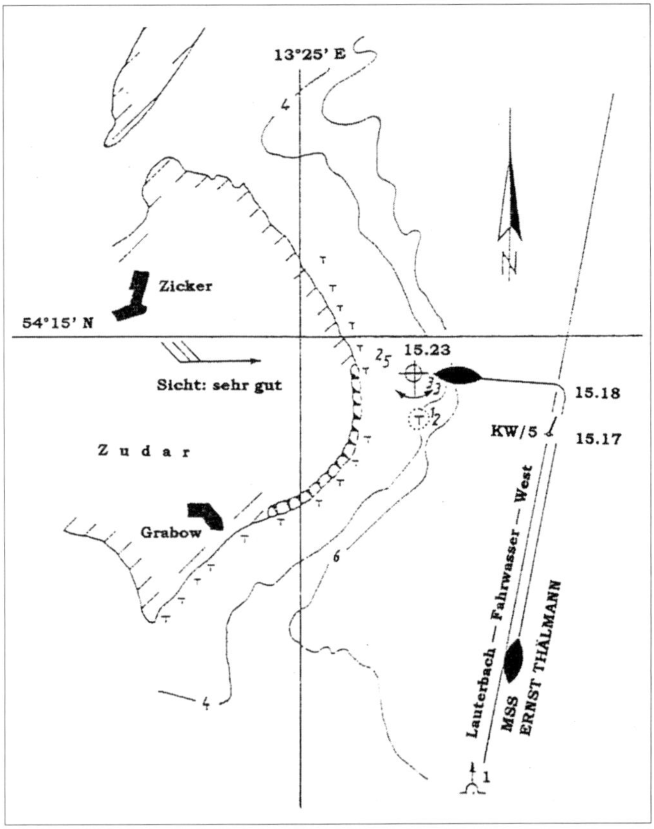

Das Seegebiet östlich der Halbinsel Zudar mit dem angenäherten Ort der Grundberührung des MSS ERNST THÄLMANN

Aber niemand beobachtete den Bildschirm und wertete die Anzeigen aus. Um 15.18 Uhr befahl der Kapitän: „Ruder Backbord fünf, neuer Kurs 290 Grad!" Zugleich ließ er die Steigung der Schraubenflügel auf 10° verkleinern. Das Schiff drehte aus dem Fahrwasser in Richtung Küste. Von jetzt an richtete sich der Kapitän ausschließlich nach den von ihm bei früheren Ausbildungsfahrten genutzten groben Anhaltspunkten an Land. Er nahm die nördlichste Kante der bewaldeten Steilküste der Halbinsel Zudar voraus und konnte so mit seinem Schiff zwischen zwei ausliegenden Reusen hindurchlaufen. Danach befahl er dem Rudergänger: „Neuer Kurs 275 Grad!" Es war 15.22 Uhr, als der II. Nautische Offizier meldete: „An Kapitän, Wassertiefe sieben Meter!" Das veranlasste den Kapitän die Vorausfahrt weiter zu verringern. Kaum eine Minute später gab es einen fühlbaren kurzen, harten Stoß am Schiff. Ein spürbares Abbremsen der noch geringen Vorausfahrt trat aber nicht ein, auch konnte der Rudergänger keine Kursabweichung feststellen. Jedoch meldete der II. Nautische Offizier: „An Kapitän, Wassertiefe fünf Meter!"

Nach einer Handlotung, die im Bereich des Vorschiffes eine Wassertiefe von sechs Metern ergab, manövrierte der Kapitän mit langsamer Vorausfahrt das Schulschiff aus dem Gefahrenkreis. Schließlich ließ er die Maschinen stoppen und den Steuerbordanker mit zwei Kettenlängen werfen. Die Bestimmung der Ankerposition erfolgte durch eine terrestrische Kreuzpeilung nach ausgewählten Landmarken. Eine vom Leitenden Technischen Offizier sofort durchgeführte Kontrolle der Bilgen und Tanks ergab keine Unregelmäßigkeiten. Die Taucher führten eine Schiffsbodenuntersuchung durch. Sie stellten keine Schäden am Unterwasserschiff, jedoch Umbördelungen an zwei Flügelkanten der Backbordschraube fest. Auch fanden die Taucher im Bereich der Ankerposition mehrere große Steine, von zum Teil einem Meter Durchmesser. Der Kapitän meldete die Kollision mit einem Unterwasserhindernis der Verkehrsleit stelle Stralsund und der Marineschule der GST. Er ließ den Anker hieven und das Schiff bei ablandigem Wind achteraus treiben, wo es auf tieferem Wasser erneut ankerte. Nachdem der Kapitän vom Seefahrtsamt, Aufsichtsbereich Wolgast, die mündliche Bestätigung des Fahrterlaubnisscheines erhalten hatte, ging er Anker auf und die ERNST THÄLMANN trat, ohne dass eine Übung stattgefunden hatte, die Heimreise nach Greifswald-Wieck an. Die Seekammer rügte in erster Linie das Verhalten des Kapitäns, weil er einen für die Taucherausbildung aufzusuchenden Ankerplatz ohne jede nautische Sicherstellung anlief. Sie machte ihn wegen seiner Unterlassungen für den Seeunfall und seine Folgen verantwortlich.

10. Seeunfälle in der Fischereiflotte

Die ersten zwölf 17-m-Kutter auf der Insel Dänholm/Stralsund wurden am 7. Februar 1949 dem im Aufbau befindlichen VEB Fischkombinat Saßnitz (zuerst VEB Ostseefischerei Saßnitz) übergeben. Weitere, vor allem auf den Werften in Mecklenburg-Vorpommern gebaute, aber auch aus Westdeutschland angekaufte Fischkutter verstärkten die volkseigene Kutterflotte, die 1953 189 Fahrzeuge zählte. Seit 1953 liefen die Kutter zum Fischfang auch in die Nordsee. In den Gründerjahren (ab 1950) entstand der VEB Fischkombinat Rostock, Heimathafen der Logger und Trawler. In beiden Kombinaten galt es, gleichzeitig zu fischen, zu verarbeiten und zu bauen.

„Nur bei der Fischerei ließ sich in diesen Jahren der Traum vom Seefahren erfüllen. Sie zog auch Ungelernte, Abenteurer und solche, die aufs große schnelle Geld aus waren, an", schreiben die in der Fischerei bekannten Dietrich Strobel und Wulf-Heinrich Hahlbeck. Im Verlauf von Havarie-Untersuchungen kamen in den fünfziger Jahren die Schwierigkeiten beim Aufbau der beiden Fischkombinate zum Ausdruck.

Die Kutterfischerei während der Aufbaujahre

Der Betriebsleiter des Saßnitzer Kombinates führte in einer Verhandlung (SK-Nr.7/52) aus: „Man muß aber erklären, unter welchen Bedingungen wir noch arbeiten müssen. Wir haben vor zwei Jahren (1950) angefangen, dort in Saßnitz an der Nordkante unserer DDR eines der größten Fischkombinate zu bauen. Die materiellen Voraussetzungen, den Bau der Anlegebrücken, die Eröffnung des Lehrlings-Wohnheimes, die Inbetriebnahme der Fischhalle, der Produktionsbeginn der Eisfabrik und der Fischmehl-Verarbeitung, die Aufnahme der Konserven-Produktion sowie die Übernahme der ersten 24-m-Kutter sind schnell geschaffen worden. Die Menschen, die zur Führung und zur Arbeit in diesem Betrieb notwendig sind, haben wir längst nicht in der Qualität, wie wir sie nötig hätten; die Kollegen stammen aus allen möglichen Berufen. Wenn wir hätten warten wollen, bis wir alle Schiffe mit Patent-Trägern hätten besetzen können, dann müßten wir morgen 70 bis 80 Kutter anbinden und ein halbes Jahr warten, bis die Patent-Träger beschafft werden." In mehreren Havarie-Verhandlungen wurde festgestellt, dass weder der Kutterführer (Kapitän) noch der Maschinist ein Befähigungszeugnis (Patent) besaßen. Sie waren, wie ihre zwei Decksleute, weder ordnungsgemäß gemustert, noch vor ihrer Beschäftigung als Fischer zur See gefahren. Während einer Havarieverhandlung (SK-Nr.07/52) ergaben sich aus dem Arbeitsbuch eines Kuttermaschinisten (26 Jahre) folgende Arbeitsstellen:

Gärtnerei B., Lehrling
1.4.41-1.4.43
Spielwarenfabrik Wupperthal/Rh.
1945-1947
G.P. Fuhrunternehmen, Fahrer
1.5.48-4.10.48
Lederfabrik, Kraftfahrer
4.8.48 ohne Ende des Arbeitsverhältnisses als Fischer auf See

Der Betriebsleiter erklärte, wie man in der Zukunft das Arbeitskräfte- und Fachleuteproblem lösen wollte: „Wir beabsichtigen deshalb die Brigadefischerei einzuführen, so daß der Brigadeführer für die Brigade (mehrere Kutter als Einsatzgemeinschaft) und der Kutterführer für seinen Kutter verantwortlich ist. Damit soll erreicht werden, daß erfahrene Fischkutterkapitäne (als Brigadeleiter) ihren unerfahrenen Kollegen in See aber auch im Hafen Hilfe und Anleitung geben können. Hiernach werden sich die Schiffsführer immer mehr ihrer großen Verantwortung bewußt werden. Man kann sich nicht frei machen von der Tatsache, daß der Kutterführer für sein Schiff verantwortlich ist." Im gleichen Sinne äußerte sich der Kutterführer Heinrich Thomsen, später Leiter des Seemannsheimes. Die Situation spiegelte sich auch in der Statistik wider. Im Zeitraum von 1950 -1959 betrafen 63 Prozent der verhandelten Seeunfälle die Fischereifahrzeuge. Zu berücksichtigen ist, dass die Kutter und Logger nur mit einem Fluidkompass, einer Peilscheibe, der Seekarte und einem Lot für die Ortsbestimmung ausgerüstet waren. Funkpeiler, Radar und UKW-Sprechverbindung waren damals an Bord nicht vorhanden.

Grundberührung im fremden Küstenmeer

Die nachfolgenden Dokumente geben einen Einblick in die in der Nachkriegszeit üblichen Untersuchungen von Seeunfällen im fremden Küstenmeer.

Auf der Sitzung der Havariekommission am 5.08.1952 in Stralsund (SK-Nr. 35/52) wurde die Havarie des Kutters SAS-154 HANS SCHOLL vom 8. Mai 1952 verhandelt. Den Havariefall führte man auf mangelhafte Navigation des Schiffsführers zurück, der wahre Sachverhalt konnte nicht geklärt werden, da der Schiffsführer in der Nacht nach dem Havariefall spurlos verschwand und sich offenbar abgesetzt hatte. Der Schiffsführer handelte insoweit unverantwortlich, als er das Schiff in einem ausländischen Hafen führerlos ließ und sich somit der Verantwortung für seine Tat entzog. Dieses Absetzen kam einer Fahrerflucht gleich. Die Havariekommission fällte daher folgenden Spruch: „Dem ehemaligen Schiffsführer ... von SAS-154 wird das Patent B1 (Führen von Fischereifahrzeugen in der DDR) entzogen.

Gegen diesen Spruch kann innerhalb 14 Tagen Berufung bei der örtlichen Havariekommission des Wasserstraßenamtes Stralsund eingereicht werden."

Auch das Dokument des dänischen Gerichtes gibt Auskunft über den geschilderten Seeunfall der Besatzung des Kutters SAS-154 HANS SCHOLL aus Saßnitz.

„Übersetzung.

Stempelmarken
3 Kronen
Dänemark
entwertet

Auszug.

Aus dem Gerichtsbuch für bürgerliche Angelegenheiten im Gerichtsbezirk Nr. 26, Neksö Kaufstadt und Umgebung.

Im Jahre 1952 am 10. Mai, vormittags 10 Uhr wurde eine Gerichtsverhandlung für den Gerichtsbezirk Nr. 26, Neksö Kaufstadt und Umgebung, im Rathaus zu Neksö abgehalten. Rechtsvertreter waren die Mitglieder des Seerechts M. Larsen und O. Madsen, beide aus Neksö.

Die Gerichtsverhandlung war öffentlich.

Es wurde vorgenommen:

B. S. nr. 105/1952

Seeverklarung
verlangt von Kapitän ... ...,
Führer des S.A.S.154 ‚Hans Scholl' aus Saßnitz.

Der Richter unterbreitete:

Bericht von der Polizeibehörde in Neksö vom 8. Mai 1952, wonach der Kapitän Verklarung abgegeben hat, und bemerkte, daß der Kapitän sich zu der Seeverklarung nicht eingefunden hat.

Der Bericht wird angeführt, so lautend: Dem Gericht Neksö Kaufstadt vorgelegt am 10. Mai 1952.
S.Hassing.
Der Polizeimeister in Rönne Kaufstadt m.v. Station Neksö.

Bericht.
Donnerstag, den 8. Mai 1952. Betr. Havarie.
Betr. Kutter S.A.S.154 ‚Hans Scholl' aus Saßnitz erklärte Kapitän ...:
Am 7.5.1952 um 19.15 Uhr verließ der Kutter die Fangstelle an der Gasboje im Dumpingfeld Nordost von Bornholm. Der Wind war ost-nord-ost, Stärke 4-5, und es war ziemlich nebelig. Man setzte Kurs auf Saßnitz.
Um 21.30 Uhr entstand ein Schaden an der Kühlwasserpumpe, und diese mußte ausgebessert werden. Nach einer notdürftigen Reparatur konnte der Kutter die Heimreise mit langsamster Fahrt fortsetzen. Durch den Ostwind und den dichten Nebel kam der Kutter zu nahe an Bornholm heran. Sie hatten ab und zu das Leuchtfeuer blinken sehen, um 22.30 Uhr haben sie gelotet und fanden, daß sie auf 62 m Wasser sich befanden. Um 22.50 Uhr loteten sie 52 m Wasser. Um 23.10 Uhr ist der Kutter auf einen Felsen vor Svaneke festgefahren. Sie drehten die Maschine heftig rückwärts und es gelang, den Kutter frei zu machen; aber durch das Auffahren war das Steuer entzwei, und nun ließ sich das Schiff nicht mehr manövrieren. Noch einmal wurde der Kutter an den Felsen geschlagen, aber mit Hilfe einer Schleppnetzschaufel (trawl-Schaufel) als Schleppanker gelang es wieder, den Kutter frei zu bekommen. Man versuchte dann vor Anker zu gehen, aber dies erwies sich als unmöglich, da der Anker keinen Grund faßte. Da die Windstärke zunahm, fürchtete der Kapitän, daß der havarierte Kutter gegen die Küste geworfen werden könnte, weshalb er durch 6 rote Lichter Notsignal gab. Er ließ auch die Sirene 1/2 Stunde in Betrieb setzen. Der Nebel war so dicht, daß man die Küste unmöglich sehen konnte. Man hielt den Kutter von der Küste entfernt, indem man mit der Maschine manövrierte. Da der Wind auffrischte, gab der Kutter wieder Notsignal mit der Sirene.

Um 0.45 Uhr kam ein kleines Schiff aus Svaneke zu dem Kutter. Es war aber für das Schiff unmöglich, den Kutter zu bugsieren, weshalb es wieder Kurs nach Svaneke nahm, um Hilfe zu holen.
Um 2 Uhr kam der Kutter ‚Peter' aus Svaneke zu Hilfe und nahm den Kutter in Schlepptau nach Neksö. Unmittelbar vor der Einfahrt nach Neksö Hafen riß das Tau, aber dem Führer Peter Sonne von ‚Peter' aus Svaneke gelang es, schleunigst ein neues Schlepptau anzubringen. Um 4.40 Uhr ist der Kutter in Neksö Hafen angelangt. Der Postschiffsführer Peter Sonne, Svaneke, hat vor dem Unterzeichneten erklärt, er wünsche Ersatz für das gerissene Tau sowie auch Bergungslohn.
Ove Rasmussen.
pb.

Fortsetzung am selben Tage.
Betriebsleiter Paul Bellman, V.E.B.

Fischkombinat Saßnitz, wandte sich heute um 9.45 Uhr telefonisch an die Polizeibehörde Neksö und legte nahe, es möchte Seeverklarung stattfinden wegen des havarierten Schiffes, falls es möglich wäre, und daß es vielleicht mit dem Bergungslohn geordnet werden könnte, so daß die Versicherungsgesellschaft 'Landesversicherungsgesellschaft Mecklenburg' die ev. Forderung erführe.
Er äußerte, daß er, der die Aufsicht über alle zu dem V.E.B. Fischkombinat Saßnitz gehörenden Kutter führt, ev. am Sonnabend, den 10. Mai, mit einem anderen Kutter nach Neksö kommen wollte, um den havarierten nach Saßnitz zur Reparatur zurückzuschleppen.

Ove Rasmussen.
pb.

Vom Richter als Dolmetscher ernannt war cand. mag. Gottlieb zugegen. Vor das Gericht trat Ulrich Hans Gustav Müggenborg, geb. 19. Mai 1924, wohnhaft in Saßnitz, welcher mit der Verpflichtung bekannt gemacht wurde, die Wahrheit zu sagen. Seine Aussage stimmt mit dem vorgelegten Bericht überein, mit der Hinzufügung, daß 22.50 Uhr 54 m gelotet wurden.
Vor das Gericht trat Heinrich Klappstein, geb. 10. September 1930, wohnhaft in Nobben auf Rügen, welcher verpflichtet wurde, die Wahrheit zu sagen. Er erklärt, daß er geschlafen habe, als das Auffahren geschah, und erst aufwachte, als ,Peter' den Kutter abschleppte.

Vor das Gericht trat Hans Klünder, geb. 14. August 1924, wohnhaft in Saßnitz, welcher verpflichtet wurde, die Wahrheit zu sagen. Er erklärt übereinstimmend mit dem vorgelegten Bericht und fügt hinzu, daß sie vor dem Auffahren kein Nebelhorn hörten wegen des Geräusches der Maschinen. Nach dem Auffahren war der Nebel abwechselnd dicht und etwas lichter.
Ab und zu konnten sie das Licht in Svaneke wahrnehmen. Das Auffahren geschah nördlich Svaneke. Als das Postschiff ,Peter' herankam und bugsierte, war ebenfalls abwechselnd dichter oder leichterer Nebel, so daß sie bisweilen den Achter von ,Peter' sehen konnten. Es war ein Glück, daß der Nebel leicht war in dem Augenblick, wo ,Peter' herankam.

Vorgelesen. Genehmigt.
Die Komparenten Müggenborg und Klünder hörten danach den Bericht, dessen Inhalt mit den vorher genannten Änderungen sie genehmigten.

Vorgelesen. Genehmigt.
Das Gericht erkannte dem cand. mag. Gottlieb ein Honorar von 25 Kr. zu.
Das Seegericht aufgehoben.
M. Larsen. S. Hassing. O . Madsen.

Für die Richtigkeit der Abschrift
Stempel: den 10. Mai 1952

Der tragische Unfall des Kutters SAS-196 FRIEDLAND

Kutter SAS-181 am 17.12.1952 vor Neksö gestrandet.

Seinen Anfang nahm das Unglück mit der Strandung des Kutters SAS-181 KÜHLUNGSBORN (17-m-Kutter-Klasse) am 17. Dezember 1952 vor Neksø (Insel Bornholm). An diesem Tag wehte eine mit Schneeböen durchmischte frische Brise aus Süd bis Südost mit Windstärken um fünf bis sechs.

Auf der Reede von Neksø war bereits am 16. Dezember 1952 der Kutter SAS-226 EUGEN LEVINE vor Anker gegangen. Wegen der Wetterlage und dem ungeschützten Liegeplatz ließ der Kapitän von SAS-226 sicherheitshalber den Motor im Leerlauf in Betrieb setzen. Am frühen Morgen sichtete seine Besatzung dicht unter Land südlich von Neksø Rotfeuer und das Abbrennen von Notsignalen. Man lichtete sofort den Anker und SAS-226 lief südwärts zur Unfallstelle, konnte aber wegen des auflandigen Windes dem gestrandeten Kutter KÜHLUNGSBORN keine Hilfe leisten. Die Einsatzleitung des Fischkombinates Saßnitz wurde von der Polizeileitung auf Bornholm über den Vorfall verständigt.

Bis nach dem Neujahrsfest 1952/53 musste die Besatzung des Kutters SAS-181 noch in Neksø ausharren. An Bord wurde der Proviant knapp. Nachschub sollte ein erfahrener Fischer und bekannter Kapitän nach Neksø bringen. Die fünfköpfige Besatzung verließ mit dem Kutter SAS-196 FRIEDLAND, 17-m-Kutter-Klasse, am 3. Januar 1952 den Saßnitzer Hafen. Es herrschte stürmischer Wind, aus Nordost bis Ost sieben bis acht, der hohe Wellenberge vor sich herschob. Der Kutter tauchte mit dem Bug tief in die Wellentäler ein. Eine unmittelbare Gefahr für Schiff und Besatzung bestand nicht, waren doch die 17-m-Kutter gute, seetüchtige Fahrzeuge. Als problematisch galt jedoch das Einlaufen in den Hafen von Neksø bei dieser Wetterlage, vor allem aufgrund des südlich setzenden Stromes. Um die besondere Schwierigkeit wusste der Kutterführer, denn er war schon oft in Neksø, auch bei schlechtem Wetter, eingelaufen. Auch dieses Mal hatte er nicht westlich von Bornholm Schutz gesucht, sondern die Insel südlich umfahren und mit Nordkurs auf Neksø zugehalten.

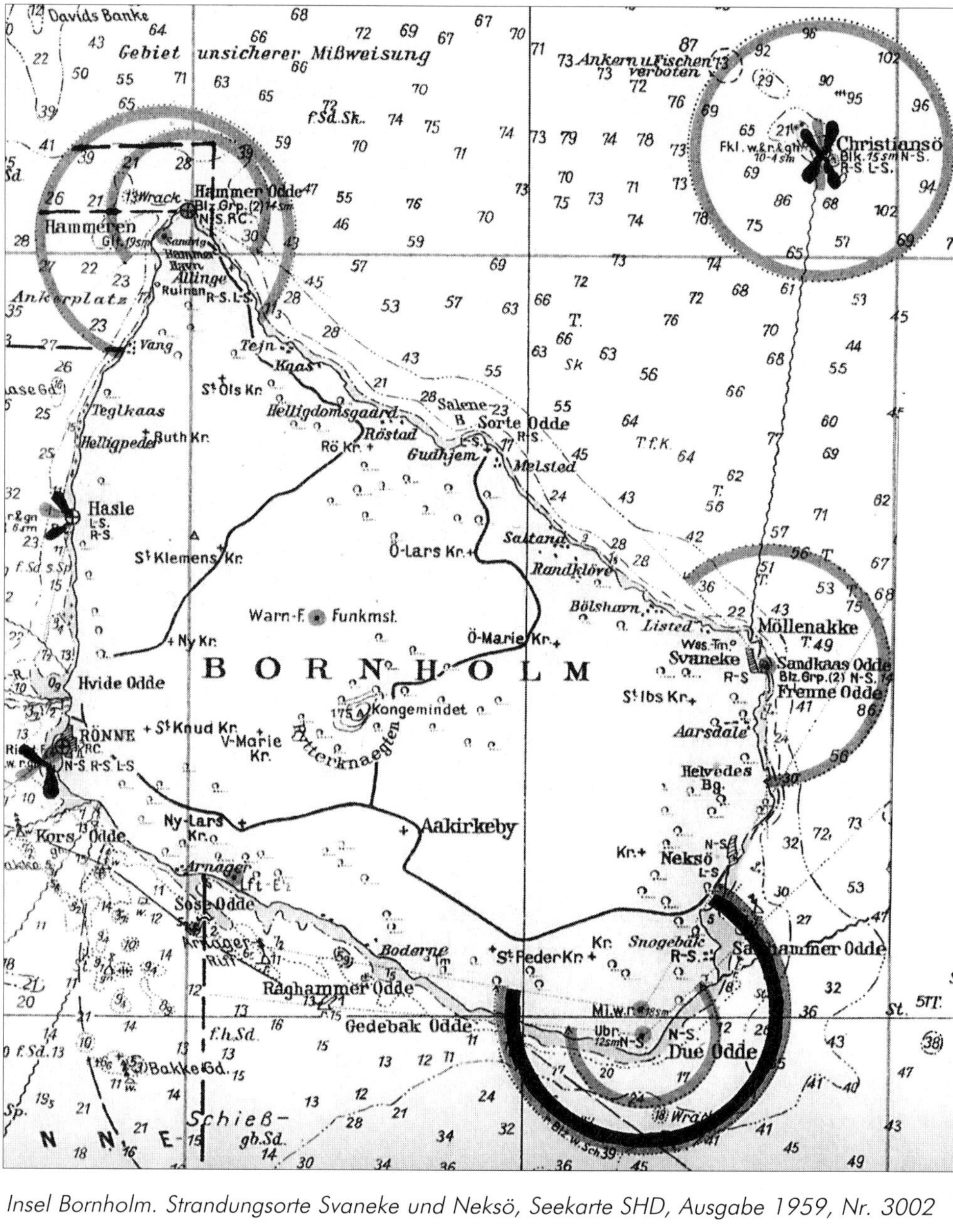

Insel Bornholm. Strandungsorte Svaneke und Neksö, Seekarte SHD, Ausgabe 1959, Nr. 3002

Im Bericht der Neksøer Hafenbehörde vom 4. Januar 1953 an das dänische Außenministerium über die Strandung im Zollbezirk Neksø heißt es: „Das Schiff versuchte 3.25 Uhr den Hafen Neksø bei starkem Sturm und hoher See anzulaufen. Bei der Hafeneinfahrt wurde das Schiff von den Wellen herumgetrieben und trieb danach mit der See ca. 900 m südwärts längs des Landes, wo das Auflaufen 200 m von der am 17./22.52 Uhr berichteten Strandung des Fischkutters SAS-181 erfolgte." Nach Angaben des Wachhabenden im Hafen von Neksø hatte der Kutter SAS-196 nicht wie üblich die Höhe der Hafeneinfahrt angesteuert, sondern schon vorher Kurs auf die Hafeneinfahrt genommen, das heißt, er war nicht in die Richtfeuerlinie eingesteuert, „was daraus hervorgeht, daß vom Insichtkommen bis zur Strandung nur seine rote Seitenlaterne zu sehen war.

Durch die Abdrift, verursacht durch den östlichen Sturm, ist er dem Riff zu Nahe gekommen und hierdurch ist die Strandung erfolgt". Die Havariekommission vermutete, dass der Kutter durch eine schwere Grundsee beschädigt und dadurch manövrierunfähig wurde. Er trieb dann offenbar mit dem Strom ungefähr neunhundert Meter südwärts, wobei der Bug nach Norden zeigte. So nur wäre zu erklären, dass man an Land die rote Seitenlaterne ununter-

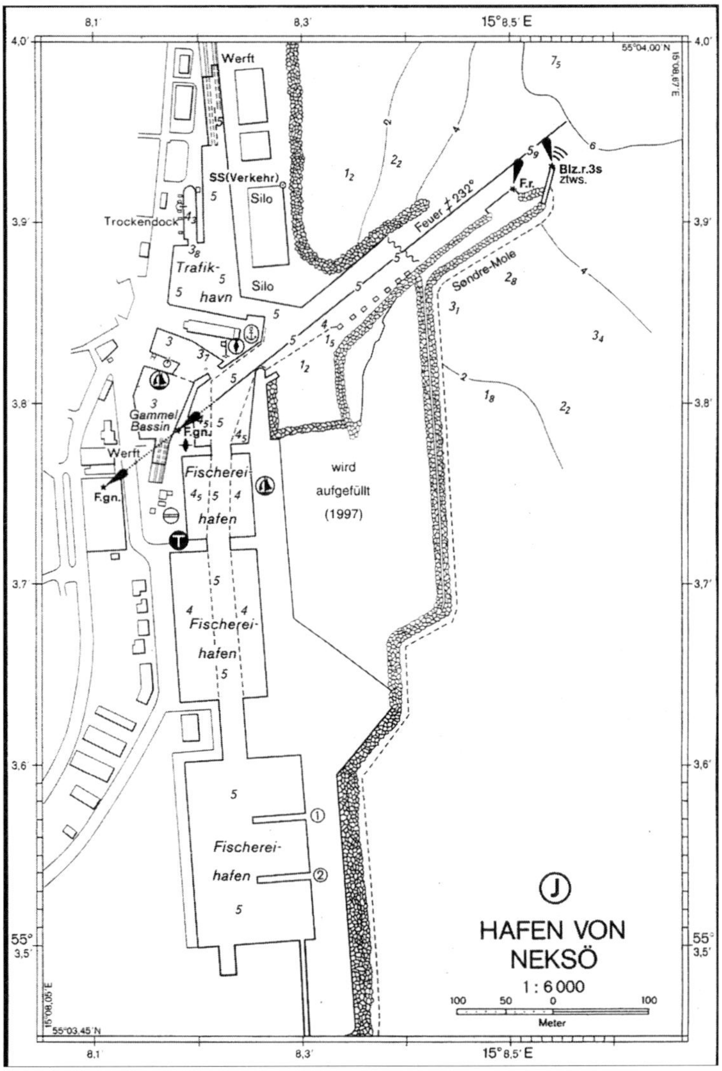

Hafen Neksö, BSH 1998 Nr. 159 D

brochen beobachten konnte.
Im Havariespruch wurde festgestellt: „Die Strandung des Kutters SAS-196 ist wahrscheinlich auf höhere Gewalt zurückzuführen."

Da von der Besatzung des Kutters SAS-196 niemand überlebte, konnte der genaue Verlauf der Strandung nicht ergründet werden. Beide Kutter wurden abgeborgen und wieder im Fischfang eingesetzt. (SK-Nr.41/53)

WAR-57 JASMUND ex SAS-64, 17-m-Kutter wie SAS-196 FRIEDLAND

Strandung nach Losreißen im Hafen

Im Saßnitzer Hafen lagen die Kutter an diesem Januar Wochenende wie so oft im Dreierpäckchen. Die Leinen waren beim Nachbarkutter belegt, eine direkte Leinensicherung zu den Pollern auf der Brücke bestand bei den Außenliegern nicht.
Wachen waren auf den Kuttern eingeteilt, aber nicht an Bord verblieben.

Der Wetterbericht sagte abflauende Winde fünf bis drei voraus. Am Sonntagabend, den 20. Januar 1952, gegen 18 Uhr, nahm der Wind plötzlich bis Sturmstärke zu. Die Hafenwache war nur normal besetzt. Insgesamt fand sich ein Dutzend Männer ein, die die Leinensicherungen der 150 Kutter zu überprüfen begannen.

Sie konnten aber nicht verhindern, dass durch den Sturm und das eintretende Hochwasser Festmacherleinen brachen. Mehrere Kutter trieben besatzungslos durch die Hafeneinfahrt in Richtung auf das Hochufer von Dwasieden, wo sie schließlich strandeten, wie zum Beispiel die Kutter SAS-76 und SAS-163, beide 17-m-Kutter-Klasse. (SK-Nr. 07/52)

SAS-163 ERFOLG und SAS-76 VEREINIGUNG gestrandet am Hochufer von Dwasieden (Saßnitz)

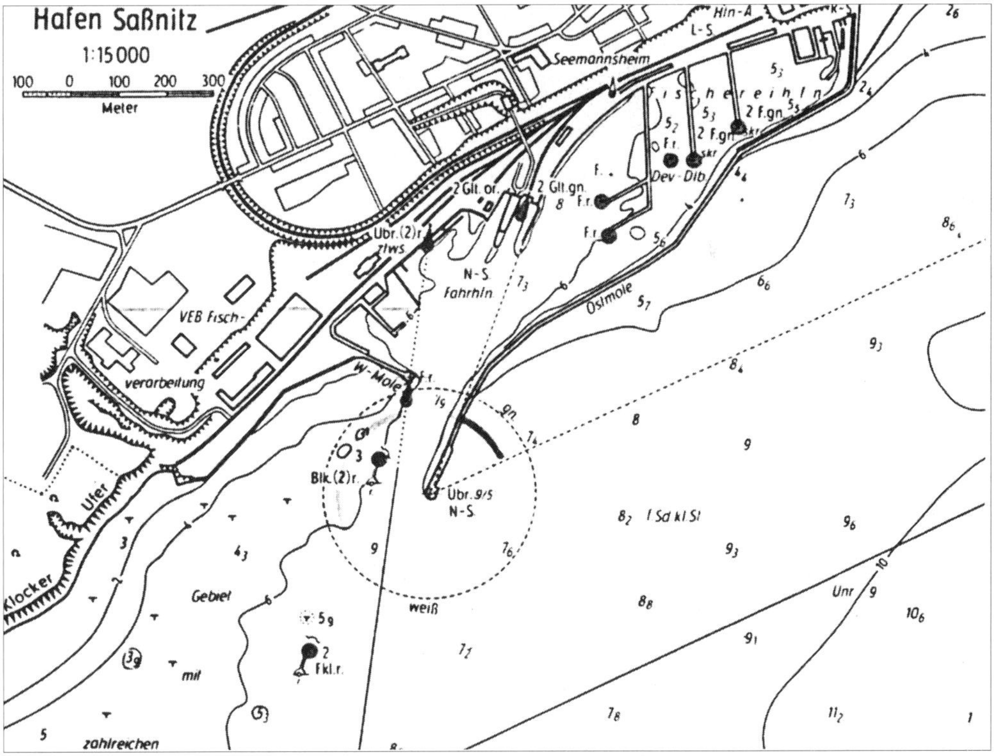

Hafen Saßnitz

Die Ereignisse am 26. Juni 1958 auf SAS-180 LÖCKNITZ (17-m-Kutter-Klasse) dürften einmalig gewesen sein. Der Kutter lief um 0.20 Uhr zur Fangreise in die Ostsee aus. Der Tuckpartner war SAS-156 NEUBRANDENBURG. Der Kutterführer auf SAS-180 hatte tags zuvor tief ins Glas geschaut. Am Grenzkontrollpunkt blieb nicht unbemerkt, dass er alkoholisiert war. Da es aber vorkam, dass die Fischer, nachdem sie einen über den Durst getrunken hatten, noch nicht ganz nüchtern an Bord gingen, antwortete der Kontrolleur auf die Bedenken des Kutterführers von SAS-156 „er solle nur machen, dass er mit ihm schnell nach See käme".
SAS-180 lief hinter SAS-156 hinterher, wenn der Kutter auch fünf bis zehn Grad nach jeder Seite vom Kurs „schwankte". Der angetrunkene Kapitän von SAS-180 legte sich schlafen, der Maschinist übernahm – auch nicht ganz nüchtern – das Ruder.

Zur Wartung der Maschine musste der Kapitän geweckt werden, weil er für den Maschinisten das Ruder übernehmen sollte. Nach beendeter Wartungsarbeit ging der Maschinist unter Deck. Der Kapitän war jedoch der Meinung, dass der Maschinist die Ruderwache wieder übernehmen würde. Er wartete das Erscheinen des Maschinisten nicht ab, sondern ging ebenfalls unter Deck. Der Kutter erreichte in den folgenden Minuten zwar nicht herrenlos, aber führerlos den Fangplatz, wo bereits andere Saßnitzer Kutter fischten. Das Ruder des Kutters SAS-180 lag auf „Hart Backbord" und der Kutter fuhr mit voller Fahrt im Kreis. Auf dem Tuckpartner SAS-156 bemerkte man das „komische" Verhalten von SAS-180. Der Kapitän fuhr näher heran und stellte fest, dass niemand am Ruder stand. Die Besatzung von SAS-156 bewarf daraufhin mit Briketts aus der Kombüse das Ruderhaus von SAS-180. Selbst nach der Zertrümmerung eines Brückenfensters und des Fensters zur Kapitänskajüte kam niemand an Deck. SAS-156 versuchte daraufhin bei dem mit voller Fahrt laufenden Kutter längsseits zu gehen und zwei

STR-178 HIDDENSEE ex SAS-150, 17-m-Kutter wie SAS-180 LÖCKNITZ

Decksleute überzusetzen. Nach drei vergeblichen Versuchen gelang das gefährliche Manöver. Die übergesetzten Decksleute stellten die Maschine ab und weckten dann Kapitän und Maschinisten. Glassplitter des eingeworfenen Fensters lagen noch auf dem Gesicht des Kapitäns. SAS-156 machte am Kutter SAS-180 fest und holte seine beiden Decksleute ab. Die Tuckpartie nahm die Fischerei auf. (SK-Nr.67/58)

Senfgasvergiftungen

Im Aide Memoire der dänischen Botschaft in Berlin an die Regierung der DDR vom 8. August 1985 heisst es: „Im Zeitraum von 1945 bis 1948 wurden beachtliche Mengen Gasmunition in der Ostsee versenkt (verklappt). Die auf diese Art und Weise beseitigte Munition stammte aus deutschen Kriegsbeständen.

Die dänischen Behörden schätzen, daß sich die Verklappung in der Ostsee, nordöstlich der Insel Bornholm und südöstlich der Insel Gotland, auf 36.000 bis 50.000 t beläuft. Von dieser Menge wurden in der Nähe von Gotland 1.500 bis 2.000 t verklappt. Nach vorliegenden Erkenntnissen umfassen die Verklappungen Kriegsgase, die Hautschäden, Erbrechen, Tränenreiz und Lungenschäden hervorrufen. Besonders werden durch Senfgas (Gelbkreuz), das zur Kategorie der hautschädigenden Gase gehört, Probleme verursacht."

Einer der Ausfuhrhäfen war Wolgast. Die Beladung der Gasmunition erfolgte von einer Holzpier in der ehemaligen Zementfabrik.

Am 23. April 1953 fischte der Logger ROS-118 SOLIDARITÄT (Logger-Klasse) beim Gotland Tief auf der Position 56°15´N, 19°20´E im Munitionsversenkungsgebiet. Das Rostocker Fischkombinat hatte zwar das Fischen in diesem Gebiet verboten, aber sowjetische, polnische und DDR-Logger missachteten mehr als ein Mal die international und national ausgesprochenen Verbote. Der Logger ROS-118 fischte an diesem Frühlingstag einen Gasbehälter mit dem Vornetz auf. Die Fischer versuchten nun die „Bombe" (den Gasbehälter), außenbords hängend, aus dem Vornetz herauszuschneiden. Bei dieser Arbeit kamen sechs Besatzungsmitglieder mit dem Behälter in Berührung. Gegen Abend zeigten sich bei einem der Matrosen kleine Bläschen auf dem Unterarm. Am nächsten Morgen (24. April) bemerkten die übrigen fünf Matrosen ebenfalls Symptome, die auf eine Gelbkreuzvergiftung hindeuteten.

Chlorkalk, mit dem man die Verätzungen in der Regel behandelt, gab es an Bord nicht. Der Kapitän behandelte die Verletzten mit Jod und Penicillinpulver. Nach Einwilligung durch den Fangleiter, der ebenfalls im verbotenen Gebiet fischte, lief ROS-118 am 25. April 1953 in Saßnitz ein. Die erkrankten Besatzungsmitglieder kamen in ärztliche Behandlung. (SK-Nr. 51/53)

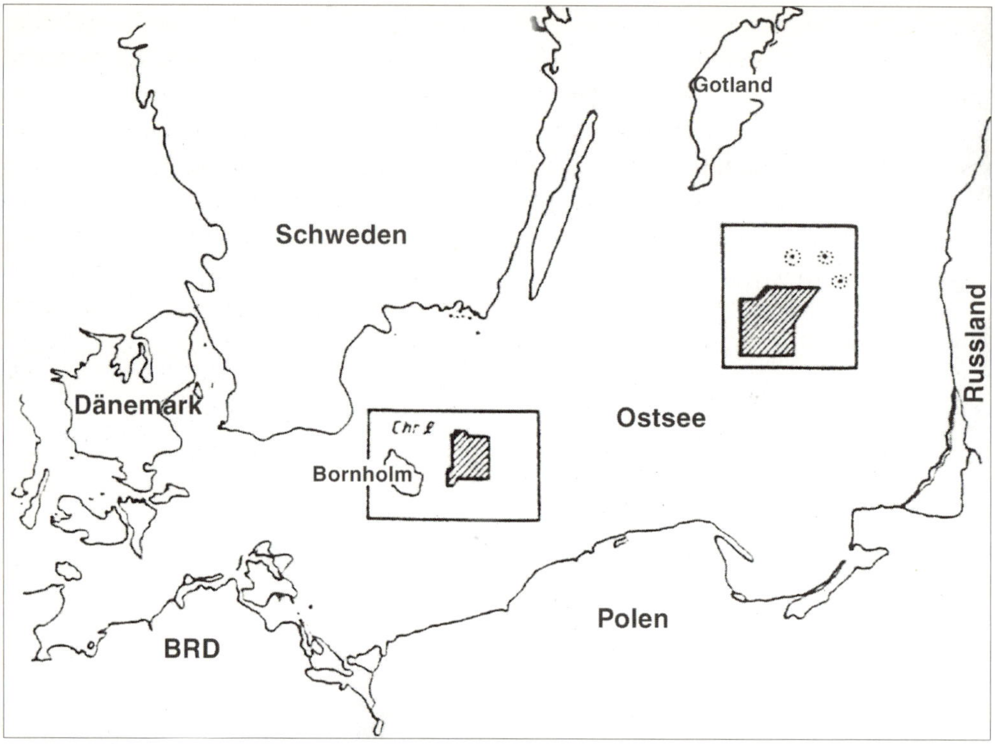

Munitionsversenkungsgebiete in der Ostsee

Kollision mit Minenabwehrmitteln

Der Fischkutter WIS-100 MICHAEL GLINKA (24-m-Kutter-Klasse) lief am 25. April 1961 gegen 13 Uhr aus Wismar zum Fang aus. Der Kutter gehörte zur Volkseigenen (VE) Fischereifahrzeug- und Gerätestation Wismar. Auf der Höhe der Insel Walfisch ging der Kutterführer unter Deck, um vor Erreichen des Fangplatzes sich ein wenig auszuruhen. Zuvor hatte er dem Steuermann die Kutterführung übergeben und ihn angewiesen, das Seegebiet nordöstlich Bukspitze anzulaufen. Die vom Steuermann zu steuernden Kurse hatte er nicht in die Seekarte eingetragen.

Der Steuermann lief mit dem rechtweisenden Kurs von 54° durch das ständige Sperrgebiet „N-lich Halbinsel Wustrow". Er peilte um 15.50 Uhr den Leuchtturm „Buk" querab. An Backbord kamen zwei Minenleg- und Räumschiffe (MLR- Schiffe Typ „Krake") der Volksmarine auf, die das internationale Flaggensignal „HF" des damals noch gültigen Internationalen Signalbuches (ISB) von 1931 mit der Bedeutung „Halten Sie Abstand von mir, ich bin beim Minenräumen" an der Rah gesetzt hatten. Um von den beiden MLR-Schiffen frei zu kommen, ließ der Steuermann den Kutter nach Backbord abfallen. Der Kurs lag nun weiter nördlich und WIS-100 kreuzte in einem Abstand von ungefähr einhundertfünfzig Meter vom Heck des MLR-Schiffes mit der Bordnummer 221 dessen Kielwasser. Wenig später stoppte das MLR-Schiff den Fischkutter, weil dieser das ausgebrachte elektromagnetische Fernräumgerät Typ SKG-55 überlaufen und beschädigt hatte. Der Kommandant machte die Kutterbesatzung für den entstandenen Schaden verantwortlich.

Die Seekammerverhandlung brachte zu Tage, dass die Aufgaben der Minenräumschiffe, die von ihnen eingesetzten Minenräumgeräte und die Bedeutung der gezeigten Signale den Fischern nur oberflächlich bekannt gewesen waren. Die Fischkutter hatten bis zu dieser Zeit des Öfteren Schiffsverbände der Volksmarine aus Unkenntnis durchbrochen.

MLR 222, das Schwesterschiff von MLR 221 (Typ »Krake«)

Seeunfälle beim weltweiten Einsatz der Hochseefischerei

Der 1950 gegründete VEB Fischkombinat Rostock war vorrangig auf die Hochseefischerei ausgerichtet und er entwickelte sich in den 1960er Jahren zur größten Fischfangreederei Deutschlands. 1967 zählte sein Bestand 101 Fischereifahrzeuge (33 Logger, 25 Seitentrawler, 13 Fang- und Verarbeitungsschiffe, 18 Spezial-Zubringertrawler, 9 Frosttrawler und 3 Transport- und Verarbeitungsschiffe). 1971 erreichten die Fänge 223.664 Tonnen.

Neben der Fischerei im Nahbereich, das heißt in der Ostsee und Nordsee und im mittleren Bereich (Norwegische See, Barentssee und Gewässer bei Island) entwickelte sich stufenweise die Fernfischerei in den Gewässern bei Grönland, Labrador/Neufundland und vor der Nordostküste der USA, insbesondere auf der George Bank. Auf diesen Fangplätzen gingen traditionelle Fischarten wie Kabeljau und Rotbarsch sowie Hering, aber auch die Makrele ins Netz.

Vor der Nordwestküste Afrikas im Gebiet Mauretanien/Marokko fing man Thunmakrele und Schildmakrele und vor der südwestafrikanischen Küste Schildmakrele und Seehecht.

Ziel der DDR-Hochseefischerei waren auch Fanggebiete vor der pazifischen Küste der USA (Seehecht) und die Gewässer der Antarktis, wo im atlanti-

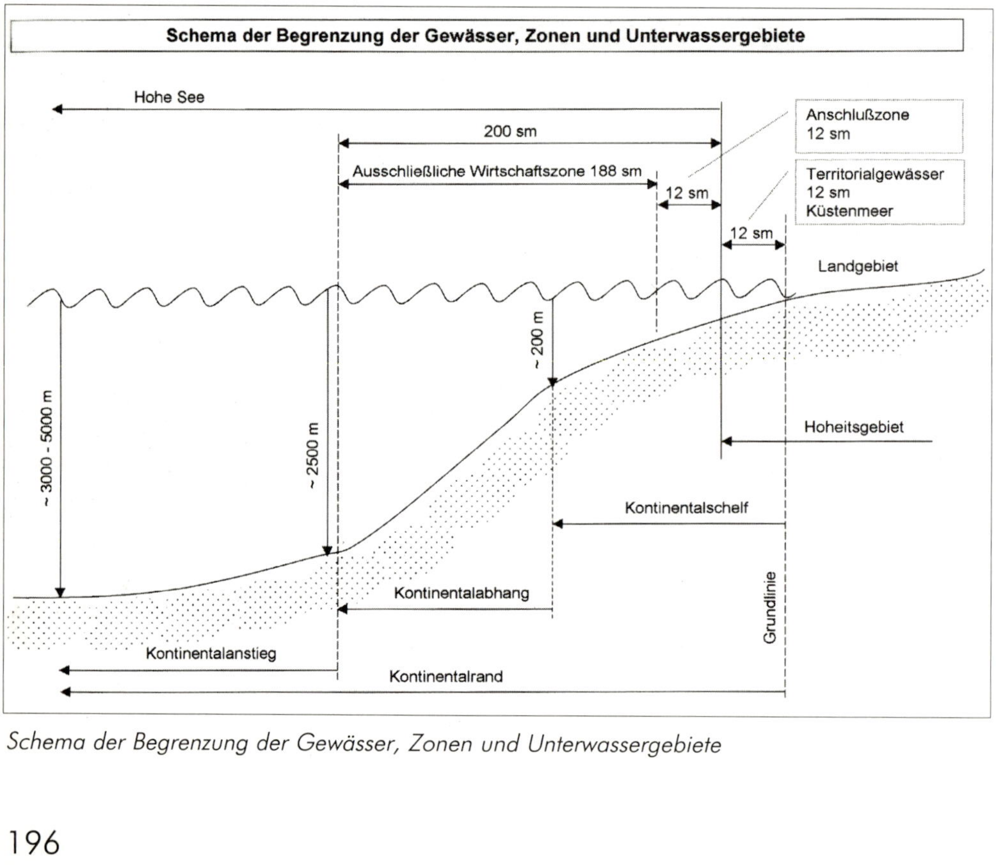

Schema der Begrenzung der Gewässer, Zonen und Unterwassergebiete

schen Sektor, insbesondere bei Südgeorgien, zeitweise eine ertragreiche Eisfischerei betrieben wurde. Außerdem suchten DDR-Forschungs- und Produktionsschiffe unter anderem in den Gewässern des Patagonischen Schelfes vor der Küste Argentiniens neue Fanggründe zu entdecken.
Bis 1982 gab es freien Zugang zu den Fangplätzen. Eine einschneidende Veränderung der internationalen Bedingungen brachte die III. UNO-Seerechtskonferenz für die Hochseefischerei der DDR, ebenso wie für alle Fernfischereiländer der Welt, mit sich (Unterzeichnung der UN-Seerechtskonvention am 10. Dezember 1982 in Montego Bay/Jamaika). Nach dieser Konferenz erfolgte die allgemeine Einführung von »200-sm-Fischereizonen« beziehungsweise »Ausschließlichen Wirtschaftszonen«, was dazu führte, dass die produktivsten Fanggebiete des Weltozeans, mit relativ geringen Ausnahmen und abgesehen von den Gewässern um die Antarktis, zu 90 Prozent unter die Fischereijurisdiktion der Küstenstaaten kamen.

Die JUNGE GARDE vom Eis eingeschlossen

Die dramatische Situation auf ROS-317 TVS JUNGE GARDE in der Zeit vom 8. bis 10. März 1968 auf dem Fangplatz (Generalposition 55°50´N, 57°36´W -Labrador-) ist vielen unvergessen geblieben.

ROS 317 JUNGE GARDE, Transport- und Verarbeitungsschiff
BJ: 1967
BW: VEB Mathias-Thesen-Werft Wismar
ID: FiKoRo 21. April 1967
Reederei/Eigner zur Unfallzeit: VEB Fischkombinat Rostock/VEB Fischfang Rostock;
HHfn: Rostock
Flagge: GDR
BRT 9.641/NRT 4.779/tdw 7.712
$L_{üa}$ 141,41 m, $B_{üa}$ 21,24 m, Tg 7,80 m, v_D 14 kn
HM: Vier 2 Takt 8 Zyl. Motore,
Leistung: 5.149 kW (7.000 PS)
Hersteller: VEB Dieselmotorenwerk Rostock
SK-Nr. 54/68

Der Wind wehte aus Nordnordwest mit Stärke 8, Seegang 7, der Strom setzte südöstlich. Bei starkem Schneetreiben betrug die Sichtweite nur fünf Kabellängen (926 m). Entlang der Eiskante fischten sowjetische, polnische und bundesdeutsche Fangfahrzeuge. ROS-317 hielt sich etwas davon entfernt in zum Teil mit lockeren Treibeisfeldern bedecktem Wasser auf.
In den Abendstunden des 8. März 1968 geriet der Steertstander in die Schraube von ROS-317.
Sofort versuchten die Z-Trawler ROS-404 ELVIRA EISENSCHNEIDER und ROS-401 ARTUR BECKER eine Schleppverbindung zum TVS JUNGE GARDE herzustellen. Unter den schlechten Wetterbedingungen gelang das nicht. Erst am folgenden Morgen konnte der Steertstander mit Hilfe der Törnmaschine aus der Schraube herausgedreht werden. Die Eisdrift aber war inzwischen so stark geworden und

das Packeis so fest, dass sich ROS-317 nicht mit eigener Kraft aus dem Eis befreien konnte und dann durch starke Eispressungen Wasser in den Maschinenraum des stark krängenden Schiffes einbrechen konnte. Eine große Packeisscholle hatte dem Schiff auf der Backbordseite in Höhe der Schalttafel von Spant 84 bis 88, ein Leck geschlagen. Durch den Wassereinbruch fiel die gesamte Energieversorgung aus und die Hauptmaschine konnte trotz aller Bemühungen während einer Woche nicht einsatzklar gemacht werden. Selbst der Notdiesel war ausgefallen, weil die Füllleitungen der Luftdruckflaschen im Bereich des Lecks gebrochen und die Anlassluftflaschen somit leer waren. In dieser scheinbar auswegslosen Situation kam dem IV. Ingenieur der rettende Gedanke. Man schloss die Druckluftflaschen der Taucherausrüstung an, der Notdiesel sprang um 8.34 Uhr an und lieferte die Energie für die Beleuchtung, die Heizung und die Lenzeinrichtung. Die Hauptschalttafel stand immer noch unter Wasser, so dass die Hauptmaschine nicht in Betrieb genommen werden konnte. An Bord von ROS-317 herrschte angespannte Aufmerksamkeit, äußerste Disziplin und Ruhe. Aufgrund der abgegebenen Situationsmeldung war die JUNGE GARDE der Unterstützung durch weitere Schiffe der DDR-Fischereiflottille sicher, die sich etwa 60 bis 80 sm entfernt befanden. Um 16 Uhr traf ROS-316 JUNGE WELT ein und versuchte vergeblich eine Schleppverbindung herzustellen.

ROS-317 JUNGE GARDE

Bereits um 13.40 Uhr hatte der Kapitän über die nächstliegende Küstenfunkstelle um Eisbrecherhilfe gebeten, erhielt aber aus St. John´s (Labrador) die Nachricht, dass kein Eisbrecher in der Nähe sei. Den Tag über fügten Eispressungen dem Schiff weitere Einbeulungen zu. Mit Hilfe des Notdiesels war es aber möglich, trotz des vorhandenen großen, provisorisch von außen und innen abgedichteten Lecks, das Schiff lenz zu halten. Am 9. März 1968 abends herrschten Temperaturen von -14°C. Die Eispressungen nahmen zu. Am 10. März 1968 forderte der Kapitän über die Küstenfunkstelle einen Hubschrauber an, um einen Teil der Besatzung auf die im freien Wasser

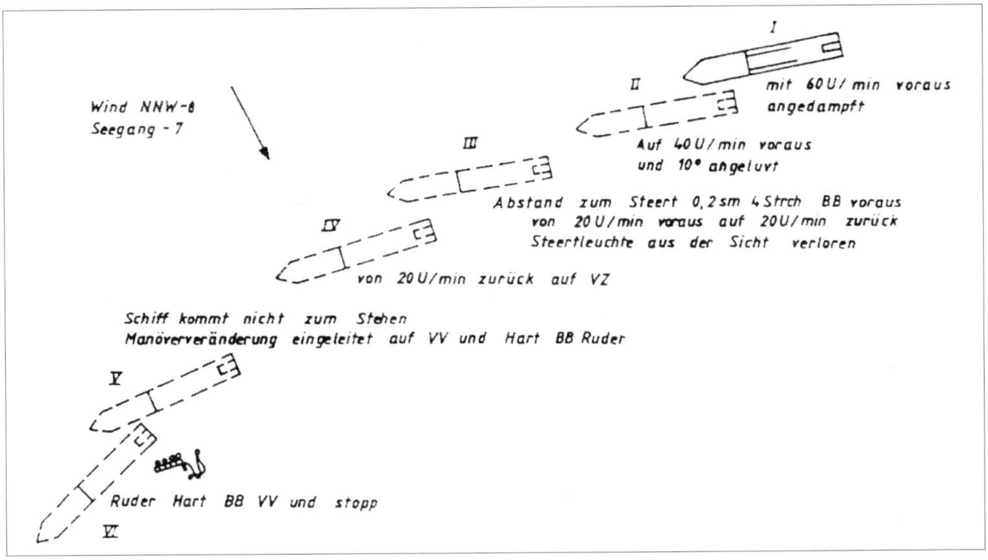

Schema Steert gerät in die Schraube

liegenden DDR-Fischereifahrzeuge übersetzen zu lassen. Um 2.37 Uhr wurde von der kanadischen Küstenfunkstelle das Bereitstellen eines Eisbrechers mit einem Hubschrauber an Bord zugesagt. Um 8.45 Uhr trieb ROS-317 in eine eisfreie Stelle. Es wurde sofort mit dem Ausbringen eines neuen Lecksegels begonnen. Das Schiff wurde zwölf Grad nach Steuerbord gekrängt, um das Leck auf Backbordseite zu entlasten. Um 10.40 Uhr gelang es, eine Schleppverbindung zu ROS-415 bei Westwind Stärke 6 bis 7 herzustellen. ROS-415 schleppte ROS-317 in völlig eisfreies Wasser, wobei das Lecksegel wieder zerriss. Nun konnten der Eisbrecher und der Hubschrauber abbestellt und die meisten der zu Hilfe geeilten Schiffe entlassen werden. ROS-316 JUNGE WELT und weitere Z-Trawler nahmen ROS-317 in Schlepp. Dreihundert Seemeilen vor dem kanadischen St. John´s geriet der Schleppzug in orkanartige Stürme, die Schiffe erreichten am 18. März 1968 den Hafen von St. John´s.

Der Fangleiter/See hatte am 11. März 1968 an den Kombinatsdirektor folgenden Funkspruch gesandt: „Die Rettungsaktion bei ROS-317 ist ein Ausdruck wahrhaft kameradschaftlicher Hilfe, die besonders durch den selbstlosen Einsatz aller beteiligten Kollektive unseres Betriebes zum Ausdruck kommt. Alle eingeleiteten Maßnahmen wurden gewissenhaft und in guter Qualität durchgeführt. Durch diese hohe allseitige Einsatzbereitschaft der beteiligten Fahrzeuge ROS-316, 304, 310, 311, 401, 404, 405, 406, 410, 413, 415, 417 und 419 ist es möglich, die Rettungsaktion mit unseren Kräften bis zum Nothafen für ROS-317 allein durchzuführen."

Die Fischerei im Eis war häufig Gegenstand von Seekammeruntersuchungen.

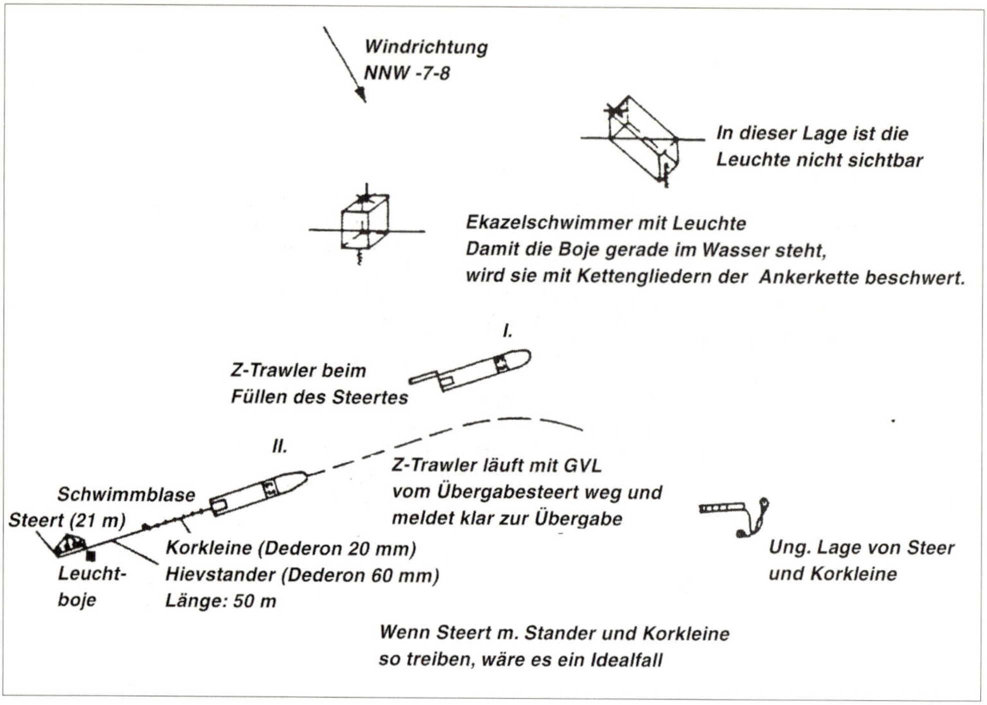

Schematische Darstellung einer Steertübernahme

Zur Kollission des FVS ROS-310 PETER KAST am 18. Dezember 1982 auf dem Fangplatz vor Labrador wurde im Spruch der Seekammer darauf aufmerksam gemacht, dass Growler (schwimmende kleinere Eisberge) im Radar oft keine Anzeige geben und daher der visuelle Ausguck verstärkt werden muss, außerdem Eisscheinwerfer einzusetzen seien. Im Fall der Kollission des FVS PETER KAST näherte sich das Schiff einem Growler auf zehn Meter. Der Erste Offizier versäumte, das Achterschiff vom Growler freizuhalten. Es entstand eine Einbeulung größeren Ausmaßes im Kollisionsbereich. (SK-Nr.18/83)

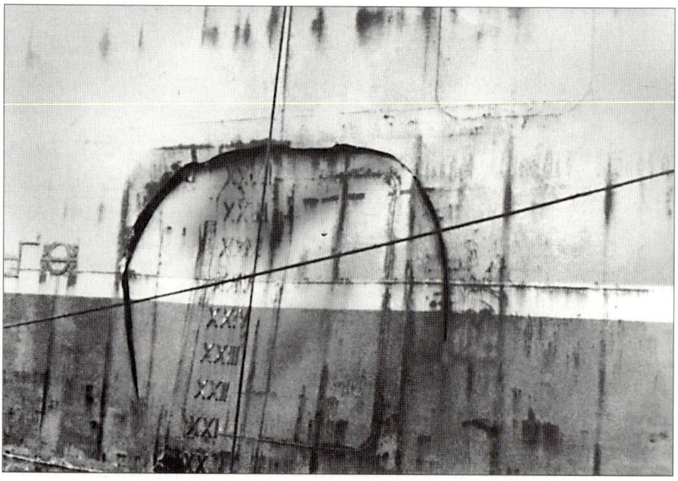

ROS-317 JUNGE GARDE, Leck von Spant 84 bis 88

ROS-310 PETER KAST

Auf dem Fangplatz

Ein Fangplatz ist ein Seegebiet mit großem Vorkommen an Meerestieren. Man unterscheidet Laich-, Weide-, Überwinterungskonzentration. Fangplätze findet man vor allem an Grenzgebieten warmer und kalter (nährstoffreicher) Meeresströmungen und in Gebieten mit günstigem Salzgehalt und entsprechenden Temperaturen. Seit den 1950er Jahren hat sich die Fischausbeute weltweit verdreifacht. 1987 betrug sie rund neunzig Millionen Tonnen.

Das sichere Befahren eines Fangplatzes durch eine sehr große Anzahl (hundert und mehr Fahrzeuge) nahe beieinander fischender Fahrzeuge machte besondere Hinweissignale erforderlich. Auf den Fangplätzen galten die KVR/48, später die KVR/60, die am 15. Juli 1977 weltweit durch die in Kraft getretenen „Internationalen Regeln zur Verhütung von Kollisionen auf See, 1972" KVR/72 abgelöst wurden. Die Anlage II der Regeln enthält die Zusatzsignale für nahe beieinander

Übersetzen mit dem Schlauchboot

fischende Fahrzeuge. Diese Signale – insbesondere für trawlende Fahrzeuge – haben die seit vielen Jahren geübte Praxis auf dem Fangplatz rechtlich sanktioniert. Dies trifft insbesondere auf die von den Fischereifahrzeugen gezeigten Hievlampen zu.

ROS-335 ARNOLD ZWEIG und ROS-332 KURT BARTHEL auf dem Fangplatz

Kollision trotz guter Sicht

ROS-408 HERBERT BAUM,
Spezialzubringertrawler (Z-Trawler)
BJ: 1966
BW: VEB Peene-Werft Wolgast
ID: FiKoRo 30. Dezember 1966
Reederei/Eigner zur Unfallzeit: VEB Fischkombinat Rostock/VEB Fischfang Rostock;
HHfn: Rostock
Flagge: GDR
BRT 998/NRT 312/tdw 529
$L_{üa}$ 63,18 m, $B_{üa}$ 10,62 m, Tg 4,80 m,
v_D 12,5 kn
HM: Ein 2 Takt 6 Zyl. Motor,
Leistung: 1.287 kW (1.750 PS)
Hersteller: VEB Dieselmotorenwerk Rostock
SK-Nr. 19/77

ROS-303 FRIEDRICH WOLF,
Fang- und Verarbeitungsschiff Typ I
BJ: 1962
BW: VEB Mathias-Thesen-Werft Wismar
ID: FiKoRo 5. April 1962
Reederei/Eigner zur Unfallzeit: VEB Fischkombinat Rostock/VEB Fischfang Rostock;
HHfn: Rostock
Flagge: GDR
BRT 3.000/NRT 1.279/tdw 1.653
$L_{üa}$ 85,91 m, $B_{üa}$ 13,54 m, Tg 5,32 m
v_D 11,5 kn
HM: Ein 4 Takt 8 Zyl. Motor,
Leistung: 1.567 kW (2.100 bhp)
Hersteller: VEB Maschinenbau Halberstadt

ROS-416 EUGEN SCHÖNHAAR, Schwesterschiff von ROS-408 HERBERT BAUM und ROS-413 KARL WOLFF (ohne Umbauten)

Am 18. Dezember 1976 fischten der Z-Trawler ROS-408 HERBERT BAUM und das FVS ROS-303 FRIEDRICH WOLF auf dem USA-Schelf, 40 Seemeilen südsüdöstlich von New York. Der Fangplatz lag innerhalb der 40-m-Wassertiefenlinie. Der Wind wehte aus Nordwest mit Stärke fünf, die See war mäßig bewegt. Die Sichtweite betrug über dreieinhalb Seemeilen. Auf dem Fangplatz befanden sich etwa zwanzig Fischereifahrzeuge. In einer Entfernung von zwei bis drei Seemeilen westlich fischten ROS-408 und ROS-303. In ihrer unmittelbaren Nähe hielten sich keine weiteren Fischereifahrzeuge auf. ROS-408 schleppte mit rwK 200° und einer Geschwindigkeit von 4,2 Knoten. Im Abstand von eineinhalb Seemeilen setzte ROS-303 genau hinter ROS-408 das Netz aus. Die Schleppgeschwindigkeit betrug 3,8 bis 4 Knoten. Beide Schiffe hatten entsprechend den Regeln folgende Lichter gesetzt: Stb-Seitenlaterne, Bb-Seitenlaterne, Hecklicht und die grüne und weiße Rundumlaterne.

Darüber hinaus durften sie ein weiteres (weißes) Topplicht führen, welches aber niedriger und achterlicher als das grüne und das weiße Rundumlicht angebracht war. Aus der Stellung der Rundumlichter und des Topplichtes zueinander konnte jeder Gegenkommer die Lage des Trawls ziemlich genau bestimmen. Die Brücke war gemäss der damals geltenden Seeschiffsbesetzungsordnung auf dem Fangplatz nicht mit einem besonderen Ausgucksmann besetzt. Auf dem Fangplatz gingen die nautischen Offiziere dieser Schiffstypen die Brückenwache als „doppelt besetzte Brückenwache" für jeweils zwölf Stunden. Die Wachorganisation sah

dabei wie folgt aus:
Der Wachleiter (Kapitän oder Erste Offizier) hatte folgende Aufgaben zu erfüllen:

- den Seeraum (Ausguck) beobachten,
- das Ruder bedienen (nur bei Nebel oder hoher Fahrzeugkonzentration sowie beim Fischen in Eisfeldern wurde die Brücke zusätzlich durch einen Matrosen verstärkt),
- den Echografen ablesen,
- die Steigung der Schraube regeln,
- den UKW-Sprechverkehr aufrecht erhalten,
- die Lichterführung kontrollieren,
- das Kommando zum Aussetzen des Fanggeschirrs geben.

Der zweite nautische Offizier der Brückenwache (II. oder III. Nautische Offizier) erfüllte folgende Aufgaben:

- die Navigation durchführen,
- die Belehrungen und Absprachen mit den Decksleuten der Schicht führen.
- Das Fanggeschirr kontrollieren,
- beim Schleppen die Arbeit an Deck übernehmen, dabei die Leinenzugkraft und den Zustand der Winden kontrollieren,
- beim Hieven das Windenpult mit Blickrichtung zum Achterdeck bedienen (Spezialtrawler).

Um 5.15 Uhr lag auf beiden Schiffen ein KrKK von 170° an. Zu diesem Zeitpunkt begann ROS-408 mit dem Hieven. Hierzu übernahm der II. Nautische Offizier die Bedienung der Winde von der Brücke aus. Dabei war seine ganze Aufmerksamkeit auf das Achterdeck gerichtet, wo die Decksbesatzung das Fanggeschirr aufnahm. Er konnte daher den Ersten Offizier bei der Schiffsführung nicht unterstützen.

Der Erste Offizier schaltete das Selbststeuer auf Hand um und hielt das Ruder zwischen „Mittschiffs" und „Backbord zehn". Dadurch beschrieb ROS-408 einen großen Backbord-Drehkreis und kreuzte die Kurslinie von ROS-303 in der Vorausrichtung. Erst als ROS-408 entgegen der geübten Praxis immer weiter nach Backbord drehte, entstand eine Kollisionssituation. Der Wachhabende auf ROS-303 rief daraufhin dreimal über UKW den Z-Trawler ROS-408 an, da sich die Schiffe bedrohlich einander genähert hatten. Eine über UKW geführte Absprache über einzuleitende Manöver kam zwar noch zustande, aber dabei gab es Missverständnisse und Irrtümer über die Art des Ausweichens. Um 5.35 Uhr kollidierten beide Schiffe. Beide Schiffe wurden beschädigt.

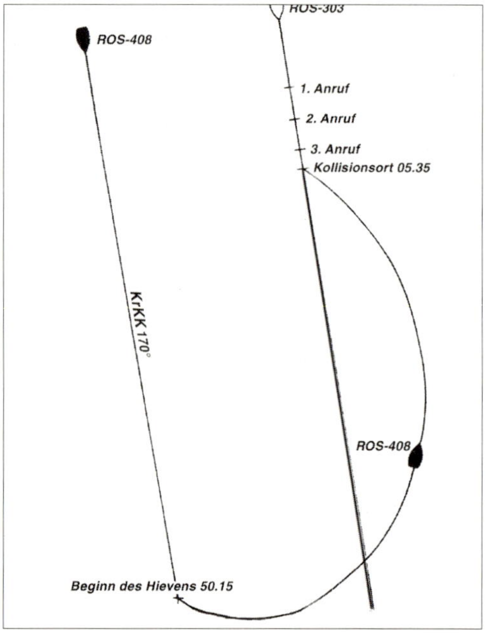

Darstellung der Kollision zwischen ROS-408 HERBERT BAUM und ROS-303 FRIEDRICH WOLF auf dem USA-Schelf

ROS-419 PHILIPP MÜLLER Schwesterschiff von ROS-413 KARL WOLFF

Den Wachhabenden auf ROS-303 traf keine Schuld.
Die Besonderheiten auf dem Fangplatz bringt auch folgende Kollision zum Ausdruck.

ROS-413 KARL WOLFF, Spezial Zubringertrawler (Z-Trawler)
BJ: 1967
BW: VEB Peene-Werft Wolgast
ID: FiKoRo 14. Juli 1967
Reederei/Eigner zur Unfallzeit: VEB Fischkombinat Rostock/VEB Fischfang Rostock; HHfn:Rostock
Flagge: GDR
BRT 963/NRT 304/tdw 538
$L_{üa}$ 63,25 m, $B_{üa}$ 10,62 m, Tg. 4,80 m, v_D 13,5 kn
HM: Ein 2 Takt 6 Zyl. Motor, Leistung: 1.287 kW (1.750 PS)
Hersteller: VEB Dieselmotorenwerk Rostock
SK-Nr. 07/73

Der Z-Trawler ROS-413 KARL WOLFF befand sich am 23. Oktober 1972 auf dem Fangplatz George Bank und fischte pelagisch mit Schleppnetz in großen Tiefen. Die Wache um Mitternacht hatte der Erste Offizier übernommen. In einem Gebiet von drei bis vier Seemeilen befanden sich fünfzig bis sechzig Fischereifahrzeuge. Es herrschte umlaufender Wind mit Stärke eins bei ruhiger See und guter Sicht. Um 4.03 Uhr erreichte ROS-413 das südliche Ende des Gebietes. Es hatte die auf der Fischlupe angezeigten Fischschwärme mit einem südöstlichen Kurs befischt. Das Geschirr wurde vorge-

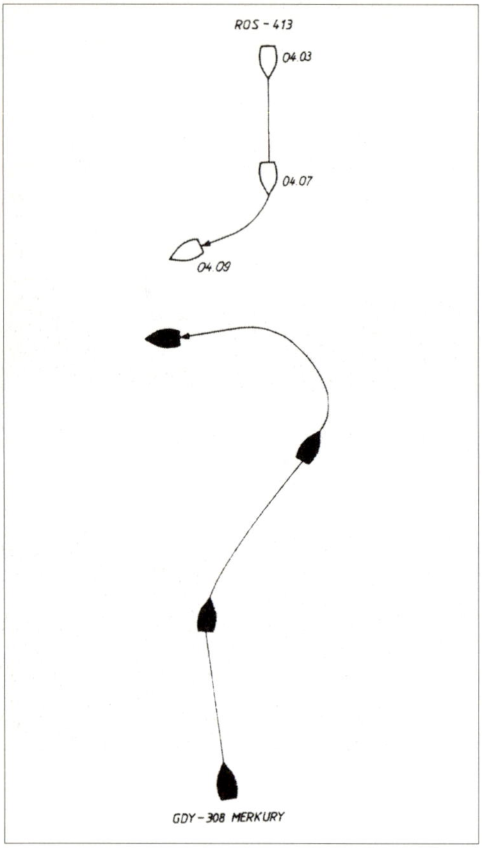

Darstellung der Kollision zwischen ROS-413 und GDY-308 MERKURY auf der George Bank

hievt. Der Erste Offizier beabsichtigte, das Schiff auf Gegenkurs zu bringen und die Schwärme erneut anzulaufen. Die Hievlampen wurden gelöscht und die Aussetzlampen gesetzt. Um 4.07 Uhr beobachtete der Erste Offizier in rwP 140°, mit einem Abstand von ungefähr vier Kabellängen, ein Fischereifahrzeug. Es zeigte die Aussetzlampen und drehte über Steuerbord. Auf ROS-413 wurde die Schraubenflügelsteigung auf 20° voraus und das Ruder auf „Steuerbord 20" beordert. Während des Drehens erkannte der Erste Offizier das polnische Fang- und Verarbeitungsschiff GDY-308 MERKURY an Backbord, das seinen Steuerbord-Dreh beendete und über Backbord andrehte. Daraufhin gab ROS-413 laufend kurze Töne mit dem Typhon als Aufmerksamkeitssignal. Um 4.09 Uhr legte der Erste Offizier die Steigung auf „ZV", um die Fahrt aus dem Schiff zu nehmen.

Dies wurde durch drei kurze Töne angezeigt. Trotz der eingeleiteten Maßnahmen kollidierten beide Fahrzeuge um 4.10 Uhr unter einem Winkel von 60 bis 70 Grad miteinander. MERKURY musste Halifax zur Reparatur der Schäden anlaufen. Die Seekammer stellte fest, dass es zur Kollision kam „als das polnische Fahrzeug aus einer Steuerborddrehung in eine Backborddrehung überging und dem Z-Trawler ROS-413, welcher sich in einer Steuerborddrehung befand, direkt vor den Bug lief. Den Ersten Offizier von ROS-413 trifft kein Verschulden".

GDY-308 MERKURY, Fang- und Verarbeitungsschiff
BJ: 1964
BW: Stocznia Gdanska Gdansk (Danzig)
Reederei/Eigner zur Unfallzeit: P.P.D. i. U.R. »Dalmor«
HHfn: Gdynia
Flagge: POL
BRT 2.800/NRT 1.168/tdw 1.388
Lüa 83,00 m, Büa 13,81 m, Tg. 5,19 m, vD 12,5 kn
HM: Ein 2 Takt 8 Zyl. Motor,
Leistung: 1.790 kW (2.400 bhp)
Hersteller: Z.U.T. Zgoda Swinoujscie (Swinemünde)

Kollisionsschaden auf GDY-308 MERKURY/POL

Kollision bei verminderter Sicht

ROS-313 WILLI BREDEL, Fang- und Verarbeitungsschiff Typ III
BJ: 1966
BW: VEB Mathias-Thesen-Werft Wismar
ID: FiKoRo 17. August 1966
Reederei/Eigner zur Unfallzeit: VEB Fischkombinat Rostock/ VEB Fischfang Rostock;
HHfn: Rostock Flagge: GDR
BRT 3.165/NRT 1.432/tdw 1.420
$L_{üa}$ 87,79 m, $B_{üa}$ 14,20 m, Tg 5,70 m, v_D 14 kn
HM: Ein 2 Takt 8 Zyl. Motor, Leistung: 2.274 kW (3.050 bhp)
Hersteller: VEB Dieselmotorenwerk Rostock (Lizenz MAN)
SK-Nr. 43/69

Das FVS ROS-313 WILLI BREDEL und das FVS ROS-305 LOUIS FÜRNBERG befanden sich am 15. März 1969 auf dem Fangplatz vor Westgrönland. Um 7.45 Uhr hatte der Erste Offizier auf ROS-313 das Geschirr an Deck und begann mit dem Aufdampfen zur Aussetzposition. Auf dem Fangplatz herrschten umlaufende Winde mit Stärke eins und Nebel mit Sichtweiten zwischen drei und zehn Kabellängen, kleine Eisfelder und Growler trieben auf dem Wasser. Aufgrund des unmittelbar hinter dem Küstensaum steil abfallenden Kontinentalabhangs konnte nur in einer Richtung gefischt werden. Geschleppt wurde immer in nördlicher Richtung auf einer Wassertiefe von dreihundert bis vierhundert Meter und im tiefen Wasser nach Süd aufgedampft. ROS-313 dampfte mit einem KrKK von 180 Grad und sechs Knoten Geschwindigkeit zur Netzaussetzposition. ROS-420 lief in einem Seitenabstand von zwei Kabellängen an Steuerbord ebenfalls südwärts. Beide Schiffe waren somit frei fahrende Fahrzeuge und jedem fischenden Fahrzeug ausweichpflichtig.

ROS-313 WILLI BREDEL

ROS-305 LOUIS FÜRNBERG,
Fang- und Verarbeitungsschiff Typ I
BJ: 1962
BW: VEB Mathias-Thesen-Werft Wismar
ID: FiKoRo 30. Oktober 1962
Reederei/Eigner zur Unfallzeit: VEB Fischkombinat Rostock/VEB Fischfang Rostock;
HHfn: Rostock
Flagge: GDR
BRT 3.011/NRT 1.279/tdw 1.662
$L_{üa}$ 85,76 m, $B_{üa}$ 13,49 m, Tg 5,25 m, v_D 12,5 kn
HM: Ein 4 Takt 8 Zyl. Motor, Leistung: 1.567 kW (2.100 bhp)
Hersteller: VEB Maschinenbau Halberstadt

ROS-305 LOUIS FÜRNBERG

ROS-305 befand sich um 7.45 Uhr auf der Netzaussetzposition. Der Wachhabende informierte

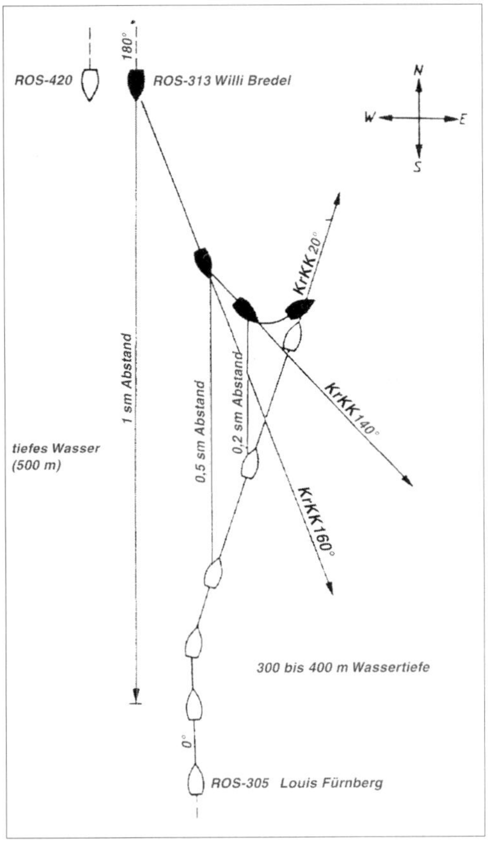

Darstellung der Kollision zwischen ROS-313 WILLI BREDEL und ROS-305 LOUIS FÜRNBERG

über UKW die in der Nähe befindlichen Fahrzeuge ROS-313 und ROS-420 über den Beginn des Aussetzens und den von ROS-305 gesteuerten Kurs. Nachdem das Geschirr zu Wasser gebracht war, sollten die Kurrleinen auf 1.200 Meter Länge gefiert werden. Deshalb wurde die Geschwindigkeit erhöht. Die Sichtweite hatte sich auf eine Kabellänge (185 m) verschlechtert. Das Radar auf ROS-305 gab gute Anzeigen im 3-sm-Bereich. In einem Abstand von einer Seemeile peilte der Erste Offizier von ROS-313 das ROS-305 in 20° an Backbord. Er wusste, dass ROS-305 das Geschirr ausbringt und einen KrKK von 360° steuert. In dieser Zeit hatte sich der Abstand zwischen beiden Schiffen auf fünf Kabellängen verringert. Die Annäherungsgeschwindigkeit betrug zwölf Knoten. In dieser Situation änderte der Erste Offizier von ROS-313 den Kurs nach Backbord und stellte fest, dass die Peilung zu ROS-305 stand. ROS-305 drehte nach Steuerbord auf einen KrKK von 20°. Das nun eingeleitete „W-Manöver" mit „Hart Backbord-Ruderlage" brachte ROS-313 direkt vor den Bug von ROS-305. Um 8.08 Uhr kam es zur Kollision zwischen beiden Schiffen. Die Seekammer stellte fest: Die Ursache des entstandenen Seeunfalles lag in dem Verhalten des

Backbordseite ROS-313 WILLI BREDEL mit Kollisions-schaden

Ersten Offiziers des FVS ROS-313. Er verabsäumte eine den Umständen entsprechende Auswertung der Radarortungen vorzunehmen, den Ausguck zu besetzen und Nebelsignale zu geben. Diese Unterlassungen führten dazu, dass beide Fahrzeuge einander so nahe kamen, dass es zur Kollision kommen mußte.

Ausweichpflicht nicht beachtet und falsche Lichterführung

ROS-311 RUDOLF LEONHARD, Fang- und Verarbeitungsschiff Typ II
BJ: 1965
BW: VEB Mathias-Thesen-Werft Wismar
ID: FiKoRo 30. April 1965
Reederei/Eigner zur Unfallzeit: VEB Fischkombinat Rostock/VEB Fischfang Rostock;
HHfn: Rostock
Flagge: GDR
BRT 2.359/NRT 928/tdw 1.320
$L_{üa}$ 89,18 m, $B_{üa}$ 13,49 m, Tg 5,29 m, v_D 13,5 kn
HM: Ein 2 Takt 8 Zyl. Motor,
Leistung: 1.706 kW (2.320 PS)
Hersteller: VEB Dieselmotorenwerk Rostock
SK-Nr. 09/69

ROS-311 RUDOLF LEONHARD

Am 30. September 1968 befand sich ROS-311 auf der George Bank (USA-Schelf). Der Erste Offizier hatte um Mitternacht die Wache übernommen. Außerdem befanden sich der III. Nautische Offizier und der Rudergänger auf der Brücke. Der Wind wehte aus West-nordwest mit Stärke zwei, es herrschte leichte Dünung und gute Sicht. Auf dem Fangplatz wurde nur mit dem Strom gefischt. Er setzte zu dieser Zeit mit ein bis zwei Knoten in etwa 130° bis 140°. Zur Bestimmung der Stromrichtung diente ein sowjetisches Mutterschiff, das am Fangplatz vor Anker lag.

Das Radargerät war am Tage bei guter Sicht nicht in Betrieb, bei Nacht nur auf Bereitschaft geschaltet. Am 30. September 1968, um 6.20 Uhr lief ROS-311 mit an Deck eingeholtem Fanggeschirr und einem Kurs von 290° mit dreizehn Knoten als frei fahrendes Fahrzeug zur Aussetzposition. An Backbord in einem Abstand von zweieinhalb Kabellängen fuhr ein ebenfalls frei fahrender polnischer Seitentrawler. In einem Abstand von zehn

Kabellängen, fünf Grad an Steuerbord befand sich ein weiteres frei fahrendes sowjetisches Fang- und Verarbeitungsschiff. In Vorausrichtung, zehn Grad an Backbord, in einem Abstand von ungefähr zwanzig Kabellängen, setzte ein sowjetischer Logger sein Netz aus und in einem Abstand von dreißig Kabellängen fischte ein polnischer Seitentrawler auf Gegenkurs.

ROS-311 überholte langsam den an Backbord mitlaufenden polnischen Seitentrawler. Das an Steuerbordseite befindliche sowjetische FVS änderte in diesem Moment seinen Kurs nach Backbord. Die drei Fahrzeuge kamen sich so nahe, dass auf ROS-311 um 6.35 Uhr die Fahrt vorsorglich auf „VL" verringert wurde (8 kn). Um 6.40 Uhr war die Lage bereits so kritisch, dass einer Kollision nur durch sofortiges Aufstoppen und ein „Zurück-Manöver" auszuweichen war.

An Backbordseite von ROS-311 befand sich der polnische Seitentrawler in einem Abstand von vierzig bis fünfzig Meter und an Steuerbordseite im gleichen Querabstand das sowjetische Fang- und Verarbeitungsschiff. Noch war das Achtungssignal des Typhons nicht verhallt, da wurde von ROS-311 an Steuerbordseite der polnischer Heckfänger KONGER in einem Abstand von nur fünf Kabellängen mit Kurs von 200° gesichtet. Obwohl ROS-311 eindeutig ausweichpflichtig

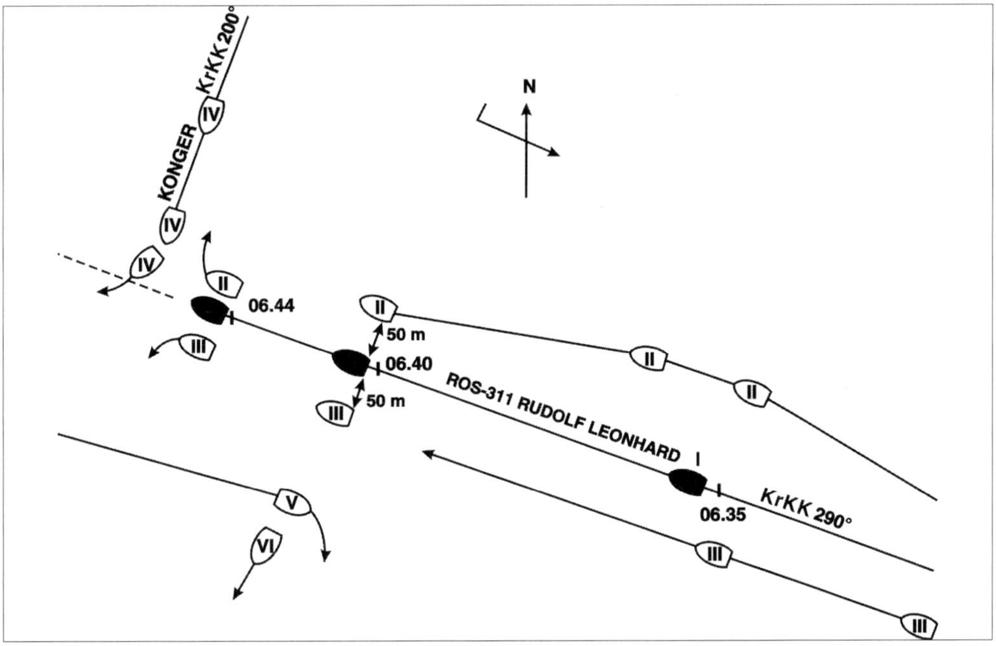

Darstellung der Kollision zwischen ROS-311 RUDOLF LEONHARD und dem polnischen Heckfänger KONGER

I ROS-311 RUDOLF LEONHARD — *IV Polnischer Heckfänger KONGER*
II Sowjetisches FVS — *V Polnischer Seitentrawler*
III Polnischer Seitentrawler — *VI Sowjetischer Logger*

Heckfänger KONGER/POL

war, glaubte der Erste Offizier auf Grund seiner „eingekeilten" Situation, keine Ausweichmanöver einleiten zu können. So näherte sich ROS-311 der KONGER mit einer Geschwindigkeit von vier bis fünf Knoten.

Fischereifahrzeug KONGER, Heckfänger
BJ: 1965
BW: Stocznia im. Komuna Paryskiej Gdynia
Reederei/Eigner zur Unfallzeit: P.P.D. i U.R. »Gryf«;
HHfn: Gdynia
Flagge: POL
BRT 1.377/NRT 561/tdw 568
$L_{üa}$ 69,33 m, $B_{üa}$ 11,00 m, Tg ? m, v_D 14 kn
HM: Ein 4 Takt 6 Zyl. Motor,
Leistung: 1.193 kW (1.600 bhp)
Hersteller: Mirrlees National Ltd.

Gegen 6.44 Uhr bestand die unmittelbare Gefahr einer Kollision mit der KONGER. Als ROS-311 sich bis auf einhundert Meter dem polnischen Heckfänger genähert hatte, wurde die Maschine auf „Zurück Äußerste Kraft" beordert und drei kurze Töne gegeben. Jetzt drehte das sowjetische FVS hart nach Steuerbord und der polnische Seitentrawler hart nach Backbord ab, aber die RUDOLF LEONHARD konnte die Kollision um 6.40 Uhr nicht mehr verhindern. Es bestätigte sich, dass die KONGER fischte. Sie erlitt Schäden am Schanzkleid, an Deck und am achteren Mast. Verantwortlich für die Kollision war der Erste Offizier, denn das FVS RUDOLF LEONHARD war zum Ausweichen verpflichtet, weil es den fischenden polnischen Heckfänger klar an seiner Steuerbordseite hatte. Bei der Untersuchung des Seeunfalls trat erneut eine in der Fischerei übliche Nachlässigkeit zu Tage. ROS-311 hatte die Lichter eines in Fahrt befindlichen Fahrzeuges und dazu am Vorstag (Drahttau zur Befestigung des Mastes nach vorn) den Signalkörper (Stundenglas) eines fischenden Fahrzeuges gesetzt. Über dem Peildeck wurde die Flagge „D" des Internationalen Signalbuches mit der Bedeutung, dass mit pelagischem Netz gefischt wird, gezeigt. Dieses Signal führte auch das ebenfalls frei fahrende polnische Fischereifahrzeug an Backbordseite, während das sowjetische Fang- und Verarbeitungsschiff die Lichter eines Grundschleppnetzfischers zeigte, aber kein Netz ausgesetzt hatte. Natürlich wussten die nautischen Offiziere der Fischereifahrzeuge, dass beim Fangplatzwechsel oder wenn sie beim Aufdampfen das Netz an Deck fuhren, ihre Fischereisignale oder -lichter einzuholen oder zu löschen waren. Aber aus Bequemlichkeit und frei nach dem Motto „Das machen wir immer so und hier machen es alle so" erwuchsen ernste Gefahrensituationen.

Welche Folgen es haben konnte, wenn auf dem Fangplatz nicht die für die tatsächlich vorgenommenen Handlungen notwendigen Lichter geführt werden, zeigte der Untergang des US-amerikanischen Fischkutters ROSANNE MARIA.

ROSANNE MARIA, Reg. Nr.04-26 75 346 93
Heimathafen: Gloucester Mass. USA, Western Ave;
L 24,69 m, B 5,58 m, Tg 2,92 m

Der Fischkutter kollidierte mit dem Trawler ROS-221 BRANDENBURG auf dem Fangplatz Jeffrey Ledge vor der amerikanischen Ostküste.

ROS-221 BRANDENBURG

ROS-221 BRANDENBURG, Seitentrawler-Klasse Typ III
BJ: 1960
BW: VEB Peene-Werft Wolgast
ID: FiKoRo 1. Dezember 1966
Reederei/Eigner zur Unfallzeit: VEB Fischkombinat Rostock/VEB Fischfang Rostock; HHfn: Rostock
Flagge: GDR
BRT 939/NRT 290/tdw ?
Lüa 65,61 m, Büa 10,32 m, Tg 4,65 m, vD 13 kn
HM: Zwei 4 Takt 8 Zyl. Motore,
Leistung: 1.059 kW (1.420 bhp)
Hersteller: VEB Görlitzer Maschinenbau Görlitz
SK-Nr. 61/72

Trotzdem die US-COAST GUARD der ROSANNE MARIA unmittelbare Hilfe leistete, konnte sie das Sinken des Kutters nach dem Zusammenstoß nicht verhindern. Am 3. Juni 1972 kam der Erste Offizier kurz vor Mitternacht auf die Brücke der BRANDENBURG, um vom Kapitän die Wache zu übernehmen. Es wurde gerade gehievt. In der Nähe befanden sich drei Fahrzeuge, die als Ankerlieger gekennzeichnet waren, sowie zwei DDR-Fang- und Verarbeitungsschiffe. Die Sicht war gut, der Wind wehte mit Stärke zwei aus Südsüdwest.
Entsprechend der Anweisung des Kapitäns sollte westlich gedampft werden, um die vom FVS FRIEDRICH WOLF gemeldeten Fischschwärme zu erreichen. Das Radargerät wurde ausschließlich zur Standortbestimmung genutzt. Auf der Brücke befanden sich der Wachhabende, der Rudergänger und der Ausguck. Kurz nach Mitternacht beobachtete die Brückenwache das nordwestlichste der drei Fahrzeuge etwa zehn Grad achterlicher als querab. Dieses befand sich dann nach einer Kursänderung 30° an Backbord voraus. Die Fahrtstufe wurde von „VV" auf „VH" reduziert, um besser die Fischanzeigen auf der Fischlupe beobachten zu können. Das FVS ROS-303 FRIEDRICH WOLF meldete weitere Fischanzeigen. Der Bestmann auf ROS-221 BRANDENBURG, der auf der Brücke Ausguck ging, erhielt um 0.33 Uhr die Order, die Besatzung an Deck zu holen; daraufhin wurde das Netz zum Aussetzen vorbereitet. Danach wurde die Backbordseite weder vom Rudergänger noch vom Ersten Offizier beobachtet. Der Erste Offizier befand sich an Steuerbordseite der Brücke und beobachtete die Fischanzeigen sowie das Netzaussetzen. Der Rudergänger war voll auf die Beobachtung des Kompasses konzentriert.
Gegen 0.40 Uhr verspürte man auf der BRANDENBURG einen leichten Stoß. Der Erste Offizier beorderte die Maschine sofort auf „Stopp" und „Zurück Halbe Fahrt". Vom Backbord-Brückenfenster aus erkannte er einen an der Bordwand entlangtreibenden Kutter, auf welchem am Vormast eine weiße Lampe brannte und die Decksbeleuchtung zugeschaltet war. Auf ROS-221 brannten zu dieser Zeit nur die Lichter eines in Fahrt befindlichen Schiffes. Auf dem Kutter ROSANNE MARIA brannte das Ankerlicht. Dies wurde von ROS-221 eindeutig erkannt und vom Rechtsanwalt des Kapitäns des amerikanischen Kutters später bestätigt. Beim Betreten des Kutters

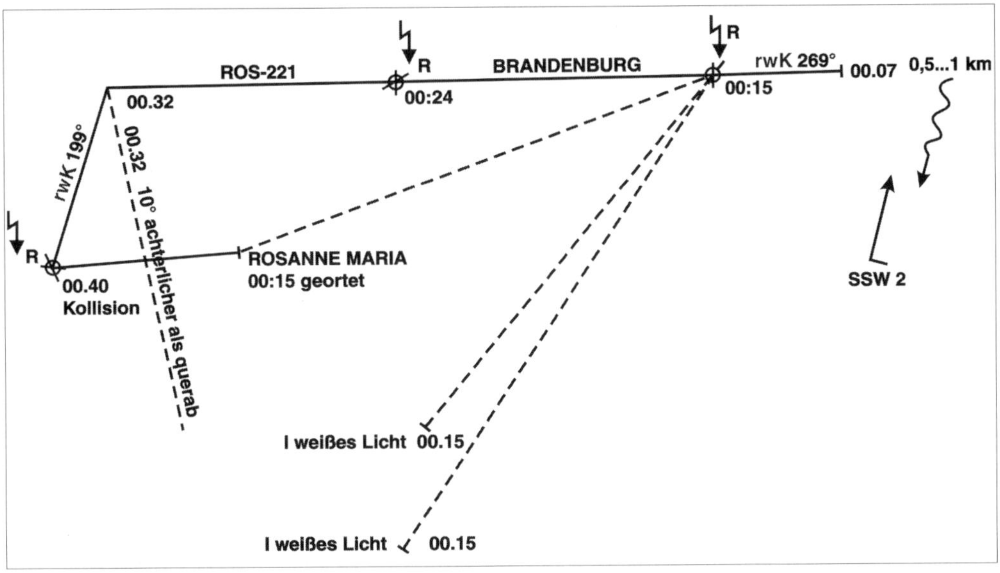

Darstellung der Kollision zwischen ROS-221 BRANDENBURG und dem US-Kutter ROSANNE MARIA

durch den Ersten Offizier gegen 1.10 Uhr stellte er fest, dass die Kurrleine, das einziges Hilfsmittel, um den Anker zu fieren, auf der Winsch aufgetrommelt war. Infolge einer nicht den Regeln entsprechenden Lichterführung musste der Wachoffizier des Trawlers ROS-221 BRANDENBURG annehmen, dass der US-amerikanische Kutter vor Anker lag. Stattdessen aber lief die ROSANNE MARIA ohne brennende Seitenlichter auf das Rostocker Schiff zu. Den Wachoffizier auf ROS-221 traf insofern ein Mitverschulden an dem Seeunfall, weil er trotz der geringen Entfernung zu dem Kutter

ROSANNE MARIA erhält Hilfe von der US-COAST GUARD

den Ausguck abzog und an Deck beorderte, so dass eine pflichtgemäße Beobachtung des Kutters nicht erfolgte. Der Erste Offizier wurde von der Seekammer zur Verantwortung gezogen.

ROSANNE MARIA macht stark Wasser

ROSANNE MARIA sinkt sieben Stunden und 30 Minuten nach der Kollision

11. Hydrographische Sicherung des Küstenmeeres (Territorialgewässer)

Die Entstehung des Seehydrographischen Dienstes der DDR

Der Zweite Weltkrieg hinterließ im deutschen Küstengebiet Minen und Wracks untergegangener Schiffe, zerstörte Leucht- und Funkfeuer. Die 1945 im Alliierten Kontrollrat für Deutschland vereinbarte Verwaltung der vier Besatzungszonen auf der Basis gemeinsam beschlossener Grundsätze fand nach der von den Westmächten (USA, Großbritannien, Frankreich) beschlossenen Währungsreform ihr Ende. Das Deutsche Hydrographische Institut (DHI) in Hamburg führte seit 1948 keine Seevermessungen mehr in den Gewässern der sowjetischen Besatzungszone durch.

Der Aufbau der Fischkutterflotte in Saßnitz, die Räumung der Minen und Wracks im Küstenvorfeld, die Instandsetzung der Häfen und die Betonnung und Befeuerung der Seewege und Küstenabschnitte erforderte nun eine Fortsetzung der vom Deutschen Hydrographischen Institut eingestellten Arbeiten. Notwendig war auch die Herausgabe von Seekarten und nautischen Veröffentlichungen sowie von meteorologischen und hydrologischen Angaben.

Mitte 1948 forderte die Sowjetische Militäradministration in Deutschland (SMAD) die »Generaldirektion Schifffahrt« auf, die Seevermessung und meereskundlichen Beobachtungen im Bereich der Küste der sowjetischen Besatzungszone neu zu organisieren.

Man richtete das Referat „Seevermessung und Meereskunde" ein und schuf bei den Wasserstraßenämtern Stralsund und Rostock je eine Seevermessungsgruppe.

Im Sommer 1949 veranlasste die Sowjetische Militäradministration die Gründung des Seehydrographischen Instituts, das die vom Deutschen Hydrographischen Institut eingestellten Arbeiten für das Küstengebiet der sowjetischen Besatzungszone übernahm. Nach der Gründung der DDR wurde dieses Institut am 27. Juli 1950 unter dem Namen „Seehydrographischer Dienst der Deutschen Demokratischen Republik (SHD der DDR)" nach einem Ministerratsbeschluss rückwirkend zum 1. Januar 1950 gegründet und der Hauptverwaltung Seepolizei (HVS) unterstellt. Das Aufgabengebiet des Seehydrographischen Dienstes umfasste anfangs noch nicht das Seezeichenwesen, das noch bis zum 5. Juni 1952 zum Bereich der »Generaldirektion Schiffahrt« im Verkehrsministerium gehörte. Nicht nur die festen und schwimmenden Seezeichen, die Tonnenhöfe, die Dienst- und Wohngebäude, Werkstätten und technischen Einrichtungen, sondern auch die für das Auslegen, die Betreuung und das Auswechseln der Tonnen notwendigen Seezeichenschiffe übernahm nun der SHD. Nach dem Krieg befanden sich die Seezeichen in einem schlechten Zustand. Der Bestand an schwimmenden Seezeichen (Tonnen) reichte überdies für die vollständige Betonnung der Fahrwasser der DDR-Seegewässer nicht aus. Die Seezeichenschiffe waren veraltet. Sie bildeten ein aus heutiger Sicht geradezu abenteuerlich anmutendes Sammelsurium von Dampf- und Motorbooten, Schleppern und Kuttern. Neben den Dampfschiffen BLITZ, LEITHOLM, MARS war das DS MÖWE direkt ein „Star". Obwohl schon mehr als fünfzig Jahre alt, war es doch ein „richtiger" Tonnenleger. Die MÖWE blieb zunächst das einzige Schiff im Seehydrographischen Dienst, das über ein Ladegeschirr verfügte, mit dem auch die in freier See liegenden schweren Gasleuchttonnen ausgelegt und eingeholt werden konnten. Trotz aller Schwierigkeiten leisteten die Besatzungen schier Unmögliches, um ein sichere Befahren der Küstengewässer zu ermöglichen. Noch gab es an Bord weder Echolot oder Radar noch einen Empfänger für das Hyperbelfunknavigationsverfahren und dennoch wurden die Tonnen an den vorgesehenen Positionen richtig verankert. Die MÖWE ex NORDSØEN fuhr ab 1953 unter dem Namen DORNBUSCH.

Die NORDSØEN war in Dänemark als Seezeichenschiff – dort sagte man „Feuertransportschiff" – um die Jahrhundertwende erbaut worden. Es war das Dampfschiff Nr. 72 des Baujahres 1898. Die ursprüngliche Länge des Schiffes betrug 27,6 m. Nach ihrer Verlängerung im Jahre 1907 gab das FARVANDSDIREKTORATET (dem SHD ähnlich) folgende Angaben zum Schiff: Länge zwischen den Loten 32,68 m, Breite 5,93 m, Tiefgang hinten 2,73 m; Register Tonnage Brutto 150, Netto 57; Deplacement in englischen Tons 268; indizierte PS der Maschine 260 (191 kW).

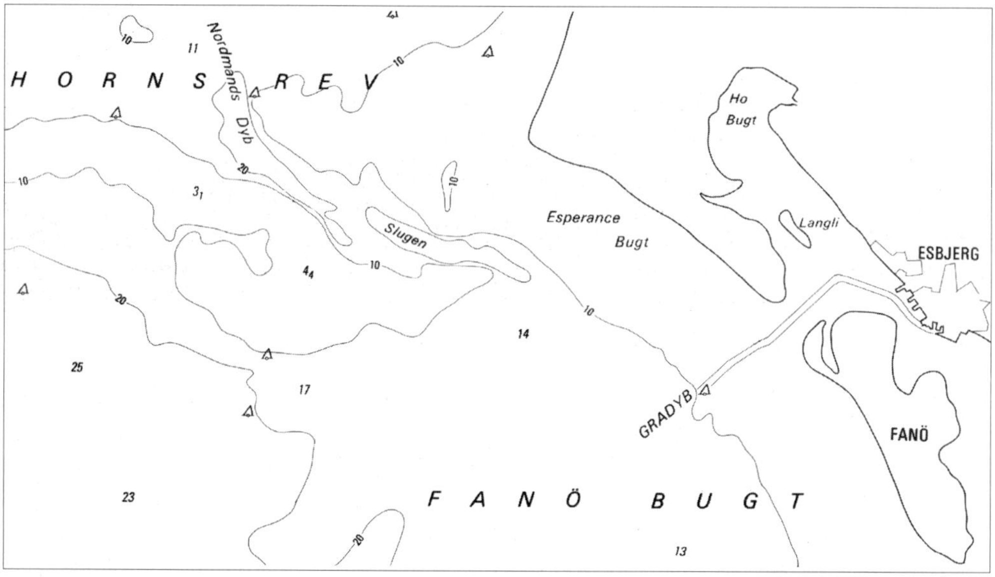

Einsatzgebiet des dänischen Tonnenlegers NORDSØEN an der dänischen Westküste bis 1948.

Der erste Schiffsführer war Oberleutnant F. Cold, der erste Ingenieur M. A. Hvalsøe. Die Außerdienststellung durch den dänischen Leucht- und Seezeichendienst erfolgte 1948. Im Herbst 1949 wurde die NORDSØEN an die Abbruchfirma Poul Bergsøe auf der Insel Masnedø, gegenüber der Stadt Vordingborg, auf Insel Seeland gelegen, verkauft. Bei der Überführung des zum Abbruch bestimmten Schiffes durch die Ostsee wurde die NORDSØEN am 10. Dezember 1949, um 22.10 Uhr bei Nordoststurm von dem Dampfschlepper LISCA längsseits genommen, da die Schleppleine gebrochen war. Zwei Seemeilen nordöstlich des Leuchtfeuers „Stevns" brachen die Quer- und Festmacherleinen.

Tonnenleger am Strand gefunden

Dänischer Tonnenleger NORDSØEN am 12.12.1949 an der Küste bei Prerow gestrandet

Die NORDSØEN trieb ab. Am 11. Dezember 1949 gegen 16.00 Uhr wurde sie etwa acht Seemeilen entfernt vom Leuchtfeuer „Hellehavn Nakke" gesichtet. Am Morgen des nächsten Tages gegen 7.30 Uhr strandete das unbemannte Schiff vor Darßer Ort. Wenige Stunden später fand der Wasserschutzpolizeiposten Zingst das Schiff. Um 10 Uhr meldete dieser das Festkommen eines unbekannten Fahrzeuges an der Außenkante der Nord-

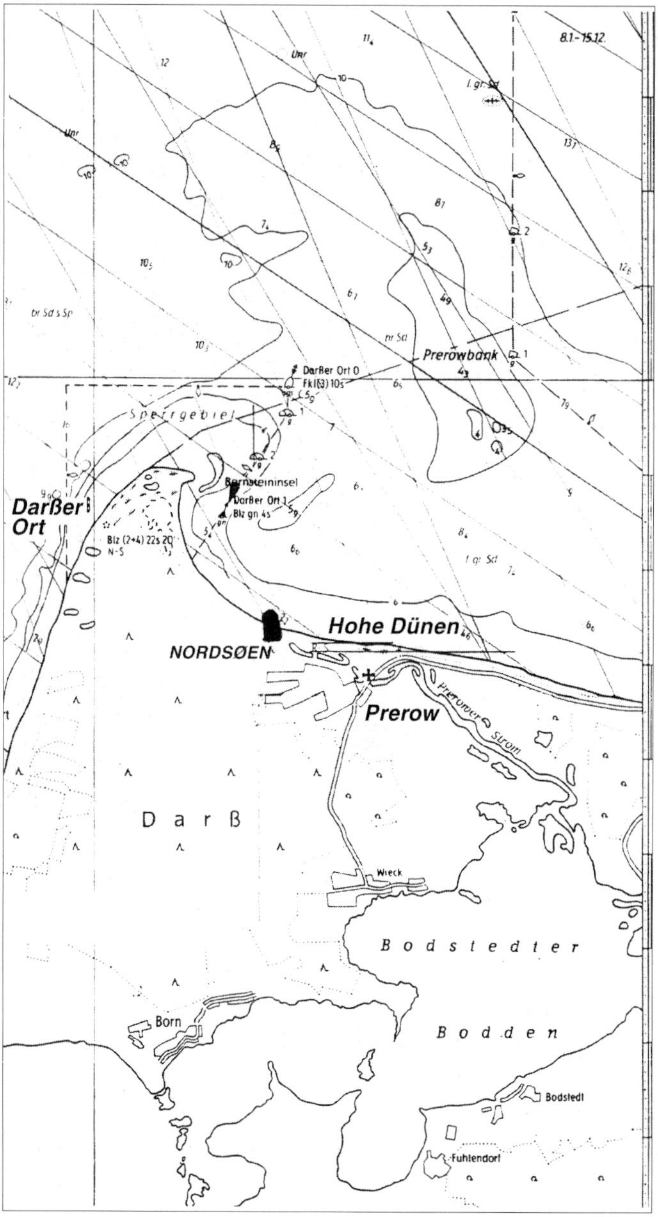

Darßer Ort SHD Nr. 163

düne bei Prerow: „Es handelt sich um ein unbemanntes Schiff von ca. 200 t. Das Schiff liegt quer zum Strand ca. 70 bis 100 m von Land. Das Schiff ist dem Anschein nach bei einer Überführung vom Schlepper abgerissen, weil in der Stb-Klüse auch ein gebrochener Schleppdraht hängt. Das Schiff hat keinen Schornstein und verschiedene Aufbauten fehlen. Die Maschine steht noch im Schiff. Da das Schiff bei hohem Wasserstand aufgelaufen ist (Nordoststurm, die Autoren) – ca. 0,70 m über Mittelwasser – und das Wasser wieder fällt, muß zur Abbringung wohl eine starke Schleppkraft benötigt werden. Der Schiffsrumpf ist, abgesehen von einer Beschädigung an der Reeling, noch sehr gut. Zur Bewachung des Schiffes und um Diebstahl zu vermeiden, hat der Wasserschutzpolizeiposten Zingst eine Wache von sich aus gestellt."

Neben dem Besichtigen, Abbergen und Reparieren des Schiffes, musste die Rechtslage mit dem Ziel geklärt werden, dieses Schiff als Tonnenleger wieder in Dienst stellen zu können, denn die DDR besaß damals kein solches Spezialfahrzeug. Noch am 12. Dezember 1949 ergänzte der Wasserschutzpolizeiposten seine Meldung: „Schornstein war doch vorhanden. Er war, wie auch die Ventilatoren, mit Segeltuch abgedeckt. Über dem Schiffsnamen NORDSØEN war eine dänische Königskrone angebracht." Der Volkspolizist hatte sofort erkannt, dass der Bautyp des Fahrzeuges auf einen Tonnenleger schließen ließ. Die genaue Strandungsstelle wurde mit 54°27´07´´N, 12°33´09´´E gemeldet. Eine Untersuchungskommission des Ministeriums für Verkehrswesen, zu deren Mitgliedern auch der spätere erste Chef des SHD, Professor Dr. Bruns gehörte, begann am 16. Dezember 1949 mit der Untersuchung des Wracks. Nach gründlichen Erwägungen kamen die Mitglieder der Kommission zu der Überzeugung, dass dieses Schiff wieder auf- und ausbaufähig sei. Die Außenhaut unbeschädigt, die Einrichtung vollständig vorhanden. Die Kessel- und Maschinenanlage konnte, so dachte man, nach kurzer Durchsicht wieder einsatzfähig sein. Bei der Kesselanlage handelte es sich um einen Ein-Zylinder-Flammrohr-Kessel mit zwei Feuerbuchsen und einer Heizfläche von etwa 90 m² womit ein Betriebsdruck von elf Atmosphären Überdruck (Atü) erzeugt werden konnte. Die Antriebsmaschine war eine 3fach-Expansions-Maschine mit von Hand betriebener Steffensohnscher Steuerung und einer Leistung von etwa 250 bis 300 PS (184 bis 220 kW). Neben den am Oberflächenkondensator eingebauten Kühlwasser-, Luft-, Lenz- und Speisepumpen befanden sich im Maschinenraum eine Duplex-Pumpe, eine Waier-Pumpe (Ballastpumpe), ferner ein Turbo-Generator mit 115 bis 160 Volt und die wichtigsten Schaltgeräte. Auch die Rudermaschine schien in gutem Zustand. Die Kammern und Wohnräume, ja selbst der Funkraum, waren komplett eingerichtet.

Eine Kommission besichtigt die gestrandete NORDSØEN (in der Mitte Prof. Dr. Bruns, 1. Chef des SHD der DDR)

Erst im März 1950 gelang die Bergung der NORDSØEN, weil Schlepper mit starker Schleppkraft damals kaum zur Verfügung standen. Bei dem Ende Februar 1950 durchgeführten Bergungsversuch mit dem kleinen Schlepper ÄGIR trieb die NORDSØEN wieder auf Grund. Etwas östlich vom Leuchtfeuer Darßer Ort trieb die ÄGIR ebenfalls auf ein Sandriff. Nach wiederholten Versuchen gelang es dann im März 1950 die NORDSØEN flott zu bekommen und nach Wismar in die Werft zu überführen. Hier entdeckte man einige Leckstellen am Schiffskörper. Schiffbauliche Teile, die fehlten oder beschädigt waren, mussten ersetzt werden.

Am 4. September 1950 wurde für die NORDSØEN von der Schiffsvermessungsbehörde beim Wasserstraßenhauptamt Rostock ein neuer Messbrief ausgestellt. Das Gesetz aus der Kaiserzeit, die Strandungsordnung vom 17. Mai 1874, und eine vom Landtag des Landes Mecklenburg erlassene Verordnung zur Ausführung der Strandungsordnung vom 29. Oktober 1947 (Regierungsblatt für Mecklenburg Jahrgang 1947 Nr. 24) galt auch für die Küste und die Küstengewässer der späteren DDR. Demnach waren für die Küste Strandämter zuständig, denen Strandvögte unterstanden. Das Küstengebiet des Darßer Ort (Prerow) unterstand dem Strandamt beim Rat des Kreises Stralsund. Das Strandungsrecht besagte, dass dem Berger von „Seeauswurf und strandtriftigen Gegenständen" ein Anspruch auf Bergelohn zustand. Im Fall des dänischen Seezeichenschiffes NORDSØEN war der Berger die »Generaldirektion Schifffahrt« der DDR. Aus welchen Gründen die Dänen keinen Bergelohn für das Wrack zahlen wollten, ist unbekannt geblieben. Es wurden jedenfalls keine Forderungen auf Rückgabe des Wracks erhoben.

Nach Ablauf einer Frist ging das Eigentumsrecht an der NORDSØEN auf die »Generaldirektion Schiffahrt« über. Die »Generaldirektion Schiffahrt« stellte die NORDSØEN als Tonnenleger MÖWE in Dienst. Als der Seezeichendienst 1952 in die Verantwortung des Seehydrographischen Dienstes überging, erfolgte 1953 ein Wechsel der Schiffsnamen. Es wurden geographische Bezeichnungen ausgewählt, die mit dem Seezeichenwesen in Verbindung standen, um nach außen den Verwendungszweck der Schiffe besser zum Ausdruck zu bringen. Die alte MÖWE trug von nun an den Namen DORNBUSCH.

Bis Mitte der 50er Jahre erhielt der Seehydrographische Dienst die erste Generation neu gebauter Seezeichenkontrollboote. Die anderen kleineren Hilfsfahrzeuge wurden ebenfalls nach und nach ersetzt. Der Tonnenleger DORNBUSCH erfüllte trotz seines hohen Alters alle Anforderungen. Der „Veteran" unter den DDR-Seezeichenschiffen sorgte mit für die nautische Sicherheit in den Küstengewässern der DDR. Nicht mehr beschaffbare Ersatzteile und der schlechte Zustand des Schiffskörpers führten schließlich 1956 zur Außerdienststellung des Schiffes.

Anhang

Schiffsnamenregister zum Textteil

Die von der Seekammer (Havariekommission) und der Großen Seekammer (Bezirkshavariekommission) der DDR - im weiteren Seekammer - von 1950 bis 1990 verhandelten 2.423 Seeunfälle

Die Übersicht enthält im einzelnen:

verhandelt von	Anzahl der Sprüche (gemäß SK-Nr.)
1950-1959	685
1960-1969	919
1970-1979	559
1980-1990	260
	2.423

Nach Ende des Zweiten Weltkrieges wurde bereits in der Sowjetischen Besatzungszone beim Aufbau einer Seewirtschaft auch der Untersuchung von Seeunfällen (Havarien) die notwendige Aufmerksamkeit geschenkt. Das beweist die aus dem Jahr 1948 erhaltengebliebene:

„Niederschrift

über die Untersuchungs-Verhandlung der Havarie der Dampfschlepper 'Vulcan' und 'Sieg' am 30.09.1948 im Hafen von Wismar.

Auf Anordnung der Wasserstraßendirektion Mecklenburg war heute die Untersuchungskommission für den Havariefall 'Vulcan'/'Sieg' in Wismar zusammengetreten, bestehend aus:

dem stellvertr. Amtsleiter des Wasserstraßenamtes Rostock, Herrn Dipl.-Ing. Beuthien, Rostock, als Vorsitzenden, dem Lotsenoberinspektor Herrn Kärsten, (Patent A6), Warnemünde, dem Schiffsingenieur Herrn Schümann, (Patent C6), Rostock, dem Lotsen Herrn Weiß (Patent A6), Wismar, (Betriebs-Gewerkschaftsleitung), dem Geräteführer Herrn Thomas (Patent A4), Wismar, (Betriebsrat der Seebaggerei).

Die Niederschrift gliedert sich in:

- als Beteiligte waren erschienen
- als Zeugen waren erschienen ...
- Die Untersuchungs-Verhandlung erfolgte an Hand der von den beiden beteiligten Schiffsführern des 'Vulcan' und des 'Sieg' eingereichten Havarieberichte unter Benutzung eines Hafenplanes von Wismar, sowie durch die weiteren hierzu von den Beteiligten und den Zeugen gemachten Angaben.
- Der Tatbestand wurde wie folgt festgestellt: ...
- Beurteilung des nautischen Verhaltens beider Schiffsführer ...
- Beurteilung des Verschuldens der Havarie ...

Wismar, den 4. November 1948

Unterschriften der Prüfungs-Kommission"

Die Untersuchungskommission (ab 1950 als Havariekommission bezeichnet) stützte sich bei ihrer Tätigkeit auf Normen des Gesetzes über die Untersuchung von Seeunfällen vom 28.09.1935 (RGBl. I S. 118). 1953 erließ die DDR eine eigene Havarieverfahrensordnung, deren Fundstelle in der Übersicht vermerkt ist.

Die Angaben zum Register wurden den einzelnen Seekammersprüchen entnommen. Dort festgestellte Fehler sind

im Interesse des Auffindens der Sprüche, außer der Schreibweise geographischer Namen, Begriffe und einiger Schiffsnamen in der Übersicht nicht berichtigt worden.
Die betriebliche Zugehörigkeit wurde nachträglich ergänzt. Die Schiffskategorie, ihre Betriebszugehörigkeit, der Ort des Ereignisses und weitere fachliche Details mussten aufgrund des nur beschränkt zur Verfügung stehenden Platzes in den Spalten mit Abkürzungen bezeichnet werden. Traten während des Verlaufes eines bestimmten Jahres Internationale Übereinkommen (Konventionen) und/oder nationale Vorschriften, in Kraft, die die Sicherheit im Seeverkehr, die Verhütung von Kollisionen, die Untersuchung von Havarien (Seeunfällen), die Zulassung zur Seefahrt u.ä. betreffen, sind diese am Ende des jeweiligen Jahres aufgeführt. Dabei erheben die Autoren keinen Anspruch auf Vollständigkeit.

Anmerkungen zu den Spalten der Übersicht

Spalte 1 Schiffsname

Hier erscheint die Schiffskategorie und der Name des Schiffes (Fahrzeuges), in einigen Fällen die Registriernummer des Fahrzeuges, wie er im Spruchkopf des Seekammerspruches an erster Stelle steht. Hinzugefügt wurden die betriebliche Zugehörigkeit – soweit es sich um ein DDR-Fahrzeug handelt – oder die Flagge – bei einem ausländischen Schiff (Fahrzeug).

Spalte 2 Ereignis

Dem Ereignis wurden in den meisten der Fälle die wesentlichen ursächlichen Bedingungen, die zum Seeunfall führten, hinzugefügt. Die Worte »Kollision mit« Abk.: »Koll. mit« oder »Koll. m.« lassen nicht auf das verursachende Schiff (Fahrzeug) und die im Spruch der Seekammer festgestellte Schuld oder Unschuld am jeweiligen Seeunfall schließen.

Spalte 3 Ereignisort

Dem Ereignisort des Seeunfalles sind in der Mehrzahl der Fälle das jeweilig größere Seegebiet und/oder Land bzw. der Landstrich vorangestellt, soweit dies von den Autoren ermittelt werden konnte. Das trifft nicht für das Gebiet und die Küste der heutigen Bundesrepublik Deutschland innerhalb der Grenzen nach der Wiedervereinigung am 3. Oktober 1990 zu. Es wird davon ausgegangen, dass die Lage der geographischen Orte, Küstenabschnitte, Inseln, Schifffahrtsstraßen (Seewasserstraßen) den Bürgern der Bundesrepublik Deutschland allgemein bekannt sind.

Spalte 4 Datum des Ereignisses

Mit Fragezeichen „?" bezeichnete Leerstellen konnten nach 1992 bei der Erarbeitung nicht mehr ermittelt werden.
Tagesangaben, die mit einem Schrägstrich „/" versehen sind bedeuten, dass das Ereignis bis in den darauf folgenden Tag andauerte.
Tagesangaben, die mit einem Bindestrich „-" versehen sind bedeuten, dass das Ereignis über mehrere Tage andauerte.

Spalte 5 Ursache
Die Ursachen sind wie folgt gekennzeichnet:

1 Subjektive Ursache
2 Objektive Ursache
3 Kein Seeunfall
4 Durch andere staatliche Organe verhandelt
G Große Seekammer (Bezirkshavariekommission)

Subjektive Ursachen, die ursächlich zum Seeunfall führten, sind in einer ganzen Reihe von Fällen nicht dem (den) in

Spalte 1 genannten Schiff (en) (Fahrzeug (en)), sondern den in
Spalte 2 genannten oder beiden zuzuordnen. Aus der **Spalte 5**

lässt sich damit keine Schuldfrage auf ein bestimmtes Schiff (Fahrzeug) ableiten.

Spalte 6 Seekammer-Nummer (SK-Nr.)
Im Jahr 1950 wurden unter der SK-Nr. 10/50 neun einzelne Seeunfälle vermerkt, die verhandelt wurden, aber nur insgesamt eine SK-Nr. erhielten (ASA ELDRIGDE, MOLLOU, VERA LARSEN, ANGARA, ROLOFF, MARGARETHE, FORTUNA, PAUL, KRIMOW). Die von 1950 bis 1959 vergebenen SK-Nr. ergeben 677 verhandelte Seeunfälle. Dieser Summe sind die „verborgenen" acht Seeunfälle der SK-Nr. 10/50 hinzuzurechnen. Damit wurden von 1950 bis 1959 650 Seeunfälle verhandelt.
In den Jahren von 1950 bis 1959 erhielten Wiederaufnahme-, Einspruchs- und Berufungsverfahren sowie Verhandlungen über einen bestimmten nautischen Bezug eine gesonderte SK-Nummer.
Hierbei handelt es sich um die SK-Nummern:
G 04/51; 23/51; G 15/52; 17/52; 36/52; 38/52; 54/52; 65/52; 09/53; 13/53; 14/53; G 26/53; 30/53; G 42/53; G 61/53; 62/53; 66/53; 02/54; 05/54; 95/54; 52/55; 21/56; 29/58; 37/58; 66/58; 79/58; 17/59 (insgesamt 27 Fälle).
Diese wurden in den 2.423 verhandelten Seeunfällen statistisch mit erfasst, obwohl sie bereits eine SK-Nr. erhalten hatten.
In vielen dieser Fälle führte die neue Entscheidung zu anderen Ergebnissen als im vorhergehenden Spruch. Seit 1960 erhielt der Spruch der Großen Seekammer die SK-Nr. der ersten Verhandlung. Seit dieser Zeit wurde jeder Seeunfall nur ein Mal statistisch erfasst.

Die Abkürzungen für die Fischereifahrzeuge der VEB Fischkombinate Rostock und Saßnitz haben ihre eigene, nachstehend beschriebene, Geschichte, zum Beispiel:
SAS-123 WISMAR
ROS-223 GERA.
In Deutschland regelte unter anderem das Fischereigesetz für den Preußischen Staat vom 30. Mai 1874 (Gesetzessammlung, S. 55) nebst Ausführungs-Verordnung für die Provinz Pommern vom 15. Mai 1877 die Kennzeichnungspflicht der Fahrzeuge der Küstenfischerei. Sie wurden auf der Grundlage des Gesetzes zur Ausführung der Internationalen Konvention vom 6. Mai 1882, betreffend die polizeiliche Regelung der Fischerei in der Nordsee außerhalb der Küsten-

gewässer vom 30. April 1884 (RGBl. S. 48) näher bestimmt.

Die hier interessierende Regelung lautet:

„Art. 5. Die Fischereifahrzeuge der Hohen vertragsschließenden Theile sind, nach Maßgabe der Verwaltungsvorschriften der verschiedenen Länder, in Register* einzutragen. Für jeden Hafen erfolgt die Eintragung unter fortlaufenden Nummern*, mit Vorsetzung des oder der für denselben von der zuständigen höheren Verwaltungsbehörde bestimmten Unterscheidungsbuchstaben*

(* hervorgehoben von den Autoren)".

An dieser Festlegung hat sich bis heute kaum etwas geändert. Auf der Grundlage wechselnder Rechtsvorschriften wurden den Fischereifahrzeugen der DDR Erkennungszeichen und -zahlen zugeteilt, zum Beispiel seit 1976 (Ostsee- und Küstenfischereiordnung):

„ 1. für Fischereifahrzeuge der bezirksgeleiteten Fischwirtschaft durch das Oberfischmeisteramt
2. für Fischereifahrzeuge der volkseigenen Fischfangbetriebe durch das Seefahrtsamt" (z.B. SAS-123, ROS-223).

Diese Festlegung war bereits durch die Anordnung über die Zulassung von Fahrzeugen zur Seefahrt vom 27. November 1975 (SDr. Nr. 824 des GBl.) präzisiert worden:

„§ 15 Kennzeichnung von Fischereifahrzeugen

(1) Verarbeitungsschiffe und gleichartige Fischereifahrzeuge mit einer Größe von 500 BRT oder mehr sowie Trawler, Logger und gleichartige Fischereifahrzeuge mit einer Länge von 30 m oder mehr müssen zusätzlich zur Kennzeichnung gemäß § 13 die vom Seefahrtsamt erteilten Erkennungsbuchstaben und -zahlen führen."

„(2) Andere als im Abs. 1 genannte Fischereifahrzeuge müssen die vom Oberfischmeisteramt für Ostsee- und Küstenfischerei der DDR erteilten Erkennungsbuchstaben und -zahlen an beiden Seiten des Bugs führen" (z.B. WAR-25, WOG-89).

Seit 1979 wurden Erkennungszeichen und -zahlen erteilt:

1. Für Fischereifahrzeuge der See- und Küstenfischerei durch das Fischereiaufsichtsamt (vormals das Oberfischmeisteramt, die Autoren),

2. für Fischereifahrzeuge der volkseigenen Fischfangbetriebe durch das Seefahrtsamt. Diese Regelung war gültig bis zum 2.10.1990.

Übersicht über die von der Seekammer (Havariekommission) und 1950 bis 1990 verhandelten Seeunfälle

Schiffsname	Ereignis
1950	
Schl. FRITZ (SchT) m. Anh. Kahn ANNA	ANNA bei Starkwind ungeschützt vor Anker gelegt
Schl. FRITZ (SchT) mit Anhang	Anh. Kahn ANNA 4-1342 gestrandet
DS DORA AHRENS/GFR	Festkommen
DSchl. AEGIR (WSAG)	Strandung bei Hilfe für DS NORDSOEN/DEN
DS NORDSOEN (MÖVE) (SHD)	Strandung als DS NORDSOEN/DEN
MS LILLEBEALT/DEN	Koll. mit MS SKANSEODDE
Schute SELMA II (DSU)	Untergang
HSch GIGANT 5 H - 931 (SchT)	Kentern und Untergang
DS VORWÄRTS (DSU,1952 DSR)	Maschinenschaden
MS ASA ELDRIDGE + 8 Schiffe	s. Hinweis in Erläuterungen zum Register
1951	
Schl. AKTIVIST (WSAG) mit Anhang	Verlust des Anhangs (Wrack WISMAR) bei Überführung
SAS-150 HIDDENSEE	Wrackberührung
Wa-55 MARIANNE Anh. von Wa-57	Strandung mit Totalverlust
Wa-57 JASMUND mit Anh. Wa-55	Grundbg.
Wa-55/Wa-57 siehe oben	Strandung mit Totalverlust / Grundbg.
SAS-133 STORKOW/SAS-86 KRULL	Festkommen im Packeis mit Ankerverlust
DSchl. GREIF (WSAG)	Stahlleine in der Schraube während Eisaufbruch
SAS-193 STENDAL	Koll. beim Längsseitsgehen an SAS-114
SAS-211 SCHLESWIG-HOLSTEIN	Bruch des großen Zahnrades an der Netzwinde
SAS-121 MAX MATERN	Koll. mit SAS-134
SAS-134 STRALSUND	Koll. mit SAS-150
SAS-171 GERA	Grundbg. und durch Schwell auf Strand gesetzt
SAS-98 HERMANN BEBERT	Untergang
SAS-181 KÜHLUNGSBORN m. Anh.	SAS-92 (Anh.) Wassereinbruch, auf Grund gesetzt
DS ANTHONY ENRIGHT/GBI	Koll. mit Bagger PLUTO (WSAG)
DS VORWÄRTS (DSU, 1952 DSR)	Koll. mit Tankleichter 4-1783-B (DSU)
Schwimmkran Assistenz von 2 Schl.	Koll. mit MS KARE
ROS-116 M. MADDALENA ROSSI	Grundbg.
DSchl. PAUL (WSAG)	Koll. mit MS HEDWIG 2-284-B (DSU)
DSchl. STEINMETZ (PE, Ludewig)	Koll. mit Arbeitsboot des Baggers HAI (WSAG)
ROS-119 PATRIOT	Maschinenschaden
SAS-129 FRIEDRICH ENGELS	Koll. mit FK HEI-32/GFR (Heimath. Heikendorf)
SAS-149 ARKONA	Tod eines Besatzungsmitgl. durch Ertrinken

Großen Seekammer (Bezirkshavariekommission) der DDR von

Ereignisort	Datum	Urs.	Spr.-Nr.
Gewässer um Rügen, Wittower Fähre	??.??.??	1	01/50
Gewässer um Rügen, Wittower Fähre	??.??.??	1	02/50
Stralsund, Ziegelgraben	08.03.50	1	03/50
Halbinsel Darß, Darßer Ort, Oststrand	26.02.50	2	04/50
Vor Prerow, Bergungsversuche	25./26.02.50	2	05/50
Rostock-Fahrw.	08.03.50	2	06/50
Hafen Stralsund, Schwedenkai	07./08.08.50	1	07/50
Peenestrom-Fahrw., Eisenbahnbrücke Karnin	09.10.50	2	08/50
Reise Rostock-Ventspils (Windau)-Stralsund	16.11.50	3	09/50
Rostock, Warnow-Fahrw.	??.12.50	1	10/50
N-lich Rügen 54°45' N, 13°07' E	30.12.50	1	01/51
Hafen Saßnitz	16.11.50	2	02/51
Halbinsel Darß, Darßer Ort Riff	16.01.51	2	03/51
Halbinsel Darß, Darßer Ort Riff	16.01.51	1	03/51
Halbinsel Darß, Darßer Ort Riff	16.01.51	2/1	G 04/51
E-lich Insel Rügen, Prorer Wiek	14.-16.02.51	2	05/51
Hafen Stralsund	17.02.51	2	06/51
Pommersche Bucht 54° N, 14°30' E	22.01.51	1	07/51
Ostsee, Mittelbank	27.02.51	3	08/51
Hafen Saßnitz, Zollabfertigung	11.02.51	1	09/51
Hafeneinfahrt Saßnitz	14.02.51	2	10/51
Insel Bornholm, NE-Küste, Hafeneinfahrt Tejn	16.08.51	1	11/51
Ostsee 54°34' N, 14°39' E	07./08.01.51	2	12/51
Ostsee, vor Graal-Müritz	17.04.51	2	13/51
Warnemünde, Neuer Strom	12.10.50	1	14/51
Rostock, Einfahrt zum Kohlehafen	07.03.51	2	15/51
Warnemünde, Werftbecken	16.05.51	2	16/51
Ostsee, SW-Küste von Öland	23.01.51	2	17/51
Rostock-Fahrw.	09.06.51	1	18/51
Rostock-Fahrw.	12.06.51	2	19/51
Auf Fangreise	22.01.51	1	20/51
Prorer Wiek 54°27′N, 13°43' E	26.04.51	1	21/51
In See	??.??.??	1	22/51

FK namentlich nicht genannt	Tod von 3 Personen, Stellungnahme zur Haftsache
SAS-135 CHEMNITZ	Grundbg.
FAB STURMVOGEL	Vertreiben auf ein Wrack
Schl. AKTIVIST (WSAG)	Koll. mit MS ZEELAND/NTH
Schl. AKTIVIST (WSAG)	Verlust Hebezylinder (Bruch Augbolzen)
DSchl. STEINMETZ (PE, Ludewig)	Koll. mit Schute 768 u. Dalben
ROS-131 III.WELTFESTSPIELE	Koll. mit MB KÖLPIN (WSAG)
SAS-139 DAMGARTEN	Koll. mit FäS KONG GUSTAV V/NOR
MS GORCH FOCK/GFR	Koll. mit Stromfähre III
ROS-125 MAX REIMANN	Ausfall Netzwinde
ROS-107 RUDOLF BREITSCHEID	Koll. mit DS REGIN/NOR
Saugbagger NOGAT (WSAG)	Koll. mit unbekanntem Motorsegler
ROS-104 ROSA LUXEMBURG	Minentreffer
ROS-107 RUDOLF BREITSCHEID	Maschinenschäden
ROS-102 KARL MARX	Schaden an der Schiffsschraube (Materialfehler)
Schl. MARIE (WSA-Rostock)	Koll. mit Schleusentor
MS ERIK HANS/SWD	Koll. mit Kai
FK namentlich nicht genannt	Tod eines Besatzungsmitgliedes durch Ertrinken
ROS-107 RUDOLF BREITSCHEID	Koll. mit ROS-108
DSchl. SASSNITZ (DSU) m.Anh.	Sinken Anhang Kahn GRIMM Nr. 4-1376A (DSU)
DFGSch SOW.FREUNDSCH.(DSU)	Koll. mit MS F.A. HARDER/DEN
SAS-227 LEO JOGISCHES	Koll. mit FK Fle 3/GFR
Motorschute VORWÄRTS (DSU)	Koll. mit Lotsenboot
DSchl. STEINMETZ (PE, Ludewig)	Koll. mit Schute 513
KARLSHAGEN IV (PE)	Sinken durch Leck bei schwerer See
ROS-121 AKTIVIST	Grundbg.
DSchl.BUSSARD/Anh. (WASG)	Koll. mit MS VIKING/SWD
MS GERD/GFR	Koll. mit Leuchtfeuer Poel (Unterfeuer)
DSchl. BUSSARD (WSAG)	Koll. mit DS FIGGE/NOR
ROS-102 KARL MARX	Grundbg.
MS LL 397/SWD	Koll. mit ROS-115
ROS-110 GESCHWISTER SCHOLL	Grundbg.
ROS-126 THOMAS MÜNTZER	Grundbg.
ROS-119 PATRIOT	Koll. mit ROS-113
ROS-130 IMMER BEREIT	Grundbg.
ROS-122 1. MAI	Grundbg.

Ab Februar 1952 trat gemäß § 9 des Gesetzes über die Untersuchung von Seeunfällen vom 28.09.1935 (RGBl. I S. 118) in der Havarieverhandlung ein Havariekommissar, gestellt vom vom Wasserstraßenhauptamt, auf.

1952	
MS ANNI TRAMM	Beschädigung durch Schl. AKTIVIST (WSAG)
SAS-238 HILDE COPPI/SAS-130 JENA	Bergung an Kuttern, Schäden auf MARGARETHE

Fahrtgebiet nicht genannt	??.06.51	1	23/51
Ostsee, SWD, vor Ystad	??.??.??	2	24/51
Außenküste Insel Usedom	21.04.51	1	25/51
Warnemünde-Fahrw.	04.08.51	1	26/51
Halbinsel Darß, vor Darßer Ort	02.09.51	2	27/51
Rostock-Fahrw.	17.08.51	2	28/51
Rostock-Fahrw.	15.09.51	2	29/51
Vor Saßnitz, zwischen den Tn. 5 und 4	08.10.51	1	30/51
Warnemünde-Fahrw.	08.08.51	2	31/51
Nordmeer	22.08.51	2	32/51
Warnemünde-Fahrw.	17.09.51	2	33/51
Warnemünde-Fahrw.	15.10.51	1	34/51
Großer Belt, ZW 28, zw. d. Positionen 3 u. 4	19.08.51	2	35/51
Fahrt zum Fangplatz	13.-22.08.51	1	36/51
Fahrt in See	31.08.51	2	37/51
Rostock, Mühlendammschleuse	12.10.51	2	38/51
Warnemünde, Kai	05.09.51	1	39/51
Ostsee 54°36´ N, 13°15´ E	29.07.50	2	40/51
Nordsee 55°48´ N, 02°12´ E	10.10.51	1	41/51
Greifswalder Bodden	01.09.51	2	42/51
Hafenausfahrt Stralsund	03.11.51	1	43/51
Hafen Saßnitz	08.11.51	2	44/51
Warnemünde-Fahrw.	14.11.51	2	45/51
Warnemünde, Neuer Strom	22.09.51	2	46/51
Ostsee, Adlergrund	16.11.51	2	47/51
Ostsee 55°23´ N, 12°52´ E	15.11.51	1	48/51
Wismar-Anstg.	03.11.51	1	49/51
Wismar-Anstg.	30.08.51	1	50/51
Hafen Wismar	19.08.51	2	51/51
Ostsee 55°40,5´ N, 12°40,6´ E	08.11.51	2	52/51
Warnemünde, Kai	29.11.51	1	53/51
Rostock-Fahrw.	07.11.51	2	54/51
Rostock-Fahrw.	01.10.51	2	55/51
Rostock-Bramow	03.04.51	1	56/51
Nordsee, NOR, Listafjord bei Varnes	04.12.51	2	57/51
Rostock-Fahrw., bei Tn.10	30.11.51	1	58/51
Rostock-Fahrw., bei Tn.9	04.01.52	2	01/52
Freesendorfer Haken und Gager	15.-20.12.51	2	02/52

DSchl. MARGARETHE (PE, WSAG)	Schieberstangenbruch
ROS-123 CLARA ZETKIN	Festkommen
ROS-106 AUGUST BEBEL	Tonne gestreift, keine Grundbg.
MS HANS (PE, DSU)	Koll. mit Brückendalben, Ruder unbesetzt
SAS-77 NEUE ZEIT	Strandung
DS VORWÄRTS (DSU, 1952 DSR)	Abknicken des Fockmastes beim Beladen
ROS-111 WELTFRIEDEN	Koll. mit Bagger XII (WSAG)
DSchl. MERKUR (PE, WSAG)	Grundbg.
DSchl. STEINMETZ (PE, Ludewig)	Grundbg. mit Schraubenschaden
ROS-103 FRIEDRICH ENGELS	Grundbg.
SAS-200 NEUES DEUTSCHLAND	Koll. mit Kaimauer
SAS-97 HANS BEIMLER	Koll. mit SAS-181
ROS-119 PATRIOT	Berührung ROS-106
Klappschute 6-S-114 (WSAG)	Sinken
Klappschute 6-S-114 (WSAG)	Bestätigung des Spruchs vom 02.04.52 SK.Nr.16/52
Wa-50 WEIMAR (FGS)	Koll. mit Wa-10
MS CAPELLA/NOR	Koll. mit Saugbagger NOGAT (WSAG)
ROS-125 MAX REIMANN	Netz in der Schraube
ROS-106 AUGUST BEBEL	Grundbg.
ROS-122 1. MAI	Netz in der Schraube
ROS-131 III. WELTFESTSPIELE	Koll. mit unbeleuchtetem Kutter TRA-63/GFR
ROS-133 AUFBAU ex JUNGE GARDE	Koll. mit SAS-263
Motorsegler WERNER/GFR	Sinken nach Eisfahrt
SAS-158 RÜGENLAND	Strandung
FGSCH NAUTILUS (Reeder Alwert)	Koll. mit STR-22
DSchl. EXPONENT (SchT)	Koll. mit MS ELIN S
ROS-113 NATIONALE FRONT	Grundbg. mit Bagger XII (WSAG)
ROS-203 ZWICKAU	Grundbg. da ohne Lotsen
Schute OL 2 (PE)	Sinken
Wa-7 SEEADLER/Wa-19 CARLA(PE)	Minendetonation im Netz
ROS-109 KARL V. OSSIETZKY	Grundbg.
DFGSCH SOWJETFREUNDSCHAFT (DSU)	Grundbg. außerhalb vom Kursweg
SAS-154 HANS SCHOLL	Festkommen im Nebel
Wa-M-52 FREIE DEU.JUGEND	Motorschaden
Klappschute 6-S-511 (WSAG)	Strandg.bei Überführg.durch DSchl.GREIF (DSB)
Wa-26 KÄTHE (PE)	Motorschaden
ROS-119 PATRIOT	Draht in der Schraube beim Ablegen
ROS-109 KARL V. OSSIETZKY	Grundbg.
ROS-119 PATRIOT	Koll. mit ROS-106
ROS-123 CLARA ZETKIN	Seeschlag bei schwerem Wetter
ROS-112 3. BUNDESKONGRESS	Festkommen durch DSchl. STEINMETZ
ROS-202 STALINSTADT	Koll. mit DS TUNGENESS/NOR
DS VORWÄRTS (DSR)	Verschwinden des III. Offz.

Seegebiet vor Darßer Ort	25.08.51	2	03/52
Ostsee, Ostküste der Insel Bornholm	23.-24.03.51	1	04/52
Sund, ZW 32, Tn.12	30.12.52	1	05/52
Wolgast, Brücke der Freundschaft	??.01.52	1	06/52
Insel Rügen, bei Dranske	20.01.52	1	07/52
Hafen Rostock	01.03.52	1	08/52
Hafen Rostock-Marienehe	15.12.51	2	09/52
Warnemünde, Pinnegraben	28.02.52	2	10/52
Rostock, Klappstelle Breitling	16.12.51	2	11/52
Warnemünde-Fahrw., bei Tn. B	21.12.51	1	12/52
Insel Rügen, Wieker Bodden, Hafen Wiek	07.10.51	1	13/52
Hafen Saßnitz, Mole Innenkante	15.03.52	1	14/52
Hafen Rostock-Marienehe	15.03.52	1	G 15/52
Stralsund, Baggerschüttstelle Dänholm	??.??.??	1	16/52
Stralsund, Baggerschüttstelle Dänholm	??.??.??	1	17/52
Warnemünde, Alter Strom	03.02.52	1	18/52
Warnemünde, Wendebecken	01.04.52	1	19/52
Ostsee, Fangplatz Gotland	05.11.52	1	20/52
Warnemünde-Fahrw.	17.03.52	1	21/52
Ostsee, Adlergrund	10.06.51	1	22/52
Ostsee, Adlergrund	20.01.52	1	23/52
N-lich Bornholm 55°24´ N, 15°41´ E	08.04.52	1	24/52
Hafen Usedom	10.03.52	2	25/52
Insel Bornholm, Gedebak Odde	04.03.52	1	26/52
Hafen Stralsund	15.04.52	1	27/52
Hafen Wismar	01.04.52	1	28/52
Hafen Rostock-Marienehe	30.11.51	1	29/52
Stralsund-O-Anstg., bei Tn. 4	02.04.52	1	30/52
Warnemünde, Tonnenhof	03.05.52	1	31/52
N-lich Warnemünde (ZW)	23.04.52	2	32/52
Rostock, Warnow-Fahrw.	21.03.52	1	33/52
Greifswalder Bodden	25.05.52	1	34/52
Insel Bornholm, N-lich Svaneke	08.05.52	1	35/52
In See	08.01.52	1	36/52
Ostseeküste bei Graal-Müritz	08.07.52	2	37/52
Nähe Insel Bornholm	??.??.??	3	38/52
Warnemünde, DERUTRA-Kai	07.08.52	1	39/52
Ostsee, SW-Küste von Gotland, Burgsvik	09.05.52	2	40/52
Hafen Rostock-Marienehe	16.03.52	1	41/52
In See	02.06.52	2	42/52
Rostock-Marienehe-Fahrw.	16.02.52	1	43/52
Warnemünde, DERUTRA-Kai	06.06.52	2	44/52
Ostsee 54°30´ N, 12°15,3´ E	09.08.52	1	45/52

SAS-203 SACHSEN	Motorschaden
Schleppkahn DOS 083	Koll. mit Yacht ANNELIE (PE)
HSch 1. MAI im Schl. v. MS POLAR	Beide Schiffe (SchT) kollidieren mit Dalben
ROS-135 ROSTOCK	Koll. mit Schoner LUISE/SWE
Saugbagger SEEGATT (DSB)	Grundbg.
Schl. NUDDING (PE)	Sinken der beschädigten Schute O.L.33
MS WESTRAY/NOR	Koll. durch ROS-109
SAS-108 LEIPZIG	Strandung
ROS-119 PATRIOT	Einspruch gegen SK 41/52 (ROS-106 AUGUST BEBEL)
ROS-203 ZWICKAU	Koll. mit ROS-115
DS TARTU/USR	Zu großer Tiefgang des Schiffs (Grundbg.)
MS BUSSARD/GFR	Ohne Ankerverwendung das MS VEGA kollidiert
MS MATROS ZHELEZNIAK/USR	Festkommen
SAS-161 PRENZLAU	Koll. mit SAS-197
SAS-106 POTSDAM	Koll. mit SAS-86
SAS-265 SERGEJ KIROW	Koll. mit SAS-262
SAS-264 ANNA SEGHERS	Koll.mit SAS-220
ROS-121 AKTIVIST (DSB)	Koll. mit Feuerschiff SKAGEN/DEN
ROS-119 PATRIOT	Festkommen
Wa-M-52 FREIE DEUTSCHE JUGEND	Einspruch gegen SK 36/52 = abgewiesen
1953	
ROS-109 KARL V. OSSIETZKY	Koll. mit MS WESTRAY/NOR
Schute	Sinken einer Schute bei Überführung
ROS-116 M. MADDALENA ROSSI	Koll. mit unbeleuchtetem sowj. Minenräumboot
ROS-131 III. WELTFESTSPIELE	Grundbg.
ROS-112 3. BUNDESKONGRESS	Koll. mit Lotsenkutter beim Längsseitsliegen
ROS-101 HEINRICH MANN	Maschinenschaden durch Schnapsflaschen in Bilge
SAS-250 J. SEBASTIAN BACH	Netz in Schraube, eingeschleppt nach Neksø
ROS-129 JUNGER PIONIER	Ankerverlust bei Windstärke 9
SAS-264 ANNA SEGHERS/SAS-220 JOHANN GUTENBERG	siehe SK-Nr. 62/52 neue Verhandlung
Schleppb.ILSE Nr.1-421(BauUnion)	Beschädigung der Hochspannungsleitung
Steinprahm (Nr. 8-S-270) (WBW)	Sinken (Totalverlust durch Wind)
DSchl. MÖNCHGUT (DSB)	Beschädigung eines Bootes der BauUnion
HSch 1. MAI (SchT)	Geringfügige Beschädig. des MS PETERSEN/DEN
MS RUNA/DEN	Geringfügige Beschädigung durch Festkommen
ROS-106 AUGUST BEBEL	Koll. mit Kahn 4-1373
DS ASK/NOR	Grundbg. mit Schraubenschaden
LB WISMAR (CHL)	Koll. mit Schoner CASTOR/DEN im Nebel
DS ELETS/USR	Koll. mit MS KETTY
DS KRIMOW/USR	Koll. mit Kran

8,5 sm E-lich von Saßnitz	12.07.52	2	46/52
Peenestrom, Hafen Anklam	22.10.52	1	47/52
Stralsund, Ziegelgrabenbrücke	24.09.52	1	48/52
Warnemünde, DERUTRA-Kai	??.??.??	1	49/52
Barhöft-Fahrw., bei Tn.22	19.07.52	2	50/52
Warnemünde, Mittelmole	??.??.??	2	51/52
Rostock-Fahrw., bei Dalben Q	10.10.52	1	52/52
Ostsee, USR, N-lich Baltijsk (Pillau)	28.08.52	1	53/52
Hafen Rostock-Marienehe	16.03.52	1	54/52
Fangplatz	15.08.52	1	55/52
Rostock-Fahrw., bei Tn. C	24.11.52	1	56/52
Christinenhafen Rostock	18.09.52	1	57/52
Warnemünde, am Ostmolenkopf	07.10.52	2	58/52
Hafen Stralsund, in der Einfahrt	16.09.52	1	59/52
Fangplatz SE-lich Adlergrund	17.10.52	1	60/52
Ostsee, S-lich der Stolpe Bank 55°10´N, 16°20´E	05.08.52	1	61/52
E-lich der Insel Bornholm	07.11.52	1	62/52
Skagerrak, Feuerschiff SKAGENS REV	28.08.52	1	63/52
Ostsee, vor der Insel Gotland	10.04.52	1	64/52
In See	08.01.52	1	65/52
Rostock-Fahrw., bei Dalben Q	10.10.52	1	01/53
Auf der Fahrt von Warnemünde nach Stralsund	01.05.52	1	02/53
Ostsee, beim Feuerschiff GEDSER REV	17.08.52	4	03/53
Hafen Rostock-Marienehe, Hafenausfahrt	31.03.52	2	04/53
Nordsee, NOR, Flekkefjord	04.07.52	2	05/53
Barentssee	13.07.52	1	06/53
E-lich der Insel Bornholm	18.11.52	1	07/53
Kanal, GBI, vor Dover	07.11.52	2	08/53
E-lich der Insel Bornholm	07.11.52	1	09/53
Peenestrom-Fahrw., Eisenbahnbrücke Karnin	25.01.52	2	10/53
Ribnitz-Fahrw., Große Wiek, Sundische Wiese	29.08.52	2	11/53
Baggerstelle	??.??.??	1	12/53
Stralsund, Südhafen	02.02.52	3	13/53
Stralsund, Innerer Hafen	29.12.52	3	14/53
Hafen Stralsund	06.01.52	1	15/53
Hafen Rostock, Tn. 23	10.03.52	2	16/53
Wismar-Anstg.	23.11.52	1	17/53
Warnemünde, Neuer Strom	03.12.52	2	18/53
Warnemünde, Kai	29.12.52	1	19/53

Schute OL 24	Sinken
MS BJÖRNÖ/SWE	Festkommen
ROS-125 MAX REIMANN	Koll. mit ROS-114
ROS-134 FÜNFJAHRPLAN	Schraubenschaden
MKS HEIN FINK (WSAG)	Grundbg., Tonnen durch Eis vertrieben
Tankleichter 303/ Kahn DOS 249	Festkommen, neue Lage der Fahrwassertonnen
Schl. NUDDING (PE)	Sinken der beschädigten Schute O.L.33 (SK 51/52)
SAS-188 NEURUPPIN	Koll. mit SAS-195
SAS-89 VORWÄRTS	Festkommen
Schl. HANNIBAL (DSB) mit Anh.	Koll. Anh., Kühlschiff 1209, mit Straßenbrücke
Besprechung betr.	Ausnahmegenehmigungen und Havarievorkommnisse
SAS-137 BERNAU	Wassereintritt
SAS-229 WILHELM FLORIN	Festkommen im Nebel
SAS-175 WITTENBURG	Maschinenschaden
Hebeschiff HÜ II/Schute GG4 (SchT) AnL	Strandung bei Sturm
ROS-202 STALINSTADT	Koll.MS BUDDI/SWE/MS ANN CHARLOTTI/SWE
ROS-201 LEIPZIG	Grundbg. beim Passieren DS FRIEDA PETERS
ROS-123 CLARA ZETKIN	Verlust Steuerfähigkeit
Wi-102 COTTBUS	Koll. mit P-106 MARTIN RODA (PE)
ROS-106 AUGUST BEBEL	Grundbg.
MS PIONIER/Schl. WARNOW (DSB)	Sinken MS PIONIER bei Windstärke 8-9
SAS-196 FRIEDLAND	Totalverlust
ROS-112 3. BUNDESKONGRESS	Einspruch gegen Spruch SK 43/53
ROS-112 3. BUNDESKONGRESS	Festkommen
SAS-166 PREROW	Brandschaden
SAS-109 DRESDEN	Festkomnen
SAS-178 STAVENHAGEN	Festkommen
SAS-16 STRANDE (PE)	Geringfügige Koll. m. SAS-179 GRIMMEN
SAS-16 STRANDE (PE)	Geringfügige Koll. m. SAS-179 GRIMMEN
MS EDELGARD/GFR	Tod des Festmachers
SAS-109 DRESDEN	Koll. mit Anleger
ROS-118 SOLIDARITÄT	Gelbkreuzvergiftung im Muni.-Versenkungsgebiet
Schl. NUDDING (PE)	Koll. mit Wa-M 3
DSchl.BUSSARD/Anh.Schute6-S-512	Koll. mit MS ANNA/DEN
DSchl. STEINMETZ (PE, Ludewig)	Koll. mit Schute 7-S-219
ROS-127 WERNER SEELENBINDER	Festkommen im Nebel
ROS-116 M. M. ROSSI/Schl.GERDA	Koll. mit SAS-206
FäS STARKE/DEN	Koll. m. Bagger WARNEMÜNDE (DSB)
MS WÜRZBURG/GFR/	Beim Backsen Schute beschädigt
MS BRAVORE/NOR	Grundbg.
DS TINTERN ABBEY/GBI	Koll. mit Kai und Krananlage
SAS-215 ALBERT EINSTEIN	Koll. m. SAS-250; SAS-250 Totalverlust

Rostock, Mühlendammschleuse	05.12.52	2	20/53
Rostock-Fahrw., bei Tn. 1	22.01.53	1	21/53
Hafen Rostock-Marienehe	29.10.52	1	22/53
Kanal 51°08′ N, 09°50′ E	15.11.52	2	23/53
Hiddensee-Fahrw.	25.02.52	2	24/53
Greifswalder Bodden, Freesendorfer Haken	08.03.53	2	25/53
Warnemünde, Mittelmole	??.??.??	2	G 26/53
Hafen Saßnitz	27.09.52	1	27/53
Ostsee, SWD, E-lich Smygehuk	18.02.52	1	28/53
Stralsund, Ziegelgrabenbrücke	11.03.53	1	29/53
	17.04.53	3	30/53
Ostsee, NNE-lich Stubbenkammer	04.03.53	1	31/53
Insel Bornholm, Broens Rev	22.03.53	1	32/53
Ostsee 55° N, 13°50′ E	13.08.53	1	33/53
Halbinsel Darß, Darßer Ort, Ostküste	18.11.52	2	34/53
Hafen Warnemünde	16.01.53	2	35/53
Rostock-Fahrw.	29.03.53	2	36/53
Nordsee 54°30′ N, 01°20′ E	08.10.52	2	37/53
Ostsee, beim Feuerschiff GEDSER REV	26.10.51	1	38/53
Vor Gotland 57°33′ N, 19°22′ E	18.12.52	1	39/53
Insel Usedom, Heringsdorf, Seebrücke	07.05.53	1	40/53
Insel Bornholm vor dem Hafen Neksø	04.01.53	1	41/53
von G abgewiesen	26.06.53	1	G 42/53
Barentssee, NOR, Honningsvåg	02.12.52	1	43/53
SE-lich Saßnitz	19.03.53	2	44/53
Insel Rügen, W-lich Sellin	26.02.53	1	45/53
Insel Bornholm, vor Snogebæk	18.03.53	1	46/53
Hafen Saßnitz	26.02.53	1	47/53
Hafen Saßnitz	02.03.53	1	48/53
Hafen Wismar	28.05.53	1	49/53
Hafen Saßnitz, Brücke 2	17.03.53	2	50/53
Ostsee 56°15′ N, 19°20′ E	23.04.53	1	51/53
Warnemünde, Alter Strom	05.02.53	1	52/53
Wismar-Anstg., bei Tn. 23a	13.09.53	1	53/53
Hafen Rostock-Marienehe	26.10.52	2	54/53
Rostock-Fahrw.	27.02.53	1	55/53
Rostock, SuBWR-G	11.12.52	1	56/53
Warnemünde, Neuer Strom	26.05.53	2	57/53
Hafen Wismar	19.07.53	1	58/53
Warnemünde, Neuer Strom	16.07.53	2	59/53
Warnemünde, Wendebecken	19.09.53	2	60/53
Kattegat, ZW nach Skagen, bei Tn. 2	03.09.53	1	G 61/53

SAS-215 ALBERT EINSTEIN	Wiederaufnahmeverfahren SK 61/53
ROS-108 ERNST THÄLMANN	Koll. mit Fischbrücke
DSchl. GREIF (DSB) mit Anhang	Beschädigung eines Betonpfahles
MS JUDITH/Lotsenboot (LW)	Koll. beider Fahrzeuge
Doppel des Spruchs SK 61/53	irrtümlich hier abgeheftet
DSchl. BUSSARD mit Anhang	Festkommen
SAS-297 SEIWAL	Grundbg.
SAS-155 SOPHIE SCHOLL	Mann über Bord (Ertrinken)
MKS HEIN FINK (DSB)	Maschinenschaden
MS FLAMINGO (SchT)	Sinken

1954

Mit Wirkung vom 2.12.1953 wurde die zweite Durchführungsbestimmung zur Verordnung über die Bildung eines Seefahrtsamtes - Verfahrensordnung für die Untersuchung von Havarien - (GBl. S. 1183) als DDR-spezifische Rechtsgrundlage in Kraft gesetzt.

RAMME (auf Schute 8-S-215)(SchT)	Untergang bei Wind Stärke 6 aus Nord
SAS-250 JOHANN SEBASTIAN BACH	Wiederaufnahmeverf. SK 61/53 Totalverlust
SAS-104 HARRO SCHULZE-BOYSEN und SAS-123 WISMAR	Strandung infolge mangelh. Navigation
ROS-108 ERNST THÄLMANN	Festkommen infolge mangelh. Navigation
Hebeschute HÜ II (SchT)	Wiederaufnahmeverfahren SK 34/53 Strandung
Schl. OSTRAWA mit Anh.	Anh. Kahn 4-1254 B Koll. mit anderen Kähnen
MS KLAUS JOHANNES/GFR	Untergang, Wassereinbruch
ROS-110 GESCHWISTER SCHOLL	Überbordfallen eines Besatzungsmitgliedes
SAS-209 HAMBURG	Festkommen infolge mangelh. Navigation
SAS-197 ILMENAU	Koll. mit Uek-8
ROS-201 LEIPZIG	Koll. mit Fischdampfer FLAMINGO/NTH
SAS-96 MARGARETE WALTER	Koll. mit SAS-118, Unaufmerksamkeit
SAS-216 T. D. LYSSENKO	Grundbg., mangelh. Navigation
ROS-111 WELTFRIEDEN	Überbordfallen eines Besatzungsmitgl.
SAS-126 ILSENBURG/SAS-172 WOLGAST	Koll. verursacht durch SAS-126
DSchl. HERTHA (PE)	Koll. mit Fährboot DIETER/GDR
Schl. WALFISCH (SHW)	Grundbg.
Schl. WALFISCH/DS CASTOR/FIN	DS CASTOR, Berührung Fahrwassersaum
Schl. WALFISCH (SHW)	Koll. mit FK Wi-19
DS ALFRED (DSU)	Koll. mit Hebeschiff DÖMMING/GDR
Bagger SULGAR (Bau-Union-Küste)	Untergang, Plattenriß
Schl. WOLGAST (DSU) mit Anhang Kahn	Grundbg. des Kahnes 4-1372
ROS-128 FREUNDSCHAFT	Grundbg. im Nebel
SAS-78 JAN PETERSEN	Koll. mit MS ALBATROS/NHT
MS HERA/GFR	Grundbg. durch Lotsenfehler
SAS-265 SERGEJ KIROW	Koll. mit SAS-262
SAS-210 HANNOVER	Koll. mit Kar-1

Kattegat, ZW nach Skagen, bei Tn. 2	03.09.53	1	62/53
Stralsund, Fischbrücke	11.08.53	1	63/53
Hafen Wismar	12.09.53	2	64/53
Stralsund-N-Anst., Höhe LF Gellen	06.10.53	2	65/53
bekam eigene SK Nr. 66/53		3	66/53
Wismar, MTWW	12.07.53	1	67/53
Sund 56°13´ N, 12°23´ E	23.09.53	1	68/53
Ostsee, Adlergrund 54°35´30"N, 14°33´30"E	25.10.53	1	69/53
Warnemünde-Fahrw.	08.10.53	1	70/53
Greifswalder Bodden	11.11.53	1	71/53

N-lich Insel Rügen, Höhe Mövenort	09.04.53	1	01/54
Kattegat, ZW nach Skagen, bei Tn. 2	03.09.53	1	02/54
Insel Rügen, bei Dranske	27.11.53	1	03/54
Kattegat, auf dem Læsø NW Rev	09.11.53	1	04/54
Halbinsel Darß, Darßer Ort, Ostküste	18.11.52	1	05/54
Polen, Hafen Swinoujscie (Swinemünde)	10.07.53	1	06/54
Wismarbucht, bei Tn. 3	20.01.54	1	07/54
Ostsee 54°34` N, 13°53´ E	27.01.54	1	08/54
Insel Rügen, vor Kollicker Ort	12.12.53	1	09/54
Hafen Saßnitz	28.02.53	1	10/54
Nordsee 58°05´ N, 00°35´ W	30.07.53	1	11/54
Vor dem Hafen Saßnitz	06.06.53	1	12/54
Insel Bornholm, bei Neksø	27.01.53	1	13/54
Ostsee, Höhe Rozewie (Rixhöft) 55°20´N, 19°00'E	07.02.53	1	14/54
Ostsee, E-lich der Oder Bank	30.10.53	1	15/54
Rostock-Fahrw., bei Dalben 24	16.12.53	1	16/54
Wismar-Anstg.	02.02.54	1	17/54
Hafen Wismar	21.01.54	1	18/54
Hafen Wismar	31.01.54	1	19/54
Stralsund-Fahrw.	04.02.54	1	20/54
Greifswald, BuRWG	26.12.53	1	21/54
Wiek/Rügen-Fahrw., bei Tn. 17	23.10.53	1	22/54
Großer Belt, ZW 28	20.09.53	1	23/54
ZW Saßnitz-N-Anstg., bei Tn. 5	23.03.53	1	24/54
Ruden-Fahrw., Tn. S bis Tn. T	26.11.53	1	25/54
Ostsee, N-lich der Stolpe Bank	05.08.52	1	26/54
Hafen Saßnitz	29.09.53	2	27/54

MS OTTO/MS PEENE (beide SchT)	Beschädigungen während eines Sturmes
SAS-240 HEINZ KAPELLE	Koll. mit SAS-231
SAS-154 HANS SCHOLL	Koll. mit SAS-155
Bagger RÜGEN (DSB)	Verlust des Arbeitsbootes
DS IMANDRA/USR	Kranausleger Kran 6 beschädigt
DS VORWÄRTS (DSR)	Koll. mit Kai
DS RIAZAN/USR	Beschädigung eines Flußkabels infolge Sog
Bagger WISMAR (DSB)	Zerreißen des Stromkabels
Bagger SEEGATT (DSB)	Beschädigung durch MS MARKAB N/NTL
SAS-229 WILHELM FLORIN	Grundbg.
SAS-226 EUGEN LEVINE	Koll. mit SAS-236
SAS-214 JOLIOT CURIE	Grundbg., mangelh. Umsicht
SAS-123 WISMAR	Mann über Bord, wieder lebend geborgen
SAS-106 POTSDAM	Grundbg.
SAS-226 EUGEN LEVINE	Koll. mit SAS-253
SAS-174 PIRNA	Grundbg.
SAS-218 ROBERT KOCH	Koll. mit SAS-253
SAS-195 TORGELOW	Maschinenschaden
SAS-124 ROSTOCK	Koll. mit SAS-136
SAS-244 ERNST PRECZANG	Koll. mit Nie-19 RENATE/GFR
SAS-151 BARHOEFT	Maschinenschaden
SAS-123 WISMAR	Maschinenschaden
SAS-205 SACHSEN-ANHALT	Maschinenschaden
SAS-177 ANKLAM	Koll. mit SAS-191
SAS-257 ALEXANDER TOLSTOI	Maschinenschaden
SAS-101 ANTON SAEFKOW	Koll. mit SAS-125
SAS-226 EUGEN LEVINE	Fanggeschirr in der Schraube
SAS-207 LÜBECK	Grundbg. bei Nebel
MS ASTRID/SWE	Grundbg.durch Lotsenverschulden
Dschl. STEINMETZ (PE, Ludewig)	Schraubenverlust
Schl. M.B.936/USR	Festkommen, unterbliebener Lotsenrat
Bagger SASSNITZ (DSB)	MS NUDDE/DEN Koll.m. Seitendraht d. Baggers
ROS-101 HEINRICH MANN	Draht in der Schraube
ROS-102 KARL MARX	Festkommen
Schl. WARNOW (SchT))	Tödlicher Unglücksfall
DS NESHIN/USR	Koll. mit MS VIATOR/NOR
Wa-36 (ohne Namen, PE)	Maschinenschaden
Schl. WALFISCH (SHW)	Koll. mit FGSch POEL (PE)
SAS-197 ILMENAU	Propellerbruch und Leckage
SAS-242 GREGOR V.J.MENDEL	Überbordfallen des Bestmannes
DS S. KOSMODEMJANSKAJA/USR	Koll. mit MS DIRK/SWE u.3 weiteren Schiffen
MS ANNA VORE/NOR	Kurzzeitige Grundbg.
ROS-125 MAX REIMANN	Beschädigt ROS-112

Hafen Stralsund	04.01.54	2	28/54
Hafen Saßnitz	09.11.54	1	29/54
Hafen Saßnitz	20.12.53	1	30/54
Höhe Darßer Ort	24.11.53	1	31/54
Hafen Rostock, LP 10	12.06.54	1	32/54
Polen, Hafen Gdansk (Danzig)	04.12.53	1	33/54
Warnemünde, Neuer Strom	09.06.53	2	34/54
Warnemünde, Neuer Strom	29.05.53	3	35/54
Gellenstrom-Fahrw., Tn. J bisTn. K	05.07.54	1	36/54
Greifswalder Bodden 54°07,5′ N, 12°27,6′ E	14.01.54	2	37/54
Warnemünde, Ansteuerungstonne	14.02.54	1	38/54
Insel Bornholm, vor Neksø	18.11.54	1	39/54
Ostsee, Adlergrund	30.12.54	1	40/54
Insel Rügen, unter Jasmund	10.03.54	1	41/54
Insel Bornholm, vor Svaneke	02.03.54	1	42/54
Insel Rügen, vor Kollicker Ort	01.04.54	1	43/54
Insel Bornholm, SE-lich Neksø	04.03.54	1	44/54
SE-lich Insel Bornholm	27.04.54	3	45/54
Ostsee, Adlergrund	18.06.54	1	46/54
Ostsee, bei Arkona	23.01.54	1	47/54
Ostsee, Gdansker (Danziger) Bucht	13.04.54	2	48/54
Ostsee, Stolpe Bank	14.04.54	2	49/54
Ostsee, Stolpe Bank	14.04.54	2	50/54
Hafen Saßnitz	12.04.54	1	51/54
Hafen Warnemünde	08.03.54	2	52/54
Hafen Saßnitz	28.01.54	1	53/54
Insel Bornholm, vor Neksø	07.02.54	2	54/54
Insel Rügen, vor Kollicker Ort	03.04.54	1	55/54
Rostock-Fahrw., Pagenwerder	05.12.54	1	56/54
Hafen Wismar	07.04.54	2	57/54
Peenestrom, Freesendorfer Haken	15.04.54	1	58/54
Wismar-Anstg.	16.09.54	1	59/54
Nordsee, Fladengrund	25.08.54	1	60/54
Kattegat, beim Feuerschiff LÆSØ RENDE	21.09.53	1	61/54
Insel Usedom, vor Heringsdorf	26.07.54	1	62/54
Warnemünde, Neuer Strom	10.08.54	2	63/54
Ostsee, beim Feuerschiff GEDSER REV	11.06.54	2	64/54
Hafen Wismar	20.06.54	1	65/54
Ostsee, Fahrt von Gehlsdorf nach Saßnitz	12.-15.10.53	1	66/54
Nordsee 57°13′ N, 01°20′ E	09.09.54	2	67/54
Warnemünde, Neuer Strom	02.04.54	1	68/54
Osttief-Fahrw. 54°12,4′ N, 13°51,6′ E	25.04.54	2	69/54
Hafen Rostock-Marienehe	14.05.54	1	70/54

ROS-129 JUNGER PIONIER	Netzbesch.beim Fischereifzg.ILE DE FRANCE/FRA
ROS-134 FÜNFJAHRPLAN	Grundbg.
ROS-134 FÜNFJAHRPLAN	Festkommen
ROS-202 EISENHÜTTENSTADT	Beschädigung des Kai
MOGÜ GMS 20/USR	Beschädigung der Straßenbrücke

SAS-222 FRIEDRICH EBERT	Grundbg.
SAS-207 LÜBECK	Vollaufen des Fischraumes
Fischdampfer LAWICA/POL	Netzbeschädigung des Kutters SAS-232
DS JARESLAW DABROWSKI/POL	Beschädigung Kran 17
FäS BERGEN (RBD Greifswald)	Untergang
SAS-105 SCHWERIN	Koll. mit Kar-16
Bagger SEEGATT (DSB)	Beschädigung der Ankerklüse
FGSCH INSEL POEL (PE)	Koll. mit MS EMMY(DEN)
Bagger ROSTOCK (DSB))	Tod eines Decksmannes
SAS-249 JOHANN WOLFGANG von GOETHE	Grundbg.

ROS-112 3. BUNDESKONGRESS	Grundbg.
SAS-268 M.J.KALININ	Koll. mit Tonne
FK Cux-2/GFR	Koll. mit SAS-215
Bagger SEEGATT (DSB)	Kollidiert MS VIGEN/DEN
ROS-115 ANTON SAEFKOW	Pfahlbeschädigung

DSchl. SASSNITZ (DSR) m.Anh.	Sinken Schute KRÖTE (DSB)
FK. RF-5 (PE aus Redentin)	Koll. mit MS SVEND/DEN
MS KOLASTIND/NOR	Festkommen
MOGÜ Nr. 915 (DSU)	Koll. mit Leitwerkdalben
ROS-101 HEINRICH MANN	Neuverhandlung Spruch 60/54
Neubau 4205 (Logger) (VWST)	Koll. mit Mole
Motortrawler FREIBURG /GFR	Koll. mit SAS-244
SAS-252 RUDOLF VIRCHOW	Schraubenverlust
SAS-240 HEINZ KAPELLE	Schraubenverlust
SAS-235 ERNST SCHNELLER	Schraubenverlust
SAS-223 CARL ZEISS	Koll. mit Zollboot DUHNEN /GFR
SAS-257 ALEXANDER TOLSTOI	Schraubenverlust
ROS-204 KARL-MARX-STADT	Schraubenverlust

1955

MB GZ1 (PE)	Tod durch Ertrinken
Seenotrettungsboot STOLTERA (LW)	Koll. mit DS BASRA/NOR
Schute SEEADLER (SchT)	Koll. mit MS BOELGEN/DEN
DS HERA/FIN	Festkommen
DS BARÖSUND/FIN	Koll. mit MS LEONIDAS A.KYRTATOS/GRC
MS METRANS/NTH	Beschädigung beim Löschen der Ladung
MS ANNEL. CHRISTOFFERSEN/GFR	Schraubenbeschädigung
MS STRALSUND (DSR)	Koll. mit Stahldalben

Kanal 50°01′ N, 00°18′ E	20.12.54	1	71/54
Kattegat, bei Tn. Læsø NW	23.07.54	1	72/54
Großer Belt, ZW 28, bei Tn.17	18.08.54	1	73/54
Hafen Warnemünde	19.02.54	2	74/54
Wolgast, Brücke der Freundschaft	26.07.54	2	75/54
Greifswalder Bodden, Böttchergrund	12.06.54	2	76/54
Vor der Insel Bornholm	27.01.54	1	77/54
Nordsee 58°15′ N, 00°32′ W	17.07.54	1	78/54
Warnemünde, Neuer Strom	25.05.54	2	79/54
Insel Rügen, Wittower Fähre	12.12.54	2	80/54
Ostsee, Fangplatz Oder Bank	18.08.54	1	81/54
Hafen Stralsund	30/31.03.54	2	82/54
Hafen Wismar	18.10.54	1	83/54
Stralsund-N-Anstg., Gellenstrom	10.09.54	1	84/54
Kattegat, auf dem Læsø NW Rev	10.08.54	1	85/54
Kattegat, auf dem Laesö NW Rev	06.09.54	1	86/54
Ostsee, ZW 1, Tn. 6 b	31.08.54	1	87/54
Cuxhaven, Fischereihafen	19.09.54	1	88/54
Stralsund-N-Anstg, Barhöft	06.10.54	1	89/54
Warnemünde, Neuer Strom	13.05.54	1	90/54
Rostock-Fahrw.	24.09.54	1	91/54
Wismar-Anstg.	22.10.54	1	92/54
Stralsund-N-Anstg., bei Tn. 44	23.07.54	1	93/54
Greifswald-Wieck, Straßenbrücke Eldena	27.08.54	1	94/54
Es bleibt beim Verschulden	25.08.53	1	95/54
Stralsund, Nordmole	08.10.54	2	96/54
Nordsee 55°25′ N, 01°48′ E	27.09.54	1	97/54
Nordsee, Fangplatz	11.10.54	2	98/54
Nordsee 57°55′ N, 02°30′ E	03.08.54	2	99/54
Nordsee 55°55′ N, 02°49′ E	28.10.54	2	100/54
Cuxhaven Reede	02.09.54	1	101/54
Nordsee 55°31′ N, 01°56′ E	06.10.54	2	102/54
Warnemünde, Neuer Strom	09.06.54	1	103/54
Insel Rügen, vor Klein Zicker Höft	23.10.54	2	01/55
Rostock-Fahrw.	02.12.54	1	02/55
Stralsund-N-Anstg., Barhöft	23.11.54	1	03/55
Wismar-Anstg., bei Fliensdorf	04.11.54	1	04/55
Hafen Wismar	26.12.54	1	05/55
Hafen Wismar	03.11.54	1	06/55
Hafen Wismar	15.11.54	1	07/55
NOK, Ausweiche Königsförde	23.01.55	1	08/55

SAS-155 SOPHIE SCHOLL	Netz in der Schraube
SAS-237 KONRAD BLENKLE	Koll. mit Anlegebrücke
SAS-163 ERFOLG	Maschinenschaden
SAS-256 MICHAEL GLINKA	Maschinenschaden
ROS-103 FRIEDRICH ENGELS	Grundbg.
ROS-103 FRIEDRICH ENGELS	Beschädigung Vorschiff
ROS-103 FRIEDRICH ENGELS	Beschädigungen auf MS CLONMORE/GBI
ROS-104 ROSA LUXEMBURG	Maschinenschaden
Bagger SEEGATT (DSB)	Grundbg.
ROS-112 3. BUNDESKONGRESS	Personenunfall, innere Verletzungen
FK OUR CONFIDENCE - 46/GBI	Netzkollision mit ROS-202
FK MALY WOZ/POL	Netzkollision mit ROS-113
MS ADI/DEN	Beschädigungen durch Sturm
SAS-126 ILSENBURG	Festkommen
SAS-136 GÖRLITZ	Koll. mit SAS-17
Zollboot DUHNEN/GFR	Koll. mit SAS-240
SAS-128 MEISSEN	Maschinenschaden
SAS-181 KÜHLUNGSBORN	Festkommen
FäS STARKE/SWD	Beschädigung Eisenbahnfährbett
SAS-141 NORDHAUSEN	Maschinenschaden
MS YVONNE/FIN	Koll. mit Mole
Seeleichter SOIANA/USR	Koll. mit MS CHRISTA JULS/GFR
Seeleichter SOIANA/USR	Koll. mit Kopf des Ostfährbetts
Schwimmkran (Export) I/167 (WWW)	Koll. mit Dalben
ROS-206 GUBEN	Koll. mit ROS-132 und ROS-123
Spülschute 7-S-519 (DSB)	Koll. mit Spülschute 7-S-510
Kühlschiff 1507 (VWST)	Festkommen
SAS-178 STAVENHAGEN	Festkommen
SAS-81 ADOLF HENNECKE	Maschinenschaden
SAS-110 ERICH KUSEK	Festkommen
SCHl. ARBEIT (DSU)	Beschädigung durch Eis
MS STRALSUND (DSR)	Beschädigung Kompensierdalben
FGSCH INSEL POEL (PE)	Grundbg. Fahrwasserkante
DS WISMAR (DSR)	Koll. mit Schleusenhaupt
SAS-252 RUDOLF VIRCHOW	Festkommen
SAS-261 FIETE SCHULZE	Koll. mit FK Neu-15/GFR
SAS-207 LÜBECK	Koll. mit SAS-263
SAS-196 FRIEDLAND	Koll. mit SAS-165
MS REYKJAFOSS/ICL	Festkommen im Nebel
DS GENERAL BAGRAMJAN/USR	Koll. mit Schute 7-S-511 (DSB)
Schute KORMORAN (SchT)	Strandung mit Schute 2 Pt 865 (SchT)
Kahn 4-556B (DSU)	Auflaufen
Wa-27 (PE)	Strandung

Insel Rügen, N-lich Jasmund	11.12.54	1	09/55
Cuxhafen, Alte Liebe	28.10.54	1	10/55
Hafen Saßnitz	15.10.54	1	11/55
Nordsee 57°53´ N, 05°30´ E	18.07.54	2	12/55
Großer Belt, ZW 28, bei Tn. 8	08.08.54	1	13/55
Kanal, Frankreich, Hafen Boulogne	24.01.54	2	14/55
Hafen Cuxhaven	23.09.54	1	15/55
Nordsee, Fangplatz	15.09.54	2	16/55
Stralsund-N-Anstg., Gellenstrom	18.12.54	2	17/55
Kattegat, bei Tn. Læsø NW	26.09.54	1	18/55
Nordsee 55°20´ N, 00°35´ E	03.09.54	1	19/55
Nordsee, Fangplatz Sandettie	20.11.54	1	20/55
Hafen Wismar	17.01.55	2	21/55
Insel Rügen, Prorer Wiek, vor Granitzer Ort	25.01.55	1	22/55
Hafen Saßnitz	18.01.55	1	23/55
Elbe bei Cuxhaven	01.11.54	1	24/55
Hafen Saßnitz	11.02.55	1	25/55
Ostsee, vor Darßer Ort	04.03.55	1	26/55
Hafen Saßnitz	20.02.55	2	27/55
Adlergrund 54°50,5´ N, 14°01´ E	14.01.55	1	28/55
Warnemünde, Westmole	21.12.55	1	29/55
Hafen Rostock	27.03.55	1	30/55
Warnemünde, Fähranleger	23.03.55	2	31/55
Rostock-Fahrw., Dalben 2	10.01.55	1	32/55
Hafen Rostock-Marienehe	04.01.55	1	33/55
Hafen Wismar	03.05.55	2	34/55
Peenestrom-Fahrw., Tonnenbank-Rinne	14.03.55	1	35/55
Insel Bornholm, Rövhavn	04.03.55	1	36/55
Ostsee, Fangplatz	03.02.55	1	37/55
Insel Bornholm, S-Küste bei Boderne	05.04.55	1	38/55
Kleines Haff-Fahrw. zw. den Tn. 2 und 3	10.01.55	1	39/55
Rostock, SWNR	22.12.54	1	40/55
Wismarbucht, Kirchdorf-Anstg.	13.01.54	2	41/55
NOK, Brunsbüttel, Südschleuse	18.05.55	2	42/55
Insel Rügen, vor Stubbenkammer	24.03.55	1	43/55
Insel Rügen, vor Arkona	28.01.55	1	44/55
Insel Bornholm, vor Neksø	05.03.55	2	45/55
Insel Rügen,N-lich Stubbenkammer	25.03.55	2	46/55
Wismar-Anstg., zw. den Tn. 8 und 9	06.03.55	1	47/55
Warnemünde, Neuer Strom	29.04.55	2	48/55
Insel Usedom, vor Heringsdorf	08.06.55	1	49/55
Hafen Stralsund	04.05.55	1	50/55
Halbinsel Darß, vor Prerow	08.06.55	1	51/55

Wiederaufnahmeverf. (ROS-134) SK 73/54	und nicht verhandelte Koll.m. FK LAWITZA/POL
Spülschute 7-S-601 (DSB)	Koll. mit Dalben
Lotsenversetzboot ROSTOCK (LW)	Koll. mit MS SKÖLD/SWD
DS KARL JULIUS/GFR	Koll. mit SAS-214
Schl. RECKNITZ (DSB)	Koll. mit MKS 6-S-613 (DSB)
ROS-203 ZWICKAU	Tod eines Besatzungsmitgliedes
SAS-227 LEO JOGISCHES	Koll. mit SAS-238
SAS-128 MEISSEN	Maschinenschaden
SAS-268 M.J.KALININ	Grundbg.
Fischfahrzeug THURINGIA G.Y.321/GBI	Koll. mit ROS-204
SAS-266 ROBERT STAMM	Wassereinbruch
ROS-208 MAGDEBURG	Tod eines Besatzungsmitgliedes
DS MOUNT KYLLENE/GRC	Grundbg.
DS MOUNT KYLLENE/GRC	Koll. mit METTE SKOU/DEN, Bruch der Trosse
Schl. 6014 (Endbau Greifswald)	Koll. mit Anleger und Brücke
Schl. AKTIVIST (DSB)	Koll. m. Ruderboot W/R 176 (SHD) gesunken
SAS-236 WALTER STÖCKER	Koll. mit DS KATINA/COS
FäS DROTTNING VICTORIA/SWD	Koll. mit Westmolenkopf
MS GREIFSWALD (DSR)	Festkommen
SAS-247 ALBRECHT DÜRER	Koll. mit SAS-223
SAS-113 MAGDEBURG	Maschinenschaden
SAS-229 WILHELM FLORIN	Strandung, mangelh. Umsicht
DS RODINA/BUL	Beschädigung Kran 9
DS JOCHEN HOMANN/GFR	Netzbeschädigung von ROS-108
MS BAKKEN/DEN	Koll. mit Str-2 (PE)

1956

Wa-M-43 MICHAIL GLINKA (FGS)	Festkommen
ROS-207 SOSA	Tod eines Besatzungsmitgliedes
Kahn 4-1251B/GFR (PE)	Sinken durch Eispressungen
SAS-183 BAUTZEN	Koll. mit KS KUBAN/USR
Schl. HANNIBAL (DSB)	Koll. mit DS PETROPAWLOWSK-KAMCHAI-SKIY/USR
MS JOHANNES/NTH	Koll. mit ROS-120
SAS-223 CARL ZEISS	Maschinenschaden
SAS-180 LÖCKNITZ	Maschinenschaden
SAS-156 NEUBRANDENBURG	Maschinenschaden
STR-231 F. v. SCHILL (FGS)	Untergang
ROS-206 GUBEN	Tod eines Besatzungsmitgliedes
Wa-M-44 PLAUEN (FGS)	Grundbg.
Wa-M-47 MAXIM GORKI (FGS)	Festkommen
SAS-229 WILHELM FLORIN	Festkommen
SAS-189 SAALFELD	Maschinenschaden
SAS-150 HIDDENSEE	Maschinenschaden

Spruch SK 73/54 bestätigt	30.08.55	1	52/55
Rostock-Fahrw., Dalben 2	17.06.55	1	53/55
Rostock-Fahrw.	14.08.55	1	54/55
Insel Bornholm, vor Raghammer Odde	08.06.55	1	55/55
Wismar-Anstg.	23.07.55	1	56/55
Europäisches Nordmeer, Seegebiet Bäreninsel	24.05.55	2	57/55
Kattegat, Læsø NW-Rev	06.07.55	1	58/55
Ostsee, Stolpe Bank	17.05.55	1	59/55
Sund, ZW 32, bei LtF Nordre Røse	23.06.55	1	60/55
Norwegische See, NOR, Höhe LF Anda	23.03.55	1	61/55
Heimreise Nordsee-Wismar	02.09.55	1	62/55
Reise Rostock-Barentssee	19.09.55	1	63/55
Wismar-Anstg., auf dem Hannibal	18.10.55	1	64/55
Hafen Wismar	26.10.55	2	65/55
Hafen Greifswald	26.06.55	2	66/55
Hafen Wismar	06.05.55	1	67/55
Nordsee, Fangplatz	20.08.55	1	68/55
Hafen Saßnitz	28.10.55	1	69/55
Stralsund-N-Anstg., Gellenstrom	31.08.55	1	70/55
Cuxhaven Reede	16.10.55	1	71/55
Ostsee, Fangplatz Oder Bank	14.09.55	1	72/55
Insel Rügen, vor Mövenort 54°41′N, 13°17′ E	12.10.55	1	73/55
Hafen Wismar	10.09.55	1	74/55
Nordsee, Doggerbank	03.10.54	1	75/55
Ostsee, N-lich Arkona	20.08.55	1	76/55
Ostsee, Insel Öland, vor LF Ölands Södra Udde	23.10.55	1	01/56
Barentssee, 71°10′ N, 36°40′ E	18.12.55	2	02/56
Peenestrom-Fahrw. Höhe Rankwitz	21.12.55	1	03/56
ZW Saßnitz-N-Anstg., bei Tn. 5	12.01.56	1	04/56
Hafen Wismar	15.02.56	2	05/56
NOK, beim Kilometer 77	21.10.55	1	06/56
Ostsee, Mittelbank	11.01.56	1	07/56
Ostsee, Fahrt Warnemünde-Saßnitz	29.12.55	1	08/56
Ostsee, N-lich Swinoujscie (Swinemünde)	04.12.55	1	09/56
Hafen Stralsund	22.12.55	1	10/56
Barentssee 71°30′ N, 34°30′ E	16.01.56	1	11/56
Cuxhaven, Höhe Kugelbake	30.08.55	1	12/56
Ostsee, Insel Öland, vor Grönhögen	07.12.55	1	13/56
Rostock-Fahrw.	06.01.56	1	14/56
Insel Rügen, vor Stubbenkammer	26.01.56	1	15/56
Ostsee 54°45′ N, 13°51′ E	26.01.56	1	16/56

MT ASHKABAD/USR	Festkommen
SAS-141 NORDHAUSEN	Koll. mit LB WARNEMÜNDE (LW)
Wis-200 (FGS)	Festkommen mit SAS-251
SAS-242 GREGOR v. J. MENDEL	Koll. mit SO-70 JOHANNA/GFR HaL
MB ARKONA (DRK)	Maschinenschaden
SAS-139 DAMGARTEN	Maschinenschaden
SAS-183 BAUTZEN	Koll. mit SO-219
SAS-125 WERNIGERODE	Tod eines Besatzungsmitgliedes
SAS-174 PIRNA	Grundbg.
ROS-109 KARL v. OSSIETZKY	Tod eines Besatzungsmitgliedes
Seiner 5284 (VWST)	Tod eines Besatzungsmitgliedes
Seiner 5272 (VWST)	Koll. mit Seiner 5276 (Werftlieger)
Seiner 5274 (VWST)	Koll. mit Logger 4332 (Werftlieger)
MS ÜCKER (SchT)	Koll. mit G 142
SAS-265 SERGEJ KIROW	Koll. mit unbekanntem Fahrzeug
SAS-124 ROSTOCK	Tod eines Besatzungsmitgliedes
SAS-159 WITTOW	Festkommen
MKS HELMUT JUST (DSB))	Koll. mit MS PRINCE REEFER/NOR HaL
Schl. EISBÄR (SWNR)	Koll. mit Schl. SEEHUND (SWNR))
Schl. RECKNITZ (SchT)	Eisaufbruch für Logger KURJAN/USR
STR-171 RUDOLF VIRCHOW (FGS)	Strandung
STR-182 ANTON SAEFKOW (FGS)	Tod eines Besatzungsmitgliedes
SAS-188 NEURUPPIN	Maschinenschaden
SAS-247 ALBRECHT DÜRER	Getriebeschaden
ROS-206 GUBEN	Zerstörung der Angeln v. MK GRY IV/NOR
ROS-135 ROSTOCK	Koll. mit Hafenanlage
ROS-123 CLARA ZETKIN	Grundbg.
Feuerlöschboot HELMUT JUST (VPKA-Rost.)	Koll. mit Wa-120 und Wa-134 beide HaL
ROS-207 SOSA	Schraubenschaden durch Eis
FGSCH DSF (DSU)	Koll. mit Segelyacht ROS-S-81, 2 Tote
FGSCH DSF (DSU)	Schrauben- und Wellenschaden
1957	
MS STRALSUND (DSR)	Untergang infolge Wassereinbruch
ROS-101 HEINRICH MANN	Tod eines Besatzungsmitgliedes
SAS-234 JONNY SCHEER	Koll. mit FK. SO-30/GFR
SAS-123 WISMAR	Maschinenschaden
SAS-195 TORGELOW	Maschinenschaden
SAS-9 (PE, 6,20 m-Boot)	Tod eines Besatzungsmitgliedes
SAS-71 WERNIGERODE (PE)	Tod von 3 Besatzungsmitgliedern
SAS-126 ILSENBURG	Koll. mit FäS Kong Gustav V /SWD
SAS-165 FISCHLAND	Koll. mit MKS ERWIN FISCHER (DSB))
SAS-146 PASEWALK	Grundbg.
MS KÄTHE JONAS/GFR	Berührung mit Unterwassergegenstand
DS PANTELIS/GRC	Festkommen bei Windstärke 7-8

Wismar-Anstg.	12.04.56	1	17/56
Hafen Stralsund	22.03.56	1	18/56
Wismar-Anstg.	16.03.56	1	19/56
POL, Halbinsel Hela, Hafen Hel	26.11.55	2	20/56
Hafen Stralsund	29.05.56	2	21/56
Hafen Saßnitz	04.02.56	1	22/56
Insel Bornholm, Höhe Dueodde	24.04.56	1	23/56
Insel Bornholm, Höhe Dueodde	09.04.56	2	24/56
Ostsee 55°15´ N, 14°07´ E	09.04.56	1	25/56
Nordsee 58°34´ N, 00°25´ E	01.07.56	1	26/56
Stralsund-O-Anstg., Stahlbrode	25.07.56	1	27/56
Hafen Stralsund, VWST	12.04.56	2	28/56
Hafen Stralsund, VWST	15.03.56	1	29/56
Hafen Stralsund	24.05.56	1	30/56
Sund, beim Feuerschiff LAPPEGRUND	11.07.56	1	31/56
Insel Hiddensee, Neuendorf	28.06.56	1	32/56
Ostsee 55°01,8´ N, 15°07,7´ E	27.05.56	1	33/56
Warnemünde, Kai	11.06.56	1	34/56
Rostock-Fahrw., beim Dalben T	14.08.56	1	35/56
Hafen Rostock	09.03.56	2	36/56
Bornholmsgat, SWD, vor Sandhammaren	07.09.56	1	37/56
Insel Rügen, vor Dranske	07.10.56	1	38/56
Ostsee 54°34´02´´ N, 14°11´07´´ E	27.08.56	2	39/56
Deutsche Bucht, beim Feuerschiff ELBE I	11.08.56	2	40/56
Europäisches Nordmeer, Bäreninsel, Nordbank	15.03.56	1	41/56
Cuxhaven, Alter Hafen	29.09.56	2	42/56
Nordsee 68°50´05´´ N, 16°35´05´´ E	28.07.56	1	43/56
Warnemünde, Alter Strom	10.03.56	2	44/56
Kattegat, Höhe Insel Anholt	10.03.56	2	45/56
Stralsund-N-Anstg., Vierendehlrinne	18.07.56	1	46/56
Insel Hiddensee, Vitter Bodden, Kloster-Fahrw.	04.07.56	1	47/56
Nordsee 54°27´ N, 00°16´ E	08.02.57	1	01/57
Ostsee 55°19´ N, 18°38´ E	22.02.57	1	02/57
Polen, Hafen Wladyslawowo	28.11.56	1	03/57
Hafen Saßnitz	28.11.56	2	04/57
Hafen Saßnitz	02.08.56	1	05/57
Insel Rügen, 2 sm querab Sellin	18.11.56	1	06/57
Insel Rügen, vor Kollicker Ort	13.01.57	1	07/57
ZW Saßnitz-N-Anstg., bei Tn. 5	08.03.57	1	08/57
Rostock-Fahrw., bei Tn. 7	17.01.57	1	09/57
S-lich der Insel Bornholm	30.01.57	1	10/57
Hafen Stralsund	26.11.57	2	11/57
Wismar-Anstg., bei Tn. 6	07.12.57	2	12/57

DS FURUSKÄR/FIN	Festkommen
SAS-223 CARL ZEISS	Maschinenschaden
SAS-170 WEISSENFELS	Koll. mit SAS-78
SAS-271 BODE	Festkommen im Nebel
Seeleichter ONEGA/USR	Koll. mit Kaianlage
Seeleichter KOTOY/USR	Koll. mit DS MATROS JELESNIAK/USR
ROS-220 WEIMAR	Tod eines Besatzungsmitgliedes und Grundbg.
DS WISMAR (DSR)	Tod eines Besatzungsmitgliedes
MS BARHÖFT (DSR)	Schwerer Unfall eines Besatzungsmitgliedes
Schl. PEENE (SchT)	Koll. mit DS GUDRID/NOR
FGSCH HEIN HUMMEL (PE)	Strandung und Totalverlust
SAS-162 WAREN	Koll. mit KÜMO BAKKEN/DEN
SAS-191 RUDOLSTADT	Koll. mit SAS-135
SAS-217 I. W. MITSCHURIN	Tod eines Besatzungsmitgliedes
SAS-229 WILHELM FLORIN	Grundbg.
SAS-208 BREMEN	Grundbg.
SAS-154 HANS SCHOLL	Koll. mit Kaianlage
Wa-M-43 MICHAIL GLINKA (FGS)	Leckagen im Schiffskörper durch Eisfahrt
DS THÄLMANN PIONIER (DSR)	Beschädigung von 2 Stützen am Silo (Windst.9-10)
MS SASSNITZ (DSR)	verusacht Ankerverlust beim FK JOHAN-NES-Cy 73/GBI
Wa-M-71 (PE, FGS)	Untergang des Kutters am Liegeplatz
MS KÜHLUNGSBORN (DSR)	Koll. mit Kahn ST. ANTONIUS/NTH
ROS-205 BERLIN	Kabelbeschädigung
SAS-268 M. J. KALININ (FGS)	2 t Dieselöl im Fischraum
ROS-117 OKTOBERREVOLUTION	Tod eines Besatzungsmitgliedes
SAS-164 RIBNITZ	Brand im Kapitänswohnraum
SAS-186 SALZWEDEL	Tod eines Besatzungsmitgliedes
SAS-157 ALTWARP	Maschinenschaden
SAS-216 T. D. LYSSENKO	Verlust eines Schraubenflügels
SAS-177 ANKLAM	Maschinenschaden
SAS-246 MARTIN ANDERSEN NEXÖ	Maschinenschaden
SAS-134 STRALSUND	Maschinenschaden
SAS-275 MULDE	Maschinenschaden
SAS-170 WEISSENFELS	Maschinenschaden
SAS-243 LUDWIG FEUERBACH	Festkommen
ROS-220 WEIMAR	Maschinenschaden
1958	
DS BRIVIBA/USR	Berührung mit Unterwasserhindernis
WIS-109 KARL KRULL (FGS)	Grundbg.
MKS LACHS (DSB)	Koll. mit ROS-112
MOGÜ 21 (SuRWST)	Koll. mit Straßenbrücke

Hafen Stralsund, 50 m vom Kai	12.07.57	2	13/57
E-lich Insel Bornholm	21.05.57	1	14/57
Hafen Saßnitz	11.02.57	1	15/57
Insel Rügen, vor Stubbenkammer	28.04.57	1	16/57
Hafen Rostock	03.03.57	1	17/57
Hafen Rostock	03.03.57	1	18/57
Rostock-Fahrw.	29.10.56	1	19/57
Hafen Rostock, Kabutzenhof	28.08.56	1	20/57
Hafen Stralsund	04.12.56	1	21/57
Hafen Rostock	15.04.56	1	22/57
Ostsee, 100 m seewärts Graal-Müritz	24.07.57	1	23/57
ZW Saßnitz-N-Anstg., bei Tn. 5	26.09.57	1	24/57
Hafen Saßnitz	05.06.57	1	25/57
Nordsee 55°21´ N, 01°33´ W	25.08.57	1	26/57
Insel Rügen, vor Sellin	18.07.57	1	27/57
Peenestrom-Fahrw., bei Tn. 13	11.05.57	2	28/57
Hafen Saßnitz	12.07.57	1	29/57
Reise Warnemünde-Stolpe Bank	19.-21.03.57	1	30/57
Hafen Rostock, Silo IV	15.03.57	2	31/57
Nordsee, Doggerbank	09.03.57	1	32/57
Warnemünde, Alter Strom	18.08.57	1	33/57
Holland, Hafen Vlardingen	17.10.57	2	34/57
Sund, Feuerschiff LAPPEGRUND	26.03.57	1	35/57
Warnemünde, Bunkerstation	12.08.57	1	36/57
DEN, Helsingør, Krankenhaus	13.09.57	2	37/57
Ostsee, Adlergrund	24.07.57	2	38/57
Hafen Saßnitz	24./25.10.57	1	39/57
Hafen Saßnitz	28.06.57	1	40/57
Ostsee, E-lich Bornholm	08.05.57	2	41/57
ZW Saßnitz-N-Anstg., bei Tn.5	21.06.57	2	42/57
Nordsee 58°13´ N, 01°05´ E	15.07.57	2	43/57
Ostsee, Heimreise vom Adlergrund	02.09.57	1	44/57
Ostsee, Fangplatz	14.04.57	2	45/57
Ostsee, Heimreise vom Fangplatz	05.09.57	1	46/57
Ostsee, SWD, Falsterborev	27.07.57	1	47/57
Nordsee, Fladengrund	09.-11.08.57	1	48/57
Warnemünde, Neuer Strom	22.11.57	1	01/58
Rostock-Fahrw., Höhe SWNR	24.01.57	1	02/58
Rostock-Fahrw., bei Tn. P	20.11.57	1	03/58
Hafen Stralsund, Ziegelgrabenbrücke	28.09.57	1	04/58

Schl. HAVEL (DSB)	Koll. mit MS TIMMENDORF (DSR)
Schl. KARNIN (DBR)	Koll. mit FGSCH INSEL HIDDENSEE (WF)
Fre-48 (PE)	Festkommen
FGSCH DSF (WF)	Festkommen
DSchl. GREIF (SchT)	Koll. mit Kai und Ruderschaden
MKS ERWIN FISCHER (DSB)	Grundbg.
SAS-154 HANS SCHOLL	Koll. mit Molenkopf
SAS-163 ERFOLG	Maschinenschaden
SAS-155 SOPHIE SCHOLL	Koll. mit Ramme (PE)
SAS-244 ERNST PRECZANG	Maschinenschaden
SAS-241 JOSEF V.EICHENDORF	Maschinenschaden
SAS-223 CARL ZEISS	Maschinenschaden
SAS-235 ERNST SCHNELLER	Maschinenschaden
SAS-259 FRANZ SCHUBERT	Maschinenschaden
SAS-175 WITTENBURG	Tod eines Besatzungsmitgliedes
ROS-132 ERICH HONECKER	Auflaufen auf steinigem Untergrund
ROS-218 OELSNITZ/V.	Tod eines Besatzungsmitgliedes
ROS-218 OELSNITZ/V.	Netzhavarie mit FK VIKANES/NOR
Schl. BELT (SchT)	Koll. mit Seeleichter SOLZA/USR
Schl. WARNOW (SchT)	Koll. mit DS MSTA/USR
Fluß-FGSCH BIFA 119 (MTWW)	Koll. mit LB HANNIBAL (LW)
Schl. EISVOGEL (SchT) mit Anh.	Koll. Anh. Schiffsrumpf KALININ (Seefa 1) m. Tn.
ROS-115 ANTON SAEFKOW	Tod eines Besatzungsmitgliedes
SAS-88 BORN	Koll. mit Grenz-Boot G-132 (Grenzpolizei)
ROS-117 OKTOBERREVOLUTION	Tod eines Besatzungsmitgliedes (s. SK Nr. 37/57)
Kühlschiff PP1312 (RSW)	Koll. mit MS ELLI-MARGOT/GFR
SAS-237 KONRAD BLENKLE	Netzbeschädigung auf Logger KW-29/NTH
MS HEINRICH HEINE (DSR)	Tod eines Lotsen
MS ZINGST (DSR)	Kabelbeschädigung
SAS-195 TORGELOW	Maschinenschaden
SAS-275 MULDE	Maschinenschaden
SAS-240 HEINZ KAPELLE	Dieselöl im Fischraum
SAS-132 RIESA	Festkommen
SAS-165 FISCHLAND	Festkommen
SAS-193 STENDAL	Koll. mit SAS-146
SAS-207 LÜBECK	Koll. mit FK SO 32/GFR
SAS-174 PIRNA	Auflaufen auf Strand
SAS-177 ANKLAM	Brand durch Auspufftopf
SAS-215 ALBERT EINSTEIN	Koll. mit MS SVANEN/DEN
ROS-107 RUDOLF BREITSCHEID	Koll. mit SAS-162
Schl. SPREE (SchT) als Lotsenversetzfahrzeug	Koll. mit MS RAFORS/SWD
Wa-M-5 ZINGST (FGS)	Grundbg.
Wa-M-5 ZINGST (FGS)	Grundbg. im Nebel

Hafen Stralsund	24.07.57	1	05/58
Hafen Stralsund	04.09.57	1	06/58
Stralsund-N-Anstg., Gellenstrom	17.10.57	2	07/58
Peenestrom-Fahrw., Tonnenbank-Rinne Tn. G	14.02.57	1	08/58
Rostock, Haedgehafen	22.10.57	1	09/58
Greifswalder Bodden Tn. KW1	11.08.57	1	10/58
Hafen Saßnitz	28.10.57	1	11/58
Ostsee, Adlergrund	14.10.57	2	12/58
Hafen Saßnitz	02.10.57	1	13/58
Nordsee, Doggerbank	10./11.09.57	2	14/58
Nordsee 58°00´ N, 02°32´ E	15.07.57	2	15/58
Nordsee, Ostbank	08.07.57	2	16/58
Nordsee, Fangplatz	31.08.57	2	17/58
Skagerrak, Höhe Hirtshals	05.08.57	1	18/58
Ostsee, Insel Bornholm, 1sm vor Neksø	24.11.57	1	19/58
Ostsee, Insel Bornholm bei Neksø	26.01.58	1	20/58
Vor Neufundland 47°03´ N, 44° W	04.02.58	2	21/58
Norwegische See, Fangplatz Aktivnes	19.02.58	2	22/58
Hafen Rostock	04.12.58	1	23/58
Hafen Rostock	30.12.58	2	24/58
Hafen Wismar	24.08.58	2	25/58
Wismar-Anstg,. Tn. 7 (war erloschen)	22.08.57	1	26/58
Kanal, FRA, 2,5 sm vor Calais	17.11.57	1	27/58
Warnemünde, Neuer Strom	03.12.57	1	28/58
DEN, Helsingør, Krankenhaus	13.09.57	2	29/58
Hafen, Kiel-Holtenau	14.09.57	1	30/58
Nordsee 55°50´ N, 00°0,5´ E	27.08.57	1	31/58
Wismar Reede	30.03.58	1	32/58
Niederlande, Hafen Rotterdam	21.10.57	1	33/58
Ostsee, Prorer Wiek	07.01.58	1	34/58
Hafen Saßnitz	21.12.57	1	35/58
Hafen Saßnitz	21.11.57	1	36/58
Insel Bornholm, vor Gedebak Odde	18.03.58	1	37/58
Insel Rügen vor Kollicker Ort	30.01.58	1	38/58
Hafen Saßnitz	26.06.57	1	39/58
Hafen Saßnitz	09.01.58	2	40/58
Insel Usedom, bei Sellin	20.04.58	1	41/58
Hafen Saßnitz	22.05.58	1	42/58
Hafen Saßnitz, Zollpier	16.12.57	2	43/58
Hafen Saßnitz	24.01.58	1	44/58
Stralsund-N-Anstg., Gellenstrom	18.12.57	1	45/58
Rostock-Fahrw., Bramow	02.05.58	1	46/58
W-lich Warnemünde	31.01.58	2	47/58

MS ZINGST (DSR)	Koll. mit MS KOSEROW (DSR)
SAS-194 LASSAN	Maschinenschaden
SAS-159 WITTOW	Maschinenschaden
SAS-168 DESSAU	Koll. mit Tankleichter 780 (DSU)
SAS-150 HIDDENSEE	Koll. mit Dalben
SAS-128 MEISSEN	Koll. mit SAS-269
SAS-195 TORGELOW	Brand im Auspuff
SAS-149 ARKONA	Maschinenschaden
SAS-175 WITTENBURG	Leine in Schraube, Brückenbeschädigung
ROS-213 HALLE	Grundbg.
MS WARNEMÜNDE (DSR)	Koll. mit MS POPI/PAN
Wa-M-40 JOLIOT CURIE (FGS)	Festkommen
ROS-122 1.MAI	Koll. mit MS NORDBORNHOLM/DEN
MS PREROW (DSR)	Grundbg.
ROS-103 FRIEDRICH ENGELS	Tod eines Besatzungsmitgliedes
SAS-154 HANS SCHOLL	Verlassen des Kutters
SAS-270 ELBE	Netzhavarie mit FK GG 325/SWD
SAS-211 SCHLESWIG HOLSTEIN	Angebliche Netzkoll. mit FK SW 32/POL
SAS-261 FIETE SCHULZE	Grundbg.
SAS-180 LÖCKNITZ	Im Kreis fahren durch Alkoholeinfluß
FäS ALBERT SCHMIDT (NVBR)	Koll. mit Dalben
Spüler LEBBIN (DSB)	Koll. mit Dalben
ROS-127 WERNER SEELENBINDER	Netzhavarie mit Ust-61/POL
ROS-101 HEINRICH MANN	Gefährdung der Schiffssicherheit
Schl. ZECHERIN (DSU) mit Anh. A5-711A	Koll. mit Straßenbrücke
FGSCH DSF (WF)	Koll. mit Schl. ZECHERIN (DSU) u. Kahn 4-526A
FGSCH SEEBAD BINZ (WF)	Koll. mit Flußfahrgastschiff (MTWW)
Wog-55 FREUNDSCHAFT (FGS)	Koll. mit Segelyacht Str.- 8-109
SAS-195 TORGELOW	Maschinenschaden
SAS-179 GRIMMEN	Maschinenschaden
SAS-107 HALLE	Grundbg.
SAS-132 RIESA	Festkommen (SK Nr. 37/58)
SAS-108 LEIPZIG	Koll. mit FK SO 309/GFR
SAS-146 PASEWALK	Grundbg.
SAS-163 ERFOLG	Koll. mit SAS-207
SAS-164 RIBNITZ	Grundbg.
SAS-131 PLAUEN	Koll. mit SAS-144
Wa-M-63 STUBBENKAMMER (FGS)	Koll. mit Dalben
DS CORDELIA/GFR	Festkommen
Wog-53 FRIEDEN (PE, FGS)	Koll. mit Segelyacht Str. M-24
FGSCH SEEBAD AHLBECK (WF)	Koll. mit Dalben
Wa-M-43 MICHAIL GLINKA (FGS)	Festkommen
MS HEINRICH HEINE (DSR)	Koll. mit Dalben

3.-Meerb., FIN, Hafen Mäntyluoto	28.12.57	1	48/58
nsel Bornholm, vor Neksø	15.02.58	2	49/58
Ostsee, Adlergrund	25.03.58	1	50/58
Ostsee, Tromper Wiek	30.01.58	1	51/58
Peenestrom-Fahrw. Dalben M	05.05.58	2	52/58
nsel Bornholm, Neksø Reede	17.02.58	1	53/58
Pommersche Bucht, Fangplatz	11.05.58	2	54/58
Ostsee, Adlergrund	14.01.58	2	55/58
POL, vor u. im Hafen Swinoujscie (S'münde)	21.04.58	1	56/58
Sund Tn. 9, Bredgrund	19.11.58	1	57/58
Nordsee, Terschelling-Weg Tn. E.T. 12	29.06.58	1	58/58
Insel Bornholm, vor Salthammer Odde	09.04.58	1	59/58
Sund, ZW 32, bei LtF Nordre Røse	03.06.58	1	60/58
Ostsee, Stockholmer Schären, Insel Utö	15.06.58	1	61/58
Nordsee, Färöer, bei Insel Svinø	15.06.58	1	62/58
Ostsee, Ort Dranske	26.06.58	1	63/58
Nordsee 59°30´ N, 03°02´ E	29.04.58	2	64/58
Ostsee, N-lich Arkona	20.06.58	2	65/58
Sund, ZW 32, S-lich der Insel Saltholm	16.06.58	1	66/58
Ostsee, Fangplatz NW-lich Saßnitz	26.06.58	1	67/58
Rostock-Fahrw., Dalben D	29.05.58	1	68/58
Rostock, Breitling	01.07.58	1	69/58
Ostsee, Mittelbank	14.11.58	2	70/58
Nordsee, Fangplätze	12.-17.09.58	1	71/58
Greifswald-Wieck, Straßenbrücke Eldena	21.08.58	2	72/58
Peenestrom-Fahrw., zw. Kröslin und Karnin	18.07.58	1	73/58
Wismar, Hafen der MTWW	25.07.58	1	74/58
Peene-Fahrw., bei Tn. 19	20.06.58	1	75/58
Ostsee, SE-lich Insel Bornholm	09.03.58	1	76/58
Ostsee, Rønnebank	13.06.58	1	77/58
Polen, Hafen Dziwnow (Dievenow)	27.02.58	2	78/58
Insel Bornholm, vor Gedebak Odde	18.03.58	1	79/58
Ostsee, N-lich Insel Rügen	30.06.58	1	80/58
Ostsee, E-lich Insel Rügen	03.06.58	1	81/58
Ostsee, S-lich Insel Bornholm	04.06.58	1	82/58
Ostsee, SE-lich Insel Bornholm	06.05.58	1	83/58
Polen, Hafen Swinoujscie (Swinemünde)	11.05.58	2	84/58
Rostock-Fahrw., Dalben G	26.09.58	1	85/58
Warnemünde, zwischen den Molen	21.09.58	2	86/58
Peenestrom-Fahrw., bei Tn. L	11.10.58	1	87/58
Peenestrom-Fahrw., Dalben M	30.08.58	1	88/58
Vor der Küste zw. Neuhaus und Dierhagen	05.11.58	1	89/58
NOK, in Ausweiche Oldenbüttel	09.11.58	1	90/58

SAS-130 JENA	Brand am Auspuff
SAS-60 SOPHIE SCHOLL (PE, FGS)	Koll. mit SAS-261
SAS-245 PAUL RUBENS	Koll. mit FK SO 304/GFR
SAS-140 STADT LEUNA	Koll. mit SAS-178
SAS-266 ROBERT STAMM	Grundbg.
SAS-235 ERNST SCHNELLER	Koll. mit SAS-15 (PE)
Schl. STRALSUND (DBR) mit 2 Anhängen	Grunbg.
WOG-73 ERKENNTNIS längsseits von WOG-72 GREIFSWALD	Koll. mit Straßenbrücke
Schl. GREIFSWALD (PE)	Koll. mit Straßenbrücke
WOG-58 SCHWERIN (FGS)	Maschinenschaden
ROS-122 1.MAI	Koll. mit unbeleucheten FK CTG 2032/USR
Motorkahn USEDOM (DBR)	Koll. mit Zeesenboot Reg.Nr. A 15
Kahn 4-461 B (DBR)	Koll. mit Straßenbrücke
1959	
MS SASSNITZ (DSR)	Koll. mit MS WERRATAL/GFR
STR-181 HANS BEIMLER (FGS)	Grundbg.
STR-172 JOHANN WOLFGANG von GOETHE (FGS)	Grundbg.
SAS-103 ROBERT UHRIG	Grundbg.
STR-197 JAHN PETERSEN (FGS)	Grundbg.
FGSCH GRANITZ (WF)	Schwerer Unfall
Schl. EISVOGEL (SchT))	Koll. mit Tonne
DS DONETS/USR	Koll. mit Kai
WIS-111 ROSA LUXEMBURG (FGS)	Grundbg.
ROS-111 WELTFRIEDEN	Koll. mit DS AGUILA/COS
ROS-130 IMMER BEREIT	Koll. mit MT DANGULF OIL/DEN
SAS-177 ANKLAM	Maschinenschaden
SAS-159 WITTOW	Koll. mit SAS-117
SAS-174 PIRNA	Maschinenschaden
SAS-234 JONNY SCHEER	Grundbg.
SAS-217 J.W.MITSCHURIN	Tod eines Besatzungsmitgliedes
SAS-261 FIETE SCHULZE	Grundbg. (SK 66/58 aufgehoben)
ROS-215 EISLEBEN	Tod eines Besatzungsmitgliedes
SAS-229 WILHELM FLORIN	Untergang nach Koll. mit DS MERCIA/SWD
SAS-159 WITTOW	Festkommen
SAS-159 WITTOW	Untergang
STR-186 VORWÄRTS (FGS)	Koll. mit MS JAN/DEN
SAS-189 SAALFELD	Grundbg.
SAS-216 T. D. LYSSENKO	Zwei Grundbg.
MS STUBBENKAMMER (DSR)	Ladungsbrand (Baumwolle)
MS ZINGST (DSR)	Grundbg.
Wa-M-62 ERICH KUSEK (FGS)	Grundbg.
ROS-107 RUDOLF BREITSCHEID	Netzbeschädig des FK Ust-42/POL

Ostsee, Adlergrund	06.08.58	2	91/58
Hafen Saßnitz	11.08.58	1	92/58
Nordsee, Mittel Riff	15.09.58	1	93/58
Ostsee, Fangplatz	27.08.58	1	94/58
Elbmündung, beim Feuerschiff ELBE III	06.10.58	1	95/58
Saßnitz-O-Anstg., bei Tn. 4	13.11.58	1	96/58
Peenestrom-Fahrw., Tonnenbank-Rinne	26.10.58	1	97/58
Wolgast, Brücke der Freundschaft	17.10.58	1	98/58
Greifswald-Wieck, Straßenbrücke Eldena	05.08.58	1	99/58
Ostsee, W-lich der Rønnebank	12.06.58	2	100/58
Ostsee, USR, W-lich Liepaja (Libau)	19.03.58	1	101/58
Ribnitz-Fahrw., Saaler Bodden	27.09.58	1	102/58
Wolgast, Brücke der Freundschaft	07.11.58	1	103/58
Elbe-Fahrw., bei Tn. 14	13.11.58	1	01/59
Insel Rügen, bei Thiessow	05.03.58	1	02/59
Insel Bornholm, vor Svaneke	12.02.58	1	03/59
Greifswalder Bodden	12.11.58	1	04/59
Stralsund-N-Anstg., Vierendehlrinne	11.12.58	1	05/59
Insel Hiddensee, Hafen Vitte	26.10.58	2	06/59
Wismar-Anstg., Tn. 7	22.08.58	1	07/59
Hafen Rostock	09.05.58	1	08/59
Insel Rügen, vor Kollicker Ort	17.08.58	1	09/59
Nordsee, Fangplatz	26.08.58	1	10/59
NOK, Ausweiche Schülp	03.10.58	1	11/59
Ostsee, POL, N-lich Kolobrzeg (Kolberg)	10.09.58	2	12/59
Hafeneinfahrt Saßnitz	16.07.58	1	13/59
Hafen Saßnitz	29.09.58	2	14/59
Vor der Elbmündung	25.04.58	1	15/59
Saßnitz-O-Anstg., bei Tn. 4	10.01.59	2	16/59
Sund, ZW 32, S-lich der Insel Saltholm	16.06.58	1	17/59
Nordatlantik, vor Labrador 52°50´ N, 52°11´ W	12.01.59	2	18/59
Ostsee 55°14´ N, 16°19´ E	05.02.59	1	19/59
Insel Rügen, vor Kollicker Ort	12.02.59	1	20/59
Greifswalder Bodden, vor Thiessow	20.02.59	2	21/59
Hafen Stralsund	06.01.59	1	22/59
Gdansker (Danziger) Bucht, bei Orlowo	06.12.58	1	23/59
Insel Rügen, vor Stubbenkammer	05.02.59	1	24/59
Mittelmeer, Höhe Algier	24.01.59	2	25/59
Ostsee, SWD, Kalmarsund	11.01.59	1	26/59
Insel Rügen, vor Dranske	17.02.59	1	27/59
Ostsee, N-lich der Stolpe Bank	18.11.58	1	28/59

MS MAGDEBURG (DSR)	Kabelbeschädigung
MS MAGDEBURG (DSR)	Brand im Maschinenraum
SAS-228 WILHELM SYLT	Grundbg.
SAS-162 WAREN	Netzbeschädigung des FK Dzi-8/POL
ROS-218 OELSNITZ/V.	Grundbg.
ROS-108 ERNST THÄLMANN	Koll. mit Trawler POLLUX Gdny-187/POL
WIS-108 HERMANN BEBERT (FGS)	Festkommen
MS SASSNITZ (DSR)	Koll.mit Beiboot der Kähne CEVERESS und SIMONE/BLG
Schl. RECKNITZ (SchT)	Schwerer Unfall beim Schleppen FäS SASSNITZ
MS THEODOR STORM (DSR)	Schwerer Unfall eines Besatzungsmitgliedes
Schl. FRANKFURT (DBR)	Grundbg.
Schl. HANNIBAL (DSB)	Schwerer Unfall eines Besatzungsmitgliedes
Schl. ROBBY (FiKo Rostock)	Kollidiert MS AGNETA/FIN
MS GRAAL-MÜRITZ (DSR)	Koll. mit Kahn JULMAR/BLG
DS THÄLMANN-PIONIER (DSR)	Grundbg.
ROS-127 WERNER SEELENBINDER	Koll.m. FK HAVDÖNN/NOR gesunken nach Koll.
WIS-112 MAGDEBURG (FGS)	Grundbg.
WIS-100 M. GLINKA (FGS)	Grundbg.
WIS-113 FRITZ REUTER (FGS)	Grundbg.
SAS-146 PASEWALK	Festkommen
SAS-196 FRIEDLAND	Koll. mit Straßenbrücke
MT LEUNA II (DSR)	Explosion im Trockenladeraum
MT LEUNA I (DSR)	Koll. mit MS VINNI/NOR
MS THEODOR KÖRNER (DSR)	Tod eines Besatzungsmitgliedes
Neubau BIFA 32 (MTWW)	Koll. mit BIFA 30 und Grundbg. beim Stapellauf
MT RHEINLAND/GFR	Koll. mit Straßenbrücke
MS ARETE/GFR	Koll. mit Kai
SAS-212 WALTER ULBRICHT	Maschinenschaden
SAS-166 PREROW	Maschinenschaden
SAS-178 STAVENHAGEN	Getriebeschaden
SAS-166 PREROW	Maschinenschaden
SAS-134 STRALSUND	Koll. mit SAS-210
SAS-215 ALBERT EINSTEIN	Grundbg.
FGSCH DSF (WF)	Grundbg.
MS ONKEL FRITZ (PE)	Beschädigungen am Schiff
Schl. JAUSA (DBR) mit Anhang	Auflaufen des Anhangs Kahn 5-1917 B
WOG-73 ERKENNTNIS (FGS)	Beschädigung des Kutters beim Anhieven
WOG-80 TORGELOW (FGS)	Auflaufen auf die Küste
FäS WARNEMÜNDE (NVBR)	Koll. mit Kabelspüler KABELJAU (Fernmelde Anlagenbau)
MS KÄPPN BRASS (DSB)	Festkommen

Warnemünde Reede	22.11.58	1	29/59
Mittelmeer 35°24´ N, 17°44´ E	30.11.58	2	30/59
Insel Bornholm, vor Dueodde	25.02.59	1	31/59
Ostsee, S-lich Insel Bornholm	09.04.58	1	32/59
Warnemünde, N-lich vom Ostmolenkopf	07.04.59	1	33/59
Nordsee, Fangplatz	20.10.58	1	34/59
Mecklenburger Bucht, vor Klützhöved	30.01.59	1	35/59
BLG, Hafen Antwerpen	17.11.58	1	36/59
Rostock, SWNR	11.05.59	1	37/59
Ägäis, TRK, Hafen Izmir	21.04.59	2	38/59
Peenestrom-Fahrw., Tonnenbank-Rinne	01.04.59	1	39/59
Rostock-Fahrw.	25.05.59	2	40/59
Rostock-Fahrw., bei Torfeuer Kilometer 9	21.05.59	1	41/59
BLG, Brüssel-Kanal	18.03.59	1	42/59
Warnemünde-Reede	10.06.59	1	43/59
Norwegische See, Lofoten 67°55´ N, 11°32´ E	10.05.59	1	44/59
Hafen Wismar	20.02.59	1	45/59
Kattegat, Tn. Læsø NW	26.05.59	1	46/59
Insel Bornholm, Höhe Dueodde	25.02.59	1	47/59
Ostsee, auf dem Rerikriff	15.02.59	1	48/59
Stralsund, Ziegelgrabenbrücke	26.06.59	1	49/59
Mittelmeer 37°15´ N, 06°12,5´ E	07.07.59	2	50/59
NOK, Bunkerplatz Zerssen	05.05.59	1	51/59
EGY, Suezkanal	09.07.59	2	52/59
Wismar, MTWW	22.02.59	1	53/59
Stralsund, Ziegelgrabenbrücke	15.06.59	1	54/59
Hafen Stralsund	28.08.59	2	55/59
Ostsee, Mittelbank	12.05.59	2	56/59
Hafen Saßnitz	16.09.59	1	57/59
Ostsee, Adlergrund	09.03.59	2	58/59
Ostsee, N-lich Arkona	16.07.59	2	59/59
Ostsee, Adlergrund	30.07.59	1	60/59
Vor der Insel Ruden	13.07.59	1	61/59
Stralsund-O-Anstg., bei Tn. 16	29.07.59	2	62/59
Greifswald-Wieck, Straßenbrücke Eldena	18.06.59	1	63/59
Kleines Haff,Mielizna Osiecka (Woitziger Haken)	01.06.59	1	64/59
Peenestrom, Hafen Karlshagen	11.04.59	1	65/59
Insel Rügen, bei Saßnitz	06.07.59	1	66/59
Rostock-Fahrw., bei Tn. K	13.05.59	1	67/59
Vor der Insel Greifswalder Oie	06.02.59	1	68/59

Schwimmdock der Neptunwerft	Beschädigungen beim Ausdocken
SAS-259 FRANZ SCHUBERT	Brand- und Maschinenschaden
SAS-184 ERFÜLLUNG	Brand im Maschinenraum
SAS-220 JOHANN GUTENBERG	Beschädigung der Netze des FK FR 202
SAS-287 LINGBANK	Koll. mit MS MIRANDA/DEN
SAS-309 TÜMMLER	Grundbg.
SAS-219 RUDOLF DIESEL	Maschinenschaden und Wassereinbruch
MB HUMMEL (BuRWB)	Sinken mit offenen Mannlochdeckeln
WOG-91 ROSTOCK (FGS)	Koll. mit FK WOG-85
MS KOSEROW (DSR)	Koll. mit MS ELISABETH/GFR
ROS-108 ERNST THÄLMANN	Trawler CLAESJE/NTH beschäd.Netz von ROS-08
SAS-230 PHILIPP DENGEL	Grundbg.
SAS-230 PHILIPP DENGEL AnL	Koll. mit MT NESSAND/GFR
SAS-243 LUDWIG FEUERBACH	Koll. mit MS ANITA DAN/DEN bei Nebel
SAS-276 WARNOW	Grundbg.
SAS-234 JONNY SCHEER	Grundbg.
SAS-267 HENRY MARTIN	Koll. mit SAS-248
MT LEUNA II (DSR)	Koll. mit MT LONDON PRESTIGE/GBI
WOG-93 BARHOEFT (FPG)	Maschinenschaden
MKS HELMUT JUST (DSB)	Koll. mit Bagger USEDOM (DSB)
ROS-114 WOLGOGRAD	Grundbg.
SAS-219 RUDOLF DIESEL	Koll. mit MT DALE/NOR
SAS-311 KRAGENHAI	Koll. mit MS BRANDENBURG/GFR
SAS-244 ERNST PRECZANG	Festkommen
SAS-222 FRIEDRICH EBERT	Grundbg.
SAS-263 ILJA EHRENBURG	Grundbg.
SAS-270 ELBE	Koll. mit FK SE 21/DEN
SAS-209 HAMBURG	Tod eines Besatzungsmitgliedes

Am 28. April 1960 trat die Verordnung über die Untersuchung von Unfällen in der Seeschiffahrt - Havarieverfahrensordnung - (HVO) in Kraft; GBl. I Nr. 24, S. 257

1960

MKS SEETEUFEL (DSB)	Koll. mit MKS DELPHIN
WOG-59 FRIEDRICH ENGELS (FGS)	Maschinenschaden
Schl. ODER (DBR)	Grundbg.
Schl. SOLIDARITÄT (DBR) mit Anhang	Grundbg.
Kahn 5-781 B	
SAS-277 SAALE	Koll. mit FK Wie-2
STR-197 JAN PETERSEN (FGS)	Kentern durch Vereisung (ohne Wache)
ROS-216 MEISSEN fischend	Koll. mit Freifahrer Trawler WISLOK/POL
ROS-101 HEINRICH MANN	Trawler ALBATROS/GFR zerstört Fleet
ROS-101 HEINRICH MANN AnL	Koll mit Trawler SCH 210 ALI/NTH AnL
Kahn 4-1842 B OLGA (PE)	Kabelbeschädigung durch Anker

Rostock, SWNR	20.06.59	1	69/59
Ostsee, S-lich Insel Bornholm	21.05.59	2	70/59
Ostsee, N-lich Saßnitz	20.07.59	1	71/59
Nordsee, W-lich Fladengrund	03.06.59	2	72/59
Kieler Bucht, E-lich Feuerschiff KIEL	06.09.59	1	73/59
Ostsee, SWD, Falsterborev	24.05.59	1	74/59
Skagerrak, Höhe Skagen	12.-14.08.59	1	75/59
Barther Bodden	02.10.59	1	76/59
Peenestrom, Hafen Karlshagen	07.09.59	1	77/59
NOK, beim Kilometer 32,5	02.10.59	2	78/59
Nordsee, Fangplatz Mittelriff	21.09.59	1	79/59
Halbinsel Darß, vor Darßer Ort	01.09.59	1	80/59
Elbmündung, beim Feuerschiff ELBE II	14.10.59	1	81/59
Elbmündung, bei Tn. 11	15.10.59	1	82/59
Ostsee, Puttgarden Riff	03.10.59	1	83/59
Sund, außerhalb des Fahrwassers	07.08.59	1	84/59
Nordsee, Fangplatz	05.09.59	2	85/59
Schwarzes Meer, USR, Hafen Tuapse	25.10.59	2	86/59
Greifswalder Bodden	10.10.59	1	87/59
SHR-Fahrw., Seekanal	10.07.59	1	88/59
Ostsee, Insel Møn, vor LF Hellehavn Nakke	04.12.59	1	89/59
Nordsee, Elbmündung, bei Tn. 20	13.10.59	1	90/59
NOK, Schleuse Brunsbüttel	11.10.59	2	91/59
Unterelbe, Altenbruch	13.10.59	1	92/59
Unterelbe 53°50,9´ N, 08°53,8´ E	14.10.59	1	93/59
Elbmündung, beim Feuerschiff ELBE III	28.09.59	1	94/59
Ostsee, SE-lich Insel Bornholm	27.04.59	1	95/59
Ostsee, Gdansker (Danziger) Bucht	28.11.59	2	96/59

Ostsee, vor Warnemünde	01.08.59	1	01/60
Ostsee, Adlergrund	15.09.59	2	02/60
Stralsund-O-Anstg., bei Palmer Ort	09.01.60	1	03/60
Kleines Haff,Mielizna Osiecka (Woitziger Haken)	21.01.60	1	04/60
Hafen Saßnitz	20.12.59	2	05/60
Hafen Saßnitz	07.12.59	1	06/60
Nordatlantik, Fangplatz vor Labrador,	06.06.59	1	07/60
Nordsee 58°25´ N, 00°40´ W	02.08.59	2	08/60
Nordatlantik, IRP, Südküste, Waterford	17.12.59	2	09/60
Strelasund, N-lich Stralsund	18.10.59	2	??/??

FGSCH SEEBAD BINZ (WF)	Dalbenbeschädigung
FGSCH SEEBAD BINZ (WF)	Dalbenbeschädigung
SAS-237 KONRAD BLENKLE	Koll. mit MS ORAVE/CZE
SAS-177 ANKLAM	Koll. mit SAS-138
ROS-201 LEIPZIG	Zerstört und beschädigt Netze
MS HEINRICH HEINE (DSR)	Koll. mit MS CORONA/GFR infolge Ruderversager
DS THÄLMANN-PIONIER (DSR)	Kesselschaden, Wachmaschinist eingeschlafen
MS THEODOR KÖRNER (DSR)	Koll. mit Kran infolge Eislage
MS THEODOR KÖRNER (DSR)	Koll mit DS DORTHE OLDENDORFF/GFR
SAS-171 GERA	Koll. mit Fischlöschanlage und SAS-137
SAS-277 SAALE	Grundbg. im Nebel
SAS-311 KRAGENHAI	Grundbg., mangelh. Umsicht
Schl. SUND (DSB)	Kentern und Untergang beim Bugsieren
SAS-152 WUSTROW	Grundbg., mangelh. Umsicht
STR-223 (FGS)	Beschädigungen durch nicht erforderl. Eisfahrten
MS BERLIN (DSR)	Tod eines Besatzungsmitgliedes
SAS-137 BERNAU	Maschinenschaden, Ölmangel
SAS-184 ERFÜLLUNG	Maschinenschaden, Ölzufuhr unterbrochen
SAS-286 VIKINGBANK	Grundbg., mangelh. Umsicht
Schl. EISVOGEL (DSB)	Koll. mit KüMo Name nicht genannt/GFR
SAS-283 FLADENGRUND	Maschinenschaden, Kühlwasser
SAS-269 Dr. FRIEDRICH WOLF	Kollision mit SAS-25
SAS-157 ALTWARP	Maschinenschaden, Pleullager ausgelaufen
SAS-170 WEISSENFELS	Maschinenschaden, Zylinderblock gerissen
SAS-179 GRIMMEN	Maschinenschaden, Grundlager ausgelaufen
STR-185 AUGUST BEBEL (FGS)	Grundbg., mangelh. Navigation
STR-192 PLANET (FGS)	Schaden an der Kraftstoffpumpe
Wa-M-40 JOLIOT CURIE (FGS)	Koll. mit MS ZITA/DEN
STR-194 HERMANN SCHEFFLER (FGS)	Grundbg., mangelh. Navigation
STR-248 DESSAU (FGS)	Grundbg., mangelh. Schiffsführung
STR-251 WUSTROW (FGS)	Festkommen, nachlässige Navigation
STR-189 MARGARETE WALTER (FGS)	Koll. mit Grenzpolizeiboot G 523
WOG-88 RIESA (FGS)	Maschinenschaden am Getriebe
WOG-78 ILMENAU (FGS)	Koll. mit SAS-262
ROS-124 ADOLF HENNECKE	Grundbg., mangelh. Navigation
MS HALLE (DSR)	Koll. mit Motorkahn EMERANCE/BLG
MS FREUNDSCHAFT (DSR)	Koll. mit MT BOLETTA/NOR
WIS-100 MICHAEL GLINKA (FGS)	Netzkollision mit WOG-77
WIS-100 MICHAEL GLINKA (FGS)	Grundbg., Gefährdung der Schiffssicherheit
WIS-115 JOLIOT CURIE (FGS)	Koll. mit Brücke
MS ALGENIB (DSR)	Koll. mit MT CYGNUS/ GRC
MS THEODOR KÖRNER	Tödlicher Unfall

Hafen Wismar	12.07.59	1	11/60
Hafen Greifswald-Wieck	24.09.59	2	12/60
Ostsee, vor Swinoujscie (Swinemünde)	04.12.59	2	13/60
Hafen Saßnitz	20.01.60	1	14/60
Europäisches Nordmeer, NOR, vor Malangen	25.10.59	1	15/60
NOK, beim Kilometer 54,5	15.03.60	2	16/60
Hafen Rostock	13.03.60	1	17/60
POL, Hafen Gdansk (Danzig)	02.09.60	2	18/60
Ostsee, ZW 55, bei Tn. 5	23.01.60	1	19/60
Hafen Saßnitz	24.03.60	1	20/60
Sund, ZW 32, Höhe Kopenhagen	20.01.60	2	21/60
Ostsee, SWD, Falsterborev	15.02.60	1	22/60
Hafen Wismar	10.06.59	2	23/60
Insel Hiddensee, vor Dornbusch	14.03.60	1	24/60
Greifswalder Bodden, Lauterbach	10.03.60	1	25/60
Indik, Golf von Aden	03.08.59	2	26/60
POL, Hafen Swinoujscie (Sinemünde)	13.04.60	1	27/60
Ostsee, Adlergrund	25.03.60	2	28/60
Sund, ZW 32, S-lich LtF Nordre Røse	13.03.60	1	29/60
Ostsee, Fehmarnbelt	05.04.60	2	30/60
Strelasund, N-lich Stralsund	13.01.60	1	31/60
Hafen Saßnitz	09.05.60	2	32/60
Ostsee, Höhe Insel Christiansø	25.02.60	2	33/60
Ostsee, Pommersche Bucht	09.04.60	2	34/60
Hafen Saßnitz	30.04.60	2	35/60
Insel Bornholm, W-Küste, Hvideodde Rev	03.03.60	1	36/60
Ostsee, vor Insel Bornholm	22.03.60	2	37/60
Ostsee, S-lich vom Kalmarsund	07.05.60	1	38/60
Insel Rügen, vor Stubbenkammer	07.05.60	1	39/60
Ostsee, vor der Insel Bornholm	25.05.60	1	40/60
Kattegat, vor Hafen Grenå	09.05.60	1	41/60
Insel Hiddensee, Vitte	13.05.60	1	42/60
Hafen Saßnitz	28.03.60	1	43/60
Hafen Saßnitz	11.05.60	1	44/60
GBI, Pentland Firth, beim Feuer Tarf Tail	09.06.60	1	45/60
NTH, Schelde-Fahrw., Tn. 60/65a	04.02.60	1	46/60
Südatlantik, BRZ, Santos Innenreede	24.01.60	2	47/60
Ostsee, Nähe Insel Bornholm	23.03.60	1	48/60
POL, Gdansker (Danziger) Bucht, vor Gdynia	18.04.60	1	49/60
Hafen Saßnitz	15.06.60	2	50/60
Mittelmeer, N-lich Tunesien, Canal de la Galite	13.05.60	1	51/60
Hafen Rostock	06.09.60	2	52/60

SAS-259 FRANZ SCHUBERT	Festkommen, stark setzende Strömung
MS PEENEMÜNDE (DSR)	Festkommen, mangelh. Umsicht
MS GEMMA (DSR)	Koll. mit MS UTSKÄR/SWD
SAS-294 SCHWERTWAL HaL	Koll. durch Fischdampfer MOUNT EDEN/GBI
SAS-241 JOSEF v. EICHENDORF	Netzkoll. mit FK UST 43 u. 45/POL
SAS-204 THÜRINGEN	Netzkoll. mit FK DAR 44/POL
SAS-251 HEINRICH HEINE	Koll. mit FK SAS-251 und SAS-221
SAS-190 EISENACH	Tod eines Besatzungsmitgliedes
MS BARHÖFT (DSR)	Koll. mit FK MRT 32/USR
MS BARHÖFT (DSR)	Koll. mit MT ELISABETH ENTZ
ROS-132 ERICH HONECKER	Netzkoll. mit FD Wega/POL
Yacht ERNST THÄLMANN (GST)	Strandung infolge seekranker Besatzung
WOG-77 LEIPZIG (FGS)	Netz in der Schraube, mangelh. Umsicht
WIE-2 (PE)	Koll. mit Dalben
MS VÖLKERFREUNDSCHAFT (DSR)	Grundbg., fehlerhafter Lotsenrat
MS PREROW (DSR)	Koll. mit Fährboot TESSA/GBI
MS GREIFSWALD (DSR)	Grundbg., mangelh. Umsicht
MS GREIFSWALD (DSR)	Koll. mit Schleppzug und Kahn EDELWEIß/GFR
SAS-235 ERNST SCHELLER	Grundbg.
SAS-169 BERGEN	Grundbg.
SAS-248 BERNHARD KELLERMANN	Koll. mit MS ANITA DAN/DEN
SAS-254 FLORIAN GEYER	Ankerverlust, verursacht durch FK GDY-195/POL
SAS-264 ANNA SEGHERS	Maschinenschaden, Wasser im Brennstoff
SAS-262 GEORGI DIMITROFF	Koll. mit SAS-232
SAS-262 GEORGI DIMITROFF	Grundbg., mangelh. Umsicht
SAS-213 W.C.RÖNTGEN	Netz in der Schraube
SAS-213 W.C. RÖNTGEN	Grundbg., schlechte Sicht
SAS-179 GRIMMEN	Grundbg.
STR-249 WITTOW (FGS)	Maschinenschaden, Anlaßvorrichtung
STR-250 (FGS)	Koll. mit Dalben
STR-172 JOHANN WOLFGANG VON GOETHE (FGS)	Koll. mit FK KALININGRAD-820/USR
FGSCH DORNBUSCH (WF)	Koll. mit FGSCH GRANITZ (WF)
FGSCH DORNBUSCH (WF)	Koll. mit DS SWANTI (PE)
SAS-312 DORNHAI	Koll. mit SAS-294
SAS-221 NIKOLAUS KOPERNIKUS	Grundbg.
SAS-304 RINGLROBBE	Traglagerschaden
SAS-219 RUDOLF DIESEL	Grundbg.bei Ausweichmanöver
SAS-219 RUDOLF DIESEL	Wassereinbruch durch Stevenrohr
SAS-189 SAALFELD	Koll. mit SAS-163
SAS-307 KEGELROBBE	Koll. mit MS FURBO/DEN
SAS-246 MARTIN ANDERSEN NEXÖ	Grundbg.
SAS-273 DAHME	Grundbg.

Nordsee, NOR, Hafen Egersund	03.07.60	2	53/60
Rigaischer Meerbusen, bei Kolkasrags	03.07.60	1	54/60
Mittlere Ostsee, Fangplatz	27.05.60	1	55/60
Nordsee, GBI, Hafen Aberdeen, an der Pier	02.07.60	2	56/60
Ostsee, Fangplatz Mittelbank	27.05.60	2	57/60
Ostsee, Fangplatz Mittelbank	27.05.60	2	58/60
Ostsee, Fahrt zur Mittelbank	14.05.60	1	59/60
Ostsee, Adlergrund	10.09.60	1	60/60
Ostsee, Gdansker (Danziger) Bucht	10.02.60	1	61/60
NOK, bei Kanalfähre Landwehr (Kilometer 87)	06.11.59	2	62/60
Nordsee, Fladengrund	31.05.60	1	63/60
Ostsee, E-lich Warnemünde	04.07.60	1	64/60
Ostsee	16.06.60	1	65/60
Hafen Saßnitz	06.07.60	1	66/60
Ostsee, Stockholmer Schären	13.08.60	2	67/60
GBI, Themse-Fahrw.	05.05.60	1	68/60
Wismar-Anstg.	08.11.60	1	69/60
BLG, Hafen Antwerpen	08.11.60	1	70/60
Greifswalder Bodden, Schumachergrund	20.09.60	1	71/60
Osttief-Fahrw.	19.09.60	1	72/60
NOK, Ausweiche Königsförde	28.08.60	2	73/60
Nordsee 55°21´ N, 00°55` W	14.09.60	1	74/60
Stralsund-N-Anstg.	20.09.60	1	75/60
Nordsee, Fangplatz	30.09.60	1	76/60
Elbe bei Cuxhaven	01.09.60	1	77/60
Nordsee, Fangplatz	17.08.60	2	78/60
Elbe bei Cuxhaven	28.08.60	2	79/60
Osttief-Fahrw., Veritasgrund	07.10.60	1	80/60
Ostsee, Fangplatz	24.05.60	1	81/60
Hafen Stralsund	19.10.60	1	82/60
Nordsee, Fangplatz Höhe Hfn. North Shields	13.08.60	1	83/60
Stralsund-N-Anstg., zw. den Tn. 36 und 37	15.10.60	1	84/60
Wiek/Rügen-Fahrw., bei Tn. 38	25.07.60	1	85/60
Nordsee, Fangplatz	27.04.60	1	86/60
Insel Bornholm, Hafen Neksø	11.05.60	1	87/60
Ostsee, ZW	07.06.60	2	88/60
Sund, ZW 32 bei LtF Nordre Røse	11.07.60	2	89/60
Deutsche Bucht, beim Feuerschiff ELBE I	09.09.60	2	90/60
Ostsee, Fangplatz	17.07.60	1	91/60
Hafen Stralsund	28.08.60	1	92/60
Halbinsel Darß, vor Darßer Ort	19.08.60	1	93/60
Nordsee, NOR, Egersund	27./28.08.60	1	94/60

SAS-242 GREGOR v. J. MENDEL	Koll. mit Logger GRUSZESKY/POL
SAS-285 SCHLICKBANK	Grundbg., mangelh. Umsicht
SAS-319 RIESENHAI	Grundbg., mangelh. Umsicht
SAS-315 HAMMERHAI	Grundbg., mangelh. Umsicht
SAS-305 SATTELROBBE	Grundbg., mangelh. Umsicht
SAS-240 HEINZ KAPELLE	Grundbg., mangelh. Umsicht
SAS-220 JOHANN GUTENBERG	Grundbg., mangelh. Umsicht
SAS-275 MULDE	Grundbg, mangelh. Umsicht
SAS-245 PAUL RUBENS	Grundbg., mangelh. Umsicht
1961	
TMS SCHERPENDRECHT/NTH	Festkommen, zu großer Tiefgang
SAS-286 VIKINGBANK	Koll. mit Slipanlage der VWST
MS DENEB (DSR)	Koll. mit KüMo LENA/SWD
Trawler CPT-P9125/USR	Koll. mit MS MARSUND/FIN
MS KOLLUND/GFR	Abbrechen eines Dalbens
ROS-S43 (GST)	Kentern und Tod eines Besatzungsmitgliedes
ROS-205 BERLIN	Koll. mit FK PRIMMES/ICL
MKS WAL (DSB)	Koll. mit MKS EINHEIT
SAS-247 ALBRECHT DÜRER	Koll. mit Schleppzug des Schl. TAIFUN/GFR
SAS-303 SEEWOLF	Koll. mit SAS-282
STR-184 POTSDAM (FGS)	Grundbg., mangelh. Umsicht
SAS-242 GREGOR v.J.MENDEL	Grundbg., mangelh. Umsicht
STR-185 AUGUST BEBEL (FGS)	Grundbg., mangelh. Umsicht
ROS-207 ERFURT	Beschädigung von Treibnetzen norwegischer FK
Wa-M-25 MAX MATERN (FGS)	Koll. mit Wa-M-65 RÜGENLAND (FGS)
Schl. ODER (DBR) mit Anhang	Losreißen des Anhangs, Wind 6-7
Schl. ODER (DBR) m. Anh. GIGANT	Grundbg., u. Festkommen auf abgebroch. Dalben
Schl. ODER (DBR)	Koll.m.Brücke,Benutzung d.falschen Brückenseite
WOG-87 PIRNA (FGS)	Koll. mit FRE-51
WOG-43 BINZ (FGS)	Koll. mit WOG-67
DS WISMAR (DSR)	Koll. mit nicht verholtem Landkran
WIS-108 HERMANN BEBERT (FGS)	Maschinenschaden, Pleuellager ausgelaufen
WIS-100 MICHAEL GLINKA (FGS)	Grundbg., mangelh. Umsicht
Wa-M-40 JOLIOT CURIE (FGS)	Koll. mit MS KATTY/SWD
Wa-M-49 M.J.KALININ (FGS)	Festkommen, mangelh. Umsicht
SAS-218 ROBERT KOCH	Stevenrohrbuchse ausgelaufen
STR-185 AUGUST BEBEL (FGS)	Wasser im Maschinenraum
STR-188 KARL MARX (FGS)	Koll. mit Anlage, Gefährdung d. Schiffssicherheit
FGSCH SEEBAD BINZ (WF)	Einbeulungen am Unterwasserschiff
SAS-222 FRIEDRICH EBERT	Tödlicher Unfall durch Überbordgehen
SAS-228 WILHELM SYLT	Grundbg., mangelh. Umsicht
MB FLAMINGO (SchT)	Sinken, offene Mannlochdeckel

Nordsee 54°29´ N, 01°28´ E	24.08.60	2	95/60
Elbe, Höhe Cuxhaven	14.09.60	1	96/60
Elbe, Höhe Cuxhaven	14.09.60	1	97/60
Elbe, Höhe Cuxhaven	14.09.60	1	98/60
Elbe, Höhe Cuxhaven	14.09.60	1	99/60
Elbmündung, Scharhörn-Riff	14.09.60	1	100/60
Sund, auf dem Saltholm Flak	21.10.60	1	101/60
Elbe, Cuxhaven, bei Tn. 20	20.10.60	1	102/60
Elbe, Unterelbe	23.09.60	1	103/60
Wismar-Anstg., bei Tn. Hannibal Ost	23/24.11.60	1	01/61
Hafen Stralsund, VWST	15.06.60	1	02/61
Hafen Stralsund	16.10.60	1	03/61
Stralsund-O-Anstg., Palmer-Ort-Rinne	27.11.60	1	04/61
Hafen Stralsund	09.11.60	2	05/61
Halbinsel Darß, vor Darßer Ort	03.09.60	1	06/61
Nordatlantik, ICL, Hafen Reykjavik	05.07.60	1	07/61
Hafen Rostock	26.01.61	1	08/61
NOK, beim Kilometer 68,5	08.09.60	2	09/61
Nordsee, Fangplatz Farn Deep	10.09.60	1	10/61
Stralsund-Fahrw., bei Tn. 17	21.11.60	1	11/61
Kattegat, SWD, S-lich Kullen	18.12.60	1	12/61
Ostsee, E-lich Insel Rügen	08.01.60	1	13/61
Nordsee, Fangplatz Andenes	05.03.60	1	14/61
Ostsee, beim Feuerschiff GEDSER REV	25.08.60	1	15/61
Peenestrom-Fahrw., Tonnenbank-Rinne	26.10.60	1	16/61
Stralsund, vor VWST	28.11.60	1	17/61
Peenestrom-Fahrw., Straßenbrücke Zecherin	10.01.60	1	18/61
Peenestrom-Fahrw., Tonnenbank-Rinne	19.09.60	1	19/61
Wolgast, Brücke der Freundschaft	08.11.60	1	20/61
Ostsee, USR, Hafen Klaipeda (Memel)	29.01.61	2	21/61
Hafen Wismar	12.09.60	1	22/61
DEN, Samsø Bælt, bei LT Røsnæs Puller	28.11.60	1	23/61
Kattegat, SWD, Einfahrt Hafen Göteborg	08.12.60	1	24/61
Insel Bornholm vor Gedebak Odde	11.02.60	1	25/61
Ostsee, Kieler Bucht	30.08.60	2	26/61
Hafen Saßnitz	24.12.60	1	27/61
Strelasundbrücke im Rügendamm	01.01.61	1	28/61
beim Slippen festgestellt	05.01.61	2	29/61
Nordsee 59°08´ N, 03°35´ E	28.02.61	2	30/61
Insel Rügen, vor Kollicker Ort	11.02.61	1	31/61
SHR-Fahrw., Seekanal	21.02.61	1	32/61

ROS-117 OKTOBERREVOLUTION	Grundbg., mangelh. Umsicht
ROS-118 SOLIDARITÄT	Koll. mit MS AXEL JOHNSON/SWD
ROS-106 AUGUST BEBEL	Koll. mit Logger CPT-4440/USR
SAS-179 GRIMMEN	Festkommen und Koll. mit Mole
SAS-177 ANKLAM	Koll. mit FK WIE-46
SAS-241 JOSEF V. EICHENDORF	Koll. mit DS ACO/NDR
SAS-153 BARTH	Grundbg., mangelh. Umsicht
SAS-232 FRITZ HECKERT	Grundbg., mangelh. Umsicht
MT LEUNA II (DSR)	Kesselschaden, Wassermangel
SAS-244 ERNST PRECZANG	Grundbg., mangelh. Umsicht
SAS-244 ERNST PRECZANG	Koll. mit SAS-234
SAS-309 TÜMMLER	Koll. mit MS MARIA/DEN
SAS-218 ROBERT KOCH	Auflaufen, mangelh. Umsicht

SAS-253 PARACELSIUS	Netzkoll. mit FK SL-15/GFR
SAS-310 DELPHIN	Grundbg., Verwechslung der Tonne
MS MAGDEBURG (DSR)	Tod eines Besatzungsmitgliedes
WIS-100 MICHAEL GLINKA	Koll. mit Räumgerät MLR 221/GDR
WIS-100 MICHAEL GLINKA	Netzkoll. mit Logger 4216/USR
FGSCH HECHT (WF)	Grundbg., mangelh. Umsicht
MS MAGDEBURG	Koll. mit DS LEO/GBI
STR-248 DESSAU (FGS)	Maschinen- und Getriebeschaden
STR-248 DESSAU (FGS)	Maschinen- und Getriebeschaden
STR-248 DESSAU (FGS)	Maschinen- und Getriebeschaden
STR-248 DESSAU (FGS)	Maschinen-und Getriebeschaden, Standprobe
STR-249 WITTOW (FGS)	Zerstörung der Ölpumpe
STR-280 (FGS)	Koll. mit ROS-129 AnL
SAS-267 HENRY MARTIN	Festkommen, mangelh. Umsicht
SAS-293 GRINDWAL	Koll. mit FD OMULEW SWI-162/POL

SAS-291 POTTWAL	Koll. mit FK GDY-119/POL gesunken nach Koll.
FäS WILLI SCHRÖDER (NVBR)	Lagerschaden, Haupt-Diesel II
LB WARNOW (HB)	Koll. mit Hafenpolizeiboot 70
STR-194 HERMANN SCHEFFLER (FGS)	Koll. mit Tragflügelboot TF 10/1
STR-185 AUGUST BEBEL (FGS)	Koll. mit FK LAN-M-1
ROS-130 IMMER BEREIT	Netzkollision mit FD SAINT LOUS/FRA
MS GRAAL-MÜRITZ (DSR)	Koll. mit MS ESTE/GFR
DSchl. GREIF (SchT)	Untergang, Wassereinbr. durch offenes Bullauge
ROS-109 KARL V. OSSIETZKY	Treibnetzkoll. mit Logger CTP-P 9092/USR
STR-172 JOHANN WOLFGANG VON GOETHE (FGS)	Grundbg., mangelh. Umsicht
D.Sp. NIMMERSATT (DSB) m.Anhg.	Koll. mit MT SOLNY/FIN
DS TRANSMICHIGAN/GFR	Koll. mit Kai, falsche Manöver
ROS-213 HALLE	Gefährdung der Schiffssicherheit
WOG-43 BINZ (FGS)	Grundbg., mangelh. Umsicht
Schl. SOLIDARITÄT	Grundbg., mangelh. Umsicht

Sund, Nähe Insel Ven	12.02.61	1	33/61
Sund, beim LF Drogden	15.02.61	1	34/61
Sund, ZW 32, bei LtF Nordre Røse	15.02.61	1	35/61
POL, Gdansker (Danziger) Bucht, Hafen Hel	22.01.61	1	36/61
Hafen Saßnitz	08.02.61	2	37/61
NOR, Karmsund, bei Insel Smørstakk	12.01.61	1	38/61
Ostsee, SWD, Kalmarsund	17.03.61	1	39/61
Kattegat, bei Skagen	08.03.61	1	40/61
Wismar Reede	02.03.61	1	41/61
Nordsee, NOR, N-Einfahrt nach Egersund	25.01.61	1	42/61
Nordsee, Norwegische Rinne	13.02.61	1	43/61
Sund, beim Feuerschiff LAPPEGRUND	15.02.61	2	44/61
Norwegische Küste 58°41´ N, 41´N, 05°33´ E	16.02.61	1	45/61
Ostsee, Adlergrund	31.01.61	1	46/61
Sund, auf dem Saltholm Flak	25.03.61	2	47/61
Indik, S-lich Ceylon 05°51,5' N, 80°38´ E	23.12.60	1	48/61
Mecklenburger Bucht, Bukspitze	25.04.61	1	49/61
Ostsee, Mittelbank	14.05.61	2	50/61
Peenestrom-Fahrw., Tonnenbank-Rinne	31.03.61	1	51/61
Vor der Themsemündung, Queensboje	27.04.61	1	52/61
Ostsee, Fangplatz Mittelbank	08.04.61	1	53/61
Ostsee, Fangplatz Mittelbank	12.05.61	1	54/61
Ostsee, Adlergrund	30.05.61	1	55/61
Hafen Stralsund	16.06.61	2	56/61
Ostsee 55°3´ N, 15°17´ E	10.05.61	2	57/61
Sund, bei Tn. Tårbæk Rev	15.02.61	1	58/61
Ostsee, SWD, Falsterborev	14.03.61	1	59/61
Nordsee, Fangplatz	10.06.61	2	60/61
Nordsee 55°05´ N, 01°15´ W	22.07.61	1	61/61
Hafen Rostock-Gehlsdorf	30.05.61	1	62/61
Hafen Stralsund	24.06.61	1	63/61
Hafen Stralsund	01.07.61	1	64/61
Hafen Stralsund	24.07.61	1	65/61
N-liche Nordsee, Fangplatz	06.01.61	2	66/61
NOK, Binnenhafen Brunsbüttel	24.02.61	2	67/61
Hafeneinfahrt Warnemünde bei Tn. B	28.08.61	1	68/61
N-liche Nordsee, Fangplatz Utsira	05.01.61	1	69/61
Nordsee, NOR, N-Einfahrt nach Egersund	12.01.61	1	70/61
Rostock, Ölhafen	17.05.61	1	71/61
Stadthafen Rostock, Querkai	30.07.61	1	72/61
Nordatlantik, Fangplatz vor Labrador	19.08.61	1	73/61
Peenestrom-Fahrw., bei Tn. 22	01.06.61	1	74/61
Greifswalder Bodden, Lauterbach-O-Fahrw.	01.09.61	1	75/61

MoGü CT 731, MoGü 733 (DSU)	Koll. mit Straßenbrücke
Segelyacht WIKING (Universität Greifswald)	Strandung
DS WISMAR (DSR)	Schraubenbeschädigung
SAS-269 Dr. FRIEDRICH WOLF	Koll. mit SAS 254
SAS-288 GR. FISCHERBANK	Beschädigung MS RAUMA/NOR
SAS-269 DR. FRIEDRICH WOLF	Koll. mit Dalben
SAS-274 HAVEL	Reißen Auspuffsammelrohr
SAS-251 HEINRICH HEINE	Brand und Ladungsbeschädigung
FäS SASSNITZ (DR)	Koll. mit Fenderwand im Fährbett
FGSCH PINGUIN (PE)	Koll. mit FK WAR-4
Schl. PEENE (DSB)	Koll. mit Dock
Wohnschiff II der Peenewerft	Koll. mit Brückenleitwerk
Schl. ODER (DBR) mit Anhg.	Festkommen, mangelh. Umsicht
Schl. ODER (DBR) mit Anhg.	Anhang verliert Beiboot
ROS-117 OKTOBERREVOLUTION	Gefährdung der Schiffssicherheit
SAS-219 RUDOLF DIESEL	Leck im Achterschiff
SAS-266 ROBERT STAMM	Wassereinbruch im Fischraum
SAS-231 ERNST GRUBE	Netzkollision mit Logger KW-39/NTH
SAS-212 WALTER ULBRICHT	Brückenbeschädigung
SAS-294 SCHWERTWAL	Leine in der Schraube
SAS-272 ELSTER	Leine in der Schraube
SAS-284 JÜTLAND	Koll.mit SAS-219
SAS-225 FRANZ MEHRING	Grundbg., mangelh. Umsicht
SAS-314 BLAUHAI	Koll. mit FK HEL-102/POL
SAS-275 MULDE	Grundbg., mangelh. Umsicht
SAS-240 HEINZ KAPELLE	Grundbg., mangelh. Umsicht
SAS-228 WILHELM SYLT	Grundbg., mangelh. Umsicht
1962	
WIS-100 MICHAEL GLINKA (FGS)	Festkommen
MS ERFURT (DSR)	Trosse in der Bb.-Schraube
MS ERFURT (DSR)	Schwelbrand in Sonnenblumen-Expellerladung
ROS-216 MEISSEN	Koll. mit DS SMOLENSK/USR
SAS-261 FIETE SCHULZE	Netzhavarie mit Trawler SWI-143/POL
SAS-273 DAHME	Koll. mit Tn.
WAR-52 BORN,WAR-64 ADOLF HENNE-CKE (beide FGS)	Netzkoll. mit WAR-16, WAR-24 (beide FGS)
WOG-83 ERFURT (FGS)	Getriebeschaden
WOG-83 ERFURT (FGS)	Maschinenhavarie
FäS OSTSEE (NVBR)	Koll. mit Mole
STR-249 WITTOW (FGS)	Koll. mit Tonnenleger D 13 (SHD)
FGSCH ALTEFÄHR (WF)	Koll. mit Schl. FRITZ
MS HERINGSDORF (DSR)	Strandung, ungenügende Ankerwache
STR-248 DESSAU (FGS)	Ankerverlust

Greifswald-Wieck, Straßenbrücke Eldena	16.05.61	2	76/61
Greifswalder Bodden, Freesendorfer Haken	01.08.61	1	77/61
F.Meerb., FIN, Hafen Hangö	04.09.61	2	78/61
Hafen Saßnitz	05.06.61	2	79/61
Nordsee, NOR, Hafen Egersund	18.03.61	1	80/61
Hafen Saßnitz	10.08.61	1	81/61
Nordsee 55°39´ N, 01°19´ E	07.09.61	2	82/61
Nordsee, Heimreise	09.10.61	2	83/61
SWD, Hafen Trelleborg	05.07.61	2	84/61
Hafen Warnemünde	20.09.61	1	85/61
Rostock, Werftbecken SWNR	02.10.61	1	86/61
Wolgast, Brücke der Freundschaft	10.09.61	2	87/61
POL, Oder, Trzebiez (Ziegenort)	11.10.61	1	88/61
Greifswalder Bodden, bei Tn. KW 2	16.11.61	1	89/61
Nordsee, Fangplatz	22.-30.09.61	1	90/61
Hafen Skagen	25.07.61	2	91/61
Nordsee, Fangplatz	23.06.61	2	92/61
Nordsee, Dogger-Süd Riff	05.09.61	2	93/61
Hafen Saßnitz	05.09.61	2	94/61
Nordsee, GBI, Hafen North Shields	08.08.61	2	95/61
Nordsee, GBI, Hafen North Shields	08.08.61	2	96/61
Nordsee, Fangplatz	18.08.61	1	97/61
Insel Rügen, vor Stubbenkammer	30.09.61	1	98/61
Nordsee 55°08´ N, 01°07´ E	07.08.61	2	99/61
Nordsee, NOR, Flekkefjord	09.11.61	1	100/61
Nordsee, Mörra Grund	13.11.61	1	101/61
Nordsee, NOR, Flekkefjord	07.11.61	1	102/61
Elbmündung, auf dem Kratzsand	26.08.61	1	01/62
Niederlande, Hafen Rotterdam	09.01.61	2	02/62
Kanal	30.11.61	2	03/62
Rostock, Warnow-Fahrw., bei Tn. G	03.11.61	1	04/62
Nordsee, Farn Deep	24.08.61	1	05.62
Sund, ZW 32, bei Tn. 21	03.11.61	1	06/62
Halbinsel Darß, W-lich Darßer Ort	05.10.61	1	07/62
Hafen Stralsund	21.10.61	1	08/62
Ostsee, E-lich Tn. Osttief	17.11.61	1	09/62
SHR-Fahrw., Warnemünde, Seekanal	01.01.62	1	10/62
Hafen Stralsund	25.10.61	1	11/62
Hafen Stralsund	13.12.61	1	12/62
Ostsee, Wismar Innenreede	01.01.62	1	13/62
Ostsee, Bornholmsgat	27.08.61	1	14/62

ROS-130 IMMER BEREIT	Grundbg., mangelh. Umsicht
ROS-106 AUGUST BEBEL	Netzkoll. mit Trawler GDY-267/POL
MS ATAIR (DSR)	Übergehen der Eisenladung
MS KOSEROW (DSR)	Grundbg., mangelh. Umsicht
Schl. FRANKFURT (DBR)	Koll. mit Straßenbrücke
Schl. GARTZ (DBR)	Koll. mit Straßenbrücke
Schl. FRANKFURT (DBR) mit 2 Anhängen	Festkommen
MB USEDOM (DBR)	Mehrere Grundbg., Gefährdung d. Schiffssicherheit
MS POEL (DSR)	Grundbg.
ROS-108 ERNST THÄLMANN	Netzkoll. durch FD BECKERATH/GFR
MS AHRENSHOOP (DSR)	Koll. durch MS KILINSKI/POL
MS FREUNDSCHAFT (DSR)	Kentern des Motorbootes des Schiffes
SAS-263 ILJA EHRENBURG	Netzkoll. mit FD HH-314/GFR
SAS-295 BLAUWAL	Grundbg., mangelh. Umsicht
SAS-220 J.GUTENBERG	Grundbg., mangelh. Umsicht
SAS-307 KEGELROBBE	Koll. mit FK GG-101/SWD
SAS-265 SERGEJ KIROW	Grundbg.
SAS-232 FRITZ HECKERT	Grundbg.
SAS-232 FRITZ HECKERT	Grundbg.
DS THÄLMANN-PIONIER (DSR)	Grundbg.
MS SIERRA MAESTRA (Warnoww.)	Kurbelwannenexplosion
MS 5-386 NIENBURG (DBR)	Grundbg., ungenügende Fahrwasserkenntnis
STR-188 KARL MARX (FGS)	Lagerschaden am Motor
STR-199 RIBNITZ (FGS)	Auflaufen, Totalverlust
MS STUBBENKAMMER (DSR)	Wrackberührung, Bezeichnungstonne vertrieben
MT LÜTZKENDORF (DSR)	Festkommen, mangelh. Umsicht
SAS-289 UTSIRALOCH	Netzkoll. mit Logger MINSTERIALDIREKTOR STREIL/GFR
MS FRITZ REUTER (DSR)	Koll. mit KüMo ANITA ADELE
MS BELLATRIX (DSR)	Koll. m. MS PEENEMÜNDE
SAS-231 ERNST GRUBE	Grundbg.
SAS-227 LEO JOGISCHES	Koll. m. Logger CHAGAN/USR
WOG-74 HARRO SCHULZE-BOYSEN (FGS)	Maschinenschaden, einfrieren des Kühlwassers
WOG-59 FRIEDRICH ENGELS (FGS)	Maschinenschaden, Ventilfederbruch
WOG-57 ALTENBURG (FGS)	Maschinenschaden, Ausfall Ölpumpe
WOG-76 KATJA NIEDERKIRCHNER (FGS)	Maschinenschaden, Kraftstoff in Ölwanne
MS GREIFSWALD (DSR)	Grundbg., mangelh. Umsicht
MS DENEB (DSR)	Koll. mit MT RAWA RUSKAJA/USR
Bagger BARTH (DSR)	Kabelbeschädigung von Torfeuern
ROS-203 ZWICKAU HaL	Beschädigungen durch DS "SN283", "A391"

Kattegat, beim Feuerschiff ANHOLT	28.09.61	1	15/62
Nordsee, Dogger-Süd Riff	05.09.61	2	16/62
Ostsee, POL, Gdansker (Danziger) Bucht	23.12.61	1	17/62
Nordausgang des Sund	08.01.62	1	18/62
Wolgast, Brücke der Freundschaft	06.11.61	1	19/62
Wolgast, Brücke der Freundschaft	05.11.61	1	20/62
Stralsund-O-Anstg.	05.10.61	1	21/62
Peenefluß-Fahrw. und Achterwasser, zw. Anklam und Stagnieß/Insel Usedom	02.12.61	1	22/62
Ostsee, Stockholmer Schären	18.01.62	2	23/62
Nordsee, Fangplatz Ostkante	28.10.61	2	24/62
Ostsee, Fehmarnbelt	31.12.61	1	25/62
Ostsee, Warnemünde Reede	16.01.62	2	26/62
Nordsee, Dogger-Süd Riff	05.09.61	2	27/62
Sund, ZW 32, N-lich LtF Nordre Røse	18.10.61	1	28/62
Nordsee, NOR, Einfahrt Hfn. Haugesund	05.09.62	1	29/62
Skagerrak 57°46´ N, 8°46´ E	15.10.61	2	30/62
Nordsee, NOR, Flekkefjord	30.11.61	1	31/62
Ostsee, vor Arkona	02.02.62	1	32/62
Insel Bornhom, Einfahrt zum Hafen Neksø	21.02.62	1	33/62
Sund, auf dem Saltholm Flak	07.02.62	1	34/62
Ostsee, bei der Insel Greifswalder Oie	02.04.62	1	35/62
Peenestrom, Knaakrücken-Rinne	05.11.61	1	36/62
Hafen Stralsund	06.04.62	1	37/62
POL, beim Hafen Darlowo (Rügenwalde)	20.01.62	2	38/62
Adria, ALB, Durrës Reede	27.12.61	2	39/62
Wismar Außenreede	04.02.62	1	40/62
Nordsee, Fladengrund	18.07.61	1	41/62
Schelde-Fahrw.	30.12.61	1	42/62
Hafen Wismar	15.02.62	1	43/62
Sund, Westküste der Insel Saltholm	23.11.61	1	44/62
Nordsee, Fangplatz	26.01.62	1	45/62
Hafen Wolgast	20.12.61	1	46/62
Ostsee, E-lich Insel Rügen	22.03.62	2	47/62
Ostsee, Fahrt Richtung Insel Bornholm	24.03.62	2	48/62
Ostsee, Fahrt vom Fangplatz	31.03.62	1	49/62
Kattegat bei Insel Læsø	13.04.62	1	50/62
Ostsee, USR Klaipeda (Memel) Reede	10.02.62	1	51/62
SHR-Fahrw., Seekanal	27.03.62	2	52/62
Nordsee, GBI, Hafen North Shields	18.10.61	2	53/62

Schl. LIBBEN (SchT)	Koll. mit MS RASLIV/USR
STR-248 DESSAU (FGS)	Grundbg., mangelh. Umsicht
MKS SEELÖWE (DSB)	Koll. m. ROS-125 (befuhr falsche Fahrwasserseite)
SAS-260 ALBERT LORTZING	Manöver, die zur Gefährdung d.Schiffahrt führten
SAS-286 VIKING BANK	Grundbg., mangelh. Umsicht
FäS SASSNITZ (DR)	Koll. mit Fenderwand
ROS-104 ROSA LUXEMBURG	Netzkoll. mit Trawler SWI-151/POL
ROS-104 ROSA LUXEMBURG	Netzkoll. mit Trawler B 2844/FRA
WIS-121 WITTENBURG (FGS)	Untergang in der Werft
WIS-112 MAGDEBURG (FGS)	Grundbg., mangelh. Umsicht
SAS-233 SIEGFRIED RÄDEL	Grundbg., mangelh. Umsicht
SAS-254 FLORIAN GEYER	Koll. mit SAS-283
SAS-202 BRANDENBURG	Koll. mit SAS-207
MS GRAAL-MÜRITZ (DSR)	Wassereinbruch, falsche Ventilhahnstellung
STR-249 WITTOW (FGS)	Koll. mit STR-251
ROS-112 3. BUNDESKONGRESS	Netzkoll. mit Trawler KW 39/NTH
ROS-203 ZWICKAU	Netzverlust durch schlechte Kommandogebung
ROS-114 WOLGOGRAD	Koll. mit MS FALLSTAFF im Nebel
WAR-58 FREEST (FGS)	Koll. mit TFPB 10-1
FGSCH SEEBAD BINZ (WF)	Grundbg., mangelh. Umsicht
MS FREUNDSCHAFT (DSR)	Schwere Körperverletzung durch Unfall
ROS-112 3.BUNDESKONGRESS	Netzkoll. mit Logger Nr. 50/USR
ROS-112 3. BUNDESKONGRESS	Netzkoll. mit Logger SRT 15/USR
WOG-95 HANS SCHOLL (FGS)	Grundbg., mangelh. Umsicht
WOG-55 FREUNDSCHAFT (FGS)	Maschinenschäden, Fertigungsfehler
WOG-57 ALTENBURG (FGS)	Grundbg., mangelh. Umsicht
WOG-95 HANS SCHOLL (FGS)	Netz in der Schraube, Ankerverlust
ROS-117 OKTOBERREVOLUTION	Treibnetze zerstört durch Logger CPT 4499/USR
ROS-118 SOLIDARITÄT	Netzkoll. mit FK GDY 174/POL
MS VÖLKERFREUNDSCHAFT (DSR)	Überbordspringen eines Urlaubers
MOGÜ BOIZENBURG (DBR)	Koll. mit Neubau SAAR/GFR
ROS-205 BERLIN	Koll. mit FK SAS 240
SAS-288 GR.FISCHERBANK	Koll. mit MS SELSEA
ROS-204 KARL-MARX-STADT	Netzkoll. mit FK SAS-290
ROS-204 KARL-MARX-STADT	Netzkoll. mit FK SAS-243
ROS-206 GUBEN	Netzkoll. mit Trawler SWI-173 WIGRY/POL
SAS-264 ANNA SEGHERS	Koll. mit drei FK
ROS-206 GUBEN	Netzkoll. mit Trawler SWI-163 KWISA/POL
WOG-60 DRANSKE (FGS)	Wassereinbruch
WOG-115 ADOLF REICHWEIN (FGS)	Koll. mit WOG-72

Stadthafen, Rostock	03.04.62	2	54/62
Insel Rügen, vor Stubbenkammer	24.04.62	1	55/62
Rostock, Warnow-Fahrw., bei Tn. G	09.03.62	1	56/62
Hafen Stralsund	16.03.62	1	57/62
Sund, bei Insel Ven	22.03.62	1	58/62
Ostsee, SWD, Hafen Trelleborg	28.04.62	2	59/62
Nordsee, Fangplatz Ostkante	05.02.62	2	60/62
Nordsee, Fangplatz Ostkante	04.03.62	2	61/62
Barth, BuRWB	04.02.62	2	62/62
Insel Rügen, vor Stubbenkammer	22.03.62	1	63/62
Nordsee, NOR, Flekkefjord	24.04.62	1	64/62
Ostsee, Fangplatz Mittelbank	08.05.62	1	65/62
Ostsee, E-lich Arkona	27.06.62	1	66/62
Polen, Hafen Szczecin (Stettin)	07.08.62	1	67/62
Kai der FGS Stralsund	17.06.62	1	68/62
Nordsee, Fangplatz Ostkante	26.03.62	2	69/62
Nordsee, Fangplatz	09.02.62	1	70/62
Skagerrak	30.08.62	2	71/62
Warnemünde, Alter Strom	06.08.62	1	72/62
Peenestrom-Fahrw., bei Tn. X	14.07.62	1	73/62
Südatlantik, ARG, Hafen Buenos Aires	27.06.62	2	74/62
Nordsee, Fangplatz Ostkante	29.01.62	2	75/62
Nordsee, Fangplatz Ostkante	21.01.62	1	76/62
Greifswalder Bodden	??.??.??	1	77/62
Peenestrom, Hafen Freest	04.07.-18.08.62	2	78/62
Peenestrom-Fahrw., bei Tn. L	24.08.62	1	79/62
Ostsee, Swinoujscie (S'münde)-O-Anstg.	25.08.62	2	80/62
Nordsee, Fangplatz 58°40′ N, 03°31′ E	29.05.62	1	81/62
Nordsee 59°04′ N, 01°13′ E	25.07.62	1	82/62
Ostsee, N-lich Insel Bornholm	16.09.62	1	83/62
Hafen Hamburg, Reiherstieg	21.06.62	1	84/62
Nordsee, Fangplatz	19.10.62	1	85/62
Nordsee, NOR, Hafen Egersund	17.01.62	1	86/62
Nordsee, Fangplatz Außenriff	05.11.62	1	87/62
Nordsee, Fangplatz Außenriff	02.09.62	1	88/62
Nordsee, Aberdeen Bank	23.08.62	1	89/62
Skagerrak, DEN, Hafen Hirtshals	30.08.62	2	90/62
Nordsee, Fangplatz Farn Deep	12.09.62	2	91/62
Greifswald, BuRWG	20.07.- 23.08.62	2	92/62
Peenestrom-Fahrw., S-lich Karlshagen	01.10.62	1	93/62

WIE-8 CHRISTEL (FGS)	Schwelbrand Auspuffrohr
WOG-115 ADOLF REICHWEIN (FGS)	Grundbg., mangelh. Umsicht
SAS-240 HEINZ KAPELLE	Grundbg., Gefährdung der Schiffssicherheit
SAS-267 HENRY MARTIN Totalverlust	Koll. m. FD OLZA/POL, Kpt. SAS-267 vermißt
MS BELLATRIX (DSR)	Nebelkoll. mit Tanklogger TM 328/USR
ROS-301 BERTOLT BRECHT	Hilfskessel ausgebrannt, Wassermangel
ROS-114 WOLGOGRAD	Netzkoll. durch FD NIMPHEA II/FRA
ROS-103 FRIEDRICH ENGELS	Koll. mit SAS 230
MKS SEEHUND (DSB)	Grundbg. und Klappenschaden
FäS SASSNITZ (DR)	Grundbg. mit Schraubenschaden
ROS-110 GESCHWISTER SCHOLL	Netzkoll. mit FD MARIBUS-179/POL
MS KARL-MARX-STADT (DSR)	Festkommen, Schl. ATLANTICO/ARG gekentert
SAS-309 TÜMMLER	Netzkoll. mit Trawler SWI-177/POL
SAS-312 DORNHAI	Koll. mit KüMo WERA BÖHNSEN/GFR
SAS-227 LEO JOGISCHES	Grundbg., mangelh. Umsicht
SAS-227 LEO JOGISCHES geschlepptes Fahrz.	Koll.m. SAS-202, scheppendes Fahrz., nachdem unbek. Fahrz. die Schleppverbindung durchbrach
SAS-245 PAUL RUBENS	Grundbg., mangelh. Umsicht
ROS-122 1. MAI	Grundbg., mangelh. Umsicht
1963	
ROS-119 PATRIOT	Netzkoll. durch Logger KW-201/NTH
ROS-119 PATRIOT	Netzkoll. mit Logger CPT-4308/USR
ROS-106 AUGUST BEBEL	Netzkoll. durch FD HL-48/GBI
ROS-126 THOMAS MÜNTZER	Grundbg., mangelh. Umsicht
MS BUSSARD (DSR)	Koll. mit Tonne
ROS-124 ADOLF HENNECKE	Netzkoll. durch Logger KW-201/NTH
MS HALBERSTADT (DSR)	Koll. mit MS NOVA HUTA/POL und Grundbg.
MS HALBERSTADT (DSR)	Festkommen, mangelh. Umsicht
WAR-40 FREIHEIT (FGS)	Getriebeschaden
WIS-114 MAXIM GORKI (FGS)	Brechen des Pleuelbolzen
MS HERINGSDORF (DSR)	Grundbg. mit Unterwasserhindernis
MS GERA (DSR)	Festkommen, mangelh. Umsicht
MS SCHWERIN (DSR)	Tod eines polnischen Elektrikers
MS MAGDEBURG (DSR)	Grundbg. und Koll. mit Leichter
MS RÜGEN (DSR)	Grundbg. durch Eis
MS BELLATRIX (DSR)	Koll. mit MS RASLIV/USR
STR-253 LÖCKNITZ (FGS)	Koll. mit MS PETER TY/NOR
WOG-71 SALZWEDEL (FGS)	Grundbg. und Gefährdung der Schiffssicherheit
ROS-303 FRIEDRICH WOLF	Koll. m.Trawler MARION DE PROCE/FRA
MS DARSS (DSR)	Koll. durch MS ENISEJ/USR
FäS WARNEMÜNDE (SWNR)	Grundbg., mangelh. Umsicht
WAR-25 MAX MATERN (FGS)	Grundbg., mangelh. Navigation

Greifswalder Bodden	04.10.62	2	94/62
Peenestrom, Peenemünde, Nordhafen	06.08.62	1	95/62
Greifswalder Bodden	20.08.62	1	96/62
Nordsee 57°21´ N, 02°35´ E	19.10.62	1	97/62
Sund, Mitte Fahrw.	10.10.62	2	98/62
Hafen Rostock-Marienehe	17.11.62	1	99/62
Nordsee, Fangplatz Outer-Silver-Pit	22.09.62	1	100/62
Nordsee 56°28´ N, 02°47´ E	04.10.62	1	101/62
Insel Rügen, vor Dranske	10.06.62	1	102/62
Saßnitz-Fahrw., zw. den Tn.1 und 2	21.11.62	1	103/62
Nordsee, Nordost-Bänke	10.09.62	2	104/62
Südatlantik, Rio de la Plata, bei Tn. 27	06.10.62	2	105/62
Nordsee 55°31´ N, 00°32´ W	13.09.62	2	106/62
Kattegat, beim Feuerschiff LÆSØ N	28.10.62	1	107/62
Kattegat 57°42,5´ N, 10°27´ E	05.12.62	1	108/62
Saßnitz-N-Anstg., Tn. 5	07.12.62	2	109/62
Kattegat, beim Feuerschiff ANHOLT	07.12.62	1	110/62
Skagerrak, SWD, vor der Insel Trillingaran	15.12.62	1	111/62
Nordsee, Fangplatz Outer-Silver-Pit	22.09.62	2	01/63
Nordsee, Fangplatz Ostkante	21.03.62	2	02/63
Nordsee, Fangplatz SE-Gat	08.09.62	2	03/63
Sund, vor der Insel Ven	10.10.62	1	04/63
Großer Belt, Weg 28, Tn. 12	02.11.62	1	05/63
Nordsee, Dogger-Süd Riff	21.09.62	2	06/63
POL, Hafen Szczecin (Stettin)	04.10.62	2	07/63
Großer Belt, auf dem Vengeancegrund	10.10.62	1	08/63
Sund, Südeingang	15.09.62	2	09/63
Ostsee, Adlergrund	20.11.62	2	10/63
Kleiner Belt, vor der Insel Ærø	11.01.63	2	11/63
Großer Belt, auf dem Halsskov Rev	05.02.63	1	12/63
Polen, Hafen Szczecin (Stettin)	12.10.62	1	13/63
Biscaya, FRA, Hafen Bordeaux	01.11.62	2	14/63
Großer Belt, beim LF Romsø	22.02.63	2	15/63
Kattegat	22.02.63	2	16/63
Ostsee, Adlergrund	19.04.63	1	17/63
Insel Bornholm, Hafen Neksø	16.05.63	1	18/63
Nordatlantik, Kleine Heilbuttbank	16.11.62	2	19/63
Schelde-Fahrw.	24.02.63	2	20/63
Ostsee, SWD, Falsterborev	27.04.63	1	21/63
NW-lich Insel Bornholm	19.04.63	1	22/63

ROS-205 BERLIN	Koll. im Nebel
ROS-110 GESCHWISTER SCHOLL	Koll. mit Kai und Kran
ROS-120 EINHEIT	Grundbg., mangelh. Umsicht
DS THÄLMANN PIONIER (DSR)	Koll. mit DS LEONIDAS VOYAZIDES/LEB
SAS-302 SEEBÄR	Koll. mit MS FORTUNA/GFR
ROS-107 RUDOLF BREITSCHEID	Koll. mit MS FRIEDA PETERS/GFR
SAS-221 NIKOLAUS KOPERNIKUS	Koll. mit Schoner SVENDBORG/DEN
MOGÜ RIESA (DBR)	Koll. mit Schwimmdock und Schute 13847/GFR
ROS-305 LOUIS FÜRNBERG	Netzkoll. mit Trawler TN 177/FAR
ROS-112 3. BUNDESKONGREß	Koll. mit Kutter FN-213/DEN
ROS-220 WEIMAR	Grundbg. beim Verholen mit Schl. ROBBY
DS PLOVER/LIB	Kabelbeschädigung
ROS-225 COTTBUS	Koll. mit ROS-212 durch Schl. ROBBY
FoS ERNST HAECKEL (IfHuF)	Grundbg. und Koll. mit Kai
DS WISMAR (DSR)	Koll. mit MS CARMENCITA/NOR
MT BÖHLEN (DSR)	Kabelbeschädigung
ROS-103 FRIEDRICH ENGELS	Netzbeschädigung durch WAR-49
MS LÜBBENAU (DSR)	Leinenbruch auf sowjetischen Schiffen
MS LÜBBENAU (DSR)	Koll. mit sowjetischen Schiffen
MS LÜBBENAU (DSR)	Grundbg. mit Steinhaufen
MS TRATTENDORF (DSR)	Grundbg. mit Steinhaufen
MS ERFURT (DSR)	Grundbg.
SAS-313 DOGGENHAI	Grundbg., mangelh. Umsicht
STR-171 RUDOLF VIRCHOW (FGS)	Grundbg., mangelh. Umsicht
MS THEODOR KÖRNER (DSR)	Grundbg., mangelh. Umsicht
STR-193 HALLE (FGS)	Koll. mit MS ANTROS TOMONNO/GBI
MS SOFIE TRANSÖ/DEN	Beschädigung einer Fahrwassertonne
WIS-105 FREIHEIT (FGS)	Grundbg., mangelh. Umsicht
WOG-83 ERFURT (FGS)	Koll. mit MOGÜ HERTA (DBR)
WAR-41 JONNY SCHEER (FGS)	Grundbg., mangelh. Umsicht
SAS-270 ELBE	Grundbg., mangelh. Umsicht
SAS-215 ALBERT EINSTEIN	Grundbg., mangelh. Umsicht
1964	
ROS-110 GESCHWISTER SCHOLL	Koll. mit ROS-216
SAS-305 SATTELROBBE	Netzkoll. mit Logger DELFT/NTH
SAS-299 GRAUWAL	Koll. mit MS MERWEBORG/NTH
Schl. RASSOW (Sch T)	Koll. mit MS KARLA RASS/DEN
ROS-221 BRANDENBURG	Koll. mit ROS-308
FGSCH FRITZ HECKERT (DSR)	Grundbg., fehlerhafter Lotsenrat
MS MALCHIN (DSR)	Koll. mit MS ARCTURUS/FIN
Schl. EINHEIT (DBR)	Koll. mit Kahn 4-490 A (DBR)

Großer Belt, Weg 28, zw. den Tn. 7 und 8	03.04.63	1	23/63
Nordsee, NOR, Hafen Egersund	09.07.63	2	24/63
Sund, Weg 32, NE-lich LtF Nordre Røse	21.04.63	1	25/63
Polen, Hafen Szczecin (Stettin)	25.11.62	1	26/63
Großer Belt 55°17´ N, 11°00,5´ E	12.04.63	1	27/63
Ostsee 55°24´ N, 12°41,5´ E	13.01.63	2	28/63
Saßnitz-N-Anstg., bei Tn. 5	14.05.63	1	29/63
Hafen Hamburg, Reiherstieg	23.04.63	1	30/63
Westgrönland, Fangplatz Holsteinsborg	06.12.63	2	31/63
Kattegat 57°35,5´ N, 11°12´ E	13.06.63	1	32/63
Hafen Rostock-Marienehe	19.06.63	1	33/63
Warnemünde Reede	19.06.63	1	34/63
Hafen Rostock-Marienehe	29.06.63	1	35/63
Hafen Rostock-Marienehe	26.06.63	1	36/63
Ostsee 58°52´ N, 19°09' E	31.07.63	1	37/63
Warnemünde Reede	01.02.63	2	38/63
Nordsee 57°20´ N, 01°40´ E	12.07.63	1	39/63
USR, Leningrad (St. Petersburg), Seekanal	09.08.63	2	40/63
USR, Leningrad (St. Petersburg), Seekanal	09.08.63	2	41/63
Swinoujscie (S'münde)-O-Anstg. 54°06´N, 14°38,5´E	11.08.63	2	42/63
Swinoujscie (S'münde)-O-Anstg. 54°06´ N, 14°38,5´ E	28.07.63	2	43/63
VR China, Hafen Whampoa	02.08.63	2	44/63
Sund, E-lich Tn. Ryggen	14.09.63	1	45/63
Kattegat, SSWD, vor Insel Nidingen	24.09.63	1	46/63
Großer Belt, Weg 28, bei Tn. 3	19.10.63	1	47/63
Ostsee 54°44,4´ N, 13°09´ E	11.09.63	1	48/63
Wismar-Anstg., Tn. 7	24.08.63	1	49/63
Mecklenburger Bucht, Bukspitze	12.10.63	1	50/63
Greifswald, auf dem Ryckfluß	12.07.63	1	51/63
Samsø Bælt, bei Røsnæs Puller	05.10.63	1	52/63
Sund 55°40,6´ N, 12°41,8´ E	18.09.63	1	53/63
Sund 55°40,8´ N, 12°41,8´ E	31.10.63	1	54/63
Warnemünde Reede	28.12.63	1	01/64
Nordsee, Fladengrund	24.07.63	2	02/64
Sund 55°37,2´ N, 12°42,1´ E	06.09.63	2	03/64
Stralsund-N-Fahrw., bei Tn. 28	25.11.63	1	04/64
Vor Grönland 64°20´ N, 53°30´ W	26.12.63	1	05/64
USR, Leningrad (St. Petersburg), Seekanal Tn. 5	27.08.63	1	06/64
Ostsee, S-lich Insel Gotland	18.10.63	1	07/64
Peenestrom-Fahrw., Höhe Kröslin	23.11.63	1	08/64

MS KOSEROW (DSR)	Koll. mit MS WROZKA/POL
MS ALDEBARAN (DSR)	Koll. mit MS BERVICK/NOR
MS ALDEBARAN (DSR)	Koll. mit MS SINDI/USR
ROS-117 OKTOBERREVOLUTION	Koll. mit SAS-237
MS AHRENSHOOP (DSR)	Grundbg., mangelh. Umsicht
MS BUSSARD (DSR)	Koll. mit DS SOLDEK/POL
SAS-313 DOGGENHAI	Koll. mit FK HG-204/DEN

SAS-317 EISHAI	Koll. mit FK S-340/DEN
SAS-219 RUDOLF DIESEL/SAS-247 ALBRECHT DÜRER	Netzkoll. verursacht vom FK HG 204/240/DEN
ROS-104 ROSA LUXEMBURG	Grundbg., mangelh. Umsicht
MS SPERBER (DSR)	Grundbg., mangelh. Umsicht
MS SPERBER (DSR)	Koll. mit DS LOKOYA PALM/GBI
ROS-120 EINHEIT/ROS-124 ADOLF HENNECKE	Koll. mit FK NC 464/SK 47/GFR
ROS-107 RUDOLF BREITSCHEID	Koll. mit FK E-219/DEN
MS RÜGEN (DSR)	Ladungsbrand (Expeller)
MT SCHWARZHEIDE (DSR)	Kabelbeschädigung
MS HOHENSAATEN (DBR)	Koll. mit MS HIRONDELLE/GBI
WIS-100 MICHAEL GLINKA (FGS)	Grundbg., mangelh. Umsicht
MS STUBBENKAMMER (DSR)	Ladungsbrand (Baumwolle)
MS ELBE (DSR)	Koll. mit MS PERREGAUX/NTH
MS ELBE (DSR)	Koll. mit MS STRAAT SOENDA/NTH
ROS-124 ADOLF HENNECKE	Koll. mit DS WASABORG/FIN

MS CAPELLA (DSR)	Koll. mit MS UNJA/USR
MS MANSFELD (DSR)	Koll. mit Verladeeinrichtung
MS SENFTENBERG (DSR)	Koll. mit DS DESPOINA/GRC
MS TRATTENDORF (DSR)	Koll. mit FK NYSJØ/NOR, gesamte Besatzung (14 Personen) fand den Tod

WAR-49 M.I.KALININ (FGS)	Maschinenschaden
ROS-301 BERTOLT BRECHT	Grundbg. unbekannter Stein
WOG-89 WAREN (FGS)	Vorschiff beschädigt, Eisfahrt
WOG-117 GADUS (FGS)	Grundbg., mangelh. Umsicht
WOG-112 GRIMMEN (FGS)	Grundbg.
MS STUBBENKAMMER (DSR)	Maschinenschaden, mangelh. Umsicht
MS KARL-MARX-STADT (DSR)	Grundbg. beim Kompensieren
ROS-305 LOUIS FÜRNBERG	Koll. mit MS DEBALZEWO/USR
Objekt 47/5 (Peenewerft Wolgast)	Grundbg., mangelh. Umsicht
WOG-88 (FGS)	Grundbg., mangelh. Umsicht
WOG-58 SCHWERIN (FGS)	Koll. mit FK SPA-3

ROS 107 RUDOLF/BREITSCHEID ROS-117 OKTOBERREVOLUTION	Netzkoll. mit Trawler GDY-274/POL
MS ALBATROS (DSR)	Koll. mit MS ANDIJAN/USR

NOK, Ausweiche Raade	28.11.63	2	09/64
NTH, Schelde-Fahrw., bei Tn. 58	25.11.63	2	10/64
Niederlande, Hafen Rotterdam, Waalhaven	11.01.63	1	11/64
Nordsee 57°40´ N, 08°10´ E	17.12.63	1	12/64
Ostsee, bei Insel Gotland	03.03.64	1	13/64
POL, Hfn. Swinoujscie (S'münde), zw. den Molen	22.10.63	1	14/64
Skagerrak 57°29´ N, 7°30´ E	21.12.63	1	15/64
Skagerrak, beim Feuerschiff SKAGENS REV	09.01.64	1	16/64
Nordsee 57°33´ N, 06°58´ E	12.01.64	2	17/64
Sund, S-lich Tn. Ryggen	21.12.63	1	18/64
Großer Belt 55°14,7´ N, 11°07,8´ E	19.03.64	1	19/64
NOK, Schleuse Brunsbüttel	22.12.63	2	20/64
Skagerrak	10.01.64	1	21/64
Skagerrak 57°28´ N, 06°46´ E	22.01.64	1	22/64
Mittelmeer, EGY, Port Said Außenhafen	24.01.64	2	23/64
Warnemünde Reede	16.04.64	1	24/64
Hafen Hamburg, Segelschiffhafen	03.01.64	2	25/64
Nordsee, NOR, Küste bei Lindesnes	16.03.64	1	26/64
Ägäis, GRC, Hafen Thessaloniki	16.02.64	2	27/64
Biscaya, FRA, Gironde-Fahrw., bei Tn. 67	30.12.63	2	28/64
Nordatlantik, Dahomey, Cotonou Reede	05.04.64	2	29/64
Sund, SWD, Hälsingborg Reede	15.03.64	1	30/64
Ostsee, USR, Klaipeda (Memel), Winterhafen	02.06.64	2	31/64
Mittelmeer, TUN, Hafen Sfax	06.06.64	2	32/64
Baretssee, USR, Murmansk Innenreede	23.12.63	2	3364
Barentssee, 9 sm N-lich Kap Nordkyn 71°15,2' N, 24°44' E	26.01.64	1	34/64
Nordsee, Fangplatz	29.11.63	1	35/64
Hafen Rostock-Marienehe	24.01.64	2	36/64
Greifswalder Bodden	23.03.64	1	37/64
Osttief-Fahrw., bei Tn.Veritas	02.04.64	1	38/64
Peenestrom-Fahrw., bei Tn. M	13.04.64	3	39/64
Ägäis, GRC, nach Verlassen d. Hafens Piräus	05.02.64	1	40/64
Warnemünde Reede	04.03.64	2	41/64
Skagerrak, beim Feuerschiff SKAGENS REV	06.08.64	2	42/64
Osttief-Fahrw., auf dem Gänsegrund	31.07.64	1	43/64
Peenestrom-Fahrw., bei Freest	31.01.64	1	44/64
Pennestrom, Hafen Karlshagen	24.06.64	1	45/64
Skagerrak	12.01.64	2	46/64
USR, Hafen Leningrad (St. Petersburg)	26.04.64	1	47/64

DS OPHIR/NOR	Koll. mit Brückenleitwerk
MB IBIS (DSB)	Grundbg., mangelh. Umsicht
MOGÜ GERTRUD 1-542 (PE)	Untergang in Gewitterböe
ROS-124 ADOLF HENNECKE	Lagerschaden, Ölmangel
MS AHRENSHOOP (DSR)	Koll. mit Motorkahn STETTIN/GFR
ROS-308 WALTER DEHMEL	Koll. mit Trawler URANUS/GFR im Nebel
FGSCH SEEBAD WARNEMÜNDE (WF)	Grundbg., mangelh. Umsicht
MS SPREE (DSR)	Koll. mit MS THESEUS/GFR
MKS SEETEUFEL (DSB)	Koll. mit MS DAN PODIO/NIG
FGSCH SEEBAD WUSTROW (WF)	Grundbg., mangelh. Umsicht
ROS-301 BERTOLT BRECHT	Netzkoll. mit Trawler SANTA MATILDE/SPN
MS J.G.FICHTE (DSR)	Festkommen
ROS-213 HALLE	Netzkoll. mit Trawler SENHOR DOS MAREAN-TES/PTG
MS SCHWERIN (DSR)	Koll. mit MS TAVI/FIN
STR-195 HARRY HARDER (FPG)	Lagerschaden, Ölmangel
STR-189 MARGARETE WALTER (FPG)	Grundbg., mangelh. Umsicht
MS ELBE (DSR)	Koll. mit MS SAN GEORGE/PAN
ROS-209 MANSFELD	Geschirrverlust beim Fischen
SAS-240 HEINZ KAPELLE	Grundbg., mangelh. Umsicht
SAS-240 HEINZ KAPELLE	Grundbg., mangelh. Umsicht
MS KAP ARKONA (DSR)	Untergang nach Koll.m.MT IDA KNUDSEN/NOR
FoS ERNST HAECKEL (IfHuF)	Koll. mit Trawler LÜBECK/GFR
MS KOSEROW (DSR)	Koll. mit SAS-289
MS WAREN (DSR)	Koll. mit MS CATRIN/GFR im Eis
SAS-223 CARL ZEISS	Koll. mit Trawler SN-33/GBI
SAS-233 SIEGFRIED RÄDEL	Grundbg., mangelh. Umsicht
ROS-123 CLARA ZETKIN	Koll. mit SAS-303
SAS-222 FRIEDRICH EBERT	Grundbg., mangelh. Umsicht
SAS-316 HERINGSHAI	Netzkoll. mit FK BCK-33/GBI
SAS-235 ERNST SCHNELLER	Grundbg., Gefährdung der Schiffssicherheit
1965	
Objekt 242 (PWW)	Berührung einer Fahrwassertonne
MS LEIPZIG (DSR)	Koll. mit DS GOVIND JAYANTI/IND
SAS-281 DAS GAT	Koll. mit SAS-263
MS STECKENPFERD	Koll. mit Mole
Schl. OLDENDORF (LBB)	Koll. mit MKS AUFBAU (DSB)
ROS-116 MARIA MADDALENA ROSSI	Grundbg., mangelh. Umsicht

Am 1. März 1965 trat die Verordnung über die Untersuchung von Havarien und Schäden in der Seeschiffahrt - Havarieverfahrensordnung - (HVO) in Kraft (GBl. II Nr. 18, S. 133).

Stralsund, Ziegelgrabenbrücke	19.05.64	1	48/64
N-liche Rügensche Bodden, Jasmunder Bodden	09.07.64	1	49/64
Kleines Haff	20.08.64	1	50/64
Nordsee	14.06.64	1	51/64
Brüssel-Kanal	30.06.64	2	52/64
Vor Labrador, Hamilton Bank 55°10´ N,	30.06.64	2	53/64
56°00´ W			
Kattegat, N-lich Insel Læsø	29.06.64	1	54/64
NOK, beim Kilometer 29,5	14.07.64	2	55/64
Rostock, Warnow-Fahrw. bei den Tn. 4/5	26.09.64	2	56/64
Stralsund-O-Anstg., bei Drigge	26.09.64	1	57/64
Nordatlantik, vor Labrador 53°31´N, 53°00´W	06.04.64	2	58/64
Großer Belt 55°14,4´ N, 11°08´ E	03.09.64	1	59/64
Nordatlantik, vor Labrador 52°32´ N, 52°30´W	06.04.64	2	60/64
Elbe vor Brunsbüttel			
Ostsee, Adlergrund	11.06.64	2	61/64
Stralsund-N-Anstg., bei Tn. 36	06.06.64	2	62/64
POL, Oder-Fahrw., Mielinski Kanal (Mellin	12.10.64	1	63/64
Fahrt)	07.06.64	2	64/64
Nordatlantik, vor Labrador 53°35´ N, 54°00´W	06.04.64	2	65/64
Nordsee, GBI, Einfahrt Hfn. Middlesbrough	29.08.64	1	66/64
Ostsee, SWD, Falsterborev	18.08.64	1	67/64
Nordsee 51°22´ N, 02°43,5´ E	19.01.64	2	68/64
Nordatlantik, vor Labrador 55°20' N, 55°35' W	05.07.64	2	69/64
Ostsee 55°12,2´ N, 12°52´ E	25.09.64	1	70/64
Ålandsee, 10 sm querab LF Gisslan	25.03.64	2	71/64
Nordsee 54°41´ N, 00°08´ W	04.08.64	2	72/64
Nordsee 54°32´ N, 00°41,7´ W	04.09.64	1	73/64
Nordsee 57°37,8´ N, 08°27´ E	07.10.64	1	74/64
Sund 55°39,7´ N, 12°42,3´ E	30.09.64	1	75/64
Nordsee 57°50´ N, 1°00´ E	23.06.64	1	76/64
Ostsee 55°01´ N, 14°54´ E	29.09.64	1	77/64
Osttief-Fahrw., bei Tn. 1	08.12.64	1	01/65
Indik, IND, Hooghly River, Garden Reach	12.10.64	2	02/65
Nordsee 54°35´ N, 00°42,5´ W	29.08.64	1	03/65
FRA, Nordsee, Hafen Dünkirchen, E-Mole	06.12.64	1	04/65
SHR-Fahrw., Seekanal, bei Tn. 13	04.01.65	1	05/65
Ostsee, SWD, Falsterborev	14.11.64	1	06/65

MS ÜCKERMÜNDE (DSR)	Koll. mit MS PREJA/SWD
MS MANSFELD (DSR)	Grundbg. bei Hilfeleistung für MS J.G.FICHTE
DS BRETTENHAM/FIN	Koll. mit Schl. DIERKOW
MS UNSTRUT (DSR)	Koll. mit VS POLOCH M-417/USR
SAS-318 SÄGEHAI	Koll. mit Logger PT-4586/USR
ROS-121 AKTIVIST	Koll. mit Logger CPT 4365/USR
ROS-124 ADOLF HENNECKE	Netzkoll. durch Trawler GDY-271/POL
ROS-133 STORKOW	Netzkoll. durch FK WLA 147/150/POL
ROS-212 EISENACH	Getriebeschaden, Unaufmerksamkeit
LB OSTTIEF (LBB)	Grundbg., mangelh. Umsicht
SAS-227 LEO JOGISCHES	Koll. mit FK L-547 im dichten Nebel
SAS-258 FRANZ LISZT	Strandung bei Sturm aus SSW 9-10 Bft.
MS WERRA (DSR)	Grundbg., mangelh. Umsicht
MS STRALSUND (DSR)	Koll. mit Marineschlepper REWARD/GBI
ROS-135 ROSTOCK	Grundbg., mangelh. Umsicht
SAS-220 JOHANN GUTENBERG	Grundbg., mangelh. Umsicht
SAS-273 DAHME u. SAS-285 SCHLICKBANK	Grundbg., mangelh. Umsicht
Schl. SUND (LBB)	Grundbg., mangelh. Umsicht
MKS WELS (DSB)	Koll. mit MKS FRIEDEN
MS SANDAU (DBR)	Festkommen, mangelh. Umsicht
STR-194 HERMANN SCHEFFLER (FPG)	Koll. m. Dalben, Gefährdung der Schiffssicherheit
SAS-241 JOSEF v. EICHENDORF	Grundbg., mangelh. Umsicht
SAS-311 KRAGENHAI	Grundbg., mangelh. Umsicht
SAS-248 BERNHARD KELLERMANN	Grundbg., mangelh. Umsicht
FGSCH SEEWOLF (WF)	Festkommen
FGSCH DEUTSCH SOWJETISCHSF (WF)	Koll. mit MS EMIL BERGER/GFR
WAR-44 PLAUEN, WAR-62 E.KUSEK	Grundbg.; Vernachlässigung der Wachpflicht
MS ÜBIGAU (DBR)	Festkommen, mangelh. Umsicht
FäS SASSNITZ (DR)	Grundbg. nicht gemeldet
ROS-210 HENNINGSDORF	Koll. mit MS JOMFRULAND/SWD
MS TRATTENDORF (DSR)	Außenhautbeschädigungen
MS SPREE (DSR)	Grundbg., mangelh. Umsicht
FoS ROS-105 KARL LIEBKNECHT (IfHuF)	Koll. mit MS NICOLA/GFR
Schl. KRUMMENDORF (LBB)	Kentern durch Bugstau
FGSCH DORNBUSCH (WF)	Koll. mit MS UNDINE/GDR
MS SPREEWALD (DSR)	Grundbg., mangelh. Umsicht
MS KÄTHE NIEDERKIRCHNER (DSR)	Auflaufen auf Klippe und Untergang
WOG-94 OSCHATZ (FPG)	Koll. mit SAS-243
FGSCH SEEBAD ZINGST (WF)	Grundbg. im engen Fahrwasser
FGSCH GRANITZ (WF)	Koll. mit Schleppzug der Volksmarine
SAS-304 RINGELROBBE	Netzkoll. mit Trawler SZN-56/POL
SAS-270 ELBE	Grundbg., mangelh. Umsicht

Ostsee 60°22,4´ N, 19°00´ E	27.03.64	2	07/65
Großer Belt 55°14,4´ N, 11°08´ E	04.09.64	2	08/65
Warnemünde, Schlepperliegeplatz	16.10.64	1	09/65
Hafen Hamburg, Fischereihafen	18.12.64	1	10/65
Skagerrak 58°07´ N, 10°03´ E	01.12.64	1	11/65
Skagerrak 58°08,3´ N, 10°03,6´ E	19.01.65	1	12/65
Nordsee, Berwick Bank	18.08.64	1	13/65
Nordsee, Fangplatz	08.09.64	1	14/65
Nordsee 59°44,5´ N, 6°47´ W	11.12.64	1	15/65
Peenestrom-Fahrw., bei Tn. Q	20.10.64	1	16/65
Nordsee 57°10´ N, 6°35´ E	27.08.64	2	17/65
DEN, Hafen Skagen, Moleneinfahrt	03.12.64	2	18/65
Großer Belt, bei Tn. Hatter Rev	03.04.65	1	19/65
Nordatlantik, PTG, Kap St. Vincent	08.12.64	2	20/65
Sund, S-Spitze Middelgrund	12.01.65	1	21/65
F.Meerb., FIN, W-lich Stora-Oset-Svartskär	16.03.65	1	22/65
Sund 55°40,6´ N, 12°41,9´ E	14.03.65	1	23/65
Peenestrom-Fahrw., bei Tn. 9	27.02.65	1	24/65
SHR-Fahrw., Seekanal	24.04.65	1	25/65
Kleines Haff, Mielizna Osiecka (Woitziger Haken)	09.05.65	1	26/65
Hafen Stralsund	27.06.65	1	27/65
Kattegat, S-lich der Insel Anholt	12.03.65	1	28/65
Sund 55°50,9´ N, 12°41,8´ E	14.03.65	1	29/65
Nordsee, NOR, Flekkefjord	04.04.65	1	30/65
Peenestrom-Fahrw., Tonnenbank-Rinne	06.04.65	1	31/65
Hafen Stralsund	15.05.65	1	32/65
Insel Hiddensee, E-lich Dornbusch	08.07.65	1	33/65
Stralsund-N-Anstg., bei Tn. R	16.05.65	1	34/65
Ostsee, SWD, Trelleborg	03.12.64	1	35/65
Ostsee 54°29,1´ N, 12°13,5´ E	14.05.65	2	36/65
Nordatlantik 50°02,3´ N, 10°25´ W	14.04.65	1	37/65
Mittelmeer, LBY, vor dem Hafen Tripolis	27.06.65	1	38/65
Insel Bornholm, S-lich Dueodde	11.04.65	2	39/65
SHR-Fahrw., Seekanal	02.08.65	1	40/65
Rostock, Warnow-Fahrw.	10.11.06	1	41/65
Kattegat, ZW 35 b	25.08.65	1	42/65
GBI, Pentland Firth, Insel Muckle Skerry	23.08.65	1	43/65
Hafen Saßnitz	27.05.65	1	44/65
Greifswalder Bodden, Baabe-Anstg.	23.03.65	2	45/65
Insel Rügen, Rassower Strom, bei Tn. 2	06.08.65	1	46/65
Nordsee, Norwegische Rinne	02.05.65	2	47/65
Ostsee, SWD, Falsterborev	05.08.65	1	48/65

MS ELSTER (DSR)	Koll. mit MS ARVO/NTH
WOG-77 LEIPZIG (FPG)	Aufgrundsetzen, undichte Naht
ROS-309 BERNHARD KELLERMANN	Koll. mit MS RYBATSKAJA SLAWA/URS
ROS-113 NATIONALE FRONT	Netzkoll. mit Logger SCH-302/NTH
MS NIEDERELBE/GFR	Koll. m. Schl. BELT m. 2 Anh., Lotsenberatung
MT BÖHLEN (DSR)	Bb.-Hauptmaschine, Totalschaden
SAS-263 ILJA EHRENBURG	Grundbg., mangelh. Umsicht
MS WERDAU (DBR)	Koll. mit MS RHINOW/GFR
MS DARSS (DSR)	Koll. mit Kai
MT SCHWEDT (DSR)	Koll. mit DS DUBRAVA/JUG
ROS-311 RUDOLF LEONHARD	Koll. mit Schl. DIERKOW
WAR-69 WUSTROW (FPG)	Koll. mit FoS GEOPHYSIKA (VEB Geophysik)
MKS SEELÖWE (DSB)	Grundbg. durch Manöver von SAS-114 verursacht
MS FLAMINGO (DSR)	Koll. mit Saugbagger ERIC COOPER/GBI
MS PUTBUS (DSR)	Koll. mit DS MERSINIDI/LEB
ROS-113 NATIONALE FRONT	Koll. mit MS FURBO/FIN
MS JOHN BRINCKMAN (DSR)	Koll. mit MS PRESIDENT WILLIAM V. S. TUBMAN/LIB
ROS-305 LOUIS FÜRNBERG	Maschinenschaden, Auslaufen Pleullager III
ROS-305 LOUIS FÜRNBERG	Lagerschäden an der Hauptmaschine
MS JOHN BRINCKMAN (DSR)	Koll. mit MS JOWINDA/NOR
WAR-72 GÖHREN (FGS)	Maschinenschaden vergrößert
ROS-110 GESCHWISTER SCHOLL	Koll. mit Dalben
STR-189 MAGARETE WALTER (FGS)	Grundbg., mangelh. Umsicht
ROS-128 FREUNDSCHAFT	Koll. mit Trawler SWI-176/POL
SAS-308 BLAUROBBE	Grundbg.
LAU-18 (FPG)	Wassereinbruch
STR-248 DESSAU (FGS)	Koll. mit Dalben
SAS-242 GREGOR v. J. MENDEL	Grundbg., mangelh. Umsicht
SAS-221 NIKOLAUS KOPERNIKUS	Koll. mit FK S-224/DEN
SAS-262 GEORGI DIMITROFF	Grundbg., mangelh. Umsicht
MS VÖLKERFREUNDSCHAFT (DSR)	Koll. mit MS BURGUNDIA/DEN
ROS 107 RUDOLF BREITSCHEID	Angebliche Netzkoll. mit SRT-4449/USR
SAS-287 LINKBANK	Netzkoll. durch Trawler SZN-66/POL
SAS-246 MARTIN ANDERSEN NEXÖ	Koll. mit SAS-501 bei der Steertübergabe
STR-171 RUDOLF VIRCHOW	Verstopfung des Lenzbrunnens

1966

ROS-116 MARIA MADDALENA ROSSI	Koll. mit MS APOLLO/GFR
MS TRITON (DSB)	Koll. mit Dalben, mangelh. Umsicht
MS THOMAS MÜNTZER (DSR)	Maschinenschaden
MS VOCKERODE (DSR)	Koll. mit MS DIXY PORR/GFR
MS WEGA (DSR)	Koll. mit Logger SYRJANIN/USR

GBI, Themse-Fahrw., bei Gravesend	13.06.65	2	49/65
Stralsund-O-Anstg., Landtief	16.04.65	2	50/65
Seekammerverhandlung vertagt			51/65
Nordsee, Fangplatz Ostkante	05.04.65	2	52/65
Rostock, Warnow-Fahrw.	25.05.65	1	53/65
Ostsee, Reise mit Kurs Rostock	23.06.65	1	54/65
Skagerrak, N-lich Skagen	21.09.65	1	55/65
Überseehafen Rostock	21.07.65	1	56/65
Warnemünde, WWW	25.10.65	1	57/65
Bosporus 41°16,5´ N, 29°14,2´ E	22.05.65	1	58/65
Osttief-Fahrw., zw. den Tn. 2 und 3	24.03.65	1	59/65
Ostsee 54°12,9´ N, 11°55,8´ E	12.10.65	1	60/65
Rostock, Warnow-Fahrw.	28.06.65	1	61/65
Irische See, GBI, Eastham Channel/Runcorn	25.07.65	2	62/65
Kieler Bucht, E-lich Feuerschiff KIEL	27.05.65	1	63/65
Sund 55°58´ N, 12°37,5´ E	11.09.65	1	64/65
Nordsee, Feuerschiff NOORD HINDER	22.04.65	2	65/65
Fangplatz	03.06.65	1	66/65
Fangreise	12.08.65	1	67/65
NOK, beim Kilometer 41,5	16.10.65	2	68/65
Warnemünde-Anstg.	26.10.65	1	69/65
Rostock, Breitling	02.08.65	1	70/65
Greifswalder Bodden	18.11.65	1	71/65
Nordsee 56°06´ N, 1°18´ W	19.08.65	1	72/65
Sund, bei LtF Nordre Røse 55°40,7´N, 12°41,9´E	03.08.65	1	73/65
E-lich Saßnitz	04.10.65	2	74/65
Hafen Stralsund	11.10.65	1	75/65
Kattegat 56°00,7´ N, 11°47´ E	22.09.65	1	76/65
Skagerrak 57°47´ N, 10°41,2´ E	22.10.65	2	77/65
Skagerrak, Höhe LF SKAGEN W	21.09.65	1	78/65
Großer Belt, Höhe Korsør	09.11.65	1	79/65
Skagerrak, Fangplatz	07.01.65	2	80/65
Skagerrak 58°3´ N, 10°33´ E	06.02.65	1	81/65
Skagerrak, Fangplatz	29.01.65	2	82/65
Nordsee, Fangplatz	11.08.65	2	83/65
Kattegat 57°12,5´ N, 11°37,5´ E	03.04.65	1	01/66
Rostock, Warnow-Fahrw., Dalben N	26.08.65	1	02/66
Atlantik	25.11.65	1	03/66
Ems-Fahrw., bei Tn. W/B	25.11.65	2	04/66
Skagerrak, beim Feuerschiff SKAGENS REV	19.08.65	1	05/66

MS PEENEMÜNDE (DSR)	Grundbg., mangelh. Umsicht
MS COSWIG (DBR)	Grundbg., mangelh. Umsicht
MS STORKOW (DBR)	Koll. mit Brücke
MS DENEBOLA (DSR)	Übergehen der Ladung durch schwere See
MS HALBERSTADT (DSR)	Koll. mit Kai, fehlerhafter Lotsenrat
MS HALBERSTADT (DSR)	Koll. mit Dalben beim Eindrehen in die Norderelbe
MS ROSENORT (DSR)	Koll. mit MT COMET BEAUTY/LIB
MTL MINOL 8 (Minol Rostock), KSS KARL MARX (VM) u. MKS ERWIN FISCHER (DSB)	Koll. miteinander, Mißachtung Vorfahrt
MS ARCTURUS (DSR)	Koll. mit MB TINA/GFR
SAS-308 BLAUROBBE	Koll. mit Heckfänger CONSTANTA/RUM
SAS-303 SEEWOLF	Grundbg., mangelh. Umsicht
ROS-214 GOTHA	Grundbg., mangelh. Umsicht
FäS WARNEMÜNDE (DR)	Grundbg., mangelh. Umsicht
MS ARCTURUS (DSR)	Koll. mit Kohlenschute MEDFIELD/GBI
MS VOGTLAND (DSR) AnL	Koll.m. MS STEEL AGF/USA AnL beim Schwoien
MS MALCHOW (DSR)	Festkommen, mangelh. Umsicht
MS MALCHOW (DSR)	Koll. mit Kai
WIS-108 HERMANN BEBERT (FGS)	Grundbg., Vertreiben vor Anker
WIS-114 MAXIM GORKI (FGS)	Grundbg., mangelh. Umsicht
SAS-297 SEIWAL	Festkommen, Verwechseln der Fahrwassertonnen
Schl. KRUMMENDORF (LBB)	Koll. mit MS GRAECO/GFR
Schl. UECKER (LBB)	Grundbg., mangelh. Umsicht
Schl. UECKER (LBB)	Grundbg., mangelh. Umsicht
WOG-59 FRIEDRICH ENGELS (FPG)	Koll. mit WOG-108
MS SIRRAH (DSR)	Übergehen der Eisenladung
MS BEREITSCHAFT (DSR)	Koll. mit MS QUO-VADIS/GFR
MS MAGDEBURG (DSR)	Untergang nach Koll. mit MS YAMASHIRO MARU/JAP
Schl. GARTZ (DBR) mit Anhang	Kabelbeschädigung durch Anhang SK 4-592A
Schl. ROGÄTZ (DBR)	Koll. mit Schleppzug ZAR II/GFR
MS T. SCHEWTSCHENKO (MTWW)	Grundbg.
MS AK. KURTSCHATOW (MTWW)	Grundbg., mangelh. Umsicht
SAS-010 7. OKTOBER (FPG)	Koll. mit WOG-50
WOG-63 8. MAI (FPG)	Untergang, mangelh. Umsicht
MS STAVENHAGEN (DSR)	Festkommen, mangelh. Umsicht
SAS-273 DAHME	Koll. mit FK SAS-265
MS FRIEDEN (DSR)	Grundbg., mangelh. Umsicht
MS ATAIR (DSR)	Koll. mit Feuerschiff HUMBER/GBI
ROS-218 OELSNITZ/V.	Koll. mit FVS ROS-309
MS STUBBENKAMMER (DSR)	Brand im Maschinenraum
MS SAALE (DSR)	Koll. mit Schl. GIGAS/GRC

Insel Rügen, Großer Jasmunder Bodden	22.12.65	1	06/66
Barther Bodden, Barth-Fahr.	28.07.65	1	07/66
Hafen Hamburg, Waltershofer Brücke	29.10.65	1	08/66
Nordsee 53°25´ N, 04°24´ E	02.12.65	2	09/66
Hafen Hamburg	30.09.65	1	10/66
Hafen Hamburg, Südwesthafen	30.09.65	1	11/66
Skagerrak 57°48´ N, 10°29´ E	12.12.64	1	12/66
SHR-Fahrw., Seekanal, Höhe Pinnengraben	28.01.66	1	13/66
Hafen Hamburg, Köhlbrand	20.11.65	1	14/66
Sund, bei Tn. 19	29.05.65	1	15/66
Saßnitz-Fahrw., bei Tn. 3	27.10.65	1	16/66
Sund, auf der Untiefe Ryggen	03.12.65	1	17/66
Saßnitz-Fahrw., bei Tn. 2	01.05.65	1	18/66
GBI, Themse, Höhe Gravesend	14.02.66	1	19/66
Mittelmeer, EGY, Alexandria, Innenreede	29.01.66	1	20/66
Rostock, Warnow-Fahrw., bei Dalben Y	03.02.66	1	21/66
BLG, Hafen Antwerpen, Hansa-Dock	11.02.66	1	22/66
Ostsee, Fischland, vor Ahrenshoop	25.11.65	1	23/66
Wismar-Anstg., bei Tn. 10	15.03.66	1	24/66
Sund 55°39,5´ N, 12°42,3´ E	05.02.66	1	25/66
Warnemünde-Fahrw.	18.02.66	1	26/66
Peenestrom-Fahrw., bei Tn. Y	24.02.66	1	27/66
Peenestrom-Fahrw. Höhe Karlshagen	27.02.66	1	28/66
Polen, Oder-Fahrw. Piastowski Kanal (Kaiser Fahrt)	19.11.65	1	29/66
Nordsee, beim Feuerschiff TEXEL	31.03.65	1	30/66
Cuxhaven Reede	09.04.65	1	31/66
Themse-Fahrw., NE-lich Broadness	27.10.64	2	32/66
Polen, Oder, Trzebiez (Ziegenort)	27.04.65	1	33/66
Hafen Hamburg	29.12.65	1	34/66
Sund	02.01.66	2	35/66
Wismar-Anstg., auf dem Hannibal	01.03.66	1	36/66
Hafen Saßnitz	14.12.65	1	37/66
Hafen Greifswald-Wieck	24.02.65	1	38/66
Wismar-Anstg., Flaggtief	19.02.66	1	39/66
Hafen Saßnitz	15.01.66	1	40/66
Oder-Fahrw.,zw. den Tn. 26 und 28	28.11.65	1	41/66
Nordsee, Feuerschiff HUMBER	26.04.66	1	42/66
Nordatlantik, vor Labrador, Hamilton-Bank	22.03.66	1	43/66
Mittelmeer, N-Küste Sizilien, Höhe Capo Gallo	08.04.66	1	44/66
Mittelmeer, Insel Kreta, Hafen Souda	11.03.66	1	45/66

MS KÜHLUNGSBORN (DSR)	Grundbg., Eisdrift
SAS-203 SACHSEN	Grundbg.
SAS-201 MECKLENBURG (FPG)	Grundbg.
STR-170 ALBERT LORTZING (FPG)	Grundbg.
ROS-117 OKTOBERREVOLUTION	Druck- und Grundlagerschaden
SAS-276 WARNOW	Maschinenschaden, mangelh. Umsicht
MS DAHME (DSR)	Koll. mit Küstenfahrzeug
WIS-100 MICHAEL GLINKA (FPG)	Grundbg., mangelh. Umsicht
WIS-100 MICHAEL GLINKA (FPG)	Koll. mit KüMo NEPTUN/DEN
ROS-205 BERLIN	Getriebeschaden, Ölmangel
SAS-259 FRANZ SCHUBERT	Totalverlust durch Explosion
MS ALDEBARAN (DSR)	Koll. mit MS JAKOB TEEKMANN/NTH
MS POEL (DSR)	Koll. mit Schl. EASTERN SERVICE/USA
Schleppzug LUBMIN (DBR)	Grundbg., mangelh. Umsicht
Kahn SK 4-547 B (DBR)	Grundbg., mangelh. Umsicht
MS HAVEL (DSR)	Koll. mit Getreideschüttanlage
MS WEGA (DSR)	Grundbg., falscher Lotsenrat
MS GERA (DSR)	Grundbg., mangelh. Umsicht
MS ZINGST (DSR)	Grundbg. mit Ruderschaden
WOG-95 (FPG)	Koll. mit Landungsboot Nr. 672 der VM
MS BUSSARD (DSR)	Koll. mit MS ÄGÄIS/GFR
MS HAVEL (DSR)	Koll. mit MS HEREND/HUN
MS SELLIN (DSR)	Koll. mit MS HÖDUR/GFR
MT ZEITZ (DSR)	Leine in Schraube, fehlerhafter Lotsenrat
MS STAVENHAGEN (DSR)	Koll. mit Schleusenleitwerk
MB INSEL VILM (Ministerrat)	Grundbg., mangelh. Umsicht
Schl. UECKER (LBB)	Grundbg., ungenügender Lotsenrat
MS VILM (DSR)	Koll. mit SSPB BANKSTONE/GBI
MS ATAIR (DSR)	Koll. mit MS HORTENSE DORINE/NTH
WIS-103 JENA (FPG)	Maschinenhavarie, Grundlager ausgelaufen
MS RALSWIEK (DSR)	Koll. mit MS SAGAHORN/NOR
FGSCH SEEADLER (WF)	Grundbg., mangelh. Umsicht
MS WOLGAST (DSR)	Grundbg., mangelh. Umsicht
WAR-64 ADOLF HENNECKE (FGS)	Koll. mit Minenräumgerät der VM
FGSCH UNDINE (PE Hahn)	Grundbg., bei Ausweichmanöver
MS FREUNDSCHAFT (DSR)	Koll. mit Dalben
FGSCH DORNBUSCH (WF)	Koll. mit MS BALTIJSKY 29/USR
MS MALCHOW (DSR)	Koll., mit Mole, fehlerhafter Lotsenrat
MS MALCHOW (DSR)	Koll. mit Pier durch Maschinenausfall
MS HEINZ KAPELLE (DSR)	Berührung mit Landkrahn
MS HEINZ KAPELLE (DSR)	Kolbenfresser
ROS-309 BERNHARD KELLERMANN	Koll. mit Growler
MS PINGUIN (DSR)	Koll. mit MS DAJTI/ALB

Sund, Flintrinne, Untiefe Sjollen	26.02.66	2	46/66
Ostsee, Insel Gotland, W-lich LF Valar	27.03.66	1	47/66
Ostsee, Insel Gotland, W-lich LF Valar	27.03.66	1	48/66
Stralsund-N-Anstg., bei Tn. B	25.03.66	1	49/66
Nordsee, Fangplatz	18.01.66	1	50/66
Nordsee, Fangplatz	03.04.66	1	51/66
Mittelmeer, LEB, Hafen Beirut	19.04.66	2	52/66
Ostsee, vor Insel Gotland	27.03.66	1	53/66
Insel Bornholm, Hafen Rønne	22.02.66	1	54/66
Nordsee, Fangplatz	05.01.66	1	55/66
Nordsee 58°02´ N, 06°00´ E	31.01.66	2	56/66
Nordsee, GBI, King's Lynn Dock	30.03.66	2	57/66
Nordatlantik, Westafrika 04°12´ N, 05°58,9´E	26.10.65	1	58/66
Kleines Haff	15.05.66	1	59/66
Peenestrom-Fahrw., Negenmark Rinne, Tn. W	17.05.66	1	60/66
Hafen Flensburg	16.10.65	2	61/66
Schwedische Schären, Bussgrund	27.04.66	1	62/66
Elbe, vor Brunsbüttel	13.02.66	1	63/66
GBI, Hafen London-Graces	23.12.65	1	64/66
Ostsee, E-lich Tonne Osttief	23.04.66	1	65/66
BLG, Hafen Antwerpen, vor der Schleuse zum Hansa-Dock	25.02.66	1	66/66
EGY, Hfn. Alexandria, Außenhafen	04.04.66	1	67/66
NOK, Ausweiche Dückerswisch	09.04.66	2	68/66
Schwarzes Meer, USR, Hafen Tuapse	15.05.66	1	69/66
Nordsee, GBI, Hafen Hull, Humber Dock	04.05.66	2	70/66
Greifswalder Bodden, vor der Insel Vilm	13.05.66	1	71/66
Ostsee, SWD, Hafen Stockholm	13.05.66	1	72/66
GBI, Themse, Erithbojen	09.05.66	1	73/66
NOK, Brunsbüttel, Südschleuse	09.06.66	2	74/66
Wismarer Revier	21.06.66	1	75/66
Hafen Stralsund	10.07.66	2	76/66
Ostsee, N-lich Insel Hiddensee	14.06.66	1	77/66
Warnemünde, Ostmole	08.07.66	1	78/66
Warnemünde Reede	29.10.66	1	79/66
Rostock, Warnow-Fahrw., bei Tn. 11	09.07.66	2	80/66
BLG, Hafen Antwerpen	06.03.66	2	81/66
Überseehafen Rostock	13.07.66	1	82/66
Nordsee, GBI, Felixstowe Dock	24.05.66	1	83/66
Mittelmeer, LEB, Hafen Beirut	03.05.66	2	84/66
IDA, Insel Java, Hafen Surabaja	15.05.66	2	85/66
Reise nach Indonesien	09.03.66	2	86/66
Nordatlantik, vor Labrador 55°35´ N, 57°02´W	24.04.66	2	87/66
Adria, ALB, Hafen Durrës	22.07.66	2	88/66

MS HEINRICH HEINE (DSR)	Kran stürzt auf das Schiff
MT LEUNA II (DSR)	Koll. mit TL ALADSCHA/USR
MOGÜ BAD FREIENWALDE (DBR)	Grundbg., mangelh. Umsicht
MOGÜ LÖBAU (DBR)	Koll. mit MS WOLF/GFR
ROS-301 BERTOLT BRECHT	Übergabesteert in der Schraube
ROS-301 BERTOLT BRECHT	Koll durch MS V. Lyagin/USR
Schute 10-S-11-194 (WSA)	Untergang, fehlende Vorsicht
MS FRITZ REUTER (DSR)	Koll. mit MS ANNE LUND/GFR
FVS ATLANTIK (VWST)	Übergabesteert in der Schraube
MS STUBBENKAMMER (DSR)	Koll. mit Schleppzug SKORPION
ROS-216 MEISSEN	Übergabesteert in der Schraube
MS MANSFELD (DSR)	Koll. mit Pier, zu hohe Geschwindigkeit
SAS-303 SEEWOLF	Grundbg., fehlerhafter Lotsenrat, Fahrt im Konvoi mit weiteren 5 Kuttern
MTL HOL DI RAN (DSB)	Grundbg., mangelh. Umsicht
MS MALCHIN (DSR)	Koll. mit MS LISA/GFR
Stromfähre WILLI SCHRÖDER (NVBR)	Festkommen im dichten Nebel
ROS-211 LEUNA	Kolbenfresser; untaugliche Kolben
MS WOLGAST (DSR)	Koll. mit Holzsteg
MS LÜBBENAU (DSR)	Koll. mit Landkran
MS BELLATRIX (DSR)	Koll. durch DMS HARALD NAUMANN/GFR
SAS-221 NIKOLAUS KOPERNIKUS	Grundbg., mangelh. Umsicht
SAS-251 HEINRICH HEINE	Wasser im Maschinenraum
MS GREIFSWALD (DSR)	Koll. mit Leuchttonne
MS ATAIR (DSR)	Koll. mit Landkran
MS DENEBOLA (DSR)	Koll. mit Pier A und C
MS WEISSERITZ (DSR)	Koll. durch BMS MARY/BLG
SAS-240 HEINZ KAPELLE	Mangelh. Werftreparatur
ROS-224 GÖRLITZ	Kesselschaden
MS VÖLKERFREUNDSCHAFT (DSR)	Schraubenbeschädigung
MS ELSTER (DSR)	Koll. mit MS SAMSUN/TRK
1967	
MS STUBNITZ (DSR)	Grundbg., mangelh. Umsicht
MS ARGO/NOR	Koll. mit MS UNSTRUT
MS HALBERSTADT (DSR)	Koll. mit MS ADOLPH FLINT/GFR
MS RIESA (DSR)	Grundbg. mit Schiffsbodenbeschädigung
MOGÜ MÖNCHGUT (DBR)	Grundbg., mangelh. Umsicht
SchKr. GOLIATH (SHR)	Koll. mit Torfeuer und Tonne
MS ANNA (PE, H. Hoeft)	Grundbg., mangelh. Umsicht
WOG-99 ERFÜLLUNG (FPG)	Koll. mit Grenzboot G-95
SAS-316 HERINGSHAI	Koll. mit SAS-4 (FPG)
MS ERIK/GFR	Beschädigung MS SAALE (DSR)

GBI, Hafen London	10.03.66	2	89/66
Schwarzes Meer, USR, Hafen Tuapse	12.08.66	1	90/66
Oder-Fahrw.,bei Tn.19,Höhe Trzebiez (Ziegenort)	16.06.66	1	91/66
Hafen Stralsund	26.04.66	2	92/66
Nordatlantik, vor Labrador 58°10′N, 58°00′ W	27.12.65	2	93/66
Hafen Rostock-Marienehe	17.08.66	1	94/66
Kleines Haff, Bocktonne	12.08.66	1	95/66
Unterelbe, bei Tn. B.	03.04.66	1	96/66
Skagerrak 57°46′ N, 8°33′ E	07.05.66	1	97/66
NTH, Schelde-Fahrw. vor Terneuzen	08.03.66	2	98/66
Nordatlantik, vor Labrador 55°15′ N, 56°00′W	14.01.66	1	99/66
Hafen Wismar	31.08.66	1	100/66
Kattegat, SWD, Fahrt Göteborg-Fiskebäck bei	28.06.66	1	101/66
der Insel Eskilsholmen	05.10.66	1	102/66
Stralsund-N-Anstg.	25.08.66	2	103/66
NOK, Ausweiche Kudensee	07.10.66	1	104/66
Stadthafen Rostock	01.06.66	2	105/66
Fahrt von Fangplatz vor Labrador nach Island			
Nordsee, Niederlande, Hafen Harlingen	02.10.66	2	106/66
USR, Hafen Leningrad (St. Petersburg)	03.10.66	2	107/66
BLG, Hafen Antwerpen	06.11.66	1	108/66
Höhe LF Skagen W 57°44,7′ N, 10°33,5′ E	01.09.66	1	109/66
Hafen Saßnitz	15.10.66	1	110/66
Überseehafen Rostock	14.11.66	1	111/66
Hafen Hamburg	08.11.66	2	112/66
GBI, Hafen London-Dagenham	02.12.66	2	113/66
BLG, Schelde-Fahrw., Meestoof-Oberfeuer	03.11.66	1	114/66
Hafen Rostock-Marienehe, FiKoRo	21.08.66	1	115/66
Rostock, SWNR	18.10.66	1	116/66
NTH, Hafen Rotterdam	11.11.66	2	117/66
Marmarameer, TRK, Istanbul Reede	10.11.66	2	118/66
Ostsee, SWD, beim LF Norra Fällbådan	17.10.66	1	01/67
Rostock-Überseehafen	25.12.66	2	02/67
Deutsche Bucht, beim Feuerschiff ELBE I	17.08.66	1	03/67
Schwarzes Meer, USR, Hafen Novorossijsk	22.10.66	2	04/67
Auf der Fahrt von Wittower Fähre nach Barth	12.11.66	1	05/67
im Trog bei Tn. 19			
SHR-Fahrw. Seekanal, Torfeuer 6, Tn. 12	03.01.67	1	06/67
Peenestrom-Fahrw., Negenmark Rinne	15.11.66	1	07/67
Stralsund-N-Anstg., Bock Reede	03.11.66	1	08/67
Hafen Saßnitz	17.11.66	1	09/67
Mittelmeer, LBY, Hafen Tripolis	04.10.66	1	10/67

MB KRANICH (LBB)	Grundbg., mangelh. Umsicht
MS VITTE (DSR)	Koll. mit MS ANNE LUND/GFR
MS ELLEN BAGGE/DEN	Koll. mit Dalben
Schl. LIBBEN (LBB)	Koll. mit FGSCH ALTEFÄHR (WF)
Schl. JAUSA (DBR)	Grundbg., mangelh. Umsicht
MS ALBATROS (DSR)	Grundbg., mangelh. Umsicht
MS ZEULENRODA (DSR)	Koll. mit Dalben
MS SPREE (DSR)	Koll. mit Dalben
MS SPREE (DSR)	Koll. mit Mole
Schl. RECKNITZ (LBB)	Grundbg., mangelh. Umsicht
MS INSEL RIEMS (DSR)	Koll. mit Schleusenmauer
MS BAABE (DSR)	Koll. mit unbekanntem belgischem Motorschiff
Schl. LANGENORT (LBB)	Verziehen einer Tonne
WIS-112 MAGDEBURG (FPG)	Grundbg., mangelh. Umsicht
Schl. JAUSA (DSB)	Koll. mit Brücke und Dalben
Schl. GARTZ (DSB)	Koll. mit Pier
SAS-307 KEGELROBBE	Festkommen, mangelh. Umsicht
SAS-282 DOGGERBANK	Koll. mit SAS-307
SAS-231 ERNST GRUBE	Grundbg.
MS HEINRICH HEINE (DSR)	Koll. mit Torfeuer, zu später Lotsenrat
MS SIRRAH (DSR)	Koll. m. RIA F/GFR infolge Windböe, Stärke 8-9
MS SIRRAH (DSR)	Koll. mit MS FRANZ HOLM/GFR
MS HAVEL (DSR)	Koll. mit Kai bei böigem Wind
MS ALDEBARAN (DSR)	Grundbg., mangelh. Lotensenrat
MS ZEULENRODA (DSR)	Koll. mit Schleuse
ROS-129 JUNGER PIONIER AnL	Grundbg. im Sturm infolge Vertreibens
MS METEOR (DAMW)	Grundbg., mangelh. Umsicht
MS AUGUST von ALLWORDEN/GFR	Grundbg., mangelh. Lotsenberatung
MS HERINGSDORF (DSR)	Koll. mit BMS RUBIS/BLG
MS HERINGSDORF (DSR)	Grundbg.
MS SAALE (DSR)	Koll., mit MS FINNALPINO/FIN
MS SAALE (DSR)	Koll. mit MS DASMAN/PAN
ROS-101 HEINRICH MANN	Netzkoll. mit Logger K 3717/USR
MS BELLATRIX (DSR)	Koll. mit BMS JEJU/BLG
ROS-316 JUNGE WELT (MTWW)	Koll. mit ROS-401
WOG-83 ERFURT (FPG)	Grundbg., mangelh. Umsicht
WOG-120 HAMBURG (FPG)	Koll. mit FK R-101/DEN
MS ERFURT (DSR)	Koll. mit Schleusenmauer
MS RALSWIEK (DSR)	Koll. mit Kaimauer
MS WARNOW (DSR)	Koll. mit Kran beim Ablegen
ROS-301 BERTOLT BRECHT	Brand im Maschinenraum
MS SCHWERIN (DSR)	Koll. mit MS TAIZ/YAR
MS THEODOR KÖRNER (DSR)	Koll. mit Kran

Peenestrom-Fahrw., bei Tn. 10	05.11.66	1	11/67
Nordsee, GBI, auf dem Humber, bei Hull	14.12.66	2	12/67
Rostock, Warnow-Fahrw., Dalben C	17.11.66	1	13/67
SHR-Fahrw., Seekanal, bei Tn. G	20.01.67	2	14/67
Peenestrom-Fahrw., Negenmark Rinne	14.12.66	1	15/67
Ostsee, USR, Hafen Klaipeda (Memel)	30.12.66	1	16/67
Rostock, Warnow-Fahrw., Dalben C	20.01.67	1	17/67
NOK, Ausweiche Breiholz	27.11.66	2	18/67
Mittelmeer, SYR, Hafen Latakia	21.12.66	1	19/67
Wismar-Anstg., bei Tn. 18	14.11.66	1	20/67
NOK, Brunsbüttel, Schleuse	22.10.66	1	21/67
BLG, Hafen Antwerpen	05.01.67	2	22/67
Stadthafen Rostock, Tn. 20 a	25.01.67	2	23/67
Wismar-Anstg.	24.01.67	1	24/67
Peenestrom-Fahrw., Eisenbahnbrücke Karnin	20.11.66	1	25/67
Hafen Greifswald-Wieck	04.01.67	1	26/67
Ostsee, SWD, Hafen Oskarshamn	01.01.67	1	27/67
Ostsee, Insel Öland, bei Ölands Norra Udde	01.01.67	1	28/67
Stralsund-O-Anstg, Landtief	10.01.67	1	29/67
SHR-Fahrw., Seekanal, Torfeuer 2	21.12.66	1	30/67
NOK, Brunsbüttel	18.12.66	2	31/67
NOK, Brunsbüttel	19.12.66	2	32/67
Kattegat, DEN, Hafen Frederikshavn	22.01.67	2	33/67
Ostsee, SWD, Einfahrt Hafen Oxelösund	29.02.67	1	34/67
Kanal, GBI, Hafen Dover	01.03.67	2	35/67
Skagerrak, NOR, Bucht vor Hafen Risøybank	10.11.66	2	36/67
Strelasundbrücke im Rügendamm	09.03.67	1	37/67
Hafen Stralsund	12.03.67	1	38/67
BLG, Hafen Antwerpen	28.02.67	2	39/67
Hafen Stralsund	12.03.67	1	40/67
Nordsee, DEN, Hafen Esbjerg	30.11.66	1	41/67
Mittelmeer, LEB, Hafen Beirut	17.12.66	2	42/67
Nordsee 63°20´ N, 5°50´ E	03.02.67	1	43/67
BLG, Hafen Antwerpen	28.02.67	1	44/67
Hafen Rostock-Marienehe	15.02.67	1	45/67
Insel Rügen, vor Stubbenkammer	08.11.66	1	46/67
Ostsee, SE-lich Insel Bornholm	20.01.67	1	47/67
NOK, Schleuse Kiel-Holtenau	27.11.66	2	48/67
Hafen Stralsund	06.04.67	2	49/67
Skagerrak, NOR, Hafen Larvik	09.02.67	2	50/67
Nordatlantik, vor Süd-Grönland	09.01.67	1	G 51/67
Rotes Meer, YAR, Hodeida Reede	31.12.66	1	52/67
BLG, Hafen Antwerpen	23.02.67	2	53/67

Schl. AKTIVIST (LBB)	Grundbg., mangelh. Umsicht
WAR-61 DRESDEN (FPG)	Koll. durch MT TÄRNSJÖ/SWD
WAR-47 MAXIM GORKI (FPG)	Grundbg., mangelh. Umsicht
WAR-53 KURT BÜRGER (FPG)	Grundbg., mangelh. Umsicht
Schl. UECKER (LBB)	Koll. mit MS ANNA OLDENDORF/GFR
MS MOKATTAM/EGY	Festkommen, mangelh. Lotsenberatung
WIS-110 POTSDAM (FPG)	Festkommen, mangelh. Umsicht
STR-251 WUSTROW (FPG)	Festkommen, mangelh. Umsicht
SAS-213 WILHELM CONRAD RÖNTGEN	Grundbg., mangelh. Umsicht
MS ZARNIZA/USR	Grundbg., Versandung des Fahrwassers
MS SOLFJORD/NOR	Grundbg., falsche Angaben zum Schiff
ROS-218 OELSNITZ/V	Koll. mit FK STRÖMEGG/NOR
MS MALCHOW (DSR)	Koll. mit MS MARJAN/JUG
MS TRATTENDORF (DSR)	Koll. mit MS MARNEULI/USR
MS JOHN SCHEHR (DSR)	Koll. mit MS IVOLINA/FRA
MS RIESA (DSR)	Festkommen, infolge Fahrwasserversandung
MT SCHWEDT (DSR)	Koll. mit MTL LUGANSK/USR
MS BELLATRIX (DSR)	Koll. mit MS ROLAND L /BLG
MS BELLATRIX (DSR)	Koll. mit Schleusenmauer
MS BELLATRIX (DSR)	Koll. MS MARRET B./GFR
Schl. GRABOW (LBB)	Koll. mit MS BELLATRIX/GDR
MS RÜGEN (DSR)	Koll. mit Schleusenmauer infolge Windböe
MS STOLTERA (DSR)	Koll. mit MS STAR OF SUEZ/EGY
FGSCH JOHANNA (WF)	Grundbg., mangelh. Umsicht
MS SEEADLER (WF)	Grundbg., fehlende Fahrwassertonne
MS SCHWERIN (2-043 DBR)	Koll. mit FK Lau-18
MTL MINOL 7 (Minol Rostock)	Koll. mit VP-Boot WS 17
MS BELLATRIX (DSR)	Koll.BMS EDGARD 10/BEL
MS RECKNITZ (DSR)	Koll. mit Mole, Schlepperversagen
MS BODE (DSR)	Koll. mit Anlegebrücke
MS ATAIR (DSR)	Koll. mit Schl. AKTIVIST/GDR
MS EDGAR ANDRE (DSR)	Koll. mit MS CHENAB/PAK
MS WEGA (DSR)	Koll. mit Hafenkran u. MS THEKLA/GFR
SAS-240 HEINZ KAPELLE	Leckspringen des Kutters
SAS-404 KATTEGAT	Grundbg., mangelh. Umsicht
SAS-269 DR. FRIEDRICH WOLF	Koll. mit SAS-213 beim Verholen infolge Falschausführung der Maschinenmanöver
MS BAABE (DSR)	Koll. mit Landkran
DS THÄLMANN PIONIER (DSR)	Koll. mit MS AMANDUS/GFR
MS MULDE (DSR)	Koll. mit Marinefahrzeug AL SUDAN/EGY
MS GREIFSWALD (DSR)	Koll. mit Pier
MS EDGAR ANDRE (DSR)	Koll. MS DELFIN/GFR
MS KARL-MARX-STADT (DSR)	Festkommen, mangelh. Lotsenberatung

Vor der Insel Hiddensee	01.04.67	1	54/67
Rostock, Warnow-Fahrw.	10.02.67	1	55/67
Stralsund-N-Anstg., Barhöft	31.03.67	1	56/67
Stralsund-N-Anstg., Barhöft	09.02.67	1	57/67
Wismar-Anstg., bei Tn. 28	08.03.67	1	58/67
Wismar-Anstg.	05.05.67	1	59/67
Wismar-Anstg.	24.04.67	1	60/67
Stralsund-N-Anstg.	05.02.67	1	61/67
Greifswalder Bodden	21.01.67	1	62/67
Stralsund, VWST	07.04.67	2	63/67
Stralsund-N-Anstg., bei Tn. 26	26.04.67	1	64/67
Nordsee, Norwegische Rinne	20.01.67	1	65/67
Nordatlantik 40°53´ N, 9°35´ W	04.03.67	1	66/67
CUB, Hafen Matanzas	17.04.67	1	67/67
Rotes Meer, Saudi-Arabien, Hafen Jiddah	18.02.67	1	68/67
Schelde-Fahrw.	16.02.67	2	69/67
Schwarzes Meer, USR, Novorossijsk Reede	01.04.67	1	70/67
Im Hafen Cuxhaven	18.04.67	1	71/67
BLG, Hafen Antwerpen, Royersschleuse	18.05.67	2	72/67
NOK, Kiel-Holtenau	20.05.67	1	73/67
Stralsund-N-Anstg., bei Tn. B	27.05.67	1	74/67
NOK, Brunsbüttel	13.03.67	2	75/67
NOK, Brunsbüttel	08.04.67	1	76/67
Hiddensee-Fahrw., bei Tn. C	08.06.67	1	77/67
Stralsund-N-Anstg., Barhöft	14.06.67	2	78/67
Greifswalder Bodden, Hafen Lauterbach	22.05.67	1	79/67
Überseehafen Rostock	12.05.67	1	80/67
BLG, Hafen Antwerpen	09.06.67	1	81/67
Nordsee, GBI, Hafen Harwich, Dock	01.02.67	1	82/67
Nordatlantik, NIG, Hafen Calabar	29.03.67	1	83/67
Hafen Wismar, MTWW	26.04.67	2	84/67
Arabisches Meer, PAK, Hafen Karachi	03.05.67	1	85/67
B.-Meerb., SWD, Hafen Rönnskär	19.06.67	1	86/67
Nordsee, Fangplatz	22.08.67	2	87/67
ICL, Hafen Vatneuri	10.03.67	1	88/67
Hafen Saßnitz	13.04.67	1	89/67
BLG, Hafen Antwerpen	15.05.67	2	90/67
Nordsee, DEN, Hafen Esbjerg	19.02.67	1	91/67
Mittelmeer, EGY, Hafen Alexandria	23.04.67	1	92/67
Sund, DEN, Freihafen Kopenhagen	30.05.67	1	93/67
NOK, beim Kilometer 7,4	18.07.67	1	94/67
CUB, Hafen Havanna-Regla	12.03.67	1	95/67

MS KARL-MARX-STADT (DSR)	Koll. mit MS EASTGLORY (Lotsenberatung)
MS KARL-MARX-STADT (DSR)	Koll. mit MS ERITREA/GRC
FGSCH DORSCH (WF)	Gefährdung der Schiffssicherheit
MS DORNBUSCH (DSR)	Koll. mit MS BALTIC JET/GBI
SAS-312 DORNHAI	Grundbg., mangelh. Umsicht
MS SPREEWALD (DSR)	Koll. mit Schleusentor, Bedienfehler
MS HELLERAU (DSR)	Koll. mit Schl. WIRCH/USR
SAS-286 VIKINGBANK	Koll. mit Tonne, mangelh. Umsicht
WAR-63 DÄNHOLM (FPG)	Koll. mit WAR-44
MSS FRIEDRICH LUDWIG JAHN (GST)	Grundbg., mangelh. Umsicht
Zoll-MB ZB-28 (Zollverwaltung)	Maschinenschaden
ROS-135 ROSTOCK	Koll. mit MS TASMANIA/DEN
MS SATURN (WSA)	Festkommen
ROS-210 HENNINGSDORF	Festkommen
Schl. ODER (DBR)	Kabelbeschädigung
MS LISELOTTE HERRMANN (DSR)	Koll. MS ALKYONE/GRC
STR-171 RUDOLF VIRCHOW (FPG)	Festkommen, mangelh. Umsicht
ROS-132 ERICH HONECKER	Koll. mit Trawler SWI-165/POL und SZN-55/POL
MS BUSSARD (DSR)	Koll. mit Pier und MS PHÖNIZIEN/GFR
FGSCH SEEBAD ZINGST (WF)	Koll. mit LB RÜGEN
MS SAALE (DSR)	Koll. mit MT EDENFIELD/GBI
MS SAALE (DSR)	Koll. mit MS AYUTHIA/DEN
MOGÜ NIEGRIPP (DBR)	Grundbg.
MOGÜ BELGERN (DBR)	Festkommen
MS STERNBERG (DBR)	Festkommen
MS STERNBERG (DBR)	Koll. mit MS WILDAU (DBR)
MS BEREITSCHAFT (DSR)	Koll. mit MTL RHEINBÜTTEL/GFR
MT SCHWARZHEIDE (DSR)	Koll. durch Trawler ANNE BUUR/DEN
SAS-403 HANNO GÜNTHER	Brand infolge Bruch der Dieseldruckleitung
MS DARSS (DSR)	Koll. mit MS A.E.S./DEN
LB WARNOW (LBB)	Koll. mit WAR-60
DS THÄLMANN PIONIER (DSR)	Grundbg., mangelh. Lotsenberatung
DS THÄLMANN PIONIER (DSR)	Ladungsbrand, Selbstentzündung
STR-303 WARNEMÜNDE (FPG)	Koll. durch MS HANSY/SWD
SAS-20 (11,97 m Länge) (FPG)	Strandung, mangelh. Umsicht
WAR-65 RÜGENLAND (FGS)	Grundbg.
1968	
Schl. JAUSA (DBR)	Grundbg.
MOGÜ VETSCHAU (DBR)	Koll. mit SK 4 - 546 A
MOGÜ NAUEN (DBR)	Grundbg.
SK 4 - 509 (DBR)	Koll. mit Dalben
MS BÜTZOW (DBR)	Grundbg.

CUB, Hafen Nuevitas	09.06.67	1	96/67
CUB, Hafen Havanna	13.02.67	1	97/67
Peenestrom, Hafen Wolgast	03.06. und 09.06.67	1	98/67
NOK, Ausweiche Rade	18.03.67	2	99/67
Ostsee 54°31,4´ N, 13°41´ E	10.04.67	1	100/67
BLG, Hafen Antwerpen, Boudewijn-Schleuse	11.05.67	1	101/67
Weißes Meer, USR, Hafen Archangelsk	30.07.67	1	102/67
Kattegat vor Skagen	21.05.67	1	103/67
Hafen Warnemünde, Alter Strom	19.06.67	1	104/67
Greifswalder Bodden, Hafen Lauterbach	13.04.67	1	105/67
Peenestrom-Fahrw., Karnin	29.07.67	2	106/67
Kanal	18.07.67	1	107/67
Insel Rügen, Breege-Anstg., bei Tn. 4	20.02.67	1	108/67
Westgrönland, Godthåb	12.05.67	1	109/67
Ribnitz-Fahrw., Meiningenbrücke	08.06.67	1	110/67
NTH, Hafen Rotterdam	14.05.67	1	111/67
Stralsund-N-Anstg., bei Tn. 19	03.08.67	1	112/67
Kanal 55°40´ N, 00°30´ W	26.08.67	1	113/67
Ägäis, GRC, Hafen Thessaloniki	12.08.67	1	114/67
Insel Hiddensee, Kloster-Fahrw.	01.09.67	1	115/67
Kanal, S-lich Beachy Head	07.01.67	1	116/67
BLG, Hafen Antwerpen, Zandvliet-Schleuse	11.07.67	2	117/67
Peenestrom-Fahrw., Negenmark Rinne, bei Tn.V	15.07.67	1	118/67
Rostock, Warnow-Fahrw., bei Tn. 10	24.08.67	1	119/67
SHR-Fahrw., Seekanal, bei Torfeuer A	16.07.67	1	120/67
Überseehafen Rostock	18.08.67	1	121/67
NTH, Nieuwe Maas bei Boele Bolnes	08.06.67	1	122/67
DEN, bei Skagen	03.08.67	1	123/67
Nordatlantik, NW-Island 66°05´ N, 24°15´ W	05.08.67	2	124/67
NOK, beim Kilometer 51,5	16.09.67	2	125/67
Warnemünde, Alter Strom	28.10.67	1	126/67
Schelde-Fahrw., bei Paling Plaat	13.02.67	1	127/67
BLG, Hafen Antwerpen	13.02.67	2	128/67
N-lich Insel Rügen	23.09.67	1	129/67
N-lich Insel Rügen, vor Tipper Ort	26.09.67	1	130/67
Stralsund-N-Anstg., Barhöfter Hafenrinne	26.10.67	1	131/67
Greifswalder Bodden, Lauterbach	26.07.67	1	01/68
Hafen Stralsund	13.10.67	1	02/68
Peenestrom-Fahrw., Tonnenbank-Rinne	19.12.67	1	03/68
Peenestrom-Fahrw., Dalben 40	28.04.67	1	04/68
Stralsund-N-Anstg.	17.04.67	1	05/68

Schl. ODER (DBR) mit Anhang	Koll. des Anhangs mit WOG-75
MS ESPENHAIN (DSR)	Koll. mit MS VERKLOYANSKLES/USR
MS STUBBENKAMMER (DSR)	Untergang nach Koll. mit MT ZENATIA/GBI
ROS-220 WEIMAR	Koll. durch MS BOBRUISKLES/USR
STR-302 BINZ (FGS)	Maschinenschaden
MS FIETE SCHULZE (DSR)	Untergang, Übergehen der Ladung
DS THÄLMANN-PIONIER (DSR)	Koll. mit Schl. BUGSIER X/GFR
STR-173 M. J. KALININ (FPG)	Koll. mit Pier
WOG-60 DRANSKE (FPG)	Koll. mit FK NEU-009 AnL
FVS BUREVESTNIK (VWST)	Grundbg., mangelh. Lotsenrat
STR-303 WARNEMÜNDE (FPG)	Brand im Maschinenraum
POE-106 MARTINRODA (FPG)	Zweimalige Grundbg.
Taucherfahrzeug KOMET (DSB)	Koll. mit WAR-25 HaL
MS GEMMA (DSR)	Koll.m.DS KAREN/NOR, der vor Anker verdriftete
MS STAVENHAGEN (DSR)	Koll. mit MS VATNAJÖKULL/ICL
MS VÖLKERFREUNDSCHAFT (DSR)	Rammstoß durch P 6113 NAJADE
MS AHRENSHOOP (DSR)	Grundbg.
ROS-208 MAGDEBURG	Koll. mit FVS ZAVOLZHSK/USR
SAS-272 ELSTER	Grundbg., mangelh. Umsicht
MS INSEL RIEMS (DSR)	Koll. durch DS VYGOSERO/USR
Bagger OSTSEE (DSB)	Koll. durch DS SAN GEORG/LEB
FGSCH LUDWIGSBURG (WF)	Festkommen
ROS-116 M.M.ROSSI	Festkommen
MS PUTBUS (DSR)	Koll. mit MS BALTIC SPRITE/GBI
MS SIRRAH (DSR)	Koll. mit Lichtmast
ROS-213 HALLE	Koll. mit FK WESTERÖ/DEN
MS LIETZOW (DSR)	Koll. mit MS HANNIBAL/DEN
MS WAREN (DSR)	Verrutschen der Ladung
WOG-113 STAVENHAGEN/FPG	Koll. mit SAS-28
Schl. WIECK (DSB)	Ruder- und Schraubenhavarie
ROS-204 KARL-MARX-STADT	Koll. mit ROS-217/GDR
MS SCHWARZA (DSR)	Koll. mit MS TAVI/FIN
MS UCKERMARK (DSR)	Koll. durch MS SÜDERELV/GFR
MS WAREN (DSR)	Koll. mit MS BALTIJSKY 26/USR
MKS WELS (DSB)	Grundbg.
MT SCHWARZHEIDE (DSR) AnL	Koll. mit MS LUV/GFR AnL beim Schwoien
ROS-412 GRETE WALTER	Grundbg.
Schl. MB 7010 (SWEAM)	Grundbg.
MTL MINOL 7 (Minol Rostock)	Koll. mit Dalben
SAS-302 SEEBÄR	Koll. mit MS JOHN BRINCKMAN (DSR)
WAR-41 DESSAU (FPG)	Grundbg.
Schl. GRABOW (LBB)	Nach Koll.mit MS BARTH (DSR) auf Strand gesetz
LB LACHS (LBB)	Koll. mit Segelyacht PZ-6/POL

Greifswalder Bodden, Hafen Greifswald	10.05.67	2	06/68
F.Meerb., im Eiskonvoi	10.04.67	2	07/68
Nordsee, NTH, Vor Hoek van Holland	25.11.67	1	08/68
Sund, bei Tn. 18	30.12.67	1	09/68
Stralsund-N-Anstg., Gellenstrom	07.10.67	2	10/68
Nordatlantik 45°33´ N, 10°15´ W	21.09.67	2	11/68
Hafen Hamburg, Norderelbe	17.12.67	1	12/68
Hafen Stralsund	14.09.67	2	13/68
Stralsund-N-Anstg., bei Tn. Gellen 1	24.10.67	2	14/68
Stralsund-O-Anstg, Landtief, bei Tn. 9	21.12.67	1	15/68
Ostsee, E-lich Insel Öland	30.10.67	2	16/68
Fahrt Wismar-Kirchdorf (Insel Poel)-Wismar	13.12.67	1	17/68
Warnemünde, Alter Strom	15.02.68	1	18/68
Nordsee, GBI, Boston Deep, Ankerplatz	05.09.67	1	19/68
GBI, Themse-Fahrw.	09.11.67	1	20/68
Fehmarnbelt 54°35,4' N, 11°09,4´ E	14.04.69	1	21/68
Stralsund-N-Anstg., zw. den Tn. Gellen 1 und 2	06.12.67	1	22/68
Nordatlantik, Fangplatz vor Labrador	23.02.68	1	23/68
Insel Rügen, vor Kollicker Ort	04.02.68	1	24/68
NOK, beim Kilometer 11	02.12.67	2	25/68
Rostock, Warnow-Fahrw., bei Tn. B	09.02.68	1	26/68
Ribnitz-Fahrw., Zingst-Anstg.	24.04.68	1	27/68
Nordsee, NOR, vor Egersund	01.01.68	1	28/68
NOK, Kanalreede Brunsbüttel	31.03.68	1	29/68
Ostsee, Polen, Hafen Kolobrzeg (Kolberg)	25.04.68	2	30/68
Skagerrak	21.01.68	1	31/68
Stralsund-N-Anstg., Gellenstrom	23.12.68	1	32/68
Nordsee	15.12.67	1	33/68
Hafen Saßnitz	14.02.68	1	34/68
Hafen Stralsund	02.05.68	1	35/68
Nordatlantik, George Bank 41°04´N, 65°55´W	09.04.68	1	36/68
NOK, Holtenau, Südschleuse	28.04.68	2	37/68
NOK, Brunsbüttel	21.01.68	1	38/68
Nordsee, Terschelling-Weg, bei Tn. ET 10	26.04.68	2	39/68
Wismar-Anstg.	04.06.68	1	40/68
Reede vor Brunsbüttel	21.01.68	1	41/68
Sund, bei Tn. 18	08.01.68	1	42/68
Greifswalder Bodden	22.06.68	1	43/68
Rostock, Warnow-Fahrw., Dalben 12	18.02.68	1	44/68
Kanal, 50°31,2´ N, 00°03´ E	25.04.68	1	45/68
NE-lich Warnemünde, vor Graal-Müritz	18.04.68	1	46/68
Hafen Wismar, Wendeplatte	16.06.68	1	47/68
Vor Warnemünde	10.07.68	1	48/68

MS TRATTENDORF (DSR)	Koll. mit Pier, felerhafter Lotsenrat
MS TRATTENDORF (DSR)	Grundbg.
MS SVENIGOROD/USR	Koll. mit Tonne beim Auslaufen
MS CONDOR (DSR)	Grundbg., mangelh. Umsicht
FGSCH SEEBAD WUSTROW (WF)	Koll. mit Kahn 4-584 A
ROS-317 TVS JUNGE GARDE	Steert in der Schraube
FGSCH ENDDORN (WF)	Grundbg.
MS KÄPP´N BRASS (DSB)	Grundbg.
STR-172 JOHN SCHEER (FPG)	Grundbg.
MS GERA (DSR)	Zweimaliges Festkommen im Nebel
MS SPREEWALD (DSR)	Koll. mit MS KRUSZWICA/POL
MS GELLEN (LBB)	Koll. mit Dock
MS LOVISA/FIN	Koll. mit Kalikippanlage beim Verholmanöver
MT SCHWEDT (DSR)	Koll. mit SSPB GEOPOTES VIII/NTH
MS GRANITZ (DSR)	Koll. mit MT ARIETTA/LIB
MS DARSS (DSR)	Koll. mit Bauxitschütte
MS HALLE (DSR)	Koll. mit DS YIANNINA/LIB, Lotsenrat
SAS-405 NORDSEE	Maschinenhavarie, keine Kontrolle
ROS-415 HEINZ PRIESS	Koll. mit Heckfänger B. d. t. SENNOVA/SPN
MS ARCTURUS (DSR)	Koll. mit Baggerschute BLACK DEEP 45/GBI
MS VITTE (DSR)	Ausfall Ruderanlage
SAS-274 HAVEL	Koll. durch MS OKA/USR
FGSCH SEEADLER (WF)	Vollaufen Abtlg. III
FGSCH ELDENA (WF)	Grundbg., mangelh. Umsicht
FGSCH STUBNITZ (WF)	Grundbg., mangelh. Umsicht
FGSCH ENDDORN (WF)	Grundbg., mangelh. Umsicht
TMS FRITZ HECKERT (DSR)	Koll. durch MS KLEVEN/DEN
1969	
ROS-317 JUNGE GARDE	Koll. mit Logger SRT-4485/USR
MS DENEB (DSR)	Koll. mit MS TRANSPORTOWIEC/POL
FGSCH WIKING (WF)	Grundbg.
MS POEL (DSR)	Grundbg.
WIS-108 HERMANN BEBERT (FPG)	Grundbg., mangelh. Umsicht
WIS-113 FRITZ REUTER (FPG)	Koll. mit FK SK-33/GFR
MS WOLGAST (DSR)	Grundbg., mangelh. Umsicht
MS RERIK (DSR)	Koll. mit MS NAUMBURG/GFR
ROS-311 RUDOLF LEONHARD	Koll. mit Heckfäng. KONGER/POL
MS MANSFELD (DSR)	Koll. mit MS BIRGIT LAU/DEN
SAS-286 VIKINGBANK	Grundbg., mangelh. Umsicht
MS VILM (DSR)	Koll. mit MS HOLMSUND/SWD
MS DORNBUSCH (DSR)	Wassereinbruch im Maschinenraum
MS NORDSTERN (DSR)	Koll. mit MS J.H. JONAS

Barentssee, USR, Hafen Murmansk	01.07.68	1	49/68
Swinoujscie (S'münde)-O-Anstg., bei Tn. 3	22.06.68	1	50/68
Rostock, Warnow-Fahrw., Tn. 13	07.07.68	1	51/68
Ägäis, GRC, Bucht von Thessaloniki	28.02.68	1	52/68
Stralsund-O-Anstg., Höhe Drigge	08.06.68	2	53/68
Nordatlantik, vor Labrador 56°23´N, 57°46´W	08.03.68	1	54/68
Hiddensee-Fahrw., Vitte - Kloster	12.08.68	1	55/68
Bei Darßer Ort	30.08.68	1	56/68
Stralsund-N-Anstg., Vierendehlrinne	23.07.68	1	57/68
Nordsee, Ostgatt vor Vlissingen, de Nolle	29.02.68	1	58/68
Biscaya 47°36´ N, 06°00´ W	27.04.68	1	59/68
Rostock, SWNR	22.07.68	2	60/68
Hafen Wismar	29.07.68	1	61/68
Niederlande, Europort Rotterdam	10.06.68	2	6268
Schelde-Fahrw.	25.03.68	2	63/68
Ägäis, GRC, Hafen Piräus, Eleusis	16.07.68	2	64/68
Golf von Bengalen, Hafen Calcutta, King George Dock	21.06.68	1	65/68
Nordatlantik, N-lich der Färöer	20.02.68	1	66/68
Nordatlantik, W-lich Grönland	07.05.68	1	67/68
GBI, Themse, beim LF Stone Ness	22.08.68	2	68/68
NOK, bei Lampe 471	27.07.68	2	69/68
Ostsee 55°15´ N, 15°31´ E	15.10.68	1	70/68
Auf der Fahrt von Prerow nach Kloster	12.09.68	1	71/68
Hafen Rostock-Marienehe	27.11.68	1	72/68
Fahrt von der Insel Hiddensee nach Stralsund	26.10.68	1	73/68
Fahrt von Schaprode nach Kloster	16.09.68	1	74/68
Sund, Hafen Kopenhagen	30.10.68	1	75/68
Nordatlantik, George Bank 41°15,8´ N 67°11,5´W	25.07.68	1	01/69
NOK, Brunsbüttel Reede	25.01.69	1	02/69
Hiddensee-Fahrw., bei Neuendorf	15.11.68	1	03/69
Stralsund-O-Anstg., bei Tn. 26	07.09.68	1	04/69
Bei Darßer Ort	11.12.68	1	05/69
Insel Bornholm, Hafen Neksø	09.02.69	1	06/69
Stockholmer Schären	07.02.69	1	07/69
NOK, beim Kilometer 8,5	07.03.69	1	08/69
Nordatlantik, George Bank	30.09.68	1	09/69
Großer Belt 55°40,6´ N, 10°46,6´ E	14.12.68	1	10/69
Ostsee, vor der Insel Öland	21.12.68	1	11/69
NOK, beim Kilometer 31,5	27.01.69	1	12/69
Hafen Stralsund	28.03.69	1	13/69
NOK, beim Kilometer 10,3	09.02.69	1	14/69

STR.174 MECKLENBURG (FPG)	Grundbg., infolge Eislage
SAS-270 ELBE	Koll. mit FK WOG-59
MS FRIEDEN (DSR)	Grundbg., Behinderung durch chines. Dschunken
MS DORNBUSCH (DSR)	Beschädigung von 2 Kaipollern
LB WELS (LBB)	Grundbg., mangelh. Umsicht
SAS-296 FINNWAL	Grundbg., mangelh. Umsicht
MS WEISSERITZ (DSR)	Koll. mit MS NORDENFELS/GFR
Schl. RECKNITZ (LBB)	Koll. mit FK POE-106
ROS-223 GERA	Grundbg., mangelh. Umsicht
MS GLOWE (DSR)	Koll. mit Binnenkahn ALBERT/NTH
MS LAUSITZ (DSR)	Koll. mit Unterwasserhindernis
SAS-309 TÜMMLER	Maschinenschaden, infolge Leitungsbruch
FGSCH SEEADLER (WF)	Grundbg., mangelh. Umsicht
MS KAP ARKONA (DSR)	Koll. mit MS WEST RIDING
MS GREIFSWALD (DSR)	Grundbg., mangelh. Umsicht
MS FALKE (DSR)	Koll. mit Pier, Strömung nicht beachtet
MOGÜ NIEGRIPP (DBR)	Grundbg.
MKS PINGUIN (DSB)	Grundbg.
SAS-286 VIKINGBANK	Grundbg.
MS POEL (DSR)	Grundbg.
MS FREUNDSCHAFT (DSR)	Festkommen, Tonne an falscher Seite
MS SCHWERIN (DSR)	Brand im Maschinenraum
MS GERA (DSR)	Koll. mit MS ESTEBRÜGGE/GFR
MS WARNOW (DSR)	Ruder- und Schraubenschaden infolge Eis
MS NAUMBURG (DSR)	Koll. mit MT OBERG/GFR
MS SCHWERIN (DSR)	Grundbg., mangelh. Umsicht
MS NAUMBURG (DSR)	Koll. mit MT ESSO LANCASHIRE/GBI
SAS-274 HAVEL	Grundbg., mangelh. Umsicht
ROS-313 WILLI BREDEL	Koll. mit ROS-305
MS MALCHOW (DSR)	Grundbg. zu späte Kursänderung
UEK-50 FRIEDRICH ENGELS	Grundbg.
MS FALKE (DSR)	Koll. mit MS VOCKERODE/GDR
MB SFA IV (SFA)	Grundbg.
SchKr. GOLIATH (SHR)	Koll. mit 110-KV-Leitung
MS MEDINA/MTA	Koll. mit Kaianlage infolge Maschinenausfall
FGSCH NIXE (WF)	Grundbg.
FGSCH DORNBUSCH (WF)	Koll. mit Mole
MS KRAKOW (DSR)	Koll. mit Zerstörer THYELLA/GRC
FGSCH SEEBAD AHLBECK (WF)	Koll. mit FGSCH DSF
MS ALBATROS (DSR)	Koll. mit Binnenschiff JULIA/BLG
MTL MINOL 8 (Minol Rostock)	Grundbg.
SAS-280 ABERDEEN	Koll. mit FK DAR-19/POL
Schl. JAUSA (DBR)	Grundbg.

Stralsund-N-Anstg., bei Tn. 32	13.03.69	2	15/69
Hafen Saßnitz	25.02.69	1	16/69
Ostchinesisches Meer, CHR, Hafen Shanghai	03.02.69	1	17/69
Kattegat, SWD, Hafen Halmstadt	27.01.69	1	18/69
Warnemünde Mole	27.03.69	1	19/69
Ostsee, vor der Insel Öland	20.12.68	1	20/69
Kiel-Holtenau Reede	14.03.69	2	21/69
Hafen Wismar	01.04.69	1	22/69
Hafen Rostock-Marienehe	24.01.69	1	23/69
BLG, Hafen Gent	30.12.68	2	24/69
NTH, Hafen Rotterdam	07.01.69	2	25/69
Ostsee, Reise zum Fangplatz	29.01.69	2	26/69
Hiddensee-Fahrw.	17.05.69	1	27/69
NOK, beim Kilometer 50,5	12.04.69	2	28/69
Wismar-Anstg., bei Tn. Wismar	29.05.69	1	29/69
GBI, Hafen London, Tilbury Dock	05.05.69	1	30/69
Kleines Haff (Stettiner Haff)	10.04.69	1	31/69
Greifswalder Bodden	31.05.69	1	32/69
Nordsee, NOR, S-lich Egerøy	13.06.69	1	33/69
Wismar-Anstg., Flaggtief	28.02.69	1	34/69
CUB, Hafen Tarafa, bei Tn. 51	30.03.69	1	35/69
Überseehafen Rostock	01.04.69	2	36/69
NOK, Höhe Fähranleger Kanalfähre Fischerhütte	31.01.69	1	37/69
Kattegat, DEN, Hafen Århus	20.03.69	2	38/69
Weser-Fahrw., bei Tn. W	01.07.69	2	G 39/69
CUB, Hafen Havanna	08.06.69	1	40/69
Nordsee, NTH, Hoek van Holland Reede	04.09.69	1	41/69
Sund, Weg 32, bei LtF Nordre Røse	18.05.69	1	42/69
Nordatlantik, Fangplatz vor Grönland	15.05.69	1	43/69
Ostsee, SWD, Stockholmer Schären	01.05.69	1	44/69
Insel Rügen, vor Kollicker Ort	31.07.69	1	45/69
Überseehafen Rostock	03.08.69	1	46/69
Wismar-Anstg., bei der Insel Walfisch	14.05.69	1	47/69
Stralsund-O-Anstg., Höhe Prosnitzer Schanze	02.05.69	1	48/69
Hafen Stralsund	24.07.69	2	49/69
Warnemünde, Neuer Strom	08.09.69	1	50/69
Hafen Stralsund	23.07.69	1	51/69
Ägäis, GRC, Hafen Piräus	20.01.69	2	52/69
Hafen Stralsund	06.08.69	1	53/69
BLG, Hafen Antwerpen	26.02.69	2	54/69
Überseehafen Rostock, bei Tn. D	20.10.69	1	55/69
Ostsee 53°15,8´ N, 15°23,5´ E	09.09.69	1	56/69
Hafen Stralsund	22.08.69	1	57/69

Strandboot LAS-025 (FPG)	Koll. mit MOGÜ LINDOW
SCHE 2517, UR 5214, MS MALZ (DBR)	Grundbg., mangelh. Umsicht
MS KÜHLUNGSBORN	Grundbg., Fehlen eines Lotsen
MS FALKE (DSR)	Koll. mit MS TINA/GFR
MS FALKE (DSR)	Koll. mit MS KRUTYNIA/POL
MS MALCHOW (DSR)	Grundbg., mangelh. Umsicht
UEK-48 PEENE (FPG)	Koll. mit Schleppzug/POL
UECKER (LBB)	Koll. mit MS VOSTOCHNY/USR
1970	
MS AUFBAU (DBR)	Koll. mit MS OCEAN/SWD
FGSCH ELDENA (WF)	Festkommen, mangelh. Navigation
MS EISENHÜTTENSTADT (DBR)	Festkommen, mangelh. Navigation
UR 5256 (DBR) geschobenes Fahrzeug	Festkommen mangelh. Navigation
MS PUTBUS (DSR)	Koll. mit MS STEINBURG/FRG (schon fest)
MS ANTON SAEFKOW (DSR)	Koll. mit MS OSTEREMS/FRG
MS THEMAR (DSR)	Koll. mit EFS SASSNITZ (Werftlieger WWW)
MS RALSWIEK (DSR)	Koll. mit MT HAFÖRNINN/ICL
MKS HEIN FINK (BBB)	Festkommen
MS BAABE (DSR)	Beschädigung zweier Telfonkabel mit Anker
MS SPERBER (DSR)	Koll. mit MS ANDOMALES/USR (AnL)
ROS-403 HANNO GÜNTHER	Koll. mit SAS-308, SAS-280, SAS 292 u. ROS-509
ROS-216 MEISSEN	Festkommen, mangelh. Navigation
MS LAUSITZ (DSR)	Koll. mit Dalben beim Einsteuern in Schleuse
MOGÜ ERNST THÄLMANN (DBR)	Festkommen, mangelh. Navigation
MS EL FAYOUM/EGY	Festkommen, Lotsenrat nicht befolgt
Spüler ZINGST(BBB), Anh. von Schl. ELDE	Untergang bei Überführungsfahrt
MS MATHIAS THESEN (DSR)	Koll. mit MS HYDROPHANE/BUL
ROS-307 PETER NELL	Koll. mit ROS-311
MS DARSS (DSR)	Festkommen, Fahrt ohne Lotse
SAS-316 HERINGSHAI	Grundbg., mangelh. Navigation
MS PINGUIN (DSR)	Grundbg., Fahrt fortgesetzt bei unklarer Position
MS BUCKAU (DBR)	Koll. mit MS 50 LET SOVJETSKOY VLASTI/USR
Hopperbagger OSTSEE (BBB)	Grunderührung und Koll. mit Tn. M/4
MS ALTMARK (DSR)	Festkommen, kritiklose Befolgung Lotsenrat
MT RIGA/USR	Koll. mit Ölpier
MS SPREE (DSR)	Koll. mit MS KOPER/YUG bei starkem Nebel
MKS AUFBAU (BBB)	Grundbg.
Schl. ROSENORT (BBB)	Festkommen, verantwortungslose Schiffsführung
SAS-502 GRANITZ	Koll. mit MS SIGRID/FIN
SAS-317 EISHAI	Koll. mit ubk. FVS/USR
Schl. EISBÄR (SWNR)	Koll. mit Schl. HERTHA (Fa. O.Ludewig jun. KG)

Peenestrom-Fahrw., Negenmark Rinne	20.04.69	1	58/69
Großes Haff (Stettiner Haff)	28.04.69	1	59/69
Kattegat, SWD, Hafen Halmstad	09.09.69	1	60/69
NOK, beim Kilometer 25	16.10.69	1	61/69
NOK, Schleuse Kiel-Holtenau	07.11.69	1	62/69
NOK, Vorhafen Brunsbüttel	17.10.69	1	63/69
POL, Hafen Swinoujscie (S'münde)	20.08.69	1	64/69
Warnemünde-Reede	27.09.69	1	65/69
Stralsund, Hafenzufahrt Nord	23.06.69	2	01/70
SHR-Fahrw., bei Torfeuer 8	14.11.69	1	02/70
Peenestrom-Fahrw., Tonnenbank-Rinne	14.05.69	1	03/70
Stralsund-O-Anst., Deviner Haken	15.11.69	1	04/70
NOK, in Schleuse Brunsbüttel	26.07.69	2	05/70
NOK, zwischen den Kanallampen 458 und 459	09.09.69	2	06/70
Ausrüstungskai WWW	09.12.69	1	07/70
Nordsee, Borkum-Weg, bei Tn. JE/1	20.10.69	1	08/70
SHR-Fahrw., bei Tn. 14	18.01.70	1	09/70
GBI, Ridham Dock, Swale River, Kings Ferry Bridge	11.07.69	2	10/70
Wismar Außenreede	19.02.70	1	11/70
Hafen Rostock-Marienehe	21.01.70	1	12.70
Sund 55°36,7 'N, 12°41,2' E	05.02.70	1	13/70
NOK, Schleuse Kiel-Holtenau	26.01.70	1	14/70
Greifswalder Bodden, Freesendorfer Haken	22.11.69	1	15/70
Wismar-Anstg., auf dem Hannibal	21.12.69	1	16/70
Ostsee, Höhe Hel 54°45,6' N, 18°42,1' E	06.12.69	2	17/70
NOK, in Ausweiche Kudensee	19.11.69	2	18/70
Nordatlantik, George Bank	27.09.70	1	19/70
NTH, Schelde-Fahrw., Nolleplaat, bei Vlissin-gen	25.02.70	1	20/70
Insel Bornholm, SW-lich Dueodde	29.12.69	1	21/70
Wismar-Anstg., S-lich Tonne Hannibal Ost	27.03.70	1	22/70
Hafen Stralsund	30.05.69	2	23/70
Rostock-Marienehe-Fahrw.	03.02.70	1	24/70
Elbe, Brunsbüttel Südreede	04.02.70	1	25/70
Überseehafen Rostock, Ölhafen	01.04.70	1	26/70
NOK, in Ausweiche Audorf	25.02.70	2	27/70
Rostock, Warnow-Fahrw., Baustelle Schmarl	04.04.70	2	28/70
SHR-Fahrw., bei Tn. K	26.02.70	1	29/70
Ostsee, W-lich Gotland 58°22' N, 18°47,5' E	10.01.70	1	30/70
Ostsee, Fangplatz Gotlandtief	11.12.69	1	31/70
Rostock, SWNR	15.02.70	1	32/70

MS PEENEMÜNDE (DSR)	Koll. mit BMS AVERNE/FRA
MS ATAIR (DSR)	Festkommen im Eis, Beschädigung Ruderanlage
KAR-45 HAMBURG (FPG)	Grundbg., mangelh. Navigation
KAR-46 SACHSEN-ANHALT (FPG)	Festkommen
MOGÜ PLAU (DBR)	Festkommen
ROS-129 JUNGER PIONIER	Koll. mit Logger SRT 3194 TBILISI/USR
MS PLAYA DE LA ALDEA/SPN	Koll. mit FäS KONG FREDERIC IX/DEN
MTL MINOL 11 (Minol Rostock)	Koll. mit MKS HEIN FINK (BBB)
MS BELLATRIX (DSR)	Koll. mit BMS LILY/BLG
WIS-110 EDGAR ANDRE (FPG)	Festkommen mangelh. Reisevorbereitung
POE-044 Motorzeese (Privateigner)	Koll. mit Pier
SAS-408 NORDMEER	Ausfall Hauptmaschine, Drucklagerschaden
FGSCH SEESCHWALBE (WF)	Festkommen
MS WOLGAST (DSR)	Koll. mit Tn. 17
MS STAVENHAGEN (DSR)	Koll. mit DS KOSCIUSZKO/POL
SAS-246 MARTIN ANDERSEN NEXÖ	Festkommen, mangelh. Schiffsführung
SAS-262 GEORGI DIMITROFF	Grundbg., mangelh. Umsicht
MS ARCTURUS (DSR)	Koll. mit MS GRETE DETERS/GFR
SE 2513 (DBR)	Koll. mit Straßenbrücke, mangelh. Umsicht
BMS Z 4-232 A (DBR)	Festkommen, mangelh. Umsicht
ROS-211 LEUNA	Koll. mit FS AKERSHUS/DEN
MS INSEL RIEMS (DSR)	Koll. mit MS BELGRANO/GFR
KAR-29 PIRNA/KAR-40 STAVENHAGEN	Koll. mit Motorsportboot FILIUS
Tuckpartie (FPG)	
FGSCH SEEBAD BINZ (WF)	Grundbg., mangelh. Schiffsführung
MS AHRENSHOOP (DSR)	Koll. mit BMS ZEELAND II/NTH
MS WERNER SEELENBINDER (DSR) AnL	Grundbg. beim Schwojen vor Anker
MS RÜGEN (DSR)	Koll. mit MS INGKABIR/LIB (sank nach Koll.)
TMS FRITZ HECKERT (DSR)	Koll. mit Hecktrawler OSTROV/USR
KAR-35 WEISSENFELS (FPG)	Koll. mit Landungsschiff 890/POL
MS KRAKOW (DSR)	Koll. mit MS VLORA/ALB
MS GEORG BÜCHNER (DSR)	Ausfall Hauptmaschine, Drucklagerschaden
MS CONDOR (DSR)	Koll. mit MS KEILA/USR
FGSCH SEEADLER (WF)	Grundb., mangelh. Reaktion
ROS-305 LOUIS FÜRNBERG	Festkommen, mangelh. Navigation
MS SAALE (DSR)	Festkommen, mangelh. Reisevorbereitung
MS WEIDA (DSR)	Koll. mit Landkran, Ablegen mit unklarer Maschine
ROS-505 BARENTSEE	Festkommen, mangelh. seemännische Umsicht
MS STOLTERA (DSR)	Koll. mit MS NIKOLAS S/CYP
MS RALSWIEK (DSR)	Koll. mit MS NEBO/GFR
ROS-109 KARL VON OSSIETZKY	Festkommen, mangelh. Navigation
SchKr GOLIATH (SHR)	Koll. mit MS AFROS/GRC
MS STOLLBERG (DSR)	Koll. mit MS KOPORYE/USR

BLG, Hafen Gent	17.03.70	1	33/70
Ostsee, SWD, Västervik-Anstg.	17.03.70	1	34/70
Osttief-Fahrw., S-lich Tn. Osttief	13.04.70	1	35/70
Osttief-Fahrw., bei Tn. 5	02.04.70	1	36/70
Peenestrom-Fahrw., bei Tn. G	16.04.70	1	37/70
Ostsee, E-lich Bornholm 55°07' N, 15°44,3' E	15.04.70	1	38/70
SHR-Fahrw., bei Tn. 1	14.05.70	2	39/70
Rostock, Warnow-Fahrw., bei Tn. 1	03.07.70	1	40/70
BLG, Hafen Antwerpen	19.03.70	1	41/70
SHR-Fahrw., bei Tn. 1c	26.04.70	1	42/70
Alter Hafen Wismar	03.04.70	1	43/70
Nordsee, Fangplatz nicht näher bezeichnet	31.03.70	1	44/70
Barther Bodden, Barth-Fahrw., bei Tn. M	08.06.70	1	45/70
SHR-Fahrw. Tn. 17	12.06.70	1	46/70
NOK, in Ausweiche Breiholz	14.03.70	2	47/70
Greiswalder Bodden, Hafenausfahrt Gager	26.06.70	1	48/70
Prorer Wiek, vor Saßnitz 54°30,8' N, 13°39' E	29.05.70	1	49/70
NOK, beim Kilometer 69,7	26.05.70	1	50/70
Hafen Hamburg, Freihafenelbbrücke	22.05.70	1	51/70
Barther Bodden, Ribnitz-Fahrw., W-lich Tn. 29	19.05.70	1	52/70
Kattegat, Weg 35 57°40,5' N, 10°41,3' E	09.07.70	1	53/70
Überseehafen Rostock, Hafenbecken B	02.07.70	1	54/70
Peenestrom, Hafen Wolgast	10.06.70	1	55/70
Hiddensee-Fahrw., beim Tn.-Paar A/1	29.07.70	1	56/70
BLG, Hafen Gent, Gent-Terneuzen-Kanal	04.02.70	1	57/70
IRN, Shatt al Arab, Hafen Khorramshahr	26.01.70	1	58/70
Kanal 49°30' N, 03°29,5' E	12.06.70	1	59/70
USR, Leningrad (St. Petersburg), Seekanal	28.09.70	1	60/70
Peenestrom-Fahrw., Höhe Hfn. Peenemünde	28.08.70	1	61/70
Adria, ALB, Hafen Durrës	25.08.70	2	62/70
Während der Reise von Havanna nach Rostock	04.08.70	1	63/70
Ostsee, USR, Hafen Klaipeda (Memel)	29.09.70	2	64/70
Insel Hiddensee, Hafen Neuendorf	16.10.70	1	65/70
Sund, NW-lich der Insel Ven, Lappegrund	16.07.70	1	66/70
Mittelmeer,GRC,S-lich Insel Kephallinia	04.10.70	1	67/70
Ostsee, Hafen Flensburg	16.09.70	1	68/70
Hafen Rostock-M'ehe, nähe Kompensierdalben	12.06.70	1	69/70
GBI, Humber-Mündung 53°33,4' N, 00°07' E	15.11.70	1	70/70
Ostsee, Arkonabecken 54°58,3' N, 13°20,3' E	13.10.70	1	71/70
Ostsee, Gotland, vor Insel Östergarnsholm	27.11.70	1	72/70
Hafen Wismar	30.10.70	1	73/70
NOK, in Ausweiche Kudensee	03.12.70	1	74/70

1971

Fischereihilfsschiff ROBERT KOCH	Koll. mit Trawler TYSMIENICA/POL
MS J.G.FICHTE (DSR)	Koll. mit Fahrwassertonne
MS EISENHÜTTENSTADT (DFR)	Koll. mit MS GJERGJ KASTRIOTI/ALB AnL
MS ATAIR (DSR)	Koll. mit Kai, keine energischen Masch.- Manöver
MKS WITTOW (BBB)	Grundbg., mangelh. Umsicht
MS SCHWARZBURG (DSR)	Koll. mit DS SAGITTARIUS/LIB, 4 Besatzungsangehörige fanden den Tod
SAS-297 SEIWAL	Grundbg., mangelh. Wachdurchführung
SAS-285 SCHLICKBANK	Festkommen, Brücke blieb längere Zeit unbesetzt
SAS-288 GROSSE FISCHERBANK AnL	Grundbg. infolge Vertreibens vor Anker
WIS-116 JOHANN WOLFGANG von GOETHE (FPG)	Grundbg. mangelh. Navigation
MKS FORTSCHRITT (BBB)	Festkommen, mangelh. Navigation
MKS EINHEIT (BBB)	Grundbg. und auf Strand gesetzt, um Untergang zu verhindern
MS SIRRAH (DSR)	Festkommen, mangelh. Weisungsausführung
MS FRITZ REUTER (DSR)	Koll. mit U 12 (S 191) Bundesmarine
MS VOCKERODE (DFR)	Koll. mit MS TRANSPORTOWIEC/POL

Am 1. Januar 1970 nahm der VEB Deutfracht - Internationale Befrachtung und Reederei - seine Tätigkeit auf. Am 1. Mai 1970 trat die Anordnung Nr. 2 zur Regelung des Verkehrs auf den Seewasserstraßen - Seewasserstraßenordnung (SWO) - vom 21. Januar 1970 in Kraft (GBl. SDr. Nr. 656).

LB HIDDENSEE(BBB)/WAR-9 RENATE(FPG)	Grundbg. LB. und Festkommen WAR-9 bei Abschleppversuch
MS FREYBURG (DSR)	Koll. mit MS ATHOS/DEN
MS HELLERAU (DSR)	Festkommen, mangelh. Brückenorganisation
FGSCH SEEBAD AHLBECK (WF)	Festkommen
KAR-45 HAMBURG (FPG)	Grundbg., mangelh. Brückenorganisation
SAS-405 NORDSEE	Kurbelwannenexplosion
MS SEEADLER (DSR)	Koll. mit Binnenschiff MARTIN S/NTH
MS KOSEROW (DSR)	Koll. mit MS WIEDAU/GFR
MS ZINNOWITZ (DSR)	Koll. mit MS MAGULA/GFR
Schl. GRABOW (BBB)	Strandung nach Ruderausfall
MKS EINHEIT (BBB)	Grundbg. und Wassereinbruch in den MR
MKS ERWIN FISCHER (BBB)	Festkommen, keine Einweisung in Fahrtgebiet
MS USEDOM (DSR)	Maschinenhavarie, mangelh. Aufsichtspflicht
MS ELBE (DSR) HaL	Koll. mit MS BASALT/GFR
FGSCH INSEL HIDDENSEE (WF)	Koll. mit FGSCH NAUTILUS (WF)
MS WAREN (DSR)	Koll. mit MS FORT TRINITE/FRA
MS AUE (DFR)	Koll. mit MT BOMIN/GFR
ROS-312 BODO UHSE	Kolbenfresser mit Kurbelwannenexplosion
MT BITTERFELD (DFR)	Festkommen auf unbekannter Sandbank

Nordatlantik, George Bank	01.10.70	1	01/71
Kattegat, Weg 37, Tn. 3	18.10.70	1	02/71
TRK, in den Dardanellen	02.11.70	1	03/71
Polen, Hafen Szczecin (Stettin), Notecki-Basin	04.12.70	1	04/71
Ölhafen Rostock, Wendeplatte	13.12.70	1	05/71
Südatlantik, ARG, Rio de la Plata, Canal Punta Indio	25.09.70	1	06/71
Ostsee, Gotland, NW-lich Östergarnsholm	07.01.71	1	07/71
Ostsee, Gotland, NW-lich Östergarnsholm	07.01.71	1	08/71
Ostsee, Südspitze Gotland 56°58' N, 18°07' E	23.10.70	1	09/71
Wismar-Anstg., Untiefe Schweinsköthel	08.01.71	1	10/71
Peenestrom-Fahrw., Tonnenbank-Rinne	18.11.70	1	11/71
Wismarbucht, Hohen Wieschendorf Huk	11.02.71	1	12.71
Greifswalder Bodden, Schumachergrund	29.01.71	1	13/71
E-lich Fehmarn, Weg 1 54°29,8' N, 11°24,7' E	02.04.71	1	14/71
Barentssee, USR, Murmansk Reede	14.02.71	2	15/71

Peenestrom-Fahrw., Höhe Nordhfn. Peeneünde	25.02.71	1	16/71
Kieler Bucht, bei Leuchtturm Kiel	10.01.71	2	17/71
F.Meerb., Vyborg-Anstg. 60,5° N, 28,4° E	02./03.05.71	1	18/71
Vitter Bodden, Vitte-Fahrw., Tn.-Paar 1/A	16.07.71	2	19/71
Rostock, Warnow-Fahrw.	30.06.71	1	20/71
Während Fangreise im Seegebiet bei Bornholm	28.03.71	2	21/71
NTH, Rotterdam Waalhaven	04.03.71	2	22/71
NOK, beim Kilometer 86,4	02.04.71	1	23/71
NOK, beim Kilometer 64,5	27.07.71	2	24/71
Osttief-Fahrw.beim Unterfeuer der Insel Ruden	24.05 71	1	25/71
Greifswalder Bodden, Schumachergrund	07.08.71	1	26/71
Greifwalder Bodden, Einflußkanal KKW-Nord	14.07.71	2	27/71
Kanar. Inseln, Gran Canaria, Hafen Las Palmas	05.05.71	1	28/71
Überseehafen Rostock, LP 44	29.08.71	1	29/71
Vitter Bodden, Vitte-Fahrw., beim Tn.-Paar 3/C	22.09.71	2	30/71
NOK, beim Kilometer 44	25.08.71	2	31/71
Kieler Förde 54°24,5' N, 10°12,3' E (MS AUE)	25.02.71	1	32/71
Kattegat 56°48,5' N, 10°57' E	19.06.71	2	33/71
Skagens Rev 57°45,6' N, 10°43,2' E	15.09.71	2	34/71

Schneidkopfbagger TREBEL (MeKo NB)	Untergang, gesetzwidrige Besetzung des Baggers
FGSCH DORNBUSCH (WF)	Koll. mit MS BALTIC (WSA)
MS GEMMA (DSR)	Koll. mit MS HEIMAT/GFR
MKS JASMUND (BBB)	Koll. mit Hebeschiff 1. MAI (BBB) HaL
MKS UMMANZ (BBB)	Koll. mit WIE-36 ILSENBURG (FPG)
Schl. WARNOW u. SAALE (beide BBB)	Festkommen, mangelh. seemännische Umsicht
MOGÜ 5-377 HENNIGSDORF (DBR)	Koll. mit MS ALNAR/NOR
FGSCH SEEBAD BINZ (WF)	Ausfall Stb.-Hauptmaschine, Drucklagerschaden
UEK-61 BOLESLAV BIERUT (FPG)	Koll. mit FäS TRELLEBORG/SWD
MS MULDE (DSR)	Koll. mit MS PUSHLAKHTA/USR durch black out
1972	
MS MALCHIN (DSR)	Koll. mit Landkran und MS TREUBURG
KAR-46 SACHSEN-ANHALT (FPG)	Grundbg., Verlassen des betonnten Fahrwassers
MS ROSENORT (DSR)	Koll. mit MT TURNIA/POL
MS FREYBURG (DSR)	Koll. mit Binnenkahn u. Saugrohr eines Elevators
MS ERNST SCHNELLER (DSR)	Grundbg. und Wohnhausbeschädigung
MKS HEIN FINK (BBB)	Festkommen, unbekannte Versandung
MS BELLATRIX (DSR)	Koll. mit BMS EVELINE/BLG
MS RECKNITZ (DSR)	Koll. mit Landkran, mangelh. Umsicht
MS WEGA (DSR)	Grundbg., starker Nebel, zu frühe Kursänderung
MS ALDEBARAN (DSR)	Festkommen, kritiklose Befolgung Lotsenrat
ROS-133 AUFBAU	Festkommen, mangelh. Umsicht
Schl. LUBMIN mit Anh. SK 5-759 B (DBR)	Koll. mit MS UWE-MAROLD (GDR, Privateigner)
MOGÜ RABENAU m. 2 Anhängen (DBR)	Koll. der 2 Anhänge mit Wasserbauramme
MOGÜ BERLIN m. Anh. SK 5-734 A (DBR)	Grundbg. des Anhangs
Bagger BORN (BBB)	Erfassen des Ankerdrahtes durch MS BO VIKING/SWD
MS GREIFSWALD (DSR)	Grundbg., Mißachtung vorgeschriebener Kurse
FGSCH STUBNITZ (WF)	Ausfall Bb.-HM, Lager/Kurbelwellenschaden
MS HAGENOW (DSR)	Koll. mit MS CADENCE/GBI
MS ODER (DSR)	Koll. mit Wrack-Leuchttn., mangelh. Umsicht
ROS-319 LÜTTEN KLEIN	Koll. mit MS ESPENHAIN (DSR)
MS PINGUIN (DSR) AnL	Koll. mit MS JOKER/NOR AnL und MS FORTUNA II/GFR AnL welches vertrieb
ROS-319 LÜTTTEN KLEIN	Berührung mit unbekannten Unterwasserhindernis
MS ELSTER (DSR)	Koll. mit MS CARABELLA/MTA
MTL MINOL 12 (Minol Rostock)	Festkommen, mangelh. Navigation
MS ZEULENRODA (DSR)	Festkommen, mangelh. Brückenorganisation
Stromfähre WILLI SCHRÖDER (NVBR)	Koll. mit Leitwerk, mangelh. Umsicht
Vermessungskutter NEPTUN (BBB)	Festkommen, mangelh. Umsicht
MS HIDDENSEE (DSR) AnL	Vertrieben u.Koll.m. MS DAVID NUNES/PTG AnL
MS ESTEBURG/GFR	Koll. mit Kai, fehlerhafter Lotsenrat
MS KARL MARX (DSR)	Koll. mit MT MUNAKATA MARU Nr. 11/JPN

Seewassertraße Recknitz, bei Pütnitz-Hof	05.09.71	1	35/71
Warnemünde, Neuer Strom	22.10.71	1	36/71
Ostsee, SWD, Lina-Sund, bei Södertälje	05.10.71	1	37/71
Wolgast, Anlegebrücke N-lich der BrdF	08.09.71	1	38/71
Hafen Greifswald-Wieck	17.08.71	1	39/71
Stralsund-O-Anstg., bei Steinort	13.08.71	1	40/71
Hafen Stralsund	24.07.71	1	41/71
Seereise innerhalb der Küstengewässer	08.08.71	1	42/71
Vor dem Hafen Saßnitz	02.11.71	1	43/71
Weißes Meer, USR, im Gebiet von Archangelsk	09.07.71	2	44/71
Ostsee, SWD, Hafen Norrköping	11.11.71	1	01/72
Stralsund-Volkswerft-Zufahrt	03.09.71	1	02/72
POL, Hafen Szczecin (Stettin)	19.01.72	1	03/72
Kanal, FRA, Hafen Le Havre	12.11.71	2	04/72
IRN, Shatt al Arab, Abadan	02.04.71	2	05/72
Stralsund-N-Anstg., Barhöft-Fahrw.	18.10.71	2	06/72
BLG, Hafen Antwerpen	16.11.71	2	07/72
SWD, Hafen Norrköping	14.10.71	1	08/72
NOK, zwischen den Kilometern 52-53	28.10.71	1	09/72
Themsemündung 51°48'38" N, 01°35'40" E	18.12.71	1	10/72
Rostock-Marienehe-Fahrw.	29.10.71	1	11.72
Peenestrom-Fahrw. S-Teil in Moderortrinne	24.11.71	1	12/72
Peenestrom-Fahrw., Wolgast, BrdF	04.12.71	1	13/72
N-liche Rügensche Bodden, S-lich Burger Haken	04.12.71	1	14/72
Hafen Stralsund	15.11.71	2	15/72
B.-Meerb.,FIN, Kaskö-Anstg., Storremmargrund	03.01.72	1	16/72
Rostock, Hafenrundfahrt Schmarl-Überseehafen	06.12 71	1	17/72
GBI, River Ouse, nach verlassen Hafen Goole	18.12.71	1	18/72
S-lich Nordsee 51°20,7' N, 02°11,0' E	03.11.71	1	19/72
Kattegat, Weg 28 56°15,3' N, 11° 04,7' E	19.01.72	1	20/72
Nordsee, GBI, Hull Reede	06.12.71	2	21/72
Sund 55°36,8' N, 12°41,8' E	12.11.71	2	22/72
LBY, Hafen Tripolis 32°54'11" N, 13°11'21" E	26.11.71	1	23/72
Wismar-Anstg., bei Tn. Hannibal S	23.02.72	1	24/72
Wismar-Anstg., Untiefe Schweinsköthel	21.03.72	1	25/72
Rostock, Warnow, Fährbett Gehlsdorf	23.02.72	1	26/72
Rostock Ölhafenrinne S-lich Tn. B	12.03.72	1	27/72
Nordatlantik, PTG, Hafen Leixões, Innenreede	05.02.72	2	28/72
Hafen Stralsund , Höhe LP 7	11.04.72	1	29/72
Pazifik, Japan, Uragastraße	26.12.71	1	G 30/72

ROS-220 WEIMAR	Koll. mit Hochseeyacht GRATITUDE/SWD
SAS-404 KATTEGAT	Festkommen bei extrem niedrigem Wasserstand
MS ODER (DSR)	Koll. mit MS SAN/POL
STR-175 SACHSEN (FPG)	Grundbg., mangelh. Schiffsführung
FGSCH SEEADLER (WF)	Grundbg., mangelh. seemännische Umsicht
FGSCH GRANITZ (WF)	Koll. mit MS WILHELM FLORIN (DSR)
MKS PHILIPP MÜLLER (BBB)	Koll. mit Stromfähre IV MAISCHOLLE (NVBR)
SAS-293 GRINDWAL	Koll. mit SAS-309
SAS-293 GRINDWAL	Koll. mit MS BALTIJSKIJ 8/USR
MS BERLIN (DSR)	Festkommen, mangelh. Umsicht, auch vom Lotsen
MKS HAI (BBB)	Koll. mit Dalben und anschließender Grundbg.
FGSCH NIXE (WF)	Festkommen
Schl. DARSSER ORT (BBB)	Koll. mit MS ALEKSANDR ULYANOV/USR
MS BODE (DSR)	Wassereinbruch in den Maschienenraum
MS GEMMA (DSR)	Koll. mit 3 Binnenschiffen
SAS-278 SPREE	Festkommen, mangelh. Umsicht
SAS-320 STERNHAI	Festkommen, mangelh. Umsicht
FGSCH STUBNITZ (WF)	Koll. mit Segelyacht MIRA (Rostock, Privateigner)
MKS PHILIPP MÜLLER (BBB)	Koll. mit Dalben, mangelh. Reisevorbereitung
MKS LACHS (BBB)	Grundbg., verlassen der betonnten Klappstelle
MS SAGARD (DSR)	Ankerverlust mit 5 ½ Kettenlängen
MS SAGARD (DSR)	Grundbg., fehlerhafter Lotsenrat
MS MILTZOW (DSR)	Koll. mit MS SYMI/LIB
Taucherkutter KOMET (BBB)	Grundbg., mangelh. Reisevorbereitg. u. Navigation
WAR-61 DESDEN (FPG)	Koll. mit WAR-60
FGSCH SEEBAD WARNEMÜNDE (WF)	Festkommen, mangelh. Reisevorbereitung
MOGÜ GERINGSWALDE (DBR)	Festkommen, mangelh. Reisevorbereitung
MOGÜ GENTHIN (DBR) mit Anhang	Festkommen, mangelh. Reisevorbereitung
ROS-205 BERLIN	Koll. mit ROS-311
MS SONNEBERG (DSR)	Grundbg., Ruderkommando falsch ausgeführt
ROS-221 BRANDENBURG	Koll. mit Kutter ROSANNE MARIA/USA gesunken
STR-173 M. J. KALININ (FPG)	Koll. mit SAS-35 (FPG) HaL
STR-176 EINIGKEIT (FPG)	Festkommen, mangelh. Umsicht
FGSCH NAUTILUS (WF)	Koll. mit FGSCH STUBNITZ (WF)
MKS JASMUND (BBB)	Koll. mit Barkasse INSEL FILM I u. Festkommen
MS ZWICKAU (DFR)	Koll. mit DS ISTIKBAL/TRK
MS ODER (DSR)	Koll. mit MS THIESSOW (DSR)
MS ZÜSSOW (DSR)	Koll. mit MS HELICE/NOR
MS DARSS (DSR)	Koll. mit MS AKASSA PALM/GBI
LB KNURRHAHN (BBB)	Festkommen, mangelh. Navigation
Stromfähre MAISCHOLLE (NVBR)	Koll. mit Tonne, mangelh. Umsicht
MS ZINNOWITZ (DSR)	Koll. mit Motorbarge ALPHA/GBI gesunken

Kattegat Weg 48 a, bei Tn. 2	03.12.71	1	31/72
Hafen Saßnitz, vor der Löschhalle	13.03.72	1	32/72
NOK, beim Kilometer 53	10.05.72	1	33/72
Greifswalder Bodden, Schumachergrund	10.05.72	1	34/72
Hiddensee, Hafen Vitte	25.05.72	1	35/72
Rostock, Überseehafen LP 31	08.05.72	1	36/72
SHR-Fahrw. Höhe Stromfähre	17.05.72	1	37/72
Ostsee, NE-lich Rügen 54°40,3' N, 13°36,5' E	01.04.72	1	38/72
Ostsee, Saßnitz-N-Anstg., bei Tn. 5a	20.05.72	1	39/72
Elbe, Freiburg Reede	09.02.72	1	40/72
Rostock, Breitling, Anleger Schnatermann	03.06.72	1	41/72
Überseehafen Rostock, Saum Ölhafen-Fahrw.	02.06.72	1	42/72
SHR-Fahrw., bei Tn. 11	16.03.72	1	43/72
Wismar, MTW	30.07.72	1	44/72
BLG, Hafen Gent	10.04.72	1	45/72
Rostock, Warnow-Fahrw. zw. den Tn. 13und 12	21.07.72	1	46/72
Rostock, Warnow-Fahrw., bei Tn. 3	21.06.72	1	47/72
Warnemünde, Neuer-Strom-Fahrw.	04.06.72	1	48/72
Rostock, Warnow-Fahrw., Dalben U	26.06.72	1	49/72
B.-Meerb., FIN, Klappstelle Veitsiluoto	25.05.72	2	50/72
NOK, Höhe Fährbett Fischerhütte	12.02.72	2	51/72
SWD, Stocka-Anstg., Untiefe Myran	01.08.72	1	52/72
BLG, Schelde-Fahrw., bei Tn. 92	16.08.92	1	53/72
Stralsund-N-Anstg., Gellenstrom, bei Tn.19	28.04.72	1	54/72
Vor Warnemünde	15.06.72	1	55/72
Peenestrom, Knaakrücken-Rinne, bei Tn. 7	20.08.72	1	56/72
Stralsund-N-Anstg., Vierendehlrinne	18.06.72	1	57/72
Peenestrom, Knaakrücken-Rinne	23.05.72	1	58/72
Nordatlantik, George Bank	16.07.72	1	59/72
Biscaya, FRA, Loire-Fahrw., bei Tn. 41	04.07.72	1	60/72
USA-Ostküste, Fangplatz Jeffrey Ledge	04.06.72	1	61/72
Fischereihafen Saßnitz	28.08.72	1	62/72
Peenestrom-Fahrw.,Tonnenbank-Rinne,bei Tn. L	28.07.72	1	63/72
Überseehafen Rostock, Becken B	28.09.72	1	64/72
Hafen Lauterbach u. Lauterbach-Fahrw., b.Tn.E	18.07.72	1	65/72
Bosporus, nahe der Tn. Yeniköy Banki	23.08.72	1	66/72
NTH, Werfthafen Vlaardingen Oost	14.08.72	1	67/72
NOK, beim Kilometer 89,5	31.08.72	1	68/72
NTH, Schelde-Fahrw., bei Tn. 63	04.12.72	1	69/72
Osttief-Fahrw., 2 kbl NE-lich der Insel Ruden	21.03.72	1	70/72
SHR-Fahrw. bei Tn. 9	17.10.72	1	71/72
GBI, River Ouse, NW-lich LF Boundary	27.09.72	1	72/72

MS ATAIR (DSR)	Koll. mit BMS VALATA/SWZ
SAS-285 SCHLICKBANK	Koll. mit SAS-297, SAS-285 Brücke unbesetzt
MKS JASMUND (BBB)	Festkommen mit Schraubenbeschädigung
KAR-44 FREUNDSCHAFT (FPG)	Grundbg. mit Schraubenbeschädigung
1973	
MS GRANITZ (DSR)	Festkommen
MS RHÖN (DSR)	Koll. mit MS KAPA TRADER/GRC gesunken
MS WITTENBERG (DSR)	Koll. mit MS FRANKA BELL/DEN
MT MERSEBURG (DFR) AnL.	Koll. mit MT REZEKNE/USR
MS SAGARD (DSR)	Ankerverlust
MS SAGARD (DSR)	Grundbg.
MKS DÄNHOLM (BBB)	Wassereinbruch in den Maschinenraum
ROS-413 KARL WOLFF	Koll. mit GDY-308 MERKURY/POL
MS WERRA (DSR) AnL	Koll. mit MS IOKASTI/CYP
MT LEUNA I (DFR)	Koll. mit unbekanntem Fischkutter
MS SELLIN (DSR)	Festkommen
MKS JASMUND (BBB)	Koll. mit MS BORENGIA/DEN
ROS-205 BERLIN	Koll. mit F 221 EMDEN Bundesmarine
MS ERNST SCHNELLER (DSR)	Maschinenhavarie
WAR-5 ZINGST (FPG)	Untergang infolge Wassereinbruch
Schl. PEEZ (BBB)	Kabelbeschädigung mit Anker
MS TORGELOW (DSR)	Koll. mit der Motorbarge MARCHDALE H/GBI
MS ESPENHAIN (DFR)	Grundbg. und Festkommen
MT SCHWEDT (DFR)	Koll. mit FK FN 58 SYRENEN/DEN gesunken
MS FREUNDSCHAFT (DSR)	Festkommen
MKS PHILIPP MÜLLER (BBB)	Festkommen
MS SEMLOW (DSR)	Koll. mit MS SAND SWAN/GBI
Bagger SASSNITZ (BBB)	Kentern und Untergang, 4 Tote
MOGÜ GENTHIN (BBB)	Wassereinbruch, Auflaufen auf eigenen Anker
MS MARLOW (DSR)	Koll. mit MS HOLMOGORY/USR
ROS-402 WERNER KUBE	Wellentragelagerschaden
ROS-222 BITTERFELD	Koll. mit MS GHENT/LIB
MS DARSS (DSR)	Koll. mit Kutter FN 212 LARS IS/DEN
MS VOCKERODE (DFR)	Festkommen, mangelh. Umsicht
SAS-69 ROBERT UHRIG (FPG)	Infolge GdSS Koll. mit SAS-68 (FPG) HaL
SAS-297 SEIWAL	Grundbg., Verzicht auf einen Lotsen
KAR-24 RUDOLSTADT (FPG)	Grundbg. mit Schraubenbeschädigung
MS ESPENHAIN (DFR)	Ausfall HM für ca. 23 Std. bei Ausreise
MS VILM (DSR)	Festkommen, mangelh. Navigation, fehlerh. Lotsenrat
FGSCH NAUTILUS (WF)	Festkommen, mangelh. nautische Umsicht

NTH, Schelde-Fahrw., bei Tn. 81 A	22.07.72	1	73/72
Ostsee, keine näheren Positionsangaben	05.11.72	1	74/72
Überseehafen Rostock, W-Seite Wendeplatte	23.11.72	1	75/72
Greifswalder Oie, SE-Küste innerh. 4-m-Tiefenl.	18.11.72	1	76/72
SWD, Kalmarsund 56°35,6' N, 16°18,6' E	13.12.72	1	01/73
Deutsche Bucht 53°58,8' N, 07°41,7' E	26.11.72	1	02/73
NOK beim Kilometer 33,5	11.06.72	1	03/73
Warnemünde Reede	20.09.72	1	04/73
NOK, Höhe Fährbett Fischerhütte	12.02.72	2	05/73
SWD, Stocka-Anstg., Untiefe Myran	01.08.72	1	06/73
Bauhof Rostock	06.12.72	1	07/73
Nordatlantik, George Bank	23.10.72	1	08/73
Kanal, FRA, Le Havre Reede	03.11.72	1	09/73
Kattegat 56°10,6' N, 11°52,1' E	20.12.72	1	10/73
SWD, Norrköpingsbukten, Insel Brännöklubb	10.10.72	1	11/73
SHR-Fahrw. zwischen Torfeuer 2 und 3	17.01.73	1	12/73
Ostsee, ca. 17 sm NE-lich Arkona	06.01.73	1	13/73
Nord-Atlantischer Ozean 04°12' N, 12°45' W	16.07.72	1	14/73
Warnemünde, Alter Strom, am Liegeplatz	12.12.72	1	15/73
Warnemünde, Alter Strom im Ankerverbot	07.02.73	1	16/73
GBI, River Ouse	08.12.72	1	17/73
POL, Oder-Fahrw. 53°26,46' N, 14°36,1' E	08.12.72	2	18/73
Kattegat, Weg 48 a 58°33,9' N, 11°14,9' E	01.02.73	1	19/73
Rostock, SHR Wendeplatte, zw. Tn.13 u. 14	11.11.72	1	20/73
Stralsund-N-Anstg.,Vierendehlrinne, bei Tn. C	13.03.73	1	21/73
GBI, SW-lich FS SUNK 51°44' N, 01°22,5' E	14.12.72	1	22/73
BUL, Bau am Hafen Varna-West	19.07.73	1	G 23/73
Peenestrom-Fahrw. bei Karnin, zw.d.Tn.79 u.78	16.03.73	1	24/73
NOK, in Ausweiche Oldenbüttel	14.03.73	1	25/73
Nordatlantik 41°40' N, 68°50' W	29.10.72	1	26/73
SHR-Fahrw. zwischen Tn.-Paar C/4	03.01.73	1	27/73
Kattegat, Weg 48, Abzweig Weg 37, bei Tn. 4	04.02.73	1	28/73
Großer Belt, Weg 28, auf der Untiefe Ryggen	28.03.73	1	29/73
Hafen Saßnitz, LP an der Mole	23.03.73	1	30/73
Swinoujscie (S'münde) Fischereihfn. Chorzelin (Osternothafen)	14.04.73	1	31/73
Peenestrom, Hafen Karlshagen	23.03.73	1	32/73
Mecklenburger Bucht, Rostock-Anstg.	21.10.72	1	33/73
Stralsund-N-Anstg., W-lich Bessiner Haken	17.04.73	1	34/73
Überseehafen Rostock bei Tn. 16	28.04.73	1	35/73

MS FLAMINGO (DSR)	Koll. mit MBS MARIA und JOSPHINE beide BLG
MKS PHILIPP MÜLLER (BBB)	Grundbg.
ROS-201 LEIPZIG	Grundbg.m.Ruderschaden, mangelh. Umsicht
MS BOIZENBURG (DSR)	Ausfall Hauptmaschine mehr als 12 Stunden
MS KRÖPELIN (DSR)	Koll. mit MS HARLESIEL/GFR
MS ROSTOCK (DSR)	Koll. mit 2 Tankmotorschiffen im Koppelverband
MS TESSIN (DSR)	Wassereinbruch in den Maschinenraum
MS NEUBRANDENBURG (DSR)	Grundbg., mangelh. Reisevorbereitung
SAS-312 DORNHAI gesunken nach Kollision	Koll.mit PU-4428 KOKNESE/USR
SAS-270 ELBE	Grundbg., Wachvergehen des Wachleiters
MS MULDE (DSR)	Festkommen, mangelh. Reisevorbereitung
KAR-36 BAUTZEN (FPG)	Koll. mit Barkasse 21-403 der Volksmarine
Schl. SPREE (BBB) mit Anh..	Koll. mit Motorsportboot DELPHIN II
MS WARIN (DSR)	Koll. mit MS KASTE/FIN und MS OSTARA/GFR
WAR-65 RÜGENLAND (FPG)	Koll. mit Segelyacht GROSSER BÄR/GFR
MS KARL MARX (DSR)	Festkommen beim Ausdocken,zu großer Tiefgang
MS KARL MARX (DSR)	Festkommen beim Ablegen,zu großer Tiefgang
MKS LACHS (BBB)	Koll. mit LB WELS (BBB)
ROS-320 EVERSHAGEN/ROS-210 HENNIGSDORF	Koll. mit FVS ARIES/POL
MS BANSIN (DSR)	Koll. mit MS ZEPCONCORDE/GFR
Schl. PEENE (BBB)	Wassereinbruch in den Maschinenraum
Schl. PEEZ (BBB)	Grundbg., mangelh. nautische Umsicht
MOGÜ BUCKAU (DBR)	Festkommen, mangelh. Reisevorbereitung
MOGÜ KÖNIGSSTEIN (DBR)	Festkommen, mangelh. Reisevorbereitung
UEK-55 AUGUST BEBEL (FPG)	Koll. mit BMS KOZLE/POL
UEK-50 FRIEDRICH ENGELS (FPG)	Kentern infolge Sturzsee und Untergang
1974	
Schl. EISVOGEL (BBB)	Festkommen, mangelh. nautische Umsicht
MOGÜ SZ 5 - 284 A (DBR)	Festkommen, mangelh. Umsicht
MT LEUNA I (DFR)	Koll. mit MS LEE/DEN
SAS-72 ANTON SAEFKOW (FPG)	Koll. mit DRA-005 (FPG)
KAR-45 HAMBURG (FPG)	Strandung, mangelh. Dienstorganisation
MS AUE (DFR)	Festkommen, Wachleiter eingeschlafen
Taucherschiff VORWÄRTS (BBB)	Grundbg. und Festkommen
MS SUNDBORG/NOR	Koll.mit STR-170 (FPG), fehlerhafter Lotsenrat
MOGÜ SZ 3 - 179 A (DBR)	Festkommen, mangelh. Reisevorbereitung
MS DESSAU (DFR)	Grundbg., mangelh. nautische Umsicht
MS ATAIR (DSR)	Koll. mit MS SINALOA/DEN
SAS-402 OSTSEE	Festkommen, mangelh. nautische Umsicht
MS MULDE (DSR)	Koll. mit Feuerträger

BLG, Schelde-Fahrw.	06.03.73	1	36/73
Am Saum des Wendebeckens Ölhafen Rostock	06.06.73	1	37/73
Rostock-Marienehe-Fahrw.	13.12.72	1	38/73
Elbe-Fahrw., keine Angaben über Ankerplatz	08.05.73	1	39/73
Ostsee, Bornholmsee 55°50,0' N, 15°34,5' E	26.01.73	1	40/73
Niederlande, Rotterdam, vor dem Waalhaven	04.02.73	1	41/73
Hafen Hamburg, am Liegeplatz	07.07.73	1	42/73
CUB, bei der Bake Cayo Monito	15.08.73	1	43/73
Sund 55°43,3' N, 12°41,5' E	22.05.73	1	44/73
Bornhom,Salthammer Rev 55°02,2' N, 15°08,8' E	06.09.73	1	45/73
NTH, Schelde-Fahrw., bei Tn. 3	10.08.73	1	46/73
Peenestrom-Fahrw., bei Tn. 17	24.09.73	1	47/73
Stralsund, Ziegelgraben	30.07.73	1	48/73
NOK, in Ausweiche Breiholz	16.09.73	1	49/73
Insel Bornholm, Hafen Neksø	26.07.73	1	50/73
Warnemünde, WWW, Dock I	04.05.73	1	51/73
Warnemünde, WWW, LP 4	20.05.73	1	52/73
Überseehafen Rostock, auf der Wendeplatte	01.09.73	1	53/73
Nordatlantik, George Bank	27.09.73	1	54/73
NOK, Zufahrt Brunsbüttel, SW-lich Mole III	19.10.73	1	55/73
Bauhof Dänholm, am Liegeplatz	28.09.73	1	56/73
Stralsund, Werfthafen, VWST	05.09.73	1	57/73
Einmündung der Stör in die Elbe	17.10.73	1	58/73
Stralsund-N-Anstg., Vierendehlrinne	23.09.73	1	59/73
Polen, Oder-Fahrw., Piastowski Kanal (Kaiser Fahrt)	24.10.73	1	60/73
Prorer Wiek 54°29,5' N, 13°43,5' E	29.11.73	2	61/73
B.-Meerb., FIN, Hafen Veitsiluoto	11.11.73	1	01/74
Peenestrom, Einsteuerung in Knaakrücken-Rinne	27.11.73	1	02/74
NOK beim Kilometer 77	24.12.73	1	03/74
Vor dem Hafen Saßnitz	23.01.74	1	04/74
SW-Küste der Insel Bornholm	15.01.74	1	05/74
Kattegat, SE-lich Læsø, auf dem Kobbergrund	18.01.74	1	06/74
Barhöft-Barth-Fahrw. 54°24,5' N, 12°54,3' E	18.12.73	1	07/74
Stralsund-N-Anstg., Gellenstrom, bei Tn. Q	27.01.74	1	08/74
Stralsund-N-Anstg.,Vierendehlrinne, bei Tn.35	27.10.73	1	09/74
Barentssee, NOR, Hafengebiet Honningsvåg	21.01.74	1	10/74
NOK, Ausweiche Breiholz beim Kilometer 47	09.11.73	1	11/74
Rostock-Marienehe-Fahrw., am Fahrw.-Saum	15.02.74	1	12/74
DEN, Großer Belt, Feuerträger Sprogø NE	27.02.74	1	13/74

MS BANSIN (DSR)	Koll. mit MS REX/SWD
MOGÜ ILMENAU (DBR)	Koll. mit Motorsportboot TROLL/GFR
SAS-305 SATTELROBBE	Koll. mit SAS-306, mangelh. nautische Umsicht
Schl. WARNOW (BBB)	Grundbg., mangelh. Reisevorbereitung
MS ÜCKERMÜNDE (DSR)	Koll. mit Kaianlage, mangelh. Umsicht
SAS-304 RINGELROBBE	Grundbg., mangelh. Schiffsführung
MS DENEBOLA (DSR)	Grundbg., mangelh. Navigation
WAR-25 MAX MATERN (FPG)	Grundbg., infolge GdSS mangelh. Umsicht
MS TRINWILLERSHAGEN (DSR)	Koll. mit Kanalfähre BERLIN/GFR
MS ZUROW (DSR)	Festkommen, mangelh. Navigation
MS EDGAR ANDRE (DSR)	Mehrmaliger Ausfall der Hauptmaschine mit Verlust der Seetüchtigkeit
MS BODE (DSR)	Koll. mit MS SALAM/LIB gesunken
FGSCH SEEWOLF (WF)	Wassereinbruch in den Maschinenraum
Kontrollboot STRELASUND (WWD)	Festkommen, mangelh. Schiffsführung
MS HALLE (DSR)	Festkommen, Fehlbewertg. Manövriereigenschaften
MKS PHILIPP MÜLLER (BBB)	Ruderschaden durch Verdrehen des Ruderschaftes
Bagger BARTH (BBB)	Koll. mit MSS ARTHUR BECKER (GST)
MOGÜ USEDOM (DBR)	Festkommen, mangelh. Reisevorbereitung
Schl. KETZIN (DBR)	Koll. m. Anhang MOGÜ USEDOM u. Festkommen
MS SEMLOW (DSR)	Festkommen, unbekannte Versandungen
FGSCH SEEBAD WUSTROW (WF)	Ausfall des Stb.-HM, 164 Fahrgäste an Bord
Schl. ODER (BBB)	4 x Grundbg.
Schl. SPREE (BBB)	Festkommen, mangelh. nautische Umsicht
Taucherfahrzeug MS KASPER OHM (BBB)	Grundbg., infolge schlechter Wetterbedingungen
FGSCH UECKERMÜNDE (WBHTUEK)	Festkommen, mangelh. nautische Umsicht
Sp. BREITLING/Schl. DARSSER ORT(BBB)	Strandung, mangelh. Vorbereitung Spülereinsatz
MS FREDERIC JOLIOT-CURIE (DSR)	Maschinenhavarie, Verletzung ing.-techn. Pflichten
MS WARNOW (DSR)	Maschinenschaden d. abgestürzten Reservekolben
FGSCH WIKING (WF)	Koll. mit MOGÜ SZ 5 - 284 A (DBR)
MS LEON/CYP	Festkommen
MS EICHSFELD (DSR) HaL	Koll. mit MS ATLAS COUNSELLOR/KRS
ROS-312 BODO UHSE	Maschinenhavarie, Ausfall des Wellenlagers 4
MS BALTIC (WSA)	Festkommen, mangelh. Umsicht
MOGÜ NAUEN (DBR)	Festkommen, mangelh. Reisevorbereitung

NOK, beim Kilometer 93,5	16.02.74	1	14/74
Ostsee, DEN, Als Sund, bei Sønderborg	11.08.73	1	15/74
Ostsee, NE-lich von Saßnitz	16.01.74	1	16/74
Bornholm,vor Sose Odde 55°02'03" N, 14°50'13" E	18.01.74	1	17/74
Nordsee, GBI, Dockhafen Ipswich, Orwell Kai	22.01.74	1	18/74
SHR-Fahrw., bei Tn. K	01.03.74	1	19/74
Sund,Untiefe Västerflacket 55°51,9' N, 12°45,8' E	26.02.74	1	20/74
Ostsee, DEN, Klintholm Havn	31.01.74	1	21/74
NOK, Brunsbüttel, Binnenhafen	30.12.73	1	22/74
Sund,Untief. Smaagrundene 55°39,5'N, 12°42,4' E	21.04.74	1	23/74
Während der Seereisen	07.06.- 09.11.73	1	24/74
Östliches Mittelmeer 34°25' N, 35°29,5' E	23.01.74	1	25/74
Rügen, Schaprode-Fahrw., bei Tn. 2	03.05.74	1	26/74
Ribnitz-Fahrw., Zingster Strom, bei Tn. 36	18.04.74	1	27/74
SHR-Fahrw., bei Tn. 13	13.06.74	1	28/74
SHR-Fahrw.	14.08.74	2	29/74
Stralsund-O-Anstg., Landtief, bei Tn. 1	09.04.74	1	30/74
Greifswalder Bodden, auf dem Großstubber	13.09.74	1	31/74
Peenestrom-Fahrw., Höhe Hafen Peenemünde N	13.09.74	1	32/74
GBI, Themsemündung 51°36,1' N, 07°09,7' E	10.07.74	1	33/74
Während der Fahrt von Saßnitz nach Stralsund	08.08.74	1	34/74
Greifswalder Bodden, Auslaufkanal KKW-Nord	16.02.74	2	35/74
Peenestrom-Fahrw.,Tonnenbank-Rinne, Tn. G	26.03.74	1	36/74
Peenestrom-Fahrw., Tonnenbank-Rinne, zw. den Tn. E u.F	16.02.74	2	37/74
Peenestrom-Fahrw., bei Jankenort, Tn.-Paar R/74	23.07.74	1	38/74
An der Küste vor Ostseebad Wustrow	10.07.74	1	39/74
Atlantik 19°51' N, 17°53' W,	20.06.74	1	40/74
Nordsee 51°31,6' N, 02°16,1' E	16.01.74	1	G 41/74
Hiddensee-Fahrw., bei Tn. 5	28.06.74	1	42/74
Hafen Wismar, bei Tn. G	12.09.74	1	43/74
Rotes Meer, Saudi-Arabien, Hafen Jiddah	28.08.74	1	44/74
Nordatlantik, W-lich der Hebriden	15.06.74	1	45/74
Peenestrom-Fahrw., Tonnenbank-Rinne zwischen den Tn. J u. H	11.10.74	1	46/74
Peenestrom, Knaakrücken-Rinne, N-lich Tn. 8	10.11.74	1	47/74

SCHE SSS-2622 (DBR)	Koll. mit Transitkai, mangelh. nautische Umsicht
MS SPERBER (DSR)	Koll.m.MS MURAT KALKAVAN/TRK HaL
MOGÜ ROTHENSEE (DBR)	Festkommen, mangelh. Reisevorbereitung

Am 1. Januar 1974 erfolgte die Bildung desVEB Kombinat Seeverkehr und Hafenwirtschaft - Deutfracht/Seereederei. Zum Stammbetrieb gehören beide ehemalige Reedereien VEB Deutfracht und VEB Deutsche Seereederei mit der gemeinsamen Kurzbezeichnung DSR

1975

MS FRIEDRICH ENGELS (DSR)	Festkommen,mangelh.Schiffsführung u. Navigation
MS ALTEFÄHR (DSR)	Koll. mit MS ATHLON/GRC
MS NOVOMIRGOROD/USR	Koll. mit Fahrw.-Tn., mangelh. Lotsenberatung
MS GRANITZ (DSR)	Koll. mit Binnenfahrzeug ADONAI/BLG
MS MUSALA/BUL	Grundbg.
MS NIENBURG (DSR)	Festkommen, fehlerhafte Navigation
FGSCH NIXE (WF)	Untergang, mangelh. seemännische Umsicht
MS BERNBURG (DSR)	Koll. mit DS HONG QI 155/CHR
MS BERNBURG (DSR)	Festkommen, fehlerhafter Lotsenrat
MKS FREUNDSCHAFT (BBB)	Festkommen mangelh. Reisevorbereitung
ROS-219 DRESDEN	Koll. mit FVS ORKA/POL
MS FERDINAND FREILIGRATH (DSR)	Maschinenraumbrand, Überlaufen des Tagestanks
MS WARIN (DSR)	UWK-Beschädigung infolge Werfen beider Anker nach Maschinenausfall
ROS-302 JOHANNES R. BECHER	Koll. mit MKS SOLIDARITÄT (BBB)
ROS-126 THOMAS MÜNTZER	Koll.m.MS MARCO/DEN fuhr ohne Positionslichter
MS SIRRAH (DSR)	Koll. m. M 1109 H.M.S. BICKINGTON Royal Navy
Schl. SAALE (BBB)	Grundbg., falsche Maschinenmanöver
Schl. DARSSER ORT (BBB)	Grundbg., mangelh. nautische Umsicht
MOGÜ CALAU (DBR)	Koll. mit unbeleuchteter Anlegebrücke, Nebel
MS HIDDENSEE (DSR)	Festkommen, mangelh. nautische Umsicht
MS MIROW (DSR) auf Grund gesetzt	Koll. mit MS PANAGIOTIS XILAS/GRC
MKS HEIN FINK (BBB)	Koll. mit SchKr GOLIATH (SHR)
MS BARTH (DSR)	Koll. mit MS ALPRO/SPN
WAR-6 PREROW (FPG)	Festkommen, mangelh. Reisevorbereitung
MKS ERWIN FISCHER (BBB)	Festkommen, mangelh. nautische Umsicht
WIS-115 JULIOT CURIE (FPG) fischend	Koll. mit MS SCHULAU/GFR
MKS DÄNHOLM (BBB)	Festkommen, unzweckmäßige Wachbesetzung
MS BUSSARD (DSR)	Koll. mit Brückenleitwerk

Polen, Oder, Hafen Trzebiez (Ziegenort)	30.08.74	1	48/74
Mittelmmer, TRK, Hafen Antalya	10.09.74	1	49/74
Peenestrom-Fahrw.,Negenmark Rinne, bei Tn. 43	06.11.74	1	50/74

Malacca-Straße, vor der Insel Pulau Nipa	22.09.74	1	01/75
NOK, beim Kilometer 16,5	16.10.74	1	02/75
SHR-Fahrw., Tn. 11	25.12.74	1	03/75
NTH, Zuid-Beveland-Kanal	28.09.74	1	04/75
SHR-Fahrw., zwischen den Tn. 13 und 14	17.11.74	1	05/75
Südchinesisches Meer, auf dem Bombay Reef	20.11.74	1	06/75
Rostock, Warnow-Fahrw., beim Anleger Schmarl	29.11.74	1	07/75
VNM, Hafen Haiphong-Anstg.	17.07.74	1	08/75
VNM, auf dem Roten Fluß, vor Haiphong	18.07.74	1	09/75
Stralsund-N-Anstg., Vierendehlrinne, bei Tn. 35	09.12.74	1	10/75
Nordatlantik 39°30' N, 73°14,5' W	25.12.74	1	11/75
Straße von Gibraltar	08.08.74	1	12/75
NOK, W-lich vor der Fähre Nobiskrug	07.08.74	2	13/75
SHR-Fahrw., zw. den Torfeuern 3 u. 4	27.07.74	2	14/75
Vor Saßnitz 54°28,5' N, 13°47' E	10.01.75	1	15/75
Nordsee, GBI, River Medway	14.12.74	1	16/75
Warnemünde, Lotsenboot-LP Hohe Düne	18.01.75	1	17/75
Rostock, Warnow-Fahrw., bei Tn. C	14.02.75	1	18/75
NOK, E-lich der Ausweiche Fischerhütte	07.02.75	2	19/75
Schelde-Fahrw. auf der Höhe von Braakman	03.01.75	1	20/75
Hafen Hamburg, NW-lich der Überseebrücke	02.10.74	1	21/75
Rostock, Warnow-Fahrw., bei Tn. S	28.03.75	2	22/75
GBI, River Ouse vor dem Hafen Goole	18.02.75	1	23/75
Stralsund-N-Anstg. 54°26,7' N, 13°03,2' E	26.04.75	1	24/75
Rostock, am Saum des Schnatermann-Fahrw.	02.06.75	1	25/75
Ostsee, Mecklenb.Bucht 54°25,5' N, 11°43,8E	18.06.75	1	26/75
Greifswalder Bodden, Ladebow-Fahrw.	27.03.75	1	27/75
Stralsund, Leitwerk der Ziegelgrabenbrücke	25.04.75	2	28/75

MOGÜ BUCKAU (DBR)	Festkommen, mangelh. nautische Umsicht
STSS 2627 m. Anh. Schute 10 S 11-194 (DBR)	Untergang der Schute 10 S 11-194
MS HAGENOW (DSR)	Koll. mit MS SYRENKA/POL
MS BERNHARD BÄSTLEIN (DSR)	Ausfall der Hauptmaschine infolge Kolbenfresser
MS POEL (DSR)	Pleuellagerschaden Zylinder 5 der HM
MS WEISSERITZ (DSR)	Koll. mit Binnenschiff LABOREMUS D./GFR
SSS WILHELM PIECK (GST)	Festkommen, mangelh. Bordorganisation
SAS-307 KEGELROBBE	Grundbg., mangelh. Navigation
MS ARTERN (DSR)	Festkommen, unbekannte Stromverhältnisse
MS GRANITZ (DSR)	Ausfall der Hauptantriebsanlage
MTL MINOL 6 (Minol Rostock)	Wassereinbruch in den Maschinenraum
MS BAABE (DSR)	Koll. mit MS KOPALNIA MACHOW/POL
MS WISMAR (DSR)	Koll. mit MS SANTA MARIA L./IDA
MS PARIZHSKAYA KOMMUNA/USR	Koll. mit Mole, Lotsenrat nicht befolgt
Motorboot STRELASUND (WSA)	Koll. m. Motorboot MÖWE (Prerow Privateigner)
MS BERLIN (DSR)	Koll. mit Dschunke/CHR, Untergang, 1 Toter
MS BERLIN (DSR)	Koll. mit MS EURABIA SPRING/LEB
MOGÜ IDEAL (DBR)	Festkommen,Schiffsführung an Matrose übergeben
MOGÜ IDEAL (DBR)	Festkommen, mangelh. Reisevorbereitung
SAS-294 SCHWERTWAL	Grundbg., mangelh. nautische Umsicht
Motorboot VEG 1 (VEGZ)	Festkommen, infolge GdSS Verlust des Überblicks
MOGÜ BUCKAU 5-407 (DBR)	Festkommen, mangelh. nautische Umsicht
MOGÜ ILMENAU (DBR)	Koll. mit MKS ALBERT und Bagger RTG 34/GFR
Schl. LIBBEN/Schl. SPREE m. Anh. (BBB)	Anh. RAMME 1 Koll. mit Brückenleitwerk
WAR-25 MAX MATERN (FPG)	Koll. mit WAR-67 (FPG) infolge zu hoher Fahrt
MKS WAL (BBB)	Festkommen, mangelh. nautische Umsicht
1976	
SAS-315 HAMMERHAI	Koll. mit SAS-313, mangelh. Schiffsführung
TRS MOLCH (BBB)	Koll. mit Marineschlepper MB-94/USR
MS THALE (DSR)	Festkommen, begrenzte Manövrierfläche
MKS AUFBAU (BBB)	Festkommen, ungenügende Navigation
MS SIRRAH (DSR)	Koll. mit MS AROSETTE/GFR
MS THEODOR FONTANE (DSR)	Koll. mit Lenkwaffenzerstörer D 187 ROMMEL
MKS HAI (BBB)	Festkommen, mangelh. nautische Umsicht
MOGÜ ALTENBURG (DBR)	Koll. mit MS ELSE KÜHL/GFR
MS THEODOR FONTANE (DSR)	Koll. mit MS MAGULA/GFR
MT LEUNA I (DSR)	Kurbelraumexplosion Bb- Hauptmaschine
MS CAPELLA (DSR)	Untergang, ges. Besatzung (11 Mann) verschollen
MS SALAVAT YULAEV/USR	Festkommen, falsche Lage der Fahrwassertonnen
MS SALAVAT YULAEV/USR	Koll. mit Dalben, Lotsenrat nicht befolgt
MS UNSTRUT (DSR) AnL	Koll. mit MS BENISA/SPN AnL infolge Schwojen

DEN, Insel Fyn, Odense-Fahrw., bei Tn. 5	24.05.75	1	29/75
Greifswalder Bodden, Ostteil	09.06.75	1	30/75
NOK, beim Kilometer 38,5	17.06.75	2	31/75
N-licher Indischer Ozean 6°42' N, 52°55' E	07.02.75	1	32/75
Nordsee, Terschelling-Elbe-Weg bei Tn. TE 9	17.05.75	1	33/75
Hafen Antwerpen, Höhe Ecke zw. LP 250/252	18.10.74	1	34/75
Greifswalder Bodden, S-lich Tn 21	02.08.75	1	35/75
Sund, NE-lich Tn. Ryggen 55°41,9' N, 12°41,9 E	07.09.75	1	36/75
Stralsund-O-Anstg., Landtief, zw. den Tn. 7 u. 8	03.02.75	2	37/75
NTH, Rotterdamsche Wasserweg	21.03.75	1	38/75
Rostock, Minolbetriebshafen Bramow	22.09.75	1	39/75
POL, Oder-Fahrw., querab von Glinki (Glienken)	09.08.75	1	40/75
NOK Zufahrt Brunsbüttel, SW-lich Mole III	31.08.75	1	41/75
Hafen Stralsund, Nordmole	18.09.75	1	42/75
Bodstedter Bodden, Meiningenbrücke	21.08.75	2	43/75
CHR, Guangzhou (Kanton River)	20.07.75	1	44/75
NOK bei Lampe 381	31.10.75	2	45/75
W-lich Barhöft im Ribnitz-Fahrw., bei Tn. 23	31.10.75	1	46/75
N-liche Rügensche Bodden, Schaproder Bodden	04.06.75	1	47/75
Gotland Ostküste, auf der Untiefe Söderbriten	27.10.75	1	48/75
W-lich Barhöft im Ribnitz-Fahrw., bei Tn. 18	16.09.75	1	49/75
DEN, Kleiner Belt, auf Untiefe Alssten	09.11.75	1	50/75
Elbe-Fahrw., Höhe Störmündung, bei Tn. H	26.10.75	1	51/75
Peenestrom-Fahrw., Straßenbrücke Zecherin	30.04.75	1	52/75
Warnemünde, Alter Strom, am GKP	13.10 75	1	53/75
Darßer Ort Riff 54°29,7' N, 12° 31,7' E	12.11.75	1	54/75
Ostsee, Fangplatz	04.12.75	1	01/76
Rostock, Warnow-Fahrw., Höhe Pier West	05.01.76	1	02/76
Murmansk Reede, auf der Untiefe Anna Korga	11.12.75	2	03/76
Stralsund-N-Anstg., Vierendehlrinne, bei Tn. 35	20.11.75	1	04/76
NOK Zufahrt Brunsbüttel, unterhalb Mole 4	16.10.75	1	05/76
NOK, Weichenhals Ausweiche Oldenbüttel	05.12.75	1	06/76
Rostock, Breitling	27.11.75	1	07/76
Hafen Hamburg , Norderelbe, Höhe Reiher-stieg	01.12.75	1	08/76
Hafen Hamburg, Höhe Schlepperbrücke	14.12.75	1	09/76
Ostsee, SWD, Hafen Norrköping, am Liegeplatz	24.12.76	1	10/76
Nordsee 53°38' N, 06°13' E	03.01.76	2	11/76
Stralsund-O-Anst., Landtief, bei Tn 8	06.01.76	2	12/76
Hafen Stralsund	07.01.76	1	13/76
Mittelmeer, EGY, Hafen Alexandria	04.12.75	1	14/76

MS KRÖPELIN (DSR)	Festkommen, Ruder falsch gelegt, dichter Nebel
FGSCH STUBNITZ (WF)	Koll. mit WAR-54 und Schl. ODER (BBB)
MS SCHWERIN (DSR)	Koll. mit MS WODNICA/POL HaL
MS HALLE (DSR)	Koll. mit MTL SCHELPHOEK/NTH
SAS-69 ROBERT UHRIG (FPG)	Koll. mit SAS-34 (FPG)
SAS-299 GRAUWAL	Festkommen, mangelh. nautische Umsicht
SAS-303 SEEWOLF	Weiterbetrieb Hauptmaschine nach Lagerschaden
KAR-32 OSCHATZ (FPG)	Festkommen, mangelh. nautische Umsicht
Schl. SPREE (BBB)	Koll. mit MS CARACAS BAY/NTH HaL
MS LÜBBENAU (DSR)	Koll. mit MS ELKE KAHRS/GFR
MS MANSFELD (DSR)	Koll. m.Tonnen, fehlerhafter Lotsenrat,Wetterlage
FäS RÜGEN (DR)	Grundbg.
Schl. GRABOW (BBB) mit Anhang	Festkommen, mangelh. Reisevorbereitung
MKS MÖNCHGUT (BBB)	Festkommen mit Schraubenschaden
SAS-501 STUBNITZ	Koll. mit SAS-305
WIS-117 JOHN BRINCKMAN (FPG)	Weiterbetrieb Hauptmaschine nach Lagerschaden
Versorger RECKNITZ (DSR)	Grundbg., mangelh. Reisevorbereitung
MS GEORG HANDKE (DSR), vermurt liegend	Koll. mit MS ADMIRAL S. OKAN/TRK
MS LÜBBENAU (DSR) AnL	Koll. mit MS IBN ROCHD/ALG
MS ALBATROS (DSR)	Koll. mit MTL ANTWERPEN/BLG AnL
MS ALBATROS (DSR)	Koll. mit MS SPRING LASS/GBI
Schl. SAALE (BBB) mit Anhang	Grundbg., mangelh. nautische Umsicht
FGSCH PASSAT (Ribnitzer Polstermöbel)	Festkommen, unbesetzter Bagger sperrte Fahrw.
MS FRITZ REUTER (DSR)	Koll. mit MT SCHWEDT (DSR)
MS ALTEFÄHR (DSR)	Grundbg., fehlerhafter Lotsenrat
Schl. WIECK (BBB) mit Anhang	Kentern des Anh. Greiferprahm 10 B 21-49
MS GEORG HANDKE (DSR) AnL	Koll. mit MS MARGO/LIB
SAS-415 BARENTSEE	Koll. mit Kutter T-486 SUSANNE JETTE/DEN
MS NAUMBURG (DSR)	Koll. mit Landkran 27 beim Verholen mit Schl.-Hilfe
FGSCH GELLEN (WF)	Festkommen
MS ARCTURUS (DSR)	Wassereinbruch in Vorpiek und Schiffsbodenbeschädigung, Eisfahrt
MKS UMMANZ (BBB)	Festkommen, mangelh. Kontrolle des Ruder-gängers
WIS-100 MICHAEL GLINKA (FPG)	Wassereinbruch in den Maschinenraum
MS SCHWERIN (DSR)	Koll. mit ubk. Kutter, mangelh. Schiffsführung
MS RALSWIEK (DSR)	Maschinenhavarie mit Ausfall der Hauptmaschine
MKS HEIN FINK (BBB)	Festkommen, mangelh. Brückenorganisation
SAS-281 DAS GAT	Grundbg., mangelh. Wachbesetzung
SAS-69 ROBERT UHRIG (FPG)	Festkommen, mangelh. Schiffsführung

NOK beim Kilometer 29	11.12.75	1	15/76
Warnemünde, Alter Strom	05.03.76	1	16/76
NTH, Hafen Rotterdam, im Rijnhaven	01.02.76	2	17/76
BLG, Schelde-Fahrw., zw. den Tn. 92 und 99	07.02.76	1	18/76
Saßnitz-Fahrw., E-lich Tn. 3	12.02.76	1	19/76
Prorer Wiek, vor Mukran	01.03.76	1	20/76
Ostsee 55°10' N, 16°50' E	03.02.76	1	21/76
Peenestrom-Fahrw., NE-Seite Kleiner Wotig	28.01.76	1	22/76
Hafen Stralsund	07.03.76	1	23/76
Rotterdamscher Waterweg, Höhe Dalben 15 (rot)	05.02.76	1	24/76
SHR-Fahrw., Tn. 5, 4, und 3	27.02.76	1	25/76
Ostsee, SWD, Trelleborg-Anstg.	25./26.02.76	2	26/76
Stralsund-N-Anstg., Gellenstrom, zw. Tn. V u. W	09.02.76	1	27/76
Rostock, Warnow-Fahrw., NW-lich Tn. E	18.03.76	1	28/76
Ostsee, auf dem Fangplatz	03.04.76	1	29/76
Wismar-Anstg., festgestellt bei Tn. 2	06.02.76	1	30/76
Rostock, Bramow-Fahrw., bei Dalben 1	31.03.76	1	31/76
Mittelmeer, MTA, Hafen La Valetta, Bighi Bay	16.01.76	1	32/76
Schelde-Fahrw., bei Marlemonsche Plaat	15.11.75	1	33/76
Schelde-Rupelmonding, bei E-Werk Interescaut	16.04.76	1	34/76
Im Seekanal nach Brüssel	14.04.76	1	35/76
N-lich Hiddensee 54°36,6' N, 13°08,7' E	18.01.76	1	36/76
Bodstedter Bodden, Prerower Strom, bei Tn. A	15.06.76	1	37/76
Nordsee 53°07' N, 03°16' E	09.07.76	1	38/76
Ostsee,SWD,Ronneby-Anstg.,bei Insel Gåsfe-ten	25.02.76	1	39/76
Greifswalder Bodden	20.03.76	1	40/76
Singapore Reede 01°15,25' N, 103°53,30' E	16.05.76	1	41/76
Ostsee 55°39' N, 18°21' E	11.04.76	1	42/76
Südatlantik, Uruguay, Hafen Montevideo	21.04.76	1	43/76
Grabow, Ribnitz-Fahrw., südlich d. Aue b.Tn. V	12.06.76	2	44/76
Kalmarsund, SWD, im Fahrw. nach Mönsterås - Oknö	24.02.76	2	45/76
SHR-Fahrw., bei Torfeuer 8	18.05.76	1	46/76
Hafen Wismar, am Liegeplatz	20.07.76	1	47/76
Ostsee 54°18,8' N, 11°23,9' E	21.02.76	1	48/76
BLG, im Hafen Gent	24.06.76	1	49/76
Breitling, Wendeplatte Ölhafen Rostock, b.Tn. 5	09.10.76	1	50/76
Hafen Saßnitz	19.01.76	1	51/76
Rügen, vor Tipper Ort 54°32,8' N, 13°41' E	30.10.76	1	52/76

MS SELLIN (DSR)	Koll. mit MS ROLNIK/POL
1977	
STR-175 SACHSEN (FPG)	Koll. mit LAB-40 JENS-OTTO/GFR Laboe
SSPB UECKERMÜNDE (MeKo NB)	Stranden, fehlen eines Sicherungsschleppers
MOGÜ BEESKOW 5-427 (DBR)	Festkommen, mangelh. Schiffsführung
MKS WAL (BBB)	Festkommen, fehlende nautische Unterlagen
Schl. PEEZ (BBB)	Grundbg., mangelh. Navigation
MKS PINGUIN (BBB)	Festkommen, mangelh. Kontrolle des Rudergängers
ROS-318 BREITLING	Koll. mit KTS OSTROV ATLASOVA/USR AnL
Schl. SAALE (BBB), nach Koll. gekentert	Koll. mit MS NIKOLAY KRYLENKO/USR
MT BÖHLEN (DSR)	Grundbg. auf Chaussée de Sein, danach Untergang
MS ALBATROS (DSR)	Koll.mit mit Gerüst und Bauhütte auf Pier
ROS-207 ERFURT	Festkommen
MS MAGDEBURG (DSR)	Koll. mit Pier durch Maschinenversager
KAR-16 AKTIVIST (FPG)	Koll. mit Leuchttonne
KAR-46 SACHSEN-ANHALT (FPG)	Festkommen, unzweckmäßige Besetzung Ausguck
KAR-42 FRIEDEN (FPG)	Festkommen, mangelh. Organisation Wachdienst
KAR-31 STORKOW (FPG)	Koll. mit FRE-23 (FPG)
Supertraw. GRIGORIY OVODOVSKIY/USR	Festkommen, Lotsenrat nicht befolgt
MS STAVENHAGEN (DSR)	Koll. mit MS OLYMPIOS ZEUS/GRC HaL
ROS-408 HERBERT BAUM	Koll. mit ROS-303, Unaufmerksamkeit
MT WOLFEN (DSR)	Koll. mit Kutter SH 18 RENATE 1/GFR
WIS-108 HERMANN BEBERT (FPG)	Koll. mit WIS-112 (FPG), mangelh. Umsicht
FGSCH SEESCHWALBE und FGSCH GELLEN (beide WF)	Festkommen
FGSCH SEEBAD WUSTROW (WF)	Koll. mit Arbeitspram SKORPION am Dalben fest
FGSCH SEEWOLF (WF)	Grundbg., mangelh. nautische Umsicht
Schl. DIERKOW (BBB)	Schraubenbeschädigung
Taucherkutter KOMET (BBB)	Festkommen mit Schraubenbeschädigung
MS POLAR (BBB)	Festkommen, Verwechslung der Fahrwassertonnen
MOGÜ BAD FREIENWALDE 5-405 (DBR)	Koll. mit MOGÜ BM 5506/POL
MKS JASMUND (BBB)	Festkommen, mangelh. nautische Umsicht
MS DENEBOLA (DSR)	Koll. mit Tonne, kritiklose Befolgung Lotsenrat
SAS-502 GRANITZ	Wassereinbruch im MR während Klassereparatur
WIS-102 COTTBUS (FPG)	Festkommen, mangelh. nautische Umsicht
WIS-102 COTTBUS (FPG)	Festkommen, Unaufmerksamkeit des Rudergängers

Oder-Fahrw. Ausweiche Police (Politz), zw. den Tn. 44 bis 42	28.09.76	1	53/76
Ostsee, NW-lich Arkona 54°50,4' N, 13°07,9E	28.09.76	1	01/77
Greifswalder Bodden, bei Wampen	16.09.76	1	02/77
Stralsund-N-Anst., Vierendehlrinne, bei Tn. 26a	11.11.76	1	03/77
SHR-Fahrw., Hohe Düne, LP	19.11.76	2	04/77
Wismar-Anstg. 54°00,5' N, 11°21,2' E	29.11.76	1	05/77
Peenestrom, Knaakrücken-Rinne, bei Tn. G	29.10.76	1	06/77
Warnemünde Reede 54°12,9' N, 11°55' E	01.12.76	2	07/77
SHR-Fahrw., bei Tn. 10	12.12.76	2	08/77
Biscaya, Untergangspos.48°10,7' N, 05°11,8' W	14.10.76	1	09/77
DEN, Insel Fyn, Hafen Svendborg	26.08.76	1	10/77
Sund 33°40,6' N, 12°41,8' E	12.11.76	1	11/77
Bermuda Inseln, Hafen Hamilton	23.12.76	1	12/77
Stralsund-O-Anstg., Osttief, Leuchttn. 6	30.11.76	1	13/77
Peenestrom, Freest-Fahrw.	29.10.76	1	14/77
Peenestrom-Fahrw.,Tonnenbank-Rinne,bei Tn. 7	26.01.77	1	15/77
Insel Ruden, Hafen	15.02.77	1	16/77
Greifswalder Bodden, Schumachergrund	22.01.77	1	17/77
NTH, Hafen Rotterdam, Westende der Park-kade	03.02.77	1	18/77
Nordatlantik 39°57,5' N, 73°36,7' W	18.12.76	1	19/77
Fehmarn Belt, außerhalb vom Kiel-Ostsee-Weg	19.01.77	1	20/77
Ostsee, Mecklenburger Bucht	11.02.77	1	21/77
W-lich Hiddensee-Fahrw. 54°26,2' N, 13°05,1'E	18.12.76	1	22/77
SHR-Fahrw., Dalben 3	10.02.77	1	23/77
Kubitzer Bodden 54°24,3' N, 13°07,3' E	10.03.77	1	24/77
Warnemünde, WWW, Liegeplatz 6	07.03.77	1	25/77
Warnemünde, Warnowerft-Fahrw., W-lich Tn. B	18.02.77	1	26/77
Stralsund-O-Anst., Ziegelgraben, bei Tn.37	01.04.77	1	27/77
Oder-Fahrw., S-lich der Insel Dlugi Ostrow (Der Schmale Werder)	10.12.76	1	28/77
Rostock, Ölhafen-Fahrw., bei Tn. 5	22.02.77	1	29/77
NOK, Zufahrt Brunsbüttel, Tn. 24/NOK	18.03.77	1	30/77
POL, Szczecin (Stettin), Parnica (Parnitz) Werft	05./06.01.77	1	31/77
Insel Poel, Kirchdorf-Anstg., bei Tn.1	18.03.77	1	32/77
Peenestrom-Fahrw., Tonnenbank-Rinne, bei Tn.4	20.04.77	1	33/77

SSchl. 2508 mit UR 5214 (DBR)	Festkommen, mangelh. Reisevorbereitung
MS VINETA (DBR)	Festkommen, mangelh. nautische Umsicht
MS KARL KRUSHTEYN/USR	Festkommen, fehlerhafter Lotsenrat
MKS ZUDAR (BBB)	Festkommen, mangelh. Umsicht
FäS WARNEMÜNDE (DR)	Grundbg., mangelh. nautische Umsicht
LB WELS (BBB)	Festkommen, mangelh. nautische Umsicht
MS KARLSHORST (DSR)	Koll. mit Tonne, mangelh. nautische Umsicht
Taucherfahrzeug MS KASPER OHM (BBB)	Festkommen, mangelh. nautische Umsicht
Schl. GRABOW (BBB) mit Anhang	Untergang des Anhangs (27-t-Schute MeKo NB)
Schl. SPREE (BBB) mit Ponton 26 als Anh.	Koll. des Pontons 26 mit WOG-02 (FPG) HaL
MS WERNER SEELENBINDER (DSR)	Grundbg.m.unbekanntem Korallenstock unter Wasser
MS THEMAR (DSR)	Maschinenausfall, Kolbenfresser
MS FRITZ REUTER (DSR)	Kentern des Werftschleppers MÅKEN/NOR
ROS-309 BERNHARD KELLERMANN	Festkommen, mangelh. Navigation
MKS ERWIN FISCHER (BBB)	Festkommen
MKS FORTSCHRITT (BBB)	Festkommen
MKS ALBERT (BBB)	Koll. mit Anlegebrücke
FGSCH SEEBAD WARNEMÜNDE (WF)	Grundbg. mangelh. Brückenorganisation
FGSCH DSF (WF).	Koll. mit Segelyacht PASSAT III
MOGÜ WARNEMÜNDE (DBR)	Koll. mit Sportboot AnL, mangelh. Ausguck
WAR-51 HANS COPPI (FPG)	Festkommen, mangelh. Dienstorganisation u. GdSS
MS INSELSBERG (DSR), 1 Toter	Koll. m.MS BORE XI/FIN
MS RALSWIEK (DSR)	Grundbg., mangelh. Navigation

Am 20. Juni 1977 trat die Regierung der Deutschen Demokratischen Republik der Konvention über die Internationalen Regeln zur Verhütung von Zusammenstößen auf See vom 20. Oktober 1972 bei (GBl. II Nr. 12 S. 253).

1978

MS SIRRAH (DSR)	Koll.mit Anleger und SCHE NOSOROZEC 3/POL
MS RECKNITZ (DSR)	Koll. mit MS CITY OF ISTANBUL/GBI
MS MEKHANIK GERASIMOV/USR	Koll. mit MS ERNST SCHNELLER (DSR) HaL
Schl. GRABOW (BBB)	Grundbg., mangelh. nautische Umsicht
MS SAALE (DSR)	Koll. mit MS BERYTE/LEB
LB DORSCH (BBB)	Grundbg. mit Beschädigung der Schraubenflügel
MOGÜ CALAU (DBR)	Koll. mit LB OSTERIFF/GFR
MS FREDERIC JOLIOT-CURIE (DSR)	Koll. mit Kai, Ausfall der Hauptmaschine
MS STOLLBERG (DSR)	Brandausbruch infolge Ausglühen des Hilfskessel
KAR-39 GRIMMEN (FPG)	Grundbg., mangelh. nautische Umsicht
MS KARLSHORST (DSR)	Übergehen der Ladung, Kentern und Untergang

Stralsund-N-Ansg., Vierendehlrinne, bei Tn. 35	11.05.77	1	34/77
Barther Bodden, Barth, bei der Werft-Anstg.	23.05.77	1	35/77
Greifswalder Bodden, Ellidagrund	03.06.77	1	36/77
Rostock, Ölhafen-Fahrw., bei Tn. 5	23.02.77	1	37/77
Ostsee, DEN, Gedser, in der Røsand Rende	06.02.77	1	38/77
Rostock-Überseehafen-Fahrw., bei Torfeuer 7	30.05.77	1	39/77
Kanal, FRA, Calais Reede	01.05.77	1	40/77
Kubitzer Bodden 54°24,65' N, 13°06,83' E	19.05.77	1	41/77
Kleines Haff 53°50,08' N, 14°10,05' E	20.06.77	2	42/77
Peenestrom, Hafen Wolgast	15.06.77	1	43/77
Rotes Meer, Port Sudan, beim Wingate Reef	10.03.77	2	44/77
Sund, 8 sm NW-lich Malmö	23.05.77	1	45/77
Skagerrak, NOR, Hafen Sandefjord	23.05.77	1	46/77
Südatlantik vor Luanda 08°50,5' S, 13°10,1' E	02.08.77	1	47/77
Stralsund, VWST, am Fahrwassersaum, bei Tn.2	15.06.77	2	48/77
Stralsund, VWST, am Fahrwassersaum, bei Tn.2	29.07.77	2	49/77
SHR-Fahrw., Anlegebrücke Ostmole	12.04.77	2	50/77
Peenestrom, Knaakrücken-Rinne, bei Tn. G	07.08.77	1	51/77
Strelasund, vor dem Hafen Stralsund	17.09.77	1	52/77
Stralsund-N-Anstg., Vierendehlrinne, bei Tn.37	17.08.77	1	53/77
E-lich Darßer Ort 54°29,4' N, 12°32,7' E	07.09.77	1	54/77
Ostsee, Bornholmsgatt 55°25,7' N, 14°36' E	24.02.77	1	55/77
Sund, Flintrinne, auf der Untiefe Kalkgrundet	02.09.77	1	56/77

Polen, Oder-Fahrw., Mielinski Kanal (Mellin Fahrt) 53°53'17" N, 14°15'47" E	13.08.77	1	01/78
Bosporus, TRK, vor dem Hafen Haydarpasa	05.07.77	1	02/78
Überseehafen Rostock, LP 41	11.11.77	2	03/78
Greifsw. Bodden,W-Anstg. Lauterbach, bei Tn. A	23.11.77	1	04/78
Biscaya 45°58,5' N, 07°26' W	04.09.77	1	05/78
Insel Rügen, E-lich Südperd (Huksteine)	20.10.77	1	06/78
NOK, Zufahrt Brunsbüttel, eben S-lich Mole I	02.11.77	1	07/78
Nordatlantik, SEN, Hafen Dakar	12.11.77	1	08/78
NTH, Hafen Amsterdam	20.12.77	1	09/78
Peenestrom-Fahrw., bei Tn. O	30.01.78	1	10/78
Europäisches Nordmeer, NOR, Lofoten, Napps Straumenfjord 68°06' N, 13°27' E	27.10.77	2	11/78

MKS MÖNCHGUT (BBB)	Koll. mit Tonne, mangelh. nautische Umsicht
MKS JASMUND (BBB)	Koll.m.Dalben, mangelh. Kontrolle d. Rudergängers
STR-170 ALBERT LORTZING (FPG)	Grundbg., mangelh. nautische Umsicht
FVS ADAYKHOKH/USR	Festkommen, Ausfall der Ruderanlage
SAS-303 SEEWOLF	Festkommen, keine Reisevorbereitung u. Navigation
SAS-320 STERNHAI	Festkommen, mangelh. nautische Umsicht
MS BOLTENHAGEN (DSR)	Koll. mit MS HORNBALTIC/GFR
MOGÜ GLAUCHAU (DBR)	Koll.mit SKB GOLWITZ (SHD)
MT KAUNAS/USR	Festkommen, fehlerhafter Lotsenrat
ROS-312 BODO UHSE AnL	Koll. mit FVS ZIKONIYA/BUL
STR-170 ALBERT LORTZING (FPG)	Festkommen, mangelh. nautische Umsicht
STR-173 M. J. KALININ (FPG)	Grundbg., mangelh. nautische Umsicht
MS ZÜSSOW (DSR)	Koll. mit MS RAUTE/SNG
MS WISMAR (DSR)	Koll. mit Torfeuer
VS RECKNITZ (DSR)	Festkommen, keine Verkehrserlaubnis
VS SCHOLLE (DSR)	Koll. mit Mole, mangelh. nautische Umsicht
Schubschiff 2601 m. 2 Schubbehältern (DBR)	Behälter 3966-B Koll. mit Spundwand unter Wasser
WIS-102 COTTBUS (FPG)	Festkommen, mangelh. nautische Umsicht
Strandboot ZEW-007 (FPG)	Koll. mit Hohlstab, geschl. v. Barkasse 21-202 (VM)
MOGÜ RABENAU (DBR)	Festkommen, mangelh. nautische Umsicht
EKS WOLGAST (DBR)	Festkommen, mangelh. nautische Umsicht
MS ZÜSSOW (DSR)	Grundbg., mangelh. Navigation
Schl. PALMER ORT (BBB)	Festkommen, unsachgemäßes Drehmanöver
ROS-406 HERBERT TSCHÄPE	Maschinenausfall, Kolbenfresser infolge Ölmangel
ROS-225 COTTBUS	Festkommen, mangelh. Reisevorbereitung
MS FRIEDEN (DSR)	Koll. mit MS AGIOS IOANNIS A/CYP AnL
KAR-41EINHEIT (FPG)	Koll. mit FRE-28 (FPG)
ROS-404 ELVIRA EISENSCHNEIDER	Festkommen, fehelerhafter Lotsenrat
Schl. EISVOGEL (BBB)	Festkommen, mangelh. nautische Umsicht
MOGÜ PLAU (DBR)	Festkommen, Schiffsführg. einem Matrosen überlass.
MOGÜ CALAU (DBR)	Koll. mit Tonne, mangelh. Wachdurchführung
MS RALSWIEK (DSR)	Koll. mit Leuchtfeuer und Grundbg.
MKS FORTSCHRITT (BBB)	Festkommen, mangelh. nautische Umsicht
MS KARL-MARX-STADT (DSR)	Grundbg.bei Drehmanöver unter Lotsenberatung
MS OELSA (DSR) AnL	Koll. mit MS VJANDRA/USR AnL
MS KASPER OHM (BBB)	Festkommen, mangelh. nautische Umsicht

Wiek/Rügen-Fahrw., Tn. 2	16.12.77	1	12/78
Rostock, Warnow-Fahrw., Dalben 10	05.01.78	1	13/78
Stralsund-N-Anstg., Barhöfter Rinne, bei Tn.A	02.12.77	1	14/78
Stralsund-O-Anstg., bei Steinort, zw.Tn.31 u. 32	14.01.78	2	15/78
Ostsee, POL, W-Küste Hel 54°38' N, 18°45,1' E	06.03.78	1	16/78
Saßnitz-Fahrw., bei Tn. 3	28.02.78	1	17/78
NOK, beim Kilometer 32,5	19.02.78	1	18/78
Wismar-Anstg. 54°02'33" N, 11°24'48" E	22.02.78	1	G 19/78
Wismar-Anstg., bei Tn. 8	20.02.78	1	20/78
Kanal, GBI, Falmouth Reede	23.01.78	1	21/78
Stralsund-N-Anstg., Gellenstrom, bei Tn. 13	24.02.98	1	22/78
Stralsund-N-Anstg., Gellenstrom, bei Tn. 12	24.02.78	1	23/78
NOK, in Ausweiche Fischerhütte	23.12.77	1	24/78
SHR-Fahrw., Torfeuer 5	09.12.77	2	25/78
Rostock, Warnow-Fahrw., zw. Tn.V u. Dalben W	28.04.78	1	26/78
Warnemünde, Westmole	25.04.78	1	27/78
Hafen Hamburg	23.03.78	1	28/78
Strals.-N-Anst., Bock Reede, zw.d.Tn. A u. K 1	31.03.78	1	29/78
Peenestrom-Fahrw., bei Tn. Q	23.03.78	1	30/78
DEN, Kleiner Belt, Untiefe Avernakø Trille	05.05.78	1	31/78
Rostock, Warnow-Fahrw., bei Tn. L	15.03.78	1	32/78
SWD, Kalmarsund, auf dem S-Hossmogrund	22.05.78	1	33/78
Rostock,Warnow-Fahrw., zw. Dalben D u.Tn. C	28.04.78	1	34/78
Nordsee 54°08' N, 04°19' E	07.12.77	1	35/78
Sund, auf dem Middelgrund	11.05.78	1	36/78
Singapore, im Zufahrtskorridor zur Reede	06.02.78	1	37/78
Stralsund-O-Anstg., Osttief, zw. d. Tn. L und M	29.05.78	1	38/78
Oder-Fahrw., bei Torfeuer Brama Torowa	18.05.78	1	39/78
Rostock, Warnow-Fahrw., SWNR-G-Anstg.	27.07.78	1	40/78
Stralsund-O-Anstg., Deviner Haken, bei Tn. 29	01.06.78	1	41/78
Elbe-Fahrw., Tn. 25/NOK	22.06.78	1	42/78
SWD, Kalmarsund, LF Omböjningen	27.09.78	1	43/78
SHR-Fahrw., bei Tn. 8	27.06.78	1	44/78
BLG, Schelde-Fahrw., bei LF Meestoof	10.05.78	2	G 45/78
Ostsee,USR,Hafen Klaipeda (Memel), Innenreede	06.10.78	1	46/78
Stralsund-N-Anstg., Vierendehlgrund, Gellen Reede	23.08.78	1	47/78

MT LÖBAU 5-469 T (DBR)	Festkommen, mangelh. nautische Umsicht
MS FALKE (DSR)	Koll mit Eisbrecher KAPITAN VORONIN/USR
Schl. LIBBEN (BBB)	Grundbg. infolge Anlaßstörung der HM
MS ABRAM ARKHIPOV/USR	Koll. mit Torfeuer und Festkommen
SAS-301 SEELÖWE	Wassereinbruch im MR während Klassereparatur
MT MARIANN/SWD	Festkommen bei Drehmanöver unter Lotsenberatung

Am 15. Juli 1977 trat die Konvention über die Internationalen Regeln zur Verhütung von Zusammenstößen auf See vom 20. Oktober 1972 gemäß ihrem Artikel IV für die DDR in Kraft (GBl. II Nr. 4 S. 66). Gleichzeitig trat außer Kraft die Seestraßenordnung vom 17. Juni 1960 (GBl. SDr. Nr. 531a).

1979

MS VÖLKERFREUNDSCHAFT (DSR)	Festkommen, fehlerhafter Lotsenrat
SCHE 2517/Behälter 3991 (DBR)	Festkommen des Behälters, mangelh. Umsicht
MS SEEADLER (DSR) Untergang	Koll. mit MS INZHENIER NECHIPORENKO/USR
UEK-68 EMIL m.Anh. UEK-53 EINHEIT und	Übfg. UEK-53 mu.oA. Koll. mit FRE-34 (FPG) HaL;
UEK-65 NEURUPPIN als Sifzg. (alle FPG)	UEK-53 später Wassereinbruch, auf Grund gesetzt, Koll. mit UEK-53 beim Längsseitsgehen
WIE-33 BREEGE (FPG)	Koll. mit Leuchtonne
MS BUSSARD (DSR)	Koll. mit FK STB-7293/USR gesunken, 2 Vermißte
MS EICHWALDE (DSR)	Koll. mit MOGÜ DANIELLE S/NTH
MS SAGARD (DSR)	Koll. mit DTS SEA-LAND RESOURCE/USA
MS BARTH (DSR)	Koll. mit MS SIBELIUS/FRA
MS KARL MARX (DSR)	Koll. mit Hochbrücke
SAS-302 SEEBÄR	Koll. mit Anhang des Schl. ROSOMAK/POL
MS TRATTENDORF (DSR)	Koll. mit FoS AKADEMIK KURCHATOV/USR
MKS PINGUIN (BBB)	Koll. mit SKB ESPER ORT (SHD)
MOGÜ RABENAU (DBR)	Koll. mit MS REWI/GFR
SAS-306 BANDROBBE	Grundbg., mangelh. nautische Umsicht
MS RALSWIEK (DSR)	Koll. mit MS TAIXING/CHR
MKS ERWIN FISCHER (BBB)	Festkommen, mangelh. nautische Umsicht
FGSCH LIBELLE (FDIGWISZ)	Wassereinbruch in den Maschinenraum HaL
Schl. EISVOGEL (BBB)	Koll. mit Supertrawler MESOSFERA/USR
MS ESPENHAIN (DSR)	Grundbg., mangelh. Schiffsführung
FGSCH JOHANNA (WF)	Festkommen u. nach Freischleppen Grundbg.
FGSCH SEEWOLF (WF)	Grundbg., mangelh. Schiffsführung
EFS SASSNITZ (DR)	Grundbg. infolge von Squat
MS ORANIENBURG (DSR)	Koll. mit MS NEWCREST/LIB AnL
MS INSELSBERG (DSR)	Koll. mit MS KRUTYNIA/POL
MS ZÜSSOW (DSR)	Grundbg., Ausfall der Stromversorgung
Objekt 108/12 (PWW)	Grundbg., mangelh. Schiffsführung

Peenestrom-Fahrw., Knaakrücken-Rinne, Tn. 8	02.10.78	1	48/78
Rigaischer Meerbusen 57°21' N, 23°16,1' E	03.03.78	1	49/78
Warnemünde, Mittelmole	05.08.78	2	50/78
SHR-Fahrw., altes Torfeuer 8	02.11.78	1	51/78
Ostsee, Polen, Swinoujscie (S'münde) Werft	31.07.78	2	52/78
Hafen Wismar, an der Wendeplattenbegrenzung	22.10.78	2	53/78

USR, Leningrad (St. Petersburg), Seekanal	15.05.78	1	01/79
(St. Petersburg), Einsteuerung in den Seekanal			
Peenestrom-Fahrw., Negenmark Rinne, Tn. 44a	18.11.78	1	02/79
Rigaischer Meerbusen 57°47,0' N, 22°42,6' E	31.03.78	1	03/79
Peenestrom, Hafen Freest; später Stralsund -O-	19.09.78	1	04/79
Anstg., bei Steinort, Tn. B			
Greifsw. Bodden, Höhe Freesendorfer Haken			
Greifsw. Bodden, Ladebow-Anstg., Leuchttn. 1	10.11.78	1	05/79
Ostsee, USR, Irbenstraße	22.04.78	1	06/79
Niederlnade, Rotterdam, Waalaven, Höhe Pier1	13.06.78	1	07/79
VTG Terschelling-Deutsche Bucht	23.04.78	1	08/79
NOK, eben W-lich der Hochbrücke Holtenau	24.12.78	1	09/79
NOK, Hochbrücke Hochdonn	24.11.78	1	10/79
Polen, Hafen Swinoujscie (Swinemünde)	07.12.78	1	11/79
Ostsee, USR, Rigaischer Meerbusen	31.01.79	1	12/79
SHR-Fahrw., bei Tn. G	22.01.79	1	13/79
NOK, in Ausweiche Schwartenbek	14.10.78	1	14/79
Gotland, Östergarnsholm, Untiefe Anesbådar	08.02.79	1	15/79
NOK, beim Kilometer 73	06.02.79	1	16/79
Rostock, Warnow-Fahrw., bei Tn. 5 a	03.12.78	1	17/79
Usedom, Hafen Zinnowitz (im Achterwasser)	07.01.79	1	18/79
Greifswalder Bodden, bei Tn. Ariadne	04.03.79	2	19/79
Rügen, vor Mövenort 54°40,7' N, 13°17,4' E	05.03.79	1	20/79
Wiek/Rügen-Fahrw., N-lich Tn. M und Seeloch	27.12.78	1	21/79
Stralsund-N-Anstg. 54°24,3' N, 13°07,3' E	27.04.79	1	22/79
Ostsee, SWD, Trelleborg-Anstg.	07.01.79	2	23/79
Singapore Reede (Eastern Working Anchorage)	08.01.79	1	24/79
NOK, Brunsbüttel Binnenhafen	21.03.79	1	25/79
NOK, beim Kilometer 43	18.01.79	1	26/79
Greifswalder Bodden, Schumachergrund	12.04.79	1	27/79

MS HEINZ KAPELLE (DSR)	Koll. mit WS GUARUJA/BRZ oA gesunken
ROS-302 JOHANNES R. BECHER	Koll. mit ROS-332 HaL, mangelh. Umsicht
FGSCH BREEGE (WF)	Koll. mit FGSCH HIDDENSEE (WF)
Schl. PALMER ORT (BBB)	Grundbg., mangelh. nautische Umsicht
MS WERNER SEELENBINDER (DSR)	Koll. mit MS EVDOKIA/GRC
FGSCH SEEWOLF (WF)	Koll. mit WSA-02 (WSA Stralsund)
FGSCH SEEWOLF (WF)	Grundbg., mangelh. nautische Umsicht
STSS 2631 mit Behälter 5563 (DBR)	Koll. mit Barkasse NEUWERK/GFR (Hamburg)
SAS-294 SCHWERTWAL	Grundbg. mit Wassereinbruch
LB HECHT (BBB)	Grundbg., mangelh. nautische Umsicht
MS NEUHAUSEN (DSR)	Grundbg., mangelh. nautische Umsicht

Am 15. Juni 1979 trat die Anordnung zur Regelung des Seeverkehrs - Seeverkehrsordnung (SeeVO) - in Kraft (GBl. SDr. Nr. 993). Gleichzeitig traten außer Kraft: a) die Anordnung vom 9. August 1962 über den Schiffsverkehr in den Seehäfen der Deutschen Demokratischen Republik - Seehafenordnung - (GBl. II Nr. 62 S. 537), b) die Anordnung (Nr. 1) vom 16. Mai 1968 zur Regelung des Verkehrs auf den Seewasserstraßen - Seewasserstraßenordnung (SWO) - (GBl. SDr. Nr. 587), c) die Anordnung Nr. 2 vom 21. Januar 1970 zur Regelung des Verkehrs auf den Seewasserstraßen - Seewasserstraßenordnung (SWO) - (GBl. SDr.Nr. 656).
Am 25. Mai 1979 trat für die Regierung der Deutschen Demokratischen Republik die Internationale Konvention zum Schutz des menschlichen Lebens auf See, 1974 in Kraft (GBl. II 1980 S. 31).

1980

MS ASCHBERG (DSR)	Brand im Maschinenraum
MS MILTZOW (DSR)	Koll. mit DTT BOMIN II/SNG
Verholfzg. SAS-269 DR. FRIEDRICH WOLF	Grundbg. Masch.-Manöver falsch ausgeführt
SAS-410 SILVER PIT	Grundbg., mangelh. nautische Umsicht
MS FRANZ STENZER (DSR)	Koll. mit Tonne, kritiklose Befolgung Lotsenrat
MOGÜ RABENAU (DBR)	Koll. mit MS ARKHANGELSKLES/USR AnL
STR-173 M. J. KALININ (FPG)	Koll. mit STR-171
Supertrawler GEROEVKA Baunr. 503 (VWST)	Festkommen
MS UNION AMSTERDAM/PAN	Festkommen
MS VOLGO-BALT 204/USR	Festkommen, fehlerhafter Lotsenrat
FGSCH GRANITZ (WF)	Koll. mit MKS WITTOW (BBB)
Schl. GRABOW (BBB)	Festkommen infolge Ruderausfall
SAS-284 JÜTLAND	Koll. mit MS NOVY SACZ/POL
FAB WISMAR (FAA)	Grundbg., mangelh. Schiffsführung
SAS-30 SEEHUND (FPG)	Koll. mit Anlegebrücke, mangelh. Umsicht, GdSS
MS MARLOW (DSR)	Koll. mit MS ZYWIEC/POL
MS ALBIN KÖBIS (DSR)	Koll. mit Tonne, mangelh. Aufmerksamkeit

Südatlantik, BRZ, Hafen Santos	06.12.78	1	28/79
Hafen Rostock-Marienehe, Warnowkai	25.03.79	1	29/79
Insel Rügen, Schaproder Bodden, bei Tn. 13	02.06.79	1	30/79
Greifswalder Bodden, Schumachergrund	06.04.79	1	31/79
Südatlantik, ALA, vor dem Hafen Lobito	12.04.79	1	32/79
Rügen, Hiddensee-Fahrw., nahe Tn.-Paar B/2	20.08.79	1	33/79
Rügen, Schaproder Bodden, nahe Tn. 11	25.09.79	1	34/79
Hafen Hamburg, Köhlbrand	22.05.79	1	35/79
Skagerrak, NOR, Revier Mandal, Untiefe jörnen	13.09.79	2	36/79
Barther Bodden, Hafen Barth, vor der Hafen-mole	06.08.79	1	37/79
Nordsee, NOR, N-lich Kopervik	19.09.79	1	38/79

Nordsee 55°30,2' N, 04°33,9' E	17.10.79	2	01/80
NOK, Nordhafen Holtenau	16.10.79	1	02/80
Hafen Saßnitz	02.01.80	1	03/80
Sund, N-lich der Insel Saltholm	19.12.79	1	04/80
Kattegat, Weg B, Tonne 8	14.05.79	1	05/80
Elbe-Fahrw. bei Tn. 83 53°45'58" N, 09°23'46" E	20.12.79	1	06/80
Ostsee 54°40' N, 12°57' E	15.11.79	1	07/80
Osttief-Fahrw., zw. den Tonnen H und G	22.01.80	2	08/80
Wismar-Anstg., Höhe Mittelgrund, bei Tn. 18	08.03.80	2	09/80
Wismar-Anstg. 54°00,5' N, 11°21,3' E	13.02.80	1	10/80
Rostock Überseehafen, Hafenbecken B	24.01.80	1	11/80
Stralsund-N-Anstg., Gellenstrom, bei Tn. P	20.02.80	1	12/80
Östlich Rügen 54°32,7' N, 13°46,8' E	15.02.80	1	13/80
Insel Poel, Kirchdorf-Anstg., beim Tn.-Paar 2/3	26.03.80	1	14/80
Hafen Saßnitz, Anlegebrücke am GKP	29.04.80	1	15/80
NOK, beim Kilometer 40,3	15.02.80	1	16/80
SHR-Fahrw., Tn. 3	05.03.80	1	17/80

MS HEIDENAU (DSR)	Koll. mit MS KOMILES/USR
MS RABENAU (DSR)	Koll. mit MS TRØNDERBAS/NOR und Grundbg.
MS ALTEFÄHR (DSR)	Koll. mit MS BERTOMINSK/USR
WAR-63 DÄNHOLM (FPG)	Koll. mit Anlegebrücken
Schl. SCHOLLE (BBB)	Festkommen, mangelh. nautische Umsicht
MS GRANITZ (DSR)	Koll. mit MS OSTEREMS/GFR
Schl. NORDPERD (BBB)	Koll. mit Stromfähre OSTSEE (WF)
MS FENDYKE/GBI	Festkommen infolge GdSS des Lotsen
MS JOHN BRINCKMAN (DSR)	Koll. mit MS IVAN TIKHOMIROV/USR
MKS MÖNCHGUT (BBB) AnL	Kabelbeschädigung mit Anker infolge Vertreiben
Schl. YAK (BBB)	Grundbg., Schiffsführer Brücke verlassen
FGSCH DORNBUSCH (WF)	Festkommen, Schiffsführer Brücke verlassen
FGSCH HAFFTOURIST (WBHTUEK)	Festkommen, Fehlen von Fahrw.-Markierungen
FGSCH SEEWOLF (WF)	Grundbg., mangelh. Schiffsführung
MS RABENAU (DSR)	Übergehen der Holzdecksladung
VIT-010 (FPG)	Grundbg., mangelh. Schiffsführung
MS GRANITZ (DSR)	Koll. mit MS BREDGARD/FIN
Schl. LANGENORT (BBB)	Grundbg., mangelh. Schiffsführung

Am 1. August 1980 trat die Anordnung über das Seefahrtsamt der Deutschen Demokratischen Republik vom 9. Mai 1980 in Kraft (GBl. Nr. 16 S. 146). Gleichzeitig trat außer Kraft die Anordnung vom 8. November 1967 über das Seefahrtsamt der Deutschen Demokratischen Republik (GBl. II Nr. 107 S. 749).

Am 1. Oktober 1980 trat die Verordnung über das Verfahren zur Feststellung, Untersuchung und Auswertung von Seeunfällen und anderen Vorkommnissen in der Seefahrt (SeeUO) vom 10. Juli 1980 in Kraft (GBl. I Nr. 25 S.243). Gleichzeitig traten außer Kraft: a) die Verordnung vom 17. Dezember 1964 über die Untersuchung von Havarien und Schäden in der Seeschiffahrt - Havarieverfahrensordnung - (HVO) (GBl. II 1965 Nr. 18 S. 133), b) die Erste Durchführungsbestimmung vom 23. Februar 1965 zur Havarieverfahrensordnung - Wahlordnung für die Beisitzer - (GBl. II Nr. 26 S. 193), c) die Ziff. 63 der Anlage 1 zur Anpassungsverordnung vom 13. Juni 1968 (GBl. II Nr. 62 S. 363).

1981

MS RALSWIEK (DSR)	Koll. mit MS TRENT/PAN
MS FÜRSTENWALDE (DSR)	Sturz eines Hafenarbeiters in Ladeluke
MS EUROPE/GRC	Festkommen, fehlerhafter Lotsenrat
MS SCHWIELOWSEE (DSR)	Sturz eines Stauers in Kühlluke mit Todesfolge
MS BERGEN (DSR) HaL	Koll. mit SchKr oA bugsiert v. Schl. KALIBUZ 3/TRK
Schl.PIONIER (MTWW) m.WIS-107 ATAIR	Koll. mit MS ZOLOTITSA/USR HaL
MKS HEIN FINK (BBB)	Grundbg., grobe Verstöße gegen Vorschriften

F.Meerb. 60°02,9' N, 26°47,2' E	31.01.80	1	18/80
Europäisches Nordmeer, Norwegische Schären 68°34,4' N, 16°31,9' E	09.02.80	1	19/80
VTG Südlich Gedser 54°26,7' N, 11°58,2' E	29.05.80	1	20/80
Warnemünde, Alter Strom, am GKP u. SFA	01.07.80	1	21/80
Überseehafen Rostock, Wendeplatte, bei Tn. 14	08.02.80	1	22/80
NOK, in Ausweiche Rade	17.02.80	1	23/80
Warnemünde, eben S-lich der alten Ostmole	17.06.80	1	24/80
Wismar-Anstg. 53°58,1' N, 11°19,8' E	08.07.80	1	25/80
NOK, Zufahrt Brunsbüttel	13.05.80	1	26/80
Kabelgebiet E-lich der Strelasundbrücke	14.06.80	1	27/80
Fahrw. zwischen SHR und Warnow, bei Tn. 3	20.07.80	1	28/80
Hiddensee, Kloster-Fahrw., bei Tn. J	06.07.80	1	29/80
Kleines Haff (Stettiner Haff), Kamminke-Anstg.	21.08.80	2	30/80
Libben, beim Enddorn 54°35,9' N, 13°09,6' E	16.08.80	1	31/80
Barentssee 71°11' N, 27°26,5' E	08.01.80	2	32/80
Stralsund-N-Anstg., Vierendehlrinne	22.08.80	1	33/80
SWD, Kalmarsund 56°40'58" N, 16°23'26" E	21.09.80	1	34/80
Wismar-Anstg., auf dem Hannibal	23.09.80	1	35/80

NTH, Oude Maas	03.06.80	1	01/81
Mittelmeer, ALG, Hafen Algier, LP 29	17.11.80	2	02/81
SHR-Fahrw. N-lich Tn. 9	02.12.80	1	03/81
Nordatlantik, GHA, Hafen Takoradi, an Festmachertonnen liegend	16.10.80	2	04/81
Mittelmeer, TRK, Hafen Mersin, LP A	27.09.80	1	05/81
Wismar, Holzhafen	12.09.80	2	06/81
Insel Rügen, Wieker Bodden, Dranske-Fahrw.	08.11.80	1	07/81

MS OCEAN TRADER/SNG	Grundbg., Koll. mit Torfeuer und Tonne, Beschädigung einer Dückerleitung
MS POLAR (BBB)	Festkommen und Koll. mit Schl. DIERKOW (BBB)
EFS WARNEMÜNDE (DR)	Koll. mit Molenkopf, mangelh. nautische Umsicht
EFS WARNEMÜNDE (DR)	Koll. mit Mittelzungenkopf (Mole)
MS RALSWIEK (DSR) AnL	Koll. mit MS KAHLENBERG/GFR AnL
MS SAGARD (DSR)	Koll. mit MS KINSO/NOR
Schl. PEEZ (BBB)	Koll. mit MS VISHVA KAUMUDI/IND
MT ZEITZ (DSR) AnL	Nach Bruch Ankerkette u. Verlust des Stb.-Ankers mit 5 Kettenlänen Koll. mit Reede-Tn.
MS INSELSBERG (DSR)	Koll. mit MS JAGAT KIRTI/IND
KAR-12 BERGEN (FPG)	Koll. mit Rammkomplex TP XI/XIII (Meko NB)
MS DORSCH (DSR)	Koll. mit Schl. SÜDPERD (BBB) HaL
MS BROCKEN (DSR)	Festkommen, mangelh. Umsicht und Navigation
FGSCH WARNEMÜNDE (WF)	Festkommen, ungenügende Navigation
SAS-309 TÜMMLER	Koll. mit FäS JAN HEWELIUSZ/POL
MS KASPER OHM (BBB)	Festkommen, mangelh. nautische Umsicht
Schl. EISBÄR (SWNR)	Grundbg. mit Schraubenbeschädigung
TFPB STÖRTEBEKER I (WF)	Gefährdung der Schiffssicherheit
FAS STÖRTEBEKER (IHS)	Kol. mit MS ALBIN KÖBIS (DSR) HaL
Schl. DARSSER ORT (BBB)	Beistopperdraht in der Schraube
MS RUDOLF DIESEL (DSR)	Versagen der Schneckenwandwinde, 1 Verletzter
Schl. ELDE (BBB)	Grundbg., vor Anker vertrieben
MS LIESELOTTE HERRMANN (DSR)	Koll. mit MS MOCK YA/KRS
MS JENA (DSR)	Koll. mit MS TAFELBERG/GFR
MS VOLGO-BALT 177/USR	Koll. mit Anleger
FGSCH GRANITZ (WF)	Grundbg. infolge sehr dichten Nebels
FGSCH INSEL HIDDENSEE (WF)	Koll. mit Mole bei der Ansteuerung des Hafens
WAR-40 FREIHEIT (FPG)	Grundbg., danach Strandung
MS MEKHANIK GERASIMOV/USR	Koll. mit Tonne, fehlerhafter Lotsenrat
ROS-407 CARLO SCHÖNHAAR	Gefährdung der Schiffssicherheit
Objekt 44 (PWW)	Grundbg., mangelh. nautische Umsicht

1982

MS GLAUCHAU (DSR)	Grundbg., keine Kontrolle gegebener Weisungen
MS GERINGSWALDE (DSR)	Koll. mit MS INSELSEE (DSR)
Schl. SAALE (BBB)	Gefährdung der Schiffssicherheit
Schl. SAALE (BBB)	Gefährdung der Schiffssicherheit
MS FERDINAND FREILIGRATH (DSR)	Koll. mit Mittelmauer der Neuen Nordschleuse
ROS-411 BRUNO TESCH	Grundbg., mangelh. nautische Umsicht
ROS-332 KURT BARTHEL	Brand im Maschinenraum
WAR-73 RERIK (FPG)	Koll. mit WAR-47 (FPG) HaL, mangelh. Umsicht
ROS-311 RUOLF LEONHARD	Gefährdung der Schiffsischerheit

SHR-Fahrw., Torfeuer 4, Tn 16, Dückerleitung S-lich Tn. 18	30.11.80	2	08/81
Stralsund-N-Anstg., Vierendehlrinne, bei Tn. 70	25.01.81	1	09/81
Ostsee, DEN, Hafen Gedser, Westmolenkopf	24.12.80	1	10/81
Ostsee, DEN, Hafen Gedser, Mittelzungenkopf	21.12.80	1	11/81
Nordsee, NTH, Vlissingen Reede	03.02.81	1	12/81
GBI, River Humber, W-lich Tn. Gate Nr. 5	12.02.81	1	13/81
SHR-Fahrw., N-lich vom Torfeuer 1/2	16.12.80	1	14/81
Warnemünde Reede	01.01.81	1	15/81
NOK, in Ausweiche Schülp	28.01.81	1	16/81
Kleines Haff (Stettiner Haff), Ückermündung	25.11.80	1	17/81
Warnemünde, Liegeplatz 99	16.03.81	1	18/81
Wismar-Anstg., Südteil der Untiefe Hannibal	10.02.81	1	19/81
Stralsund-O-Anstg. 54°12'22" N, 13°21'04" E	26.02.81	1	20/81
Ostsee, E-lich Insel Rügen 54°25,9' N, 14°06,5' E	21.03.81	1	21/81
Stralsund-N-Anstg., Vierendehlrinne, bei Tn. 61	15.04.81	1	22/81
Rostock, SWNR, querab vom Dockdalben 3	09.03.81	1	23/81
Seegebiet vor Warnemünde und Neuer Strom LP	08.04.81	1	24/81
Stadthafen Rostock	01.05.81	1	25/81
Stadthafen Rostock	25.05.81	1	26/81
Kattegat, DEN, Hafen Århus	26.01.81	2	27/81
Insel Usedom, vor Zinnowitz 54°05,4'N,13°54,7'E	09.07.81	1	28/81
Singapur Reede 01°14,1' N, 103°53,5' E	03.01.81	1	29/81
NOK, Westausgang Ausweiche Breiholz	19.03.05	1	30/81
Wismarbucht, Anleger Hohen Wieschendorf	18.09.81	1	31/81
SHR-Fahrw. 54°09,85' N, 12°06,18' E	16.09.81	2	32/81
Hafen Stralsund, Nordmole	07.09.81	1	33/81
Darß, Außenküste Zingst 54°26,7' N, 12°40,5' E	28.09.81	1	34/81
SHR-Fahrw., bei Tn. 9	03.06.81	1	35/81
Nordatlantik, MAU, Fangebiet vor der Küste	22.09.81	1	36/81
Osttief-Fahrw., zw. den Tn. 13 und 15	22.09.81	1	37/81
Mittelmeer, ITL, Livorno, in der Hafeneinfahrt	20.05.81	1	01/82
Mittelmeer 37°17,5' N, 06°40,5' E	17.09.81	1	02/82
Einsatzgebiet zw.den Hfn. Stralsund u.Rostock	20.-29.07.81	1	G 03/82
Hfn. Stralsund sowie dessen N- und O-Anstg.	16.10.81	1	G 04/82
NOK, Neue Nordschleuse Brunsbüttel	19.11.81	2	05/82
Indik, Moçambique, vor dem Hafen Maputo	07.02.82	1	06/82
Europäisches Nordmeer 66°40' N, 00°40' W	15.07.81	2	G 07/82
Warnemünde, Alter Strom	02.11.81	1	G 08/82
Schottische Küstengewässer,Nordsee u. Atlantik	15.01.- 29.04.81	1	09/82

MS PINGUIN (DSR)	Koll. mit MS SALDUS/USR
MS WEIMAR (DSR)	Festkommen, infolge eines Ausweichmanövers
MS ARTERN (DSR)	Koll. mit MS BALTIYSKIY-20/USR und nachfolgender Grundbg.
UEK-2 (FPG)	Gefährdung der Schiffssicherheit
EFS WARNEMÜNDE (DR)	Koll. mit FK VENUS SO 4/GFR
MS RECHLIN (DSR)	Grundbg. infolge Ausfall der Rudermaschine I
MS ESPENHAIN (DSR)	Koll. mit MS FEDERAL RHINE/BLG
MS GLEICHBERG (DSR)	Auflaufen auf Riff, mangelh. Schiffsführung
MS THEMAR (DSR)	Koll. mit MS BOTAFOGO/BRZ
1983	
MB WIKING (Rat der Gemeinde Hiddensee)	Gefährdung der Schiffssicherheit u. Festkommen
MSS ERNST THÄLMANN (GST)	Grundbg., mangelh. Navigation
SAS-274 HAVEL	GdSS und Koll. mit SAS-411 HaL
MS PIONIER ARKHANGELSKA/USR	Festkommen,ungünst.hydro-meteorol. Bedingungen
MS TRINWILLERSHAGEN (DSR)	Koll. mit Motorkutter VLISSINGER/BEL
MS ESPENHAIN (DSR)	Grundbg., Unterschätzung Squat
MS VÖLKERFREUNDSCHAFT (DSR)	Koll. mit U 26 (S 175) Bundesmarine
MS BALTIYSKIY-4/USR	Koll. mit Tonne
EFS ROSTOCK (DR)	Grundbg., ungünst. hydro-meteorol. Bedingungen
FGSCH NAUTILUS (WF)	Gefährdung der Schiffssicherheit
MS RAPLA/USR	Koll. mit in Bau befindlicher Spundwand
MKS FREUNDSCHAFT (BBB)	Koll. mit MKS ERWIN FISCHER (BBB)
WIS-113 FRITZ REUTER (FPG)	Gefährdung der Schiffssicherheit
MT SCHKOPAU (DSR)	Koll. mit Brücke, Brückenklappe ragte in Durchfahrt
MS TRATTENDORF (DSR)	Grundbg., mangelh. nautische Umsicht
EFS ROSTOCK (DR)	Koll. mit Betondalben u. innerem W-Molenkopf
MS WERBELLINSEE (DSR)	Koll. mit MS ALIDA GORTHON/SWD
ROS-310 PETER KAST	Koll. mit Growler, mangelh. nautische Umsicht
MS ERFURT (DSR)	Koll. mit MS NASCENCE/GBI
MS CRIMMITSCHAU (DSR)	Angebliche Dalbenbeschädigung
ROS-409 HEINZ KAPELLE	Kurbelwannenexplosion Stion 4 der HM
EFS SASSNITZ (DR)	Koll. mit Molenkopf, mangelh. Aufmerksamkeit
MS RADEBERG (DSR)	Koll. mit MS PIA ARRE/DEN
FGSCH SEEADLER (WF)	Gefährdung der Schiffssicherheit
MS MÜHLHAUSEN (DSR)	Grundbg., mangelh. nautische Umsicht
FGSCH ELLI II (Rat der Stadt Ueckermünde)	Gefährdung der Schiffssicherheit
MS PRITZWALK (DSR)	Grundbg., mangelh. nautische Umsicht

F.Meerb. 60°35,5' N, 28°29,5' E	19.01.82	1	10/82
USA, auf dem Mississipi	16.11.81	1	11/82
Stralsund Innenreede (Altefähr)	31.10.81	1	12/82
Greifswalder Bodden	24.03.82	1	13/82
Ostsee, Gedser-Anstg., in der Rødsand Rende	13.02.82	1	14/82
Elbe-Fahrw., bei Blankenese	12.06.82	1	15/82
Warnemünde Reede 54°13,05' N, 12°01,2' E	13.01.82	1	16/82
Golf von Akaba, Gordon Reef 27°59,25' N, 34°27,0' E	13.08.81	1	17/82
Nordsee 52°27,1' N, 04°10,0' E	24.03.82	1	G 18/82
Insel Hiddensee, Neuendorf-Anstg.	13.10.82	1	01/83
Greifswalder Bodden, E-lich der Halbinsel Zudar	04.11.82	1	02/83
Hafen Saßnitz	21.06.82	1	03/83
Wismar-Anstg., bei Tn. 32	18.11.82	2	04/83
Schelde-Fahrw. 51°20,65' N, 03°50,4' E	03.04.82	1	05/83
Oder-Fahrw., Höhe Insel Wielki Karw (Großer Korb Werder)	06.10.81	1	06/83
Fehmarnbelt 54°36,3' N, 11°06,9' E	21.01.83	1	07/83
SHR-Fahrw., bei Tn. 7	08.12.82	1	08/83
Ostsee, SWD, Trelleborg-Anstg., bei Tn. 5	19.11.82	2	09/83
Fahrw. zwischen Warnemünde und SHR	28.02.83	1	10/83
Hafen Wismar	26.12.82	1	11/83
Wismar-Anstg., bei Tn. 37	14.01.83	1	12/83
Westliche Ostsee und Wismar-Anstg.	29.01.83	1	13/83
NTH, Hafen Delfzijl, Weinwerder Brücke	17.12.82	2	14/83
Ostsee, Riga-Anstg. 57°04,3' N, 24°00,2' E	30.12.82	1	15/83
Ostsee, SWD, Hafen Trelleborg	27.02.83	1	16/83
NOK, beim Kilometer 26	13.02.83	1	17/83
Nordatlantik 55°49' N, 57°21' W	18.12.82	1	18/83
Antwerpen-Anstg. 51°41,52' N, 03°17,54' E	30.01.83	1	19/83
NOK, Ausweiche Kudensee (Dalben 47 und 51)	18.01.83	2	20/83
Indik, vor Moçambique 25°59,88' S, 33°43,36' E	15.12.82	1	21/83
Insel Bornholm, Hafen Rønne, Kopf der Südmole	30.07.83	1	22/83
Bei Leuchtturm Kiel 54°28,9' N, 10°16,6' E	24.04.83	1	23/83
Fahrgastverkehr zw.Hiddensee und Rügen	10.09.83	1	G 24/83
Antwerpen-Anstg. 51°35,3' N, 03°22,8' E	09.08.83	1	25/83
Peenestrom-Fahrw., Hafen Karnin	10.09.83	1	26/83
Antwerpen-Anstg. 51°38'18" N, 03°20'22" E	18.06.83	1	27/83

FoS PROFESSOR ALBRECHT PENCK (IfM)	Gefährdung der Schiffssicherheit
Schl. WISENT (BBB)	Koll. mit SchKr. Greif II (SHR) am Objekt 121 und Gefährdung der Schiffssicherheit

Am 1. April 1983 trat die Verordnung über das Seelotswesen der Deutschen Demokratischen Republik - Seelotsverordnung - in Kraft. Gleichzeitig traten außer Kraft: a) die Verordnung vom 28. Oktober 1966 über das Lotswesen (GBl. II Nr. 141 S. 889); b) die Zweite Verordnung vom 27. November 1968 über das Lotswesen (GBl. II Nr. 130 S. 1045) sowie erlassene Durchführungsbestimmungen.
Mit der Bekanntmachung zur Internationalen Konvention zum Schutz des menschlichen Lebens auf See, 1974 vom 12. Oktober 1983 wurden Korrekturen zum Text der Internationalen Konvention zum Schutz des menschlichen Lebens auf See, 1974 (Bekanntmachung vom 27. August 1979 GBl. II 1980 Nr. 1 S. 31 und GBl. SDr. Nr. 1015) angenommen und in den unterzeichneten ursprünglichen Wortlaut der Konvention eingearbeitet. Die Korrekturen wurden im GBl. SDr. Nr. 1015/1 veröffentlicht.

1984

MS ZÜSSOW (DSR)	Koll. mit MS VYRU/USR
MTL MINOL 15 (Minol Rostock)	Grundbg., mangelh. nautische Umsicht
MS TESSIN (DSR)	Festkommen, mangelh. nautische Umsicht
MS WERNER SEELENBINDER (DSR)	Grundbg., mangelh. nautische Umsicht
WAR-101 SEESCHWALBE (FPG)	Festkommen
MS MAGDEBURG (DSR)	Beschädigung und Untergang Mfmb. Nr.11/NTH durch fallenden Anker
MS BLANKENBURG (DSR)	Koll. mit MS KANGOUROU/FRA
MS HELLERAU (DSR)	Pleuellagerschaden an der HM Station 5
KAR-25 POTSDAM (ZBE „Forelle" Wismar)	Gefährdung der Schiffssicherheit
Schl. OLDENDORF (BBB)	Koll.mit Schl. ARNI (BBB) und MS EISENHÜTTENSTADT (DSR)
MS TO LICH/VNM	Tödlicher Unfall beim Bugsiervorgang 1 Toter
Schl. BÜFFEL (BBB)	Koll. mit MS HARTWIG BUSS/GFR
MS NORDIC/DEN	Koll. mit MS OSMUSSAAR/USR AnL
MS PINGUIN (DSR) AnL	Koll. mit MS KAPITAN FOMIN/USR AnL
MKS MÖNCHGUT (BBB)	Grundbg. und Festkommen
MS CRIMMITSCHAU (DSR)	Koll. mit Schl. WISENT (BBB) und Grundbg.
MS MAKLER/GFR	Koll. mit MT TÄRNTANK/SWD
MS ERFURT (DSR)	Koll. mit Schleusentor, mangelh. Lotsenrat
FAB WARNEMÜNDE (FAA)	Koll. mit Dalben, mangelh. nautische Umsicht
MS SORMOVSKIY-41/USR	Koll. mit Dalben, Lotsenrat nicht befolgt
FAS STÖRTEBEKER (IHS)	Koll. mit Pier und Landkran D-39 e
MKS FORTSCHRITT (BBB)	Grundbg., mangelh. nautische Umsicht
MS AUE (DSR)	Koll. mit Kai, mangelh. Aufmerksamkeit
MS HENNIGSDORF (DSR)	Untergang nach Wassereinbruch

Ostsee, E-liche Bornholmsee	06.08.83	1	28/83
Warnemünde, WWW	26.10.83	1	29/83

Wismar-Anstg., E-lich vom Tn.-Paar 17/14	30.10.83	1	01/84
Wismarbucht 53°58'08" N, 11°19'37" E	25.11.83	1	G 02/84
SWD, Kalmarsund 56°39'50" N, 16°23'10" E	15.10.83	1	03/84
Südatlantik, ALA, Hafen Lobito 12°18,85' S, 13°35,28' E	29.07.83	1	04/84
Rügen, Wissower Klinken 54°31,9' N, 13°41,3' E	08.11.83	1	05/84
Niederlande, Hafen Rotterdam, LP Heyplaat	21.06.83	1	06/84
NTH, Schelde-Fahrw., bei Tn. 3	02.04.83	1	07/84
Kiel-Ostsee-Weg, auf ungf. 54°34,7' N, 11°22' E	29.04.83	1	08/84
Warnemünde, Alter Strom, bei der Paßkontrolle	10./11.01.84	1	09/84
SHR-Fahrw., zw. den Tn.-Paaren 17/24 u.19/26	04.11.83	1	10/84
Überseehafen Rostock	28.02.84	2	11/84
Mecklenburger Bucht 54°09,5' N, 11°27,2' E	03.03.84	1	12/84
Stralsund-O-Anstg., Palmer-Ort-Rinne	03.03.84	1	13/84
Rigaischer Meerbusen, Riga Außenreede	30.12.83	1	14/84
Rügen, Rassower Strom, bei Tn. 7	28.02.84	1	15/84
Rostock, SWNR-N-Zufahrt	17.03.84	1	16/84
Wismar-Anstg., beim Tonnenpaar 12/15	05.03.84	1	17/84
NOK, Neue Nordschleuse Brunsbüttel	18.05.84	1	18/84
Rostock, Warnow-Fahrw., Dalben 39	24.02.84	1	19/84
Rostock, Warnow-Fahrw., Dalben 39	04.03.84	1	20/84
POL, Hafen Szczecin (Stettin), Pier Starowka	27.06.84	1	21/84
Nordküste Rügen 54°40,6' N, 13°17,2' E	20.06.84	1	22/84
Barentssee,Hafen Murmansk,Querpier,am LP 9	28.07.84	1	23/84
Nordatlantik 38°57,1' N, 10°32,2' W	19.09.84	2	24/84

SAS-294 SCHWERTWAL	Gefährdung der Schiffssicherheit

Am 22. Februar 1984 trat die Anordnung Nr. 2 zur Regelung des Seeverkehrs - Seeverkehrsordnung (SeeVO) - vom 12. Januar 1984 in Kraft (GBl. SDr. Nr. 993/1). Am 28. April trat für die DDR die Internationale Konvention über Standards für Ausbildung, Zeugniserteilung und Wachdienst für Seeleute, 1978 in Kraft (GBl. SDr. Nr. 1153).

1985

MS SONNEBERG (DSR)	Koll. mit Fischerboot RPA 845 X/ALA gekentert
EFS ROSTOCK (DR)	Koll. mit SAS-33 STURMVOGEL (FPG) Untergang nach der Kollision, 2 Vermißte
MS SEMLOW (DSR)	Koll. mit MT FRAMNÄS/SWD
Schl. ELBE / Schl. PALMER ORT (beide BBB)	Gefährdung der Schiffssicherheit
SAS-295 BLAUWAL	Grundbg., kritiklose Befolgung Lotsenrat
MS GEORG SCHUMANN (DSR)	Minentreffer
MS HOLGER II/GFR	Grundbg., fehlerhafter Lotsenrat
SCHE RASSOW/LIBBEN (WF)	Maschinenschaden, Ausfall Schmierölversorgung
ROS-508 NORDMEER	Festkommen, mangelh. Navigation
MTL MINOL 12 (Minol Rostock) HaL	Koll. mit MS DA PENG/CHR
MS XIII CONGRESO/CUB	Grundbg. und Koll. mit Torfeuer
MS SONNEBERG (DSR)	Koll. mit MS GROBNIK/YUG
MS KÖTHEN (DSR)	Grundbg., mangelh. Lotsenrat und Squateinfluß
SAS-274 HAVEL	Gefährdung der Schiffssicherheit
ROS-317 JUNGE GARDE	Grundbg., mangelh. Navigation
MS SENFTENBERG (DSR)	Eispressung mit Waeinbr.,Schraubenschaden
MS ELLEN BAGGE/DEN	Festkommen, mangelh. Lotsenrat u. Brückenorgan.
FGSCH SEEBAD ZINGST (WF) AnL	Festkommen infolge Vertreibens
FGSCH WARNOW (WF)	Koll. mit FGSCH NAUTILUS (WF)
MS RHINSEE (DSR)	Koll. mit MS GUSTAV BEHRMANN/GFR

1986

MKS PHILIPP MÜLLER (BBB)	Festkommen, mangelh. Aufmerksamkeit
FGSCH SEEFALKE (WF)	Festkommen, mangelh. Navigation
MOGÜ PEENEMÜNDE (DBR)	Festkommen infolge Leichtfertigkeit
MS BUSSARD (DSR)	Brand im Maschinenraum und den Decksaufbauten
MS STOLLBERG (DSR)	Koll. mit MS BRONISLAW LACHOWICZ/POL
MS MANSFELD (DSR)	Brand in den Aufbauten und Strandung
MS KÄPP'N BRASS (BBB)	Grundbg. infolge Leichtferigkeit
SAS-273 DAHME	Festkommen, mangelh. nautische Umsicht

Ostsee, Fangplatz N-lich der Oder Bank	27.-31.07.84	1	25/84
Südatlantik, ALA, vor dem Hafen Lobito	23.08.84	1	01/85
Saßnitz-Anstg. 54°31,4' N, 13°42' E	02.11.84	1	02/85
NOK, eben S-lich der Hochbrücke Grünenthal	19.08.84	1	03/85
In den Revieren Stralsund und Wismar	05.10. und 16.12.84	1	04/85
Skagerrak, SWD 58°20,7' N, 11°14,25' E	14.11.84	1	05/85
Rotes Meer 13°22' N, 42°59' E	02.08.84	2	06/85
Wismarbucht, Tonnenhaken, bei Tn. FT 4	21.12.84	1	07/85
Insel Hiddensee, Hafen Kloster	03.04.84	1	08/85
GBI, Küste von Westschottland (Loch Broom)	21.12.84	1	09/85
Überseehafen Rostock LP 37	03.02.85	1	10/85
SHR-Fahrw., N-lich der Mittelmole u. Torfeuer 6	01.03.85	1	11/85
Elbe-Fahrw. 53°52,7' N, 09°05,6' E	12.04.85	1	12/85
Antwerpen-Anstg. 51°38,2' N, 03°20' E	07.06.85	1	13/85
Ostsee, Fangplatz N-lich Arkona	14.06.85	1	14/85
Ostsee, Oder Bank 54°16,9' N, 14°18,2' E	08.04.85	1	15/85
Rigaischer Meerbusen, NE-lich Kolkasrags	19.02.85	2	16/85
Stralsund-N-Anstg., Vierendehlrinne, bei Tn. 57	14.06.85	1	17/85
Libben 54°36,05' N, 13°10,5' E	10.04.85	1	18/85
Warnemünde, Alter Strom	17.07.85	1	19/85
Kattegat, Århus Bugt 56°05,9' N, 10°28,6' E	02.03.85	1	20/85
Rügendamm-Fahrw., E-lich vom Dänholm	31.10.85	1	01/86
Stralsund-N-Anstg., Vierendehlrinne, bei Tn. 66	24.11.85	1	02/86
Rügen, Vitter Bodden 54°33,3' N, 13°09,5' E	20.11.85	1	03/86
Ostsee, Kiel-Ostsee-Weg, bei Tn. 10	07.07.85	1	04/86
NOK, in Ausweiche Oldenbüttel	04.12.85	1	G 05/86
Nordatlantik 39°55' N, 09°51' W und portugiesische Küste 40°01' N, 08°56' W	15./16.02.86	1	06/86
Prorer Wiek, Seehundsriff 54°24,5' N 13°40' E	09.12.85	1	07/86
N-lich Rügen (Mövenort) 54°40,2' N, 13°16' E	06.01.86	1	08/86

SAS-290 NARWAL	Gefährdung der Schiffssicherheit
Fabriktrawler MOONZUND (VWST)	Grundbg., mangelh. nautische Umsicht
MS FÜRSTENWALDE (DSR) AnL vertrieben	Koll. mit MS MATHILDE/NTH AnL
GTS OSIPOVICHI/USR	Grundbg., mangelh. Lotsenrat
MS WOLGAST (DSR)	Koll. mit FK E 693 KEMILA/DEN
MS HEIDENAU (DSR)	Festkommen, mangelh. Navigation u. Lotsenrat
FGSCH ALTEFÄHR (WF)	Gefährdung der Schiffssicherheit
FGSCH SEEBAD ZINGST (WF)	Gefährdung der Schiffssicherheit
STR-174 MECKLENBURG (FPG)	Grundbg., mangelh. Navigation
MKS UMMANZ (BBB)	Festkommen, mangelh. Schiffsführung
MT STINT/GFR	Grundbg., mangelh. Lotsenrat
1987	
MS EISENHÜTTENSTADT (DSR)	Koll. mit Schl. BÜFFEL (BBB) bei Leinenübergabe
MS NORDHAUSEN (DSR) HaL	Wassereinbruch in den Maschinenraum
STR-175 SACHSEN (FPG)	Grundbg. und Koll. mit STR-174 (FPG)
MS FREYBURG (DSR)	Grundbg., kritiklose Befolgung Lotsenrat
Kontrollboot SPREE (DBR)	Gefährdung der Schiffssicherheit
MS BURG (DSR)	Koll. mit MT LECKÖ AV LIDKÖPING/SWD
SAS-296 FINNWAL/SAS-282 DOGGER-BANK	Koll. mit MS GERDA RAMBOW/GFR
MS MAXHÜTTE (DSR)	Festkommen, mangelh. Aufmerksamkeit
GTS IVAN VERNIGORENKO/USR	Festkommen, mangelh. Lotsenrat
MS BLANKENSEE (DSR)	Grundbg., Empfehlungen im SHB mißachtet
MS FICHTELBERG (DSR)	Grundbg., mangelh. Schiffsführung des PK-Lotsen
MS BRANDENBURG (DSR)	Festkommen, mangelh. nautische Umsicht
MS JOHN BRINCKMAN (DSR)	Koll. mit MS EL JIGUE/CUB
MS NEUBRANDENBURG (DSR)	Koll. m. MS ANDRIA/GRC HaL u. Koll. m. Dalben
MS RIO COARI/BRZ	Koll. mit Tonne und Festkommen
FGSCH INSEL HIDDENSEE (WF)	Grundbg., mangelh. Umsicht
FGSCH SEEBAD HERINGSDORF (WF)	Gefährdung der Schiffssicherheit
FGSCH STUBNITZ (WF)	Gefährdung der Schiffssicherheit
ROS-319 LÜTTEN KLEIN	Festkommen, mangelh. Lotsenrat und Navigation
MS FÜRSTENWALDE (DSR)	Koll mit von SAS-273 ausgebrachtem Fangnetz
MS BARTH (DSR)	Koll. mit IBN AL MOATAZ/SAU
WAR-65 RÜGENLAND (FPG)	Gefährdung der Schiffssicherheit
Schl. DORSCH (DSR)	Ausfall der Hauptmaschine
FGSCH SEEWOLF (WF)	Koll. mit WS 143 (Wasserschutzpolizei) HaL ge--sunken unmitelbar nach der Kollision
Stromfähre OSTSEE (WF)	Gefährdung der Schiffssicherheit

Ostsee, Fangplätz E-lich Stubbenkammer	03.04.86	1	09/86
Greifswalder Bodden 54°12'38" N, 13°38'09" E	29.04.86	1	G 10/86
Unterelbe, Neufeld-Reede Ost	11.11.85	1	11/86
Greifswalder Bodden, W-lich Tn.-Paar 21/22	03.06.86	1	12/86
NOK, beim Kilometer 33	09.01.86	1	13/86
NOR, NW-lich Tromsö 69°40' N, 18°52,7' E	17.07.86	1	14/86
Insel Rügen, Vitter und Schaproder Bodden	16.06.86	1	15/86
Fahrt von Kloster/Hiddensee nach Stralsund	16.06.86	1	16/86
E-Küste Rügen,Idunagrund 54°19,4' N,13°45,6 E	06.06.86	1	17/86
N-lich Darßer Ort 54°29,2' N, 12°30,5' E	28.06.86	1	18/86
Wismar-Anstg., Hannibal 54°01,6' N, 11°22,4' E	23.03.86	1	19/86
SHR-Fahrw., Höhe Pinnegraben	30.08.86	2	01/87
Überseehafen Rostock LP 43	12.10.86	1	02/87
Stralsund-N-Anstg., S-lich Tn. 50	29.04.86	1	03/87
BLG, Schelde-Fahrw. an der Plaat van de Parel	22.05.86	1	04/87
Stralsund-O-Anstg., Höhe Glewitzer Fähre	08.11.86	1	05/87
NOK, beim Kilometer 37,7	14.10.86	1	06/87
NW-lich Insel Bornholm 55°21,5' N, 14°37' E	10.10.86	1	07/87
Venezuela, Barima-Kanal (Orinoco-Mündung)	02.12.86	1	08/87
Greifswalder Bodden 54°12,72' N, 13°41,66' E	27.01.87	1	09/87
CUB,Cardenas-Anstg.,bei Tn. Cabezo del Coral	18.06.86	1	10/87
Panama-Kanal, Cunette Reach/Empire Reach	18.97.86	1	11/87
SHR-Fahrw. 54°12'06" N, 12°05'06" E	15.11.86	1	12/87
CUB, vor Havanna 23°09,61' N, 82°22,27' E	02.02.87	1	13/87
NOK, Binnenhfn. Holtenau u. Kopfdalben 6	13.01.87	1	14/87
SHR-Fahrw., Tn. 18 und bei Tn. 18	05.06.87	1	15/87
Rügen, Rassower Strom/Vitter Bodden-Fahrw.	23.02.87	1	16/87
Unterwarnow, Einsatz im Arbeiterberufsverkehr	16.04.87	1	17/87
Hafen Stralsund	05.06.87	1	18/87
ALA, Hafen Luanda 08°47,5' S, 13°15,34' E	14.04.87	1	19/87
N-lich Rügen 54°50,3' N, 13°22,5' E	18.04.87	1	20/87
Deutsche Bucht 53°55,4' N, 07°45,5' E	30.10.87	1	21/87
Überfahrt von Warnemünde nach Stralsund	18.08.87	1	22/87
Warnemünde Reede	10.03.87	1	23/87
Hafen Ribnitz	16.08.87	1	24/87
Fährverkehr zw. Warnemünde und Hohe Düne	16.11.87	1	25/87

1988	
WIS-117 JOHN BRINCKMAN (FPG)	Gefährdung der Schiffssicherheit und Koll. mit WAR-57 JASMUND (FPG), WAR-57 gesunken
MS BANSIN (DSR)	Festkommen, kritiklose Befolgung Lotsenrat
SAS-314 BLAUHAI	Festkommen, mangelh. Schiffsführung
MKS MÖNCHGUT (BBB)	Gefährdung der Schiffssicherheit und Fest-kommen
Saugbagger BRANDENBURG (WSB)	Gefährdung der Schiffssicherheit
Schl. FALKE (WSB)	Gefährdung der Schiffssicherheit
Schl. PALMER ORT (BBB) mit Anh.	Koll. des Anh. MKS SEESTERN (BBB) mit Tonne
MS ZEULENRODA (DSR)	Koll. mit Saugbagger SEVERODVINSKIY/USR
MS PASEWALK (DSR)	Koll. mit Containerbrücke, mangelh. Umsicht
MS WEIMAR (DSR)	Koll. mit Binnenmotorschiff BM-5181/POL
KAR-024 MILAN (FPG)	GdSS u. unbefugte Benutzung des Kutters
MS BERGEN (DSR)	Koll. mit MS POWSTANIEC SLASKI/POL
Schl. ODER (BBB)	Gefährdung der Schiffssicherheit
MSS WARNOW (GST)	Gefährdung der Schiffssicherheit
MS BERLIN-HAUPTSTADT DER DDR (DSR)	Koll. mit MS DONG SUH/KRS
MS NEUSTADT (DSR)	Festkommen, mangelh. Schiffsführung
MS HEINRICH HEINE (DSR)	Koll. mit MS MATARAM/IDA
MS KÖTHEN (DSR)	GdSS und Wachvergehen des DTO
Taucherschiff VORWÄRTS (BBB)	Gefährdung der Schiffssicherheit
STR-179 LASSAN (FPG)	Gefährdung der Schiffssicherheit
FGSCH HIDDENSEE (WF)	Gefährdung der Schiffssicherheit
FAB LAUTERBAUCH (FAA)	Explosion im MR und Brand 3 Verletzte
Heuer LAS-7 (FPG)	Gefährdung der Schiffssicherheit
MS DRESDEN (DSR)	Festkommen infolge Leichtfertigkeit
1989	
MS RIESA (DSR)	Grundbg. infolge Leichtfertigkeit
MS JÖHSTADT (DSR)	Festkommen, mangelh. Lotsenrat und Navigation
MOGÜ HOFFNUNG (WF)	GdSS und Fahrt ohne Fahrauftrag
Stromfähre MAISCHOLLE (WF)	Gefährdung der Schiffssicherheit
FGSCH NAUTILUS (WF)	GdSS und Koll. mit MS DORSCH (DSR) HaL
MS RUDOLF BREITSCHEID (DSR)	Festkommen mit nachfolgendem Stranden
MS VOLGO-BALT 236/USR	Koll. m. MKS PINGUIN u. EKS WARNEMÜNDE (beide BBB)
FGSCH UECKERMÜNDE (WBHTUEK)	Gefährdung der Schiffssicherheit
EGF MUKRAN (DSR)	Festkommen, mangelh. Umsicht
MS PREMNITZ (DSR)	Grundbg., mangelh. nautische Umsicht
MS NORDHAUSEN (DSR)	Grundbg., mangelh. Aufmerksamkeit
STR-178 HIDDENSEE (FPG)	Koll. mit Unterwasserhindernis
ROS-334 EDUARD CLAUDIUS	Koll. mit Pier, mangelh. Aufmerksamkeit
SCHE KSS 2434 (DBR)/SP LIBBEN (WF)	Gefährdung der Schiffssicherheit und Grundbg.

N-lich Darßer Ort 54°30,6' N, 12°29' E	08.11.87	1	01/88
FIN, Saima-Kanal 61°48,9' N, 28°52,3' E	14.11.87	1	02/88
Peenestrom, Knaakrücken-Rinne, bei Tn. 10	29.11.87	1	03/88
Südspitze Insel Ruden 54°11,64' N, 13°46,45' E	26.11.87	1	04/88
Ribnitz-Fahrw., N-lich Wendisch Langendorf	20.06.87	1	05/88
Ribnitz-Fahrw., N-lich Wendisch Langendorf	20.06.87	1	06/88
SHR-Fahrw.-Anstg., Tn. Rostock	12.12.87	1	07/88
Archangelsk, Dwina-Fahrw., S-lich Tn.-Paar 5/6	30.08.87	1	08/88
Golf von Mexiko, MEX, Hafen Altamira	20.09.87	1	09/88
Polen, Oder-Fahrw. 53°37,2' N, 14°35,2' E	18.10.87	1	10/88
Peene-Fahrw., FPG-Werft Wolgast bis Tn. 38	27.02.88	1	11/88
Großer Belt 55°12,1' N, 11°05,7' E	05.04.88	1	12/88
Hafen Stralsund u. Bauhof Stralsund-Dänholm	10.03.88	1	13/88
Hafen Wismar, beim Liegeplatzwechsel	09.06.88	1	14/88
Schelde-Fahrw., bei Tn 85	21.02.88	1	15/88
TRK, Izmir-Anstg. 38°25,3' N, 26°55,5' E	17.07.88	1	16/88
Elbe-Fahrw., Unterelbe, zw. den Tn. 58 u. 56	02.04.88	1	17/88
SHR-Anstg. und SHR-Fahrw.	15.06.88	1	18/88
Überfahrt von Warnemünde nach Wismar	12.08.88	1	19/88
Stralsund-O-Fahrw.	15.07.88	1	20/88
Überfahrt Kloster/Hiddensee nach Stralsund	20.07.88	1	21/88
Stralsund-O-Anstg., Palmer-Ort-Rinne	23.10.87	2	22/88
Hafen Lassan und Peenestrom-Fahrw.	31.08.88	1	23/88
TRK, Izmir-Anstg. 38°25,6' N, 27°01,4' E	28.10.88	1	G 24/88
IND,Tuticorin Reede 08°46,31' N, 78°13,48' E	23.08.88	1	G 01/89
BLG, Schelde-Fahrw. 51°26,39' N, 03°58,85' E	02.12.88	1	02/89
Hiddensee, von Hfn. Neuendorf nach Hfn. Vitte	04.10.88	1	03/89
Fähverkehr zw. Warnemünde und Hohe Düne	12.11.88	1	04/89
Überseehafen Rostock LP 30	16.01.89	1	05/89
Ostsee, USR, Klaipeda (Memel), im Bereich der Molen und Nordmolenkopf	24./25.09.88	1	06/89
Stralsund-O-Anstg., Palmer-Ort-Rinne	08.12.88	1	07/89
Rundfahrt im Kleinen Haff (Stettiner Haff)	06.09.88	1	08/89
Hfn. Klaipeda (Memel), beim Vhodnoj-Unterfeuer	07.11.88	1	09/89
Ostsee, Swinoujscie (S'münde)-N-Anstg.	03.12.88	1	10/89
SHR, Wendeplatte, E-lich Tn. 28	12.03.89	1	11/89
N-lich Enddorn/Hiddensse 54°36,7' N, 13°09' E	22.05.89	1	12/89
USA, Hafen New York, Pier 7 in Brooklyn	09.03.89	1	13/89
Linienverkehr zw. Schaprode u. Hiddensee	02.08.89	1	14/89

EFS SASSNITZ (DR)	Ausfall und Querschlagen des Bugruders
SAS-288 GROSSE FISCHERBANK	Gefährdung der Schiffssicherheit

Am 1. April 1989 trat die Verordnung über die Suche und Rettung von Menschen auf See - Seenotrettungsverordnung - vom 19. Januar 1989 in Kraft (GBl. I Nr. 5 S. 89). Gleichzeitig traten außer Kraft: a) die Verordnung vom 29. August 1972 über die Rettung von Menschenleben und Fahrzeugen aus Seenot und die Behandlung von Strandgut - Strandungsordnung - (GBl. II Nr. 58 S. 633), b) die Erste Durchführungsbestimmung vom 7. Dezember 1972 zur Verordnung über die Rettung von Menschenleben und Fahrzeugen aus Seenot und die Behandlung von Strandgut - Strandungsordnung - (GBl. I 1973 Nr. 1 S. 4).

1990

Schl. RASSOW (BBB)	Grundbg., mangelh. Aufmerksamkeit
WIS-062 (FPG)	Gefährdung der Schiffssicherheit
MS KARLA ELENA/SVC	Festkommen, Lotsenrat nicht befolgt
WAR-100 SILBERMÖVE (FPG)	Koll. mit WAR-101 (FPG)
MS FAHRLAND (DSR)	Koll. mit MS NEILA/SPN
FGSCH BINZ (WF)	Gefährdung der Schiffssicherheit
MS BLANKENSEE (DSR)	Deformation ZD durch Überbelastung
WAR-41 DESSAU (FPG)	GdSS und Koll. m.Barkasse STURMVOGEL (BFD)
Schwimmkran WAL (SHW)	Gefährdung der Schiffssicherheit
Mooring Boot FIETJE (SHW)	Gefährdung der Schiffssicherheit
MS HARDWAR/IND	Festkommen nach Ausfall der Hauptmaschine
SAS-286 VIKINGBANK	Gefährdung der Schiffssicherheit

Am 1. Januar 1990 trat die Anordnung zur Regelung des Seeverkehrs - Seeverkehrsanordnung (SeeV-AO) - vom 25. Mai 1989 in Kraft (GBl. SDr. Nr. 1320). Gleichzeitig traten außer Kraft: a) die Anordnung vom 18. Oktober 1978 zur Regelung des Seeverkehrs - Seeverkehrsordnung (SeeVO) - (GBl. SDr. 993), b) die Anordnung Nr. 2 vom 12. Januar 1984 zur Regelung des Seeverkehrs - Seeverkehrsordnung (SeeVO) - (GBl. SDr. Nr. 993/1).

NE-lich Kap Arkona, eben N-lich Tn. Arkona	05.08.89	2	15/89
Ostsee, Fangplatz E-lich Rügen	13.-16.10.89	1	16/89

Oier Riff 54°13,5' N, 13!53,4' E	08.09.89	1	i01/90
Warnemünde, Alter Strom	05.11.89	1	02/90
Stralsund-O-Anstg. 54°16,9' N, 13°25' E	19.10.89	1	03/90
Vor Warnemünde 54°14,2' N, 12°05' E	06.10.89	1	04/90
Schelde-Fahrw.	10.12.89	1	05/90
Einsatz im ABV Schmarl/Oldendorfer Brücke	08.09.89	1	06/90
Kanal 49°57' N, 03°13' W	28.11.89	1	07/90
Warnemünde, im Neuen Strom	12.05.90	1	08/90
Greifsw. Bodden, 2 sm vor Palmer-Ort-Rinne	10.02.90	1	09/90
Hafen Wismar	10.06.90	1	10/90
SHR-Fahrw., N-lich Tn. 6	31.05.90	2	11/90
W-lich der Oder Bank 54°16,5' N, 14°03' E	17.04.90	1	12/90

ABV
Arbeiterberufsverkehr
Anh.
Anhang
AnL
Ankerlieger
Anlegebr.
Anlegebrücke
Anstg.
Ansteuerung
ausl.
auslaufend
Bau-Nr.
Baunummer
Bb
Backbord, linke Seite des Schiffes in Bezug auf seine Längsachse von hinten nach vorn gesehen
BBB
VEB Bagger-, Bugsier- und Bergungsreederei
Bd.
Band
bel.
beladen
Besch.
Beschädigung
BFD
Bezirksfilmdirektion
bhp
Abk. für engl. brake horse-power (Nutzleistung an der Antriebswelle). Abgeleitet von horsepower (hp).
1 hp = 0,7457 kW (Maßeinheit in USA und GBl)
BJ
Baujahr
B.Meerb.
Bottnischer Meerbusen
BMS
Binnenmotorschiff
BrdF
Brücke der Freundschaft
BRT
Bruttoregistertonne; Raummaß (1 BRT = 2,832 m^3) Die Angabe BRT ist überholt, dafür erfolgt die Angabe in Bruttoregisterzahl (BRZ). Die BRZ ist eine dimensionslose Größe. Da die Bezeichnung BRT bis 1990 weltweit Verwendung fand, wurde sie in diesem Buch beibehalten.
Büa
Breite über alles. Größte Breite, gemessen über feste Anbauten (z.B. Scheuerleisten)
BuRWB
VEB Boots- und Reparaturwerft Barth
BuRWG
VEB Boots- und Reparaturwerft Greifswald
BW
Bauwerft

CHL
Chef Lotsenwesen

DAMW
Deutsches Amt für Meßwesen und Warenprüfung. 1964 durch Zusammenlegung des Deutschen Amtes für Meßwesen und des Deutschen Amtes für Material- und Warenprüfung gegründetes staatliches Organ.
DBR
VEB Deutsche Binnenreederei, gegründet am 1. Januar 1957
DFGSCH
Dampffahrgastschiff

DFR
VEB Deutfracht - Internationale Befrachtung und Reederei - vom 1. Januar 1970 bis 31. Dezember 1973. Er war Rechtsnachfolger des VEB Deutfracht, Internationale Befrachtung, Berlin, und des Flottenbereiches Spezialschifffahrt des VEB DSR Rostock.

DHI
Deutsches Hydrographisches Institut, Bundesbehörde zum Geschäftsbereich des Bundesministers für Verkehr gehörend. Sitz Hamburg. Das DHI war für alle nautischen Informationen für die Seeschifffahrt zuständig. Darüber hinaus wurden Prüfungen nautischer Geräte vorgenommen und ozeanologische Forschungsarbeiten durchgeführt. Das DHI ist seit dem 1. Juli 1990 mit dem Bundesamt für Schiffsvermessung zusammengeführt worden. Die neue Behörde wurde in Bundesamt für Seeschifffahrt und Hydrographie umbenannt und führt die Aufgaben beider bisheriger Behörden weiter.

Dltg.
Dückerleitung

DR
Deutsche Reichsbahn

DRK
Deutsches Rotes Kreuz

DS
Dampfschiff

DSB
VEB Deutsche Seebaggerei (1. Juli 1952 - 31. Dezember 1969)

DSchl.
Dampfschlepper

DSF
DEUTSCH-SOWJETISCHE-FREUNDSCHAFT

DSp.
Dampfspüler

DSR
VEB Deutsche Seereederei Rostock, gegründet am 1. Juli 1952. Ab 1. Januar 1977 VEB Deutfracht/Seereederei Rostock.

DSU
VEB Deutsche Schiffahrts- und Umschlagbetriebszentrale, gegründet am 1. Oktober 1949, aufgelöst am 31. Dezember 1951. Rechtsnachfolger am 1. Januar 1952 wurden die vier neu gegründeten »Deutsche Schiffahrts- und Umschlagbetriebe (DSU)« in Berlin, Magdeburg, Stralsund und Dresden. Die vier DSU-Betriebe waren VEB. Vorläufer der DSU war die am 10. Februar 1946 gebildete »Arbeitsgemeinschaft Binnenschiffahrt (AGB)«, die Fahrzeuge der privaten Einzelschiffer und ehemaliger Reedereien einsetzte.

DTS
Dampfturbinenschiff

DTT
Dampfturbinentanker

E
Abk. für Ost (rechtweisende Ostrichtung: 90°). Anfangsbuchstabe des engl. Wortes east (Ost). Dadurch keine Verwechslung mit der Ziffer 0.

EFS
Eisenbahnfährschiff

EKS
Eimerkettenschwimmbagger

E-Ing.
Elektro-Ingenieur

E-lich
östlich

f.
für
FAA
Fischereiaufsichtsamt der DDR
FAB
Fischereiaufsichtsboot
Fahrtstufen
Abstufungen im Drehzahlbereich der Hauptmaschine, bei denen jeder Fahrtstufe je nach Art der Antriebsanlage eine bestimmte Drehzahl zugeordnet wird. Auf Handelsschiffen sind folgende Fahrtstufen üblich:

VV	Voraus Volle Fahrt (höchste Drehzahl für Dienstgeschwindigkeit),
VH	Voraus Halbe Fahrt,
VL	Voraus Langsame Fahrt,
VGL	Voraus Ganz Langsame Fahrt (meist die geringstmögliche Drehzahl),
Stopp	Drehzahl ist 0;
ZGL	Zurück Ganz Langsame Fahrt,
ZL	Zurück Langsame Fahrt,
ZH	Zurück Halbe Fahrt,
ZV	Zurück Volle Fahrt.
VAK	Voraus Äußerste Kraft oder Fahrt,
ZAK	Zurück Äußerste Kraft oder Fahrt

sind Notmanöver. Gleiches gilt für 3xAK. Die Fahrtstufen werden mittels des Maschinentelegrafen dem Maschinenfahrstand übermittelt oder auf Schiffen mit Brückenfahrstand direkt mit entsprechender Drehzahl eingeregelt.
Fahrw.
Fahrwasser
Fahrz.
Fahrzeug (e)
FAS
Forschungs- und Ausbildungsschiff
FäS
Fährschiff
FD
Fischdampfer
FDIGWISZ
Feriendienst der IG Wismut Zinnowitz
FGS
Fischereigerätestation
FGSCH
Fahrgastschiff
FiKoRo
Abk. für VEB Fischkombinat Rostock
FiKoSa
Abk. für VEB Fischkombinat Saßnitz
FK
Fischkutter
F.Meerb.
Finnischer Meerbusen
FoS
Forschungsschiff
FPG
Abk. für Fischereiproduktionsgenossenschaft
FS
Feuerschiff
FVS
Fang- und Verarbeitungsschiff

Grundbg.
Grundberührung(en)
GDS
Generaldirektion Wasserstraßen, Schiffahrt und Schiffbau
GdSS
Gefährdung der Schiffssicherheit
ges.
gesamt(e) (er)
gFzg.
geschobenes Fahrzeug
GKP
Grenzkontrollpunkt
Greifsw.
Greifswald (er)

GST
Gesellschaft für Sport und Technik
GTS
Gefriertrawlerseiner
HaL
Hafenlieger
HB
Hafenbehörde
Hfn.
Hafen, Häfen
HHfn
Heimathafen
HM
Hauptmaschine
HSch
Hebeschiff
hydro-meteorol.
hydro-meteorologisch (e)

ID
Indienststellung
IfHuF
Institut für Hochseefischerei und Fischverarbeitung Rostock-Marienehe
IfM
Institut für Meereskunde Warnemünde der Akademie der Wissenschaften der DDR
IHS
Ingenieurhochschule für Seefahrt Warnemünde/Wustrow
Ins.
Insel

Kanal
1. Geographischer Begriff: Kurzform für Ärmelkanal, verschiedentlich auch Englischer Kanal bezeichnet
2. Sprechweg im UKW-Seefunksprechverkehr
kbl
Kabellänge. Maßeinheit für Länge. SI-fremde, nur in der Seefahrt zulässige Einheit.
1 kbl = 185,2 m
KKW-Nord
Kernkraftwerk Nord (Lubmin)
km
Kilometer
kn
Knoten. Maßeinheit für Geschwindigkeit. SI-fremde, nur in der Seefahrt zulässige Einheit.
1 kn = 1 sm/h = 1,852 km/h
Koll.
Kollision
KrKK
Kreiselkompasskurs (e)
kW
Kilowatt. Maßeinheit für Leistung. Ersetzt die SI-fremde Einheit Pferdestärke (PS). 1 kW = 1,36 PS

LB
Lotsenboot
LBB
VEB Lotsen-, Bugsier- und Bergungsdienst
LF
Leuchtfeuer
LP
Liegeplatz
LtF
Leitfeuer
$L_{üa}$
Abk. für Länge über alles
LW
Lotsenwesen

m.
mit
mangelh.
mangelhaft (e) (er)

MDF
marine Diesel fuel (oil), Marinedieselöl, oder schwerer Dieselkraftstoff
M'ehe
Marienehe
Meko NB
VEB Meliorationskombinat Neubrandenburg
MKK
Magnetkompasskurs
MKR
Maschinenkontrollraum
MKS
Motorklappschute
MOGÜ
Motorgüterschiff
MS
Motorschiff
MSS
Motorschulschiff
MT
Motortankschiff
MTL
Motortankleichter
MTWW
VEB Mathias-Thesen-Werft Wismar
mu.
manövrierunfähig

N
Abk. für Nord (rechtweisende Nordrichtung: 0°)
n.
nach
nachf.
nachfolgende (r)
N-lich
nördlich
NRT
Nettoregistertonne. Inhalt der für die Ladung und/oder Passagiere nutzbaren Räume. Gegenüber der BRT werden hiervon die Räume für Besatzung und Schiffsführung, Navigationsräume, Räume für Bootsmannsvorräte, Wasserballast und Antriebsanlage abgezogen. Die Berechnung von Gebühren erfolgt zumeist nach NRT. Die Angabe NRT ist überholt, dafür erfolgt die Angabe in Nettoregisterzahl (NRZ). Die NRZ ist eine dimensionslose Größe. Da die Bezeichnung NRT bis 1990 weltweit Verwendung fand, wurde sie in diesem Buch beibehalten.
NVBR
Nahverkehrsbetriebe Rostock

oA
ohne Antrieb

PE
Privateigner
PS
Abk. für Pferdestärke. Veraltete Maßeinheit für Leistung. SI-fremde, früher für Kraft- und Arbeitsmaschinen verwendete Einheit. 1 PS = 0,7355 kW
PWW
VEB Peene-Werft Wolgast

Radar
Abk. für engl. Radio Detecting And Ranging. Funkmessverfahren zur Abstandsbestimmung von Zielen
RBD
Reichsbahndirektion
Reg-Nr.
Registrier-Nummer
RF
Richtfeuer
ROS
VEB Hochseefischerei Rostock-Bramow bis 1952. VEB Fischkombinat Rostock ab 1952

rwK
rechtweisender Kurs

S
Abk. für Süd (rechtweisende Südrichtung: 180°)
SAS
VEB Ostseefischerei Saßnitz bis 1952. VEB Fischkombinat Saßnitz ab 1952
SCHE
Schubeinheit
Schl.
Schlepper (Motor)
SchKr.
Schwimmkran
SchT
VEB Schiffsbergung und Taucherei (1950 - 1952 Wirtchaftsbetrieb)
SFA
Seefahrtsamt der DDR
SHB
Seehandbuch
SHR
VEB Seehafen Rostock
SHW
VEB Seehafen Wismar
Sifzg.
Sicherungsfahrzeug
SKB
Seezeichenkontrollboot
SK-Nr.
Nummer der Seekammersprüche
S-lich
südlich
sm
Seemeile. Maßeinheit für Länge. SI-fremde, nur in der Seefahrt zulässige Einheit. 1 sm = 1.852 m = 1,852 km
S'münde
Swinemünde
sowj.
sowjetisch (es)
SP
Schwimmponton
Sp.
Spüler
SSBO
Seeschiffsbesetzungsordnung. Im Rahmen der Schifffahrtsaufsicht erlassene staatliche Regelung, die Mindestanforderungen über die Besetzung von Schiffen mit qualifizierten Seeleuten enthält.
SSchl.
Schubschlepper
SSPB
Saugspülbagger
SSS
Segelschulschiff
Stb
Steuerbord. Rechte Seite des Schiffes in Bezug auf seine Längsachse von hinten nach vorn gesehen
STSS
Stromschubschiff
Strandg.
Strandung
SuBWR-G
VEB Schiffs- und Bootswerft Rostock-Gehlsdorf. Bis 1949 Max Rohde. Am 1. Januar 1954 Angliederung an den VEB Schiffswerft »Neptun« Rostock.
SuBWST
VEB Schiffbau- und Reparaturwerft Stralsund. Am 1. Januar 1958 Angliederrung an den VEB Volkswerft Stralsund.
SWEAM
VEB Schiffswerft „Edgar André" Magdeburg
SWNR
VEB Schiffswerft »Neptun« Rostock

t
Tonne. SI-fremde, zulässige Maßeinheit für Masse. 1 t = 10^3 kg = 1000 kg
tdw
Abk. für engl. tons dead weight. Tonnen Tragfähigkeit. Die Größe eines Schiffes kann auch in seiner Tragfähigkeit, der maximal zulässigen Beladung in Tonnen (Maß für Masse), angegeben werden.
TEU
Abk. für engl. Twenty-Feet-Equivalent-Unit, Zwanzig-Fuß-Äquivalent-Einheit. Maß für die Ladefähigkeit von Container- oder Semicontainerschiffen. Als Einheit gilt der 20-Fuß-Container.
TFPB
Tragflächenpassagierboot
Tg
Tiefgang
TMS
Turbinen-Motor-Schiff
Tn.
Tonne (n). Schwimmendes Seezeichen
TRS
Tankreinigungsschiff
ts
Abk. für engl. long tons. SI-fremde Maßeinheit für Masse in Großbritannien. International übliche Maßeinheit für die Wasserverdrängung (Deplacement) von Kriegsschiffen. 1 long ton = 1016,04704 kg (gerundet 1.016 kg)

u.
und
Übfg.
Überführung
ubk.
unbekannt (e, en, er, es)
U/min
Abk. für Umdrehungen je Minute. Einheit der Umlauffrequenz
ungünst.
ungünstig (e, en)
UKW
Ultrakurzwelle
Unterg.
Untergang
UR
Umrüster
UWK-Besch.
Unterwasserkabelbeschädigung

v.
von
^{v}D
Abk. für Dienstgeschwindigkeit.
VEB
Volkseigener Betrieb
VEGZ
Volkseigenes Gut Zingst
Verholfzg.
Verholfahrzeug
verl.
verlassen
VGL
siehe Fahrtstufen
VH
siehe Fahrtstufen
VK
siehe Fahrtstufen
VL
siehe Fahrtstufen
VV
siehe Fahrtstufen
VWST
VEB Volkswerft Stralsund

W
Abk. für West (rechtweisende Westrichtung: 270°)

Waeinbr.
Wassereinbruch
WBHTUEK
Wirtschaftsbetrieb Hafftourist Ueckermünde
Weichenh.
Weichenhals
WeL
Werftlieger
WF
VEB Fahrgastschiffahrt „Weiße Flotte" Stralund, gegründet am 1. Januar 1957
W-lich
westlich
W'münde
Warnemünde
WS
Wasserschute
WSA
Wasserstraßenamt
WSAG
Wasserstraßenamt, Rostock - Geräteleitstelle
WSB
VEB Wasserstraßenbau Berlin
WSHA
Wasserstraßenhauptamt
WWD
Wasserwirtschaftsdirektion
WWW
VEB Warnowwerft Warnemünde

ZBE
Zwischenbetriebliche Einrichtung
ZD
Zwischendeck
ZGL
siehe Fahrtstufen
ZH
siehe Fahrtstufen
ZL
siehe Fahrtstufen
ZW
Abk für Zwangsweg. Ende der 60er, Anfang der 70er Jahre nur noch als Weg (Schifffahrtsweg) bezeichnet.
ZV
siehe Fahrtstufen
zw.
zwischen

Staatenabkürzungen nach Lloyd's

ALA	Angola
ALB	Albanien
ALG	Algerien
ARG	Argentinien
BLG	Belgien
BRZ	Brasilien
BUL	Bulgarien
CHR	VR China
COS	Kostarika
CUB	Kuba
CYP	Zypern
DEN	Dänemark
EGY	Ägypten
FAR	Färöer
FIN	Finnland
FRA	Frankreich
GBI	Großbritannien
GDR	Deutsche Demokratische Republik
GFR	Bundesrepublik Deutschland
GRC	Griechenland
HUN	Ungarn
ICL	Island
IDA	Indonesien
IND	Indien
IRN	Iran
IRP	Irland
ITL	Italien
LBY	Libyen
LEB	Libanon
LIB	Liberia
MAU	Mauretanien

MEX	Mexiko
MOZ	Moçambique
MTA	Malta
NIG	Nigeria
NOR	Norwegen
NTH	Niederlande
PAK	Pakistan
PAN	Panama
POL	Polen
PTG	Portugal
SAU	Saudi-Arabien
SEN	Senegal
SNG	Singapur (Singapore)
SPN	Spanien
SVC	Saint Vincent
SWD	Schweden
SWZ	Schweiz
SYR	Syrien
TRK	Türkei
TUN	Tunesien
UAE	Vereinigte Arabische Emirate
USR	Union der Sozialistischen Sowjetrepubliken
VNM	Vietnam
YAR	Jemenitische Arabische Republik
JAP	Japan
YPR	Jemenitische Demokratische Volksrepublik
KRS	Korea Süd
YUG	Jugoslawien

Quellen- und Literaturverzeichnis

Quellen

Spruchsammlung der Seekammer/Havariekommission der DDR 1950-1990.

Aktenbestand der Havariekommission/ Seekammer der DDR 1948-1990.

Lloyd's Register of Shipping - Register of Ships, London (verschiedene Jahrgänge).

Lloyd's Register of Shipping - Casualty Returns, London (verschiedene Jahrgänge). Das Abkürzungsverzeichnis der Staaten wurde dieser Veröffentlichung entnommen.

The Institute of London Underwriters, London.

DSRK Schiffsklasse Register von 1976-1989, Zeuthen.

Schiffstypen-Kataloge der VEB Deutsche Seereederei Rostock, Deutfracht/Seereederei Rostock, Deutfracht Internationale Befrachtung und Reederei Rostock und des VEB Bagger- Bugsier- und Bergungsreederei Rostock.

Literatur

Werner Reinhold/Werner Hoefs/Rolf Schilling: Seestraßenordnung (SSO), Berlin 1971, S. 109.

SeeUG. Gesetz über die Untersuchung von Seeunfällen mit Durchführungsvorschriften, bearbeiteter amtlicher Begründung und Anhängen, Hamburg 1986.

Kurt Graf/Dietrich Steinicke: Seeschifffahrtsstraßen-Ordnung mit den internationalen Kollisionsverhütungsregeln, 9. Auflage, Köln/ Berlin/Bonn/München 1990.

Peter Köppen u.a.: Über die Meere, durch die Jahre. Geschichte des VEB Deutfracht/ Seereederei Rostock, Berlin 1982.

Lothar Foß: DDR-Handelsflotte. Die universelle Flotte im Blickpunkt, in: Jahrbuch der Schiffahrt 1980, Berlin 1980, S.47ff.

Gerhard Kotzian: Ein Rostocker Hochseefischer erzählt, Rostock 2000.

Otto Bönisch/Joachim Stübner/Harry Wenzel: DSR-Lines. Die Deutsche Seereederei, Hamburg 1996.

Heinz Adler: Vom Alex zum Eismeer, Hamburg 2000.

Ellhart Buttkus: Deutsche Seereederei. Schiffahrt unter Hammer und Zirkel, Bad Segeberg 1992.

Dieter Strobel/Heinz Broderson: Die 840er KüMos, in: Panorama maritim, Rostock 1989, Heft 25, S.1ff.

Täglicher Hafenbericht Hamburg, Hamburg 41 (1988) vom 30. Juni 1988.

Hans-Hermann Diestel: in Seewirtschaft, Berlin 20 (1988), 4, S. 174.

Hans Heinicke: Begegnung mit dem Taifun „OLIVE", in: Seeverkehr, Berlin 1961, Heft 1, S. 18ff.

Konrad Reich/Martin Pagel: Himmelsbesen über weißen Hunden, Berlin 1981, S. 335.

Rotermund/Koch, Die Ladung Band II, 4.-6. Auflage Hamburg 1961 S. I - 71.

Dietrich Strobel/Wulf-Heinrich Hahlbeck: Hiev up. So war die Hochseefischerei der DDR, Hamburg 1997.

Jürgen Kuhlmann: Fischdampfer von der Warnow, in: Poseidon, Berlin 1990, Heft 6, S.6ff.

Dieter Strobel: Die 17-m-Kutterklasse. 17 Werften Mecklenburg-Vorpommerns bauten einen Typ, in: Panorama maritim, Herford 1992, Heft 28, S. 1ff.

Uwe Richter: Die 17-m-Kutter-Klasse. Verbleib, Einsatz und Bewährung eines Kuttertyps der größten Kutterbaureihe Deutschlands, in: Schiff und Zeit. Pano-

rama maritim, Herford 1992, Heft 36, S. 3ff.
Günter Ubl: Die Hochseefischerei der DDR unter den veränderten internationalen Bedingungen, in: Gesellschaft für Seerecht der DDR, Beiträge zum nationalen und internationalen Seerecht Bd. 11, Rostock 1986 S. 15ff,

Anmerkung zum Quellen- und Literaturverzeichnis

Die in den Havarie-/Seeunfallberichten angegebenen Schiffsdaten stimmen in einer Reihe von Fällen nicht mit den vom Reeder veröffentlichten Daten überein. Auch gibt es unterschiedliche Schiffsdaten in den angeführten Quellen und der Literatur. In diesen Fällen bildete Lloyd's Register of Shipping - Register of Ships, London, die Grundlage der im Buch enthaltenen Angaben zum jeweiligen Schiff.

Bildquellennachweis

Folgende Quellen lieferten reproduzierte Archivunterlagen:

Akten der Seekammer	41
Archiv DSR	11
Archiv Schifffahrtsmuseum Rostock	6
Archiv VEB Fischkombinat Rostock	11
Archiv Seehydrographischer Dienst der DDR	2
Wasserschutzpolizei Hamburg	3
Sammlung Friedrich Elchlepp/ Manfred Kretzschmar	5
Sammlung H.-D. Förster	1
Sammlung Dietrich Strobel	5
Sammlung Eberhard Weich	4
Eilhardt Puttkus/Gerhard Fiebiger	1

Die Autoren fertigten 12 Zeichnungen sowie die Vorlagen für 30 Zeichnungen und schematische Darstellungen und 7 Seekartenausschnitte.

Dank der Autoren

Unser Dank gilt der Unterstützung unseres Vorhabens durch die Herren Kapitän Klaus Fiedler, Kapitän Bernd Jeske, Kapitän Erwin Schütt, Kapitän Eberhard Weich, Dr. oec. Hartmut Kroh, Dipl.-Jur. Detlev Brandt, Fregattenkapitän aD Hans-Henning Berger, Steffen Witt, Manfred Kunert sowie Frau Elke und Herrn Dipl.-Ing. Michael Reuß.
Den Herren Dr. Wulf-Heinrich Hahlbeck (†), Dr. Ing. Uwe Richter und Dietrich Strobel sei für die Vervollständigung einzelner Daten der Fischereifahrzeuge herzlich gedankt.

Nicht zuletzt danken wir Frau Sabine Hartleib, Bibliothekarin, Bundesamt für Seeschiffahrt und Hydrographie Rostock; Frau Dipl.-Archivarin Katharina Knebel, Archiv DSR; Frau Elke Klös, Traditionskabinett der Rostocker Fischereihafen GmbH (ehem. VEB Fischkombinat Rostock/VEB Fischfang Rostock); Frau Silvia Reißmann, Wissenschaftliche Mitarbeiterin; Frau Renate Dähling, Bibliothekarin; Herrn Ronald Piecholek, Museologe; Frau Dr. Anja Alert und Frau Andrea Krause vom Schifffahrtsmuseum Rostock für ihre uneigennützige Hilfe.

Friedrich Elchlepp

Dr. jur., Konteradmiral a.D.
Jahrgang 1924, im Zweiten Weltkrieg I. Wachoffizier auf U-Booten. Nach dem Krieg legte er das juristische Staatsexamen ab und war als Schulleiter der Landesverwaltungsschule des Landes Brandenburg tätig. Im Februar 1950 trat er der Hauptverwaltung für Ausbildung des Ministeriums des Innern als VP-Kommandeur bei. Nach dem Einsatz als Chef der Flottenbasis und Chef des Stabes der Volkspolizei See absolvierte er 1956/57 die Seekriegsakademie in Leningrad. Nach kurzer Tätigkeit an der Seeoffizierslehranstalt in Stralsund wurde er zum Havariekommissar bei der Seekammer der DDR berufen. In dieser Funktion bearbeitete er die Seeunfälle der zivilen und militärischen Schiffahrt der DDR.
Aus gesundheitlichen Gründen seit 1984 im Ruhestand. Friedrich Elchlepp promovierte 1964 und veröffentlichte ca. 90 Fachartikel. Er ist Mitautor des Lehrbuches „Internationales Seerecht" und Herausgeber des Buches „Hart Backbord auf Grund". 1998 erschien im Neuen Hochschulschriftenverlag das gemeinsam mit Manfred Kretzschmar geschriebene erfolgreiche Buch „Katastrophen auf See. Die Seeunfälle der zivilen DDR-Schiffahrt".
Mitglied der Deutschen Gesellschaft für Schiffahrts- und Marinegeschichte.

Manfred Kretzschmar

Dipl.-Ing., Kapitän zur See a.D.
Jahrgang 1928, 1944 bis zum Ende des Zweiten Weltkrieges Luftwaffenhelfer. Nach dem Krieg Volontär und kaufmännischer Angestelter. 1950 Eintritt in die Seepolizei als Anwärter Kommandant eines Minenleg- und Räumschiffes sowie von Küstenschutzschiffen (Fregatten).
Abteilungschef der Küstenschutzschiffsabteilung, danach Flaggoffizier für die Schiffsführung im Kommando der Volksmarine.
1965/67 Studium an der Seefahrtsschule Wustrow mit dem Abschluß „Kapitän auf Großer Fahrt". Er ist im Besitz des Befähigungszeugnisses A 6.
1972/74 Studium an der Ingenieurhochschule für Seefahrt Warnemünde/Wustrow mit dem Abschluß Diplom-Ingenieur in der Fachrichtung Schiffsführung.
1989/90 I. Oberinspektor für Schiffssicherheit beim Seefahrtsamt der DDR. Beisitzer der Seekammer der DDR. Manfred Kretzschmar veröffentlichte zahlreiche Beiträge in Periodika und Fachzeitschriften. Er bearbeitete die deutschsprachige Ausgabe des Buches „Seeunfälle und Katastrophen von Kriegsschiffen" von I.M. Korotkin. 1998 erschien im Neuen Hochschulschriftenverlag das mit Friedrich Elchlepp verfaßte Buch „Katastrophen auf See. Die Seeunfälle der zivilen DDR-Schifffahrt".
Mitglied der Deutschen Gesellschaft für Schiffahrts- und Marinegeschichte e.V.

Weitere maritime Literatur aus dem Ingo Koch Verlag (vormals Neuer Hochschulschriftenverlag Dr. Ingo Koch & Co. KG)

Gerhart Kotzian
Ein Rostocker Hochseefischer erzählt
Meine Lehr- und Dienstjahre im Rostocker Fischkombinat
1953 - 1990
(Neuer Hochschulschriftenverlag Dr. Ingo Koch & Co. KG)

269 Seiten, 24,80 DM
Broschur, farbiger Einband
ISBN 3-929544-77-6

Gerhart Kotzian hat die Seefahrt, die Hochseefischerei von der Pike auf gelernt. Nach einer Lehrausbildung zum Hochseefischer beim VEB Fischkombinat Rostock besuchte er die Seefahrtsschule in Wustrow, zunächst um Steuermann in der kleinen, dann in der großen Hochseefischerei zu werden. Später erwarb er auch das Kapitänspatent. Er war auf fast allen Fangplätzen der Rostocker Fischereiflotte im Einsatz.

Der Autor erzählt - fesselnd, amüsant und lehrreich gleichermaßen - von schweren aber auch ebenteuerlichen Alltag der Hochseefischer. Er berichtet vom Bordleben auf Fischereifahrzeugen, von der ständigen Suche nach günstigen Fanggründen, vom Aufenthalt in fremden Häfen und von den internationalen Kontakten der weltweiten Fischerfamilie.

Das Buch vermittelt authentische Kenntnisse zur Geschichte der Hochseefischerei im allgemeinen und zur Fischereigeschichte der DDR im besonderen.

Kotzian gehörte 1990 mit zu den zahlreichen Mitarbeitern, die wegen der Umstrukturierung des Unternehmens und des Kapazitätsabbaus entlassen wurden.

Das Buch erinnert an die großen Zeiten der ostdeutschen Fischereiwirtschaft. Mit viel Engagement und erzählerischem Talent breitet ein Rostocker Hochseefischer seine Erlebnisse und Erfahrungen aus.

Robert Rosentreter

Im Seegang der Zeit
Vier Jahrzehnte Volksmarine
Geschichte und Anekdoten

(Ingo Koch Verlag)

320 Seiten, Hardcover, geb., farbiger Einband, Abb.
DM 48,80
ISBN 3-935319-07-X

Der Autor, Fregattenkapitän a.D. Dr. Robert Rosentreter, hat fast vier Jahrzehnte in der DDR-Volksmarine gedient. Er war in dieser Zeit vorwiegend als Militärjournalist tätig, somit bei den wichtigsten Ereignissen - Ausbildungsfahrten der Schiffe und Boote, Gefechtsdiensteinsätzen, Schulschiffreisen, Manövern, Flottenbesuche, Paraden und Visiten von Prominenten - mit Notizbuch, Kamera und Mikrofon dabei. Er berichtete über die Erntehilfe der Matrosen und Bewährungen bei Naturkatastrophen genauso wie über Sportwettkämpfe und Kulturveranstaltungen, tragische Unglücksfälle, Rettungstaten und anderes mehr, was den Dienst in der Flotte und das militärische Alltagsleben ausmachte.
In diesem Buch greift der Autor auf seine Erlebnisse, seine Reportagen und Presseberichte von damals zurück, schildert sie durch Zeitzeugenberichte angereichert, neu.
Es sind Erinnerungen, Anekdoten, Geschichten und Episoden, die „mit Herz" aber auch mit kritischer Distanz und mit einem Schuß Selbstironie, lesbar und unterhaltend, geschrieben wurden.
Der Autor will die Lebensleistungen seiner vielen Kameraden würdigen, die gleich ihm die blaue Uniform trugen und in ihrem Selbstverständnis der Friedenssicherung dienten und sich als Marine des Volkes verstanden.

Friedrich Elchlepp/Manfred Kretzschmar

Katastrophen auf See

Die Seeunfälle der zivilen DDR-Schiffahrt

(Neuer Hochschulschriftenverlag Dr. Ingo Koch & Co. KG)

400 Seiten, ca. 130 Abbildungen, Hardcover, geb.,
DM 59,80
ISBN 3-929544-41-5

Entscheidungen auf See trifft der Kapitän eines Schiffes. Von dieser Verantwortung kann ihn kein Vorgesetzter oder Reeder entbinden. Im Kampf gegen die Naturgewalten oder bedrohliche Zustände, die durch menschliches Versagen entstanden sind, stehen er und seine Besetzung allein. Und „die See - diese Tatsache muß man leider eingestehen - weiß von keiner Großmut, Selbst die schönste Fülle männlicher Tugend - Mut, Unerschrockenheit, Ausdauer, Treue - hat noch nie ihr skrupelloses Machtbewußtsein rühren können." (Joseph Conrad)
Ursachen, Umstände und Folgen jener 2423 Seeunfälle, die sich in den drei zivilen Flotten der DDR ereignet haben und von der Havariekommission oder später der Seekammer untersucht worden sind, liefern der Hintergrund dieses Buches.
Anschaulich und detailreich schildern die Autoren dramatische Seeunfälle - vom tragischen Untergang des Motorschiffes CAPELLA über Kollisionen im Nord-Ostsee-Kanal bis hin zu tragikomischen Vorfällen, bei denen aber oft Mensch oder Schiff zu schaden kamen.
Ein umfangreicher statistischer Anhang analysiert die Ursachen und Umstände all dieser Seeunfälle und will so helfen, zu deren künftiger Vermeidung beizutragen.
Alle Verhandlungen der Havariekommission/Seekammer waren öffentlich, meist nahm aber nur ein kleiner Personenkreis daran teil. Der Besuch wurde jedoch zum festen Bestandteil der Aus- und Weiterbildung der Seeleute und Techniker.
In den Medien gab es bestenfalls kurze Meldungen über den Seeunfall selbst, kaum aber über die sich anschließenden Verhandlungen. So arbeitet das Buch gleichzeitig einen besonderen Teil der DDR-Geschichte auf.

Willi Hahn
Wirren eines einfachen Lebens
Erinnerungen in Geschichten und Bildern
(Ingo Koch Verlag)

120 Seiten, Abb., Hardcover, geb.
DM 24,80
ISBN 3-929544-99-7

„Diensttüchtigkeit: gut, Nüchternheit: stets, Betragen: gut." So lautet 1931 das Zeugnis für den Leichtmatrosen Willi Hahn, Sohn einer einfachen Fischerfamilie, die in Warnemünde und auf dem Fischland zu Hause ist. Der spätere Kapitän der legendären UNDINE, der auf den großen Bergungsschleppern und für die Weiße Flotte der DDR fuhr, berichtet aus seinem bewegten Leben, das seit Kindertagen mit Küste und Seefahrt eng verbunden ist und dessen Alltag von den Höhen und Tiefen eines Jahrhunderts geprägt wurde.

Wolfgang Steusloff
In der Ferne und daheim
Seefahrer-Souvenirs in Mecklenburg-Vorpommern Ende des 20. Jahrhunderts
(Neuer Hochschulschriftenverlag Dr. Ingo Koch & Co. KG)

142 Seiten mit 150 Abbildungen, Hardcover, geb.
DM 46,90
ISBN 3-929544-67-9

Im Blickfeld dieses Sachbuches zur maritimen Kultur stehen Reisemitbringsel von DDR-Fahrensleuten, die sie aus den Häfen der Welt mit nach Hause brachten.
Beantwortet werden u.a. Fragen, wie und in welcher Intensität sich das maritime Motivspektrum in den Seefahrerwohnungen der heutigen Zeit äußert, welche Funktionen die importierten fremdländischen Kulturgüter dort erfüllten, welche Veränderungen im Vergleich mit früheren Perioden erkennbar werden und ob heutige Interieurs eine jüngste regional-maritimkulturelle Entwicklung charakterisieren.
Das Buch erhellt auch die Umstände des Kaufs der Souveniers. Es legt Motive des Erwerbs offen.

Torsten Schaar/Beate Behrens

Von der Schulbank in den Krieg
Mecklenburgische Schüler
und Lehrlinge als Luftwaffen- und Marinehelfer

(Neuer Hochschulschriftenverlag Dr. Ingo Koch & Co. KG)

350 Seiten, zahlreiche Abbildungen, Broschur
DM 46,80
ISBN 3-929544-66-0

„... zucken Feuerblitze zum Feinde grell empor", sangen 15- bis 17jährige Schüler und Lehrlinge aus Mecklenburg begeistert, als sie 1943/44 auf Hitlers Befehl zur Flak einberufen wurden. Sie waren Luftwaffen- und Marinehelfer, Hitlers jüngste Soldaten - eingesetzt an Brennpunkten des Luftkrieges in Rostock, Kiel, Hannover, Osnabrück. Um ihren „Beitrag zum Schutz der Heimat" und für die „Erringung des Endsieges" zu leisten, lernten sie Waffen und Geräte zu bedienen, bekämpften mit schweren und leichten Flakgeschützen Bomberstaffeln und Tiefflieger. So zogen sie von der Schulbank in den Krieg und manchmal in den Tod. Auf dem Höhepunkt der alliierten Luftoffensive gegen Deutschland ruhte die Hauptlast der Luftverteidigung bald auf den Schultern dieser Schüler-Soldaten. Ihren Alltag in den Flakbatterien - „Latein? Schießen ist wichtiger!" - zeichnen die beiden Autoren nach. Sie stützen sich auf Erlebnisberichte, Tagebücher und Briefe, Fotos und Dokumente einer Schülergeneration, die - sehr früh aus dem Familien- und Schulalltag gerissen und durch das soldatische Erziehungsbild der Hitlerjugend geprägt - den Krieg als Normalität empfand.

Erno Wiebeck/Hermann Winkler

Segler im Monsun

Die Dau am Indischen Ozean

(Neuer Hochschulschriftenverlag Dr. Ingo Koch & Co. KG)

170 Seiten, 170 s/w Abbildungen, Hardcover, geb.
DM 68,80
ISBN 3-929544-82-2

Die Ursprünge der unter dem Namen Dau bekannten Schiffe reichen weit in die Geschichte des Orients und Südostasiens zurück. Die Sage berichtet, dass schon Sindbad der Seefahrer während seiner abenteuerlichen Reisen im Monsun auf Dauen gesegelt sein soll. Heute sind es nur noch wenige Seeleute, die ihr Brot durch Arbeitssegeln verdienen.
Dieser einmalige Band gibt erstmals eine vollständige Übersicht über den Schiffstyp in seiner gesamten Vielfalt: von den Dauen der Sklavenhändler vergangener Zeiten bis hin zu den Fracht- und Schmugglerdauen der Gegenwart.
Beschrieben haben die Autoren auch das Leben an Bord dieser Schiffe, die maritimen Sitten und Bräuche um die Dauen.
Entstanden ist ein maritim-ethnologischer Streifzug durch die Technikgeschichte am Indischen Ozean, im Gebiet der westlichen Monsunwinde.
Etwa einhundert Originalzeichnungen und siebzig Fotos setzen das Thema anspruchsvoll ins Bild.

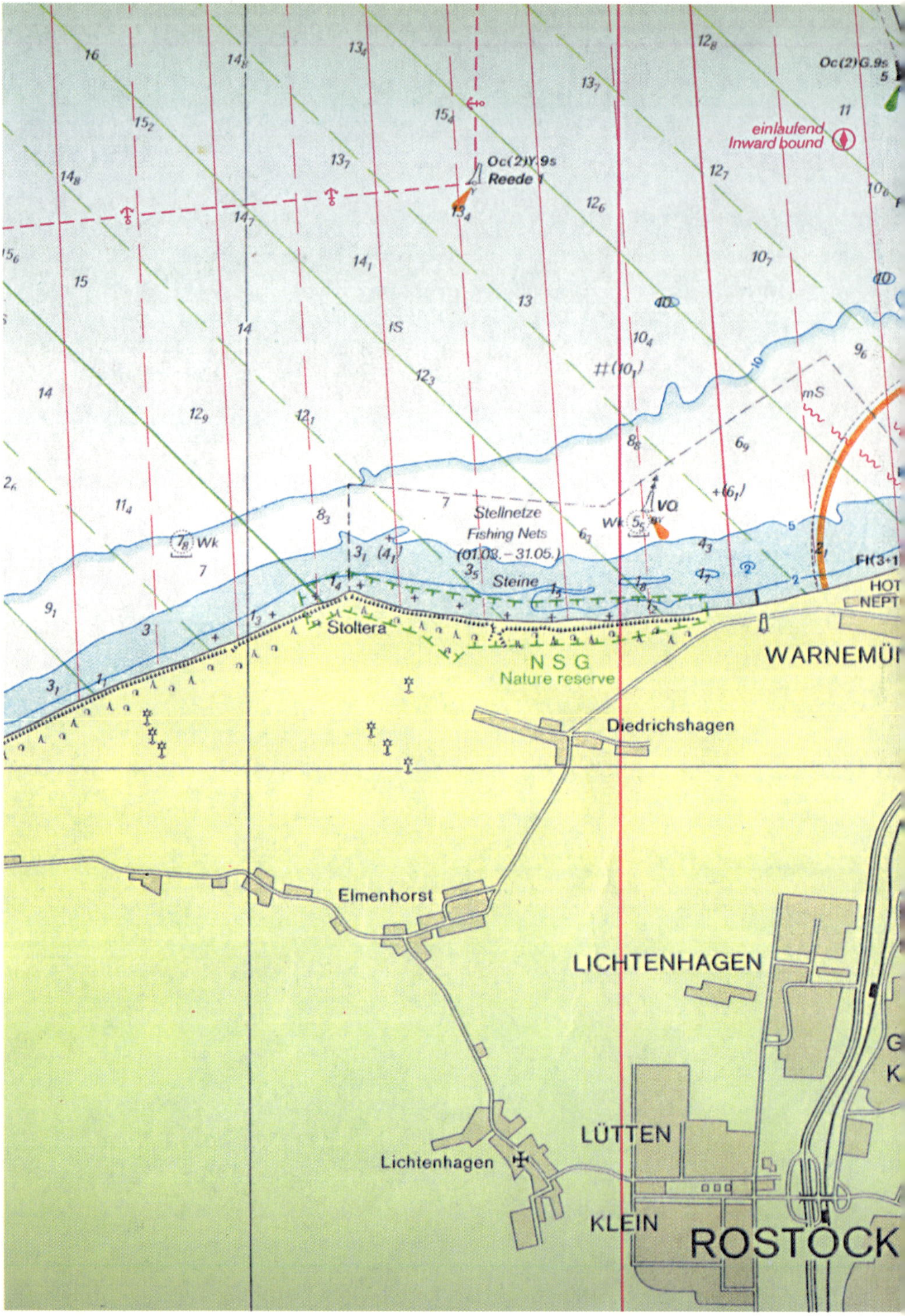

Oc(2)G.9s
einlaufend
Inward bound
Oc(2)Y.9s
Reede 1
Stellnetze
Fishing Nets
(01.03.–31.05.)
Steine
Stoltera
N S G
Nature reserve
WARNEMÜ
Diedrichshagen
Elmenhorst
LICHTENHAGEN
LÜTTEN
Lichtenhagen
KLEIN
ROSTOCK